Die strafprozessuale Observation

Europäische Hochschulschriften
Publications Universitaires Européennes
European University Studies

Reihe II
Rechtswissenschaft

Série II Series II
Droit
Law

Bd./Vol. 4387

PETER LANG
Frankfurt am Main · Berlin · Bern · Bruxelles · New York · Oxford · Wien

Jörn Hohenhaus

Die strafprozessuale Observation

PETER LANG
Europäischer Verlag der Wissenschaften

Bibliografische Information Der Deutschen Bibliothek
Die Deutsche Bibliothek verzeichnet diese Publikation in der Deutschen Nationalbibliografie; detaillierte bibliografische Daten sind im Internet über <http://dnb.ddb.de> abrufbar.

Zugl.: Trier, Univ., Diss., 2006

D 385
ISSN 0531-7312
ISBN 3-631-55425-7

www.peterlang.de

Für Lisa und Ole

Vorwort

Die vorliegende Arbeit wurde im Wintersemester 2005/2006 vom Fachbereich Rechtswissenschaft der Universität Trier als Dissertation angenommen.

Mein besonderer Dank gilt meinem Doktorvater Herrn Prof. Dr. *Volker Krey*, der als Lehrer mein Interesse für die Wissenschaft geweckt hat und an dessen Lehrstuhl ich als wissenschaftlicher Mitarbeiter das für Forschung und Lehre notwendige Handwerkszeug erlernen durfte. Er hat die Arbeit mit Geduld betreut und wertvollen Hinweisen gefördert. Ich bin ihm auch persönlich tief verbunden. Dank schulde ich zudem Herrn Prof. Dr. *Hans-Heiner Kühne* für die zügige Erstellung des Zweitgutachtens.

Schließlich möchte ich mich auch bei Frau Prof. Dr. *Ingeborg Puppe* und Herrn Prof. Dr. *Urs Kindhäuser*, beide Strafrechtliches Institut der Rheinischen Friedrich-Wilhelms-Universität Bonn, dafür bedanken, dass ich während und im Anschluss an meinen Referendardienst an ihren Lehrstühlen als wissenschaftlicher Mitarbeiter tätig sein durfte. Die hierbei gewährten Freiheiten haben mir die Fertigstellung der vorliegenden Dissertation wesentlich erleichtert.

Bonn, im März 2006 *Jörn Hohenhaus*

Inhaltsverzeichnis

Abkürzungsverzeichnis

a.A.	anderer Ansicht
aaO	am angegebenen Ort
abl.	ablehnend
Abs.	Absatz
AcP	Archiv für die civilistische Praxis
a.E.	am Endc
AE PolG	Alternativentwurf einheitlicher Polizeigesetze des Bundes und der Länder
a.F.	alte(r) Fassung
AK	Alternativ-Kommentar
Alt.	Alternative
AmtsBl.	Amtsblatt
Angekl.	Angeklagte(r)
Anl.	Anlage
Anm.	Anmerkung
AnwBl	Anwaltsblatt (Zeitschrift)
AO	Abgabenordnung
AöR	Archiv des öffentlichen Rechts (Zeitschrift)
APA	American Psychologists' Association
Art.	Artikel
ASOG Bln.	Allgemeines Gesetz zum Schutz der öffentlichen Sicherheit und Ordnung in Berlin – Allgemeines Sicherheits- und Ordnungsgesetz
AT	Allgemeiner Teil
Aufl.	Auflage
Az.	Aktenzeichen
BayObLG	Bayerisches Oberstes Landesgericht
BayPAG	Gesetz über die Aufgaben und Befugnisse der Bayerischen Staatlichen Polizei
BayVerfSchG	Bayerisches Verfassungsschutzgesetz
Bbg	Brandenburg

BbgPolG	Gesetz über die Aufgaben und Befugnisse der Polizei im Land Brandenburg vom 19.03.1996 (Brandenburgisches Polizeigesetz, GVBl I, 74)
BbgVerfG	Brandenburgischer Verfassungsgerichtshof
Bd.	Band
BeFa	Beobachtende Fahndung
Begr.	Amtliche Begründung
Beschl.	Beschluss
BfD	Bundesbeauftragte für Datenschutz
BfV	Bundesamt für Verfassungsschutz
BGBl.	Bundesgesetzblatt
BGH	Bundesgerichtshof
BGH St	Amtliche Sammlung der Entscheidungen des Bundesgerichtshofs in Strafsachen
BGS	Bundesgrenzschutz
BGSG	Gesetz über den Bundesgrenzschutz vom 19.10.1994 (Bundesgrenzschutzgesetz)
BK-GG	Kommentar zum Bonner Grundgesetz (Bonner Kommentar)
BKA	Bundeskriminalamt
BKAG	Gesetz über das Bundeskriminalamt und die Zusammenarbeit des Bundes und der Länder in kriminalpolizeilichen Angelegenheiten (Bundeskriminalamtgesetz)
BMI	Bundesministerium des Innern
BMJ	Bundesministerium der Justiz
BND	Bundesnachrichtendienst
BNDG	Gesetz über den Bundesnachrichtendienst (Bundesnachrichtendienstgesetz)
BR	Bundesrat
BR-Drucks.	Drucksache des Deutschen Bundesrates
BremPolG	Bremisches Polizeigesetz
Bsp.	Beispiel
Bspr.	Besprechung
BT	Bundestag, Besonderer Teil
BT-Drucks.	Drucksache des Deutschen Bundestages
BPol	Bundespolizei (ehemals Bundesgrenzschutz)
BPolG	Gesetz über die Bundespolizei (Bundespolizeigesetz)
BVerfG	Bundesverfassungsgericht
BVerfG E	Amtliche Sammlung der Entscheidungen des Bundesverfassungsgerichts

BVerfGG	Gesetz über das Bundesverfassungsgericht (Bundesverfassungsgerichtsgesetz)
BVerfSchG	Gesetz über die Zusammenarbeit des Bundes und der Länder in Angelegenheiten des Verfassungsschutzes und über das Bundesamt für Verfassungsschutz (Bundesverfassungsschutzgesetz)
BVerwG	Bundesverwaltungsgericht
BVerwG E	Amtliche Sammlung der Entscheidungen des Bundesverwaltungsgerichts
BWPolG	Baden-Württembergisches Polizeigesetz
bzgl.	bezüglich
bzw.	beziehungsweise
CDU	Christlich Demokratische Union
Cilip	Bürgerrechte und Polizei (Zeitschrift)
CR	Computer und Recht (Zeitschrift)
CSU	Christlich Soziale Union
CuR	Computer und Recht (Zeitschrift)
ders.	derselbe
d.h.	das heißt
dies.	dieselbe
Diss.	Dissertation
DM	Deutsche Mark
DNP	Die Neue Polizei (Zeitschrift)
DÖV	Die Öffentliche Verwaltung (Zeitschrift)
DP	Die Polizei (Zeitschrift)
DRiZ	Deutsche Richterzeitung
DuD	Datenschutz und Datensicherung (Zeitschrift)
DVBl.	Deutsches Verwaltungsblatt (Zeitschrift)
DVR	Datenverarbeitung im Recht (Zeitschrift)
E	Entwurf
ed.	Editor (Herausgeber)
EDV	Elektronische Datenverarbeitung
EG	Europäische Gemeinschaft
EGGVG	Einführungsgesetz zum Gerichtsverfassungsgesetz
EGMR	Europäischer Gerichtshof für Menschenrechte
Einl.	Einleitung
EMRK	Europäische Menschenrechtskonvention

etc.	et cetera
EU	Europäische Union
EuGH	Gerichtshof der Europäischen Gemeinschaften
EuGRZ	Europäische Grundrechte-Zeitschrift
EUROPOL	Europäisches Polizeiamt
f.	folgende
ff.	fortfolgende
FAZ	Frankfurter Allgemeine Tageszeitung
FDP	Freie Demokratische Partei
FS	Festschrift
Fn.	Fußnote
FVG	Gesetz über die Finanzverwaltung (Finanzverwaltungsgesetz)
GA	Goldtammer's Archiv für Strafrecht
GBA	Generalbundesanwalt
gem.	gemäß
GG	Grundgesetz
ggfls.	gegebenenfalls
GO	Geschäftsordnung
GPS	Global Positioning System
GS	Gedächtnisschrift, Großer Strafsenat
GVBl.	Gesetz und Verordnungsblatt
GVG	Gerichtsverfassungsgesetz
GVNW	Gesetz und Verordnungsblatt für das Land Nordrhein-Westfalen
Habil.	Habilitationsschrift
h.M.	herrschende Meinung
HambPolgDVG	Hamburgisches Gesetz über die Datenverarbeitung der Polizei
HambSOG	Hamburgisches Gesetz über die Sicherheit und Ordnung
HK	Heidelberger Kommentar zur Strafprozessordnung
Hrsg.	Herausgeber
Hs.	Halbsatz
HSOG	Hessisches Gesetz über die öffentliche Sicherheit und Ordnung
i.d.F.	in der Fassung

i.d.R.	in der Regel
i.e.	id est
i.E.	im Ergebnis
i.S.d.	im Sinne des (der)
i.S.v.	im Sinne von
i.V.m.	in Verbindung mit
i.w.S.	im weiteren Sinne
INPOL	Informationssystem der Polizei
JA	Juristische Arbeitsblätter (Zeitschrift)
jew.	jeweils
JR	Juristische Rundschau (Zeitschrift)
Jura	Juristische Ausbildung (Zeitschrift)
JuS	Juristische Schulung (Zeitschrift)
JZ	Juristenzeitung
Kap.	Kapitel
Kriminalistik	Kriminalistik. Zeitschrift für die gesamte kriminalistische Wissenschaft und Praxis
KG	Kammergericht
KJ	Kritische Justiz (Zeitschrift)
KK	Karlsruher Kommentar zur Strafprozessordnung
KpS	Kriminalpolizeiliche personenbezogene Sammlungen
KritV	Kritische Vierteljahresschrift für Gesetzgebung und Rechtswissenschaft
LG	Landgericht
lit.	litera (Buchstabe)
LK	Leipziger Kommentar
LKA	Landeskriminalamt
LKV	Landes- und Kommunalverwaltung – Verwaltungsrechtszeitschrift für die Länder Berlin, Brandenburg, Mecklenburg-Vorpommern, Sachsen, Sachsen-Anhalt und Thüringen
LPK	Lehr- und Praxiskommentar
Ls.	Leitsatz
LSA	Land Sachsen-Anhalt
LVerfG	Landesverfassungsgericht
LVG	Landesverfassungsgesetz

m.a.W.	mit anderen Worten
m.w.N.	mit weiteren Nachweisen
MDR	Monatsschrift für Deutsches Recht (Zeitschrift)
ME PolG	Musterentwurf eines einheitlichen Polizeigesetzes des Bundes und der Länder
Mrd.	Milliarden
M.-V.	Mecklenburg-Vorpommern
n.F	neue(r) Fassung
NdsSOG	Niedersächsisches Gesetz über die Sicherheit und Ordnung
NGefAG	Niedersächsisches Gefahrenabwehrgesetz
NJ	Neue Justiz (Zeitschrift)
NJW	Neue Juristische Wochenschrift (Zeitschrift)
Nord ÖR	Zeitschrift für Öffentliches Recht in Norddeutschland
Nr.	Nummer
NStZ	Neue Zeitschrift für Strafrecht
NVwZ	Neue Zeitschrift für Verwaltungsrecht
NW	Nordrhein-Westfalen
NWPolG	Polizeigesetz Nordrhein-Westfalen
NZV	Neue Zeitschrift für Verkehrsrecht
o.g.	oben genannt (e, er, en)
OK	Organisierte Kriminalität
OLG	Oberlandesgericht
OrgKG	Gesetz zur Bekämpfung des illegalen Rauschgifthandels und anderer Erscheinungsformen der Organisierten Kriminalität
OVG	Oberverwaltungsgericht
PAG	Polizeiaufgabengesetz
PDV	Polizeidienstvorschrift
PFA	Polizeiführungsakademie
POG	Polizei- und Ordnungsbehördengesetz
PolG	Polizeigesetz
Prot.	Protokoll(e)
RAF	Rote-Armee-Fraktion
re.	rechte, rechts
RG	Reichsgericht

RiA	Recht im Amt (Zeitschrift)
RiStBV	Richtlinien für das Strafverfahren und das Bußgeldverfahren
Rn.	Randnummer
RP	Rheinland-Pfalz
Rspr.	Rechtsprechung
S.	Satz, Seite
SächsPolG	Sächsisches Polizeigesetz
SächsVerfGH	Sächsischer Verfassungsgerichtshof
SH	Schleswig-Holstein
SK	Systematischer Kommentar
SK-StGB	Systematischer Kommentar zum Strafgesetzbuch
SK-StPO	Systematischer Kommentar zur Strafprozessordnung und zum Gerichtsverfassungsgesetz
s.o.	siehe oben
sog.	sogenannte(r)
SOG LSA	Gesetz über die öffentliche Sicherheit und Ordnung des Landes Sachsen-Anhalt
Sp.	Spalte
SPD	Sozialdemokratische Partei Deutschlands
SPolG	Saarländisches Polizeigesetz
st.	ständige(r)
StA	Staatsanwaltschaft, Staatsanwalt
StraFo	Strafverteidiger Forum (Zeitschrift)
StGB	Strafgesetzbuch
StPO	Strafprozessordnung
str.	streitig
StV	Strafverteidiger (Zeitschrift)
StVÄG	Strafverfahrensänderungsgesetz
ThürPAG	Thüringisches Gesetz über die Aufgaben und Befugnisse der Polizei
TÜ	Telekommunikationsüberwachung
u.a.	unter anderem, und andere
Urt.	Urteil
u.U.	unter Umständen
v.	von, vom
VE	Verdeckte(r) Ermittler

VE ME PolG	Vorentwurf zur Änderung des Musterentwurfs eines einheitlichen Polizeigesetzes des Bundes und der Länder
Verf.	Verfasser(in)
VersG	Versammlungsgesetz
VerwArch.	Verwaltungsarchiv (Zeitschrift)
VGH	Verwaltungsgerichtshof
vgl.	vergleiche
VP	Vertrauensperson
VR	Verwaltungsrundschau (Zeitschrift)
VVDStRL	Veröffentlichungen der Vereinigung Deutscher Staatsrechtslehrer (Zeitschrift)
wistra	Zeitschrift für Wirtschaft, Steuer und Strafrecht
www	world wide web
z.B.	zum Beispiel
ZFD	Zollfahndungsdienst
ZIP	Zeitschrift für Wirtschaftsrecht
ZKA	Zollkriminalamt
ZRP	Zeitschrift für Rechtspolitik
ZStW	Zeitschrift für die gesamte Strafrechtswissenschaft
z.T.	zum Teil
zugl.	zugleich
zust.	zustimmend

Einleitung

§ 1 Problemstellung

Die vorliegende Untersuchung möchte einen Beitrag zur Lösung der stets aktuellen Problematik des Widerstreits von Freiheitsrechten der einzelnen Bürger mit dem Strafverfolgungsanspruch des Staates leisten. Es vergeht kaum ein Tag, an dem die Tagespresse nicht über Themen berichtet, die in diesem Spannungsfeld angesiedelt sind. Hierzu seien nur die Schlagworte „Terrorbekämpfung", „Großer Lauschangriff" oder „Gentest" genannt. Voraussetzung für eine rechtsstaatlich gebotene Behandlung dieser fokussierten „großen Maßnahmen" ist es jedoch, sich immer wieder vertieft ihren Grundlagen zu widmen, um die Festigkeit ihrer rechtlichen „Wurzeln" zu begutachten. Daher konzentriert sich die vorliegende Arbeit im Wesentlichen auf die vermeintlich rechtlich weniger problematische Ermittlungsmaßnahme der **Observation ohne technische Mittel zur Strafverfolgung.** Das gewählte Vorgehen verspricht neben der ausführlichen Untersuchung dieser Maßnahme zugleich grundsätzliche Erkenntnisse für die erwähnten „großen Maßnahmen" wie Lauschangriff. Vorab gilt es jedoch festzustellen, ob nicht gerade die letzteren eine grundlegende Neuorientierung der Topoi Freiheit und Sicherheit mit sich gebracht haben.

I. Die Terroranschläge in New York und Madrid – Anlass einer neuen Abwägung zwischen Freiheit und Sicherheit?

1. Die neue globale Bedrohung

Die verheerenden Terroranschläge auf das World Trade Center in New York und auf das Pentagon in Washington am 11. September 2001 („9/11") sowie auf die U-Bahnen in Madrid am 11. März 2004 und in London am 7. Juli 2005 haben eine schonungslose und nicht für möglich gehaltene Brutalität gegen Unschuldige zu Tage treten lassen. Sie provozieren geradezu Aussagen wie die folgende:

Es existiert ein massives und globales Sicherheitsdefizit für ganze Staaten, staatliche Institutionen und damit letzten Endes auch stets für unzählige Privatpersonen als leidtragende Opfer. Verantwortlich für diese neue Bedrohung ist eine weltweit vernetzte organisierte Kriminalität im Allgemeinen und sind – neuerdings vielfach religiös motivierte – terroristische Vereinigungen im Besonderen.

2. Staatliche Reaktionen in Deutschland auf den Terror

Die Hauptkonsequenz jener Ereignisse war nicht nur in den unmittelbar betroffenen Ländern, sondern auch in Deutschland eine hektische Betriebsamkeit der Legislative. So wurden bei uns innerhalb kürzester Zeit zwei so genannte „Sicherheitspakete" geschnürt, in denen das sogleich beschriebene **Terrorismusbekämpfungsgesetz** aufging[1]. Jene Gesetze sollten Instrumente für eine rasche und wirksame Bekämpfung internationaler Kriminalität beinhalten[2].

Kritisch sei in diesem Zusammenhang aus psychologischer Sicht an die Untersuchung von *Irwin Janis* und *Richard Ned Lebow* über fehlerhafte gruppendynamische Entscheidungsprozesse in großen internationalen Krisensituationen seit dem 2. Weltkrieg erinnert[3]. Es trat zu Tage, dass in mehr als 1/3 der Fälle Fehler in sieben verschiedenen voneinander unabhängigen (!) Dimensionen auftraten.

Die Art und die ungewöhnliche Schnelligkeit des Zustandekommens der Gesetze legen den Verdacht nahe, dass es sich auch im vorliegenden Fall um eine solche fehlerhafte Entscheidung handelt. Dies insbesondere auch deswegen, weil grundsätzlich gesprochen in derartigen Krisensituationen die Wahrnehmung von Alternativen eingeschränkt sein kann und statt kreativer Reaktion stereotypes, rigides Denken auftritt. Denn die Ressourcen für Aufmerksamkeit, Prozesse der Problemlösung, der Urteilsbildung und der Entscheidungsfindung sind aufgrund einseitiger Fokussierung auf den bedrohlichen Aspekt limitiert[4].

Exemplarisch für eine Vielzahl weiterer Gesetze seien im Folgenden zwei erwähnt, die bedeutende Änderungen mit sich gebracht haben; gemeint sind das **Terrorismusbekämpfungsgesetz** und das **34. Strafrechtsänderungsgesetz**. Anschließend werden Auswirkungen von „9/11" auf die Judikatur deutscher Gerichte aufgezeigt.

a) Das Terrorismusbekämpfungsgesetz

Am 30.11.2001 billigte der Bundesrat das am 9.11.2001 vom Deutschen Bundestag beschlossene *Gesetz zur Finanzierung der Terrorbekämpfung*, in dessen Zuge im Staatshaushalt 2002 eine zusätzliche Summe von 3 Milliarden DM für

1 Dazu *Krey*, Kohlmann-FS, S. 628 [649 f].
2 Kritisch *Kühne*, Strafprozessrecht, Rn. 377.
3 Nach *Fischer*, (1985) Attitude, logic keys to nuclear survival, in: APA Monitor: 24.
4 *Janis*, Decisionmaking under stress, in: Goldberger/Breznitz (ed.), Handbook of Stress, 1982, New York, Free Press.

Maßnahmen des sog. *Ersten Anti-Terror-Pakets* bereitgestellt wurde. Jenes Gesetz wurde am 14.12.2001 verkündet und trat am 1.1.2002 in Kraft[5].

Im Blickpunkt der hektischen Aktivitäten der Legislative standen neben der Schaffung neuer Deliktstatbestände im Strafgesetzbuch und einer Verschärfung von bestehenden Normen wie der Vorschrift über Geldwäsche gemäß § 261 StGB[6] auch die Änderung des Auftrages der Bundeswehr für den Einsatz zum Schutze staatlicher Institutionen oder von Atomkraftwerken sowie der Ausbau des Bundeskriminalamtes zu einer Institution mit teils nachrichtendienstlicher Funktion.

Jene Inhalte waren wesentliche Bestandteile einer unter der Bezeichnung *„Zweites Sicherheitspaket"* von Bundesinnenminister *Schily* vorgeschlagenen Gesetzesänderung[7]. Sie gingen mit unterschiedlicher Nuancierung im *„Gesetz zur Bekämpfung des internationalen Terrorismus"* (Terrorismusbekämpfungsgesetz) vom 9.1.2002 auf, welches rückwirkend zum 1.1.2002 in Kraft trat[8].

Schließlich wurde, wie es im Anschluss an aufrüttelnde Geschehnisse nicht selten zu beobachten ist, der Ruf nach der Bereitstellung neuer bzw. erweiterter Ermittlungs- und Strafverfolgungskompetenzen für die Polizei laut.

So einigten sich die Innenminister des Bundes und der Länder auf eine gemeinsame bzw. koordinierte Durchführung der sog. „Rasterfahndung" zur Ermittlung der Identität von unbekannten Straftätern im Rahmen der **Gefahrenabwehr**[9]. Ziel jener Fahndungsmethode sollte u.a. sein, sog. „Schläfer" ausfindig zu machen.

b) Das 34. Strafrechtsänderungsgesetz (StrÄndG)

Durch das 34. StrÄndG vom 22.8.2002, das am 30.8.2002 in Kraft trat[10], wurde u.a. § 129b neu in das StGB eingefügt. Er erweitert den Anwendungsbereich der

---

5 BGBl. I, S. 3436.

6 Gesetz zur Bekämpfung von Steuerverkürzungen bei der Umsatzsteuer und zur Änderung anderer Steuergesetze (Steuerverkürzungsbekämpfungsgesetz) v. 20.12.2001, BGBl. I, S. 3983.

7 Ausführlich *Lepsius*, Das Verhältnis von Sicherheit und Freiheitsrechten in der Bundesrepublik Deutschland nach dem 11. September 2001, S. 6 f, unter http://www.aicgs.org/Publications/PDF/lepsius.pdf.

8 BGBl. I, S. 361-395.

9 Siehe dazu http://www.bundesregierung.de/dokumente/,7417.58248/Artikel/dokument.htm. Freilich musste der Datenschutzbeauftragte von Rheinland-Pfalz *Rudolf* wenige Monate später einräumen, dass diese Maßnahme noch zu keinem wirklichen Treffer geführt habe, vgl. FAZ v. 9.3.2002, S. 1. Ausführlich zur Rasterfahndung: *Wanner*, Die negative Rasterfahndung, 1985.

10 BGBl. I, S. 3390.

§§ 129, 129a StGB auf kriminelle oder terroristische Vereinigungen, die lediglich im Ausland bestehen und nicht einmal eine Teilorganisation innerhalb der Bundesrepublik Deutschland unterhalten[11].

Der deutsche Gesetzgeber setzte mit jener Ausdehnung ursprünglich eine für alle EU-Staaten verbindliche Gemeinsame Maßnahme des Rates der Innen- und Justizminister der EU vom 21.12.1998[12] um, aufgrund der die Mitgliedstaaten den Tatbestand der „Beteiligung an einer kriminellen Vereinigung" in ihr jeweiliges Strafrecht aufzunehmen hatten. Jene Gemeinsame Maßnahme wiederum ging zurück auf die Empfehlung Nr. 17 des EU-Aktionsplans zur Bekämpfung der Organisierten Kriminalität vom 28.4.1997[13]. Artikel 4 Unterabsatz 1 der Gemeinsamen Maßnahme sah die Ahndung der Beteiligung an einer kriminellen Vereinigung im Hoheitsgebiet der Mitgliedstaaten vor, und zwar „unabhängig von dem Ort des Hoheitsgebiets, an dem die Vereinigung ihre Operationsbasis hat oder ihre strafbaren Tätigkeiten ausübt"[14].

Jene Gesetzesänderung steht damit nicht unmittelbar im Zusammenhang mit den jüngsten Terrorbekämpfungsmaßnahmen. Allerdings erstreckte der deutsche Gesetzgeber aufgrund der zitierten Terrorakte in New York und Washington, aber auch wegen des Selbstmordattentats auf vorwiegend deutsche Touristen auf der tunesischen Insel Djerba am 11. April 2002 den Anwendungsbereich des § 129b StGB weiter als ursprünglich intendiert über Vereinigungen **im EU-Ausland** hinaus auch auf **globale** Organisationen und Netzwerke[15].

c) Auswirkungen der Terrorakte („9/11") auf die Judikative

aa) Bejahung einer gegenwärtigen Gefahr i.S.d. Polizeirechts

Auch einige Gerichte konnten sich dem Eindruck der Terrorereignisse nicht entziehen. So bejahte das *OVG Bremen* unter Bezugnahme auf die Anschläge in New York und Washington und die außenpolitische Position Deutschlands das Vorliegen einer **gegenwärtigen Gefahr** i.S.d. Polizeirechts und eröffnete damit das umfangreiche präventive Tätigkeitsfeld der Polizei wie folgt:

„Durch die am 11.09.2001 in den USA erfolgten Terroranschläge ist das Vorhandensein einer international operierenden, vernetzten Kriminalitätsstruk-

11 BT-Drs. 14/8893, S. 8 f; *Pick* BT Prot. 14/234, S. 23331; *Lepsius* aaO, S. 5, 6; *Nehm*, NJW 2002, 2665 [2670]. Jene Regelungen waren ursprünglich Teil des sog. „Ersten Sicherheitspakets". Zusammenfassend *Kindhäuser*, LPK-StGB, § 129b Rn. 1.

12 AmtsBl. EG 1998 L 351, S. 1 f.

13 AmtsBl. EG 1997 C 251, S. 4, 11.

14 AmtsBl. EG 1998, L 351, S. 2.

15 LK-*v. Bubnoff*, Nachtrag zum StGB § 129b Rn. 5; *ders.*, NJW 2002, 2672 ff; *Nehm*, NJW 2002, 2665 [2670]; kritisch *Tröndle/Fischer*, § 129b Rn. 3.

tur sichtbar geworden. Die Täter wiesen ein hohes Maß an Professionalität, andererseits aber auch, wie die Bereitschaft zum kollektiven Selbstmord verdeutlicht, eine außerordentliche kriminelle Energie auf. Es musste ernsthaft damit gerechnet werden, dass dieses Netzwerk zu weiteren Terroranschlägen bereit und fähig war"[16].

In einer vergleichbaren Entscheidung bejahte das *OLG Düsseldorf* eine gegenwärtige Gefahr i.S.d. Polizeirechts mit der Begründung, dass die Vereinigten Staaten gerade mit ihren militärischen Gegenschlägen begonnen und die Unterstützung durch die Mitgliedsstaaten angefordert hätten und diese von Seiten der Bundesregierung auch zugesagt worden sei. Da Führungskreise Afghanistans Vergeltungsschläge gegen die an den amerikanischen Aktionen beteiligten Ländern angedroht hätten, dürfte diese Androhung nicht unbeachtet bleiben, wenn auch konkrete Anzeichen für Terroranschläge in Deutschland nicht bekannt seien[17].

bb) Kritische Betrachtung dieser Rechtsprechung

Ohne hier das herrschende Dogma zum **polizeirechtlichen Gefahrbegriff** zu verkennen, dass nämlich für präventives Polizeihandeln zum einen eine „Dauergefahr" ausreicht[18] und zum anderen an die Wahrscheinlichkeit des Schadenseintritts umso geringere Anforderungen zu stellen sind, je größer der zu erwartende Schaden ist[19], erscheint jene Judikatur problematisch:

Für den unbefangenen Beobachter liegt es auf der Hand, dass sich in den zitierten Entscheidungen schlicht die Unsicherheit des Umgangs mit der neuen Bedrohung dokumentiert. Denn es würde eine offensichtlich unhaltbare Annahme bedeuten, wenn die Gerichte ihre Rechtsprechung mit der gegebenen Begründung für einen längeren Zeitraum aufrecht erhalten und damit den Topos einer „*Dauergefahr durch die Möglichkeit eines Terroranschlags*" als omnipräsente Eingriffsvoraussetzung der polizeilichen Prävention etablieren wollten. Der Gefahrbegriff würde letzten Endes in Abhängigkeit zu der schwer überschaubaren politischen Großwetterlage stehen. Eine so verstandene Dauergefahr könnte angesichts der kaum widerlegbaren Annahme einer sehr hohen Schwere eines potentiellen Anschlages allenfalls durch gesicherte geheimdienstliche Erkenntnisse über

16 Nord ÖR 2002, 372 ff. Ebenso zu § 47 ASOG das *KG Berlin*, Urt. v. 16.4.2002 – Az.: 1 W 89 – 98/02.
17 NVwZ 2002, 629 f.
18 Anders freilich der in einigen Landesgesetzen niedergelegte Gefahrbegriff, vgl. z.B. § 2 Nr. 3 lit. a BremPolG. In jenem Sinne auch *Denninger* in: Lisken/Denninger, Polizeirecht, Kap. E Rn. 43; *Knemeyer*, Rn. 94.
19 *BVerwG* E 47, 31 [40]; *BVerwG* NJW 1970, 1890 [1892].

eine tatsächlich gesunkene Gefährlichkeit solcher Terrorvereinigungen revidiert werden. Dies würde angesichts der unübersehbaren Vielzahl und Qualität der Terrorvereinigungen bzw. -netzwerke eine Überstrapazierung des Gefahrbegriffs bedeuten und dazu führen, dass sich eine solche Gefahr in Zukunft wohl nie mehr ausschließen ließe.

II. Wahrung verfassungsrechtlich garantierter Freiheitsrechte

In derartigen Ausnahmesituationen, die ganze Staaten in ihren Grundfesten erschüttern und unvorhergesehene massive neue Bedrohungen offenbaren, besteht im Hinblick auf genuin verfassungsrechtliche Erwägungen die erhöhte Gefahr, dass mit Unterstützung einer sensibilisierten öffentlichen Meinung politisch motivierte Gesetzesvorhaben plötzlich für notwendig erachtet und rasch realisiert werden. So führten auch jene Terroranschläge dazu, dass ein von Politik und Öffentlichkeit konsentierter umfassender Rechtssetzungsprozess als alternativlos angesehen wurde. Die Anschläge übten einen derartigen psychischen Druck aus, dass die politische Willensbildung kanalisiert wurde. So stand das „Ob" des Regelungsbedarfs außer Frage. Allenfalls das „Wie" war einer Diskussion zugänglich[20].

Bei genauerer Betrachtung wird klar, dass die vielfältigen Reaktionen zwar durch die Anschläge ausgelöst worden sind, ihre Motivation aber einen anderen Ursprung hat. So spricht *Lepsius* mit Blick auf den Terror zu Recht von einem **„entindividualisierten Phänomen"**, bei dem die Bedrohung nicht wie sonst von einzelnen individualisierbaren Tätern ausgeht, sondern als allgemeine Entwicklung in einer globalisierten Welt erscheint[21]. Staaten und jeder Einzelne sehen sich ohnmächtig einer diffusen Bedrohungslage ausgesetzt, die von Gruppierungen ausgeht, deren Existenz bis dato überhaupt oder in ihrem vollen Gefährdungspotential unbekannt war. Mit anderen Worten stellen die Aktivitäten keine Reaktion auf die Anschläge selbst, sondern auf die diesen innewohnende Symbolik dar. Hauptantriebsfeder ist die Angst vor einer erneuten unbekannten Bedrohungssituation.

In der täglichen Praxis z.B. von Innenministerien und Sicherheitsbehörden verstärkt sich zudem durch gravierende Vorfälle der Druck, zumindest versuchsweise Vorgehensweisen anzuordnen und durchzuführen, die dem Grundrechtsschutz des einzelnen Bürgers zuwiderlaufen können bzw. deren Rechtsgrundlage (noch) nicht gesichert ist.

---

20 Kritisch zu diesem Prozedere *Kühne*, Strafprozessrecht, Rn. 377.
21 *Lepsius*, aaO, S. 3.

III. Kriminalitätsbekämpfung versus Grundrechtsrechtsschutz – Ein traditionelles Rechtsproblem ohne neue Qualität durch den globalen Terrorismus –

Zwar mögen sich die politischen Handlungsmaximen seit dem 11. September 2001 verschoben haben. In *rechtlicher* Hinsicht bleibt im Hinblick auf die Stellung der Freiheitsrechte des Einzelnen jedoch zu konstatieren, dass jenes Datum nur marginale Auswirkungen hat und auch keine Zäsur darstellt[22]. Die Kollision von Interessen der Kriminalitätsbekämpfung einerseits und des Grundrechtsschutzes andererseits hat in der Bundesrepublik Deutschland eine weitaus längere Tradition. Sie rührt im Wesentlichen aus den 70er Jahren des letzten Jahrhunderts als dem Zeitalter des Terrorismus der „Roten-Armee-Fraktion" (RAF) her[23]. Unter dem Eindruck der damaligen Aktivitäten gegen den deutschen Staat wurden wesentliche legislative Grundentscheidungen getroffen und umfassend diskutiert[24]. Jene Gesetze wurden in der Folgezeit vom *Bundesverfassungsgericht* auf ihre Grundrechtskompatibilität überprüft. Daraus resultierten verbindliche Entscheidungen (§ 31 BVerfGG)[25], die die Festigung des gesellschaftlichen Konsenses vorantrieben. Eine bedeutsame Konsequenz hieraus war in den 80er Jahren die Postulierung des **„Grundrechts auf Sicherheit"**, das als ein neu definiertes Grundrecht mit teilweise übergeordneter verfassungsrechtlicher Rechtfertigung tituliert und zur Staatsaufgabe erklärt wurde[26].

Im Jahre 1993 schließlich führte das In-Kraft-Treten des **Schengener Abkommens** mit dem Abbau innereuropäischer Grenzkontrollen dazu, dass ein erhöhter Sicherheitsbedarf wegen grenzüberschreitender Kriminalität reklamiert und rasch anerkannt wurde[27].

So kann heute jeder Bürger beispielsweise in Zügen, an Flughäfen, Bahnhöfen und z.T. in einem 30 Kilometer großen Umkreis zu den Bundesgrenzen durch Bundesgrenz-

---

22 So auch *Lepsius* aaO, S. 2.

23 Näher dazu *Krey*, Kohlmann-FS, S. 627 [633].

24 *Bull* (Hrsg.), Sicherheit durch Gesetz?, 1987; *Klughardt*, Die Gesetzgebung zur Bekämpfung des Terrorismus aus strafrechtlich-soziologischer Sicht, 1984; *Krey*, ZRP 1975, 97 ff; *Rudolphi*, JA 1979, 1 ff; *Vogel*, NJW 1978, 1217 [1225 ff]; *Wassermann* (Hrsg.), Terrorismus contra Rechtsstaat, 1976. Mit Beispielen für die einhergehende Verschärfung strafprozessualer Zwangsmaßnahmen *Kühne*, Strafprozessrecht, Rn. 399.

25 Vgl. nur *BVerfG* E 46, 160 ff (Entführung Schleyer); E 49, 24 ff (Kontaktsperregesetz); E 65, 1 ff (Volkszählungsurteil).

26 *Isensee*, Das Grundrecht auf Sicherheit, 1983; *Robbers*, Sicherheit als Menschenrecht, 1987. Vgl. auch *Gusy*, DÖV 1996, 573 ff.

27 Vgl. *Götz*, NVwZ 1998, 679 ff; *Lisken*, NVwZ 1998, 22 ff; *Möllers*, NVwZ 2000, 382 ff.

schutz[28] oder die Landespolizei[29] einer sog. „verdachtlosen" Personenkontrolle unterzogen werden[30].

Fazit: Es zeigt sich, dass die exemplarisch aufgezeigten legislativen, judikativen und exekutiven Aktivitäten der letzten Jahre zwar einen neuen Höhepunkt an Quantität erreicht haben mögen. Es bestehen aber **keine** Anhaltspunkte dafür, dass das Pendel in Richtung einer **qualitativ neuen Abwägungsentscheidung** zwischen Freiheit und Sicherheit ausgeschlagen ist oder in Zukunft ausschlagen wird.

Zudem sei bereits an dieser Stelle mit *Kühne* daran zu erinnern, dass sich der Staat keinesfalls „ebenso frei und ruchlos" bestimmter (technischer) Mittel zur Strafverfolgung bedienen kann wie die Täter selbst. Denn der Staat darf sich nicht auf eine Ebene mit dem Verbrecher stellen, wenn er den im Strafverfahren zu verifizierenden Anspruch auf Moral glaubhaft vertreten will[31].

§ 2 Eingrenzung des Untersuchungsgegenstandes; Zielsetzung

Ungeachtet der gewonnenen Erkenntnisse besteht aber auch bei einer bloß quantitativ erhöhten Sicherheitstätigkeit des Staates die Gefahr, dass der Bürger unter dem Deckmantel effektiver Kriminalitätsbekämpfung und damit zugleich im Namen der Sicherheit des Staates und der Bevölkerung zum unmittelbar oder mittelbar Betroffenen von Kontrollen oder Überwachungsmaßnahmen wird.

Während die Polizei- und Ordnungsgesetze der einzelnen Bundesländer in den letzten Jahrzehnten Gegenstand von vielerlei – in weiten Teilen gelungenen – Änderungen und Erweiterungen gerade auch im Bereich von Standardmaßnahmen waren, die den verstärkten Anforderungen an den Grundrechtsschutz des Einzelnen im Bereich präventiver Tätigkeit Rechnung getragen haben[32], ist im Bereich repressiver Polizeitätigkeit, d.h. im Anwendungsbereich der Strafpro-

---

28 So z.B. §§ 22a Abs. 1 lit. a, 23 Abs. 1 Nr. 2, 3 BPolG.

29 Vgl. anstatt vieler ähnlicher Landesvorschriften nur Art. 13 Abs. 1 Nr. 5, Abs. 3 PAG; die Vereinbarkeit mit Landesverfassungsrecht bejahend *BayVerfGH*, DVBl. 2003, 861; kritisch *LVerfG M.-V.*, Nord ÖR 1999, 502.

30 Sog. „Schleierfahndung". Ausführlich dazu *Kühne*, Strafprozessrecht, Rn. 380 f; *Kutscha*, LKV 2000, 135 ff; *Lisken*, DRiZ 2000, 272 ff.

31 *Kühne*, Bürgerfreiheit und Verbrecherfreiheit, Rechtspolitisches Forum Heft 21, 2005, S. 10.

32 Man denke nur an die sorgsam austarierte Normierung verschiedener im Zusammenhang mit Datenerhebung bzw. -speicherung stehender Ermittlungsmaßnahmen in §§ 1 ff, 22 ff PolG NW. Zustimmend *Peitsch*, ZRP 1992, 127 ff.

zessordnung, trotz oder gerade wegen vieler kleinerer oder auch größerer Normänderungen vieles Stückwerk geblieben.

Mit der vorliegenden Arbeit soll exemplarisch die Zulässigkeit der Observation als strafprozessualem Ermittlungsinstrument untersucht werden. Sie ist in der Variante der „längerfristigen Observation“ seit In-Kraft-Treten des Strafverfahrensänderungsgesetzes 1999[33] in **§ 163f StPO** neu normiert. Ob diese Normsetzung gelungen ist, wie die Erscheinungsform der „kurzfristigen“ Observation zu behandeln ist und dass sich neben diesen beiden Observationsarten noch eine dritte, bislang nicht diskutierte Variante der „sonst erheblichen“ Observation aufdrängt, wird den Gegenstand der Untersuchung bilden.

Zusätzlich soll die Strafprozessordnung dabei einer genaueren Überprüfung auf ihr Instrumentarium zum Schutz der Grundrechte unterzogen werden. Es wird zu fragen sein, inwieweit das Strafverfahrensrecht Normen zum Schutze der Rechtssphäre der Bürger aufgestellt hat. Anders ausgedrückt, wie dicht das Normengeflecht zum Zweck einer effektiven Strafverfolgung tatsächlich gestrickt ist, und wie effektiv der Schutz der Bürger und der Allgemeinheit durch ein ausreichendes Instrumentarium der repressiven Verbrechensbekämpfung ist. Neben den verfassungsrechtlichen Aspekten sollen aber auch der politische Hintergrund für das Fehlen einer Gesamtreform der Strafprozessordnung sowie die äußerst langwierige und von Kontroversen begleitete Einführung des § 163f StPO beleuchtet werden.

Es bedarf der Klärung, welcher Verbesserungen es mit Blick auf die Ausgestaltung spezieller strafprozessualer Ermittlungsmaßnahmen allgemein bedarf. Diese gehen zumeist vom Betroffenen unbemerkt vonstatten und bergen dadurch weitere Probleme. Mit anderen Worten geht es auch um die Beantwortung der häufig gestellten Frage:

„Befinden wir uns tatsächlich in einer Entwicklung der ‚Korrosion der Rechtsstaatlichkeit‘[34], sind wir auf dem Weg in einen ‚orwellianischen‘ Überwachungsstaat[35] oder gar schon mittendrin oder bedeuten die Tendenzen der letzten Jahre und Jahrzehnte lediglich die Schaffung und Sicherung eines sinnvollen und für das gedeihliche gemeinschaftliche Zusammenleben notwendigen Rahmens?“

---

33 BGBl. I (2000), S. 1253 ff.

34 *Staff*, ZRP 1992, 384 [389].

35 Dieser Ausdruck geht zurück auf die Schilderung einer von totaler Überwachung gekennzeichneten Welt in dem Roman „1984“ von *George Orwell* und wird nicht selten im Rahmen der Auseinandersetzung über Gefahren von neuartigen strafprozessualen Ermittlungsmethoden gebraucht, vgl. z.B. *Bergmann/Möhrle/Herb*, Datenschutzrecht, Systematik, Ziffer 2.1., S. 1; *Hufen*, JZ 1984, 1072; *Nimtz*, Observation, S. 26.

Observationsmaßnahmen gehören zu den althergebrachten und besonders effektiven Ermittlungsmethoden staatlicher Verfolgungsbehörden sowohl im Bereich der Kriminalitätsprävention als auch dem der Repression. Wegen ihrer Heimlichkeit sind sie dazu prädestiniert, vom Betroffenen unbemerkt und zugleich unter Umständen doch intensiv in dessen geschützte Rechtssphäre oder sogar in Rechtspositionen von gänzlich unbeteiligten Personen einzugreifen. Observationen sind genau im diffizilen Schnittbereich zwischen nicht grundrechtsrelevanten und damit verfassungsrechtlich unbedenklichen Ermittlungsmaßnahmen einerseits sowie Grundrechtseingriffen andererseits anzusiedeln. Dies qualifiziert sie zu einem aussagefähigen Untersuchungsgegenstand.

Die vorliegende Arbeit begutachtet ausschließlich die Ermittlungsmaßnahme der **Observation ohne technische Mittel**, und zwar im Bereich der Strafverfolgung, d.h. bei **repressivem** Tätigwerden von Polizeibeamten und (sonstigen) „Ermittlungspersonen der Staatsanwaltschaft“[36].

Jene durch das 1. Justizmodernisierungsgesetzes v. 24.8.2004[37] eingeführte Terminologie löst den vielkritisierten Begriff der „Hilfsbeamten“ ab. Sie soll die geänderte Rolle der Polizei im Ermittlungsverfahren verdeutlichen und der Ermittlungswirklichkeit Rechnung tragen[38].

Grundsätzlich ausgeklammert bleibt demgemäß der Bereich der polizeilichen Gefahrenabwehr. Zum einen stellt sich das verfassungsrechtliche Problem einer genügenden Eingriffsermächtigung vornehmlich im Bereich der Strafverfolgung. Denn in den verschiedenen Landesgesetzen über das Polizei- und Ordnungsbehördenrecht finden sich mittlerweile, wie bereits erwähnt, den rechtsstaatlichen Anforderungen genügende Vorschriften über längerfristige Observierungsmaßnahmen[39].

Zur näheren Begutachtung der Observation als Maßnahme im Spannungsfeld zwischen Repression und Prävention vgl. unten § 22.

Da Ermittlungsmaßnahmen **mit technischen Mitteln** ebenfalls grundsätzlich nicht berücksichtigt werden, ist der **„Große Lauschangriff“**, der durch Ergän-

---

36 Kritisch zu neueren Tendenzen im Verhältnis von StA und Polizei *Schaefer*, Kriminalistik 2004, 753 ff; *Weidmann*, Kriminalistik 2001, 378 ff.

37 BGBl. I, S. 2198 [2201].

38 So die Begründung der Beschlussempfehlung des Rechtsausschusses, BT-Drucks. 15/3482, Anl. 2, S. 26 f. Kritisch wegen der Gefahr einer Verdrängung der StA als „Herrin des Ermittlungsverfahrens“ *Knauer/Wolf*, NJW 2004, 2932 [2937] sowie die in Fn. 36 Genannten.

39 Vgl. die Beispiele in Fn. 141.

zung von Art. 13 GG[40] im Jahre 1998 legalisiert wurde, kein Hauptgegenstand dieser Arbeit. Soweit die sog. „Große Lauschangriff-Entscheidung" des *BVerfG* v. 3.3.2004[41] Auswirkungen auf die Thematik hat, wird sie selbstverständlich dargestellt.

Schließlich sind die verschiedenen Techniken und Taktiken der Observation in der polizeilichen Fachliteratur weitestgehend abgehandelt und können aus Praktikersicht als geklärt gelten[42]. Aus Verständnisgründen sollen die wichtigsten genannt und die Phänomenologie der Observation dargestellt werden. Hierauf wird im Verlauf der Arbeit zurückzukommen sein, wenn es um die Klärung der Terminologie der Observation und die Bestimmung der Eingriffsintensität geht.

§ 3 Gang der Darstellung

Im **ersten Hauptteil** werden als Grundlagen der Arbeit die historischen Wurzeln der Observation beleuchtet (Kapitel 1). Dann wird als ***erster Schwerpunkt*** der Arbeit der langwierige Gang des Gesetzgebungsverfahrens zur Regelung der längerfristigen Observation gemäß § 163f StPO nachgezeichnet und dabei die Problematik ausreichender gesetzlicher Ermächtigungsgrundlagen für verdeckte Ermittlungen angesprochen (Kapitel 2). Schließlich wird die terminologische und phänomenologische Bestimmung der Observationsmaßnahmen vorgenommen (Kapitel 3).

Der **zweite Hauptteil** behandelt zunächst den verfassungsrechtlichen Hintergrund (Kapitel 4). Nach Darstellung der Rechtslage bezüglich Observationen vor dem „Volkszählungsurteil"[43] des *BVerfG* vom 15.12.1983 wird das in jenem Urteil entwickelte informationelle Selbstbestimmungsrecht vor dem Hintergrund des allgemeinen Gesetzesvorbehalts als das primär prüfungsleitende Recht herausgearbeitet.

Anschließend (Kapitel 5 und 6) geht es um die differenzierend zu beantwortende Frage der Eingriffsqualität von Observationen. Hier liegt der ***zweite Schwerpunkt*** der Arbeit. Es ist fragen, ob und inwieweit Observationen einen *Eingriff* in die grundrechtlich geschützte Sphäre betroffener Personen darstellen und ob die StPO dafür ausreichende *Ermächtigungsgrundlagen* bereitstellt. Dazu

---

40 Art. 13 Abs. 3-6 GG wurden eingefügt, der bisherige Abs. 3 wurde Abs. 7 durch Gesetz vom 26.3.1998 (BGBl. I, S. 610). Zum Stand der Diskussion vor der Grundgesetzänderung *Krey*, JR 1998, 1 [6 f].

41 NJW 2004, S. 999 ff.

42 Siehe dazu nur: *Boge*, Kriminalistik 1982, 240 f; *Brodag*, Kriminalistik, Rn. 196 ff; *Wieczorek*, Kriminalistik, S. 88 f.

43 *BVerfG* E 65, 1 ff.

werden aus Anlass einer relevanten Gesetzesänderung zwei Zeiträume gesondert betrachtet, und zwar die Rechtslage vor (Kapitel 5) und nach (Kapitel 6) In-Kraft-Treten des **StVÄG 1999**[44].

In Kapitel 5 werden potentielle Ermächtigungsgrundlagen daraufhin untersucht, ob sie den etwaigen grundrechtlichen Eingriff gestatten. Insbesondere stehen als solche in Rechtsprechung und Lehre in Rede: § 163 Abs. 1 StPO als Befugnisgeneralklausel[45], die sog. „Schwellentheorie"[46], vorkonstitutionelles Gewohnheitsrecht[47], der „Übergangsbonus"[48], die polizeiliche Generalklausel[49], spezielle Befugnisse im neueren Polizeirecht der jeweiligen Bundesländer[50] sowie die Funktionsfähigkeit der Strafrechtspflege[51].

Als ***dritter Schwerpunkt*** werden in Kapitel 6 – angelehnt an die Differenzierung durch den Gesetzgeber – die Ermächtigungsgrundlagen für die nicht explizit geregelte **kurzfristige** Observation einerseits und die **längerfristige** Observation gemäß § 163f StPO andererseits getrennt untersucht. Es wird zudem geprüft, ob die Norm des § 163f StPO im Einklang mit den Grundsätzen des deutschen Strafprozesses steht und als Mosaikstein in ein schlüssiges Gesamtkonzept von Ermächtigungsgrundlagen passt.

Ob der Schutzbereich des informationellen Selbstbestimmungsrechts bzw. des allgemeinen Persönlichkeitsrechts durch die konkrete Maßnahme betroffen ist, richtet sich grundsätzlich nach deren Art und Intensität. Wann aber die Observation einen solchen Grundrechtseingriff darstellt, ist bislang nicht hinreichend deutlich ausdifferenziert. Ob und inwieweit die Regelung des § 163f StPO an dieser Situation etwas geändert hat und ob sonstige erhebliche Formen der Observation einer gesetzlichen Ermächtigung bedürfen, wird im Anschluss angesprochen (Kapitel 7). Dazu werden Kriterien herausgearbeitet, die zur Anerkennung einer **„sonst erheblichen" Observation** als dritter Variante führen, für die in Analogie zugunsten des Betroffenen die Verfahrenserfordernisse gemäß

---

44 BGBl. I (2000), S. 1253 ff.

45 *Kramer*, NJW 1992, 2732 [2735 ff]; *ders.*, Kriminalistik 1993, 227 [230]; *Schwan*, VerwArch. Bd. 70 (1979), 109 [118].

46 *Ahlf*, Die Polizei 1983, 41 [52 f]; *Rebmann*, NJW 1985, 1 [3].

47 *Kortgen*, Probleme des Gewohnheitsrechts, Rn. 181-187; *Krey*, Strafverfahrensrecht Bd. 1, Rn. 488; *Kleinknecht/Meyer-Goßner*, StPO (43. Auflage 1997), § 163e Rn. 2.

48 Diese Terminologie findet sich in diesem Zusammenhang – soweit ersichtlich – erstmals bei *Riegel*, DVBl. 1985, 765 [766]. Vgl. auch *Vahle*, VerwRdSch 1986, 264. Ausführlich zu dieser Problematik: *Alberts*, ZRP 1987, 193 ff; *Vogelsang*, DVBl. 1989, 962 ff.

49 *VGH München* NJW 1984, 2235 [2237]; *Honnacker*, CR 1986, 287 [289].

50 Vgl. beispielhaft § 16 Abs. 1 PolG NW.

51 Dazu *BVerfG* E 44, 353 [373]; 46, 214 [222]; *BGH* NJW 1988, 1037; *Rebmann*, NJW 1985, 1 [3]. *Fischer*, DVBl. 1981, 517 ff.

§ 163f StPO heranzuziehen sind. Gemeint sind Observationen, die zwar nach ihrer Dauer nicht das Gewicht der in § 163f StPO normierten Observation erreichen, aber wegen der sonstigen Schwere des Eingriffs zum Schutze der Betroffenen der längerfristigen Observation gleichgestellt werden sollten – worauf zurückzukommen ist –[52].

Im **dritten Hauptteil** werden besondere Konstellationen im Zusammenhang mit Observationen sowie die Rechtsschutzmöglichkeiten von Betroffenen überprüft: So werden Besonderheiten der Observationen im Rahmen vorbeugender Verbrechensbekämpfung dargestellt (Kapitel 8). Darüber hinaus wird die Ausstrahlungswirkung des § 163f auf andere Vorschriften der StPO untersucht (Kapitel 9). Hierbei wird die genannte Norm zum einen mit der Observation unter Verwendung technischer Mittel gemäß § 100f Abs. 1 StPO n.F. (= § 100c Abs. 1 StPO a.F.) in Relation gesetzt. Weiterhin sind Überschneidungen mit dem Verhältnis zu den gesetzlichen Vorschriften über die „Verdeckten Ermittler" **(VE)** zu prüfen. Hier darf das Resultat insbesondere keine Umgehung des Richtervorbehalts bedeuten, welchen §§ 110a, 110b Abs. 2 Nr. 1 StPO für den Einsatz verdeckter Ermittler statuieren. Schließlich wird die Relevanz des § 163f StPO für den gesetzlich nicht geregelten, aber unter bestimmten Voraussetzungen anerkannten Einsatz von sog. „Vertrauenspersonen" **(VP)** näher untersucht.

Abschließend werden die Rechtsschutzmöglichkeiten gegen Observationsmaßnahmen dargelegt (Kapitel 10).

Die Arbeit endet mit einer thesenhaften Zusammenfassung ihrer wesentlichsten Ergebnisse.

---

52 Siehe ausführlich Kapitel 7.

Erster Hauptteil: Grundlagen – Historischer Überblick, Aktualität, Terminologie und Phänomenologie –

Kapitel 1: Historischer Überblick und Aktualität der Materie

Nach einem kurzen historischen Überblick über Observationen in § 4 werden in § 5 die sechs wichtigsten Gründe für die ungebrochene Aktualität der Diskussion hinsichtlich ihrer Zulässigkeit aufgeführt und einer näheren Betrachtung unterzogen.

§ 4 Historischer Hintergrund

I. Überblick über heimliche Ermittlungsmethoden allgemein

Der Erfolg polizeilichen Handelns im Rahmen ihrer Ermittlungstätigkeit wurde seit jeher – zumindest partiell – durch dessen Heimlichkeit begründet. In der historischen Betrachtung fällt jedoch zunächst ins Auge, dass im liberalen Rechtsstaatswesen des 19. Jahrhunderts angesichts der damals herrschenden freiheitlichen Gesinnung die *Öffentlichkeit* staatlichen Agierens

– womit zugleich die Kontrolle staatlichen Handelns gemeint war –

von der Mehrheit der Bevölkerung als schlechthin konstituierend für die Ausübung staatlicher Macht empfunden wurde. Dementsprechend basierte das Handeln der Polizei auf dem Grundsatz, dass diese dem Bürger bei Ermittlungen in offener Art und Weise entgegenzutreten hatte[53]. Darüber hinaus wurde staatliche Macht erst *post factum criminis* als erforderlich angesehen, nicht hingegen im Stadium der Prävention. Plakativ spricht *Kühne* in diesem Zusammenhang von einem „liberalistischen Nachtwächterstaat".[54]

Nicht zuletzt war es eines der Ziele des Erlasses der Strafprozessordnung im Jahre 1877, heimliche Ausforschungsmethoden abzuschaffen, weil sie für „unan-

---

53 *König*, Die Entwicklung der strafprozessualen Zwangsmaßnahmen im Ermittlungsverfahren seit 1877, S. 61 f m.w.N.

54 Bürgerfreiheit und Verbrecherfreiheit, Rechtspolitisches Forum Heft 21, 2005, S. 5.

ständig" gehalten wurden[55]. In der Praxis indes wurden Existenz und Erforderlichkeit des heimlichen Tätigwerdens der Polizei in keiner Phase ihres Bestehens ernstlich geleugnet[56].

Der Ausdruck *„Geheim"* war aber im Zeitgeist des Liberalismus ein Schimpfwort für polizeiliche Maßnahmen des ancien régime. Demzufolge hieß es in einem Lexikon aus dem Jahre 1848:

„Das Wort ›geheim‹ hat längst den Fluch aller besseren im Volk auf sich geladen [...] Im Geheimen feiert die Inquisition ihre blutigen Henkerorgien, im offenen Tageslicht dagegen wandelt die Rechtschaffenheit, die überzeugungsvolle Gesinnung, wandelt ein freies Volk."[57]

Dieser eher staatstheoretisch zugewandten Betrachtung stand eine letztlich noch aus der *industriellen Revolution* herrührende Veränderung der tatsächlichen gesellschaftlichen Verhältnisse entgegen, die zu einer Verelendung breiter Kreise der Bevölkerung (sog. *„Pauperismus")* und in deren Folge zu einer spektakulären Zunahme der Kriminalität führte. Die Konfrontation mit jener Verbrechenswirklichkeit ließ schon früh die Einsicht reifen, dass die Polizei *„... auch in ihren schärfsten Zügen [...] zukünftig unentbehrlich sein werde."*[58]

Der Geist des Liberalismus lässt sich weiter bis hin in die *Weimarer Zeit* verfolgen, so durch Ministerialerlasse, die beispielsweise eine *Verbrechensprovokation durch V-Personen* jedenfalls programmatisch als unerwünscht erscheinen ließen[59]. Das schloss allerdings schon zu damaliger Zeit die durchaus eingeräumte Tatsache nicht aus, dass in praxi – jedenfalls auch – geheime Polizeiaktionen stattfanden[60]. Es lässt sich demnach als hergebrachte staatstragende Maxime in Bezug auf hoheitliches Handeln feststellen:

---

55 *Herzog*, Vortrag PFA v. 13.11.1991, zitiert nach *Lisken*, ZRP 1994, 264 mit Fn. 39.

56 Ausführlich zur Geschichte der Polizei seit dem 15. Jahrhundert m.w.N. *Boldt* in: Lisken/Denninger, Polizeirecht, Kap. A Rn. 1-96; *Hoppe*, Vorfeldermittlungen, S. 57 ff; *Notzon*, Rückgriff, S. 59 ff.

57 *Josef Meyer* (Hrsg.), Das große Conversationslexikon für die gebildeten Stände, 1840-1855.

58 *Friedrich Bülau* in: Die Neuen Jahrbücher für Gesellschaft und Politik 1845, Teil II, S. 461.

59 Ministerialerlasse des Preußischen Ministeriums des Innern v. 7.10.1844, v. 12.11.1886, v. 9.4.1913 und v. 18.9.1918; zitiert nach *Riehle*, KrimJ 1992, 60 [65 f] (Beiheft 4).

60 *Bauer*, Moderne Verbrechensbekämpfung Bd. 2, S. 287, weist auf ein Erinnerungsfoto aus der Zeit vor 1914 hin, auf dem 31 Kriminalbeamte in mannigfachen (Einsatz)Verkleidungen zu sehen sind.

Das Gebot, öffentlich zu agieren, war und ist unverzichtbare Grundvoraussetzung für die Kontrolle und Disziplinierung staatlicher Macht[61]. Rein tatsächlich besteht zugleich um der Bestandsgarantie des Staates und der Sicherheit seiner Bürger willen angesichts einer immer weiter angestiegenen Verbrechenswirklichkeit die Notwendigkeit, zumindest *auch* heimlich, also **verdeckt** zu ermitteln.

II. Die heimliche Observation im Besonderen

1. Observation im Kaiserreich

Bei der Observation handelt es sich um das vielleicht älteste Instrument polizeilicher Ermittlungsarbeit. Sie war schon im *Kaiserreich* bekannt und fand dort erwiesener Maßen Anwendung[62]. Jene Maßnahme stellt aber auch eines der am meisten umstrittenen Ermittlungsinstrumente dar, derer sich die Polizei bedient. Sie wurde und wird sowohl im Rahmen der vorbeugenden Verbrechensbekämpfung zur *Gefahrenabwehr* als auch bei der *Strafverfolgung* angewendet.

2. Die Observation im 20. Jahrhundert

Jene Maßnahme erlebte in der rechtspolitischen Diskussion der beiden vergangenen Jahrzehnte eine wahre Renaissance[63].

Noch 1957 konnte *Schmücker* im Rahmen seiner an der Polizeischule Münster-Hiltrup verfassten Arbeit uneingeschränkte Zustimmung mit folgenden Thesen finden:

> *„Eine begründete und sorgfältig durchgeführte Observation beschränkt bei normalem Verlauf weder die Freiheit und freie Willensentscheidung des Beobachteten, noch verletzt sie in irgendeiner Weise eines der verfassungsmäßig verbürgten Grundrechte. Da sie sich in der Regel auf öffentlichen Straßen und Plätzen oder in allgemein zugänglichen Räumen vollzieht, wo jedermann den Blicken und der Beobachtung anderer ausgesetzt ist und sich ihnen auch selbst, mehr oder weniger bewusst, preisgibt, kann der Observierte auch keine irgendwie rechtlich zu begründende Beeinträchtigung seiner Person darin finden, dass die Polizei die sich ihr bietende Sachlage zugleich zur Durchführung ihrer*

---

61 *Bernsmann/Jansen*, StV 1998, 217. Vgl. auch *Velten*, Transparenz staatlichen Handelns und Demokratie, 1996, S. 160 ff, 191 ff.

62 Vgl. *Lisken*, DRiZ 1987, 184 mit Fn. 6.

63 Dazu wohl als erster *Riegel*, JZ 1980, 224 ff. Umfassend und jeweils m.w.N.: *Gropp*, ZStW Bd. 105 (1993), 405 ff; *Meyer*, Rechtsfragen im Zusammenhang mit polizeilichen Beobachtungsmaßnahmen, 1982; *Vahle*, Polizeiliche Aufklärungs- und Observationsmaßnahmen, 1983. Für die Schweiz: *Zalunardo-Walser*, Verdeckte kriminalpolitische Ermittlungsmaßnahmen unter besonderer Berücksichtigung der Observation, 1998.

Aufgaben auswertet. Die Eigenart der Beobachtung, die in der grundsätzlichen Wahrung der Unauffälligkeit und dem damit verbundenen Verzicht auf jede Form einer Kontaktaufnahme besteht, schließt jedenfalls die Möglichkeit der Verletzung einer fremden Rechtssphäre geradezu aus. Eine Störung des Rechtsfriedens kann selbst dann nicht eintreten, wenn etwa der Beobachtete die gegen ihn durchgeführte Observation erkennt, da diese dann sofort abgebrochen werden muss, weil mit ihrer Wahrnehmung die Möglichkeit der unauffälligen Fortsetzung, wenigstens für den Augenblick, nicht mehr möglich ist."[64]

Zum einen scheint es bei heutiger Betrachtung dieser Ausführungen, als habe *Schmücker* den Bereich des schlicht-hoheitlichen Verwaltungshandelns im Visier gehabt[65].

Inhaltlich findet der Bereich, den *Schmücker* hier zu umschreiben scheint, seine Entsprechung in dem heute unter dem Begriff „Bagatelleingriff" diskutierten Problem[66]. Darunter werden u.a. gefasst: Das ungezielte Sammeln von Informationen[67], die Entgegennahme freiwillig gemachter Mitteilungen[68], gelegentliche Befragungen[69].

Zum anderen erklärt sich seine heute **unangemessen undifferenziert** wirkende Ansicht jedenfalls auch dadurch, dass sie – ungeachtet weiterer wesentlicher Rechtsentwicklungen[70] – aus einer Zeit stammt, in der umwälzende Veränderungen im technischen Bereich und damit einhergehend der Fortschritt in der Qualität der Verbrechenswirklichkeit sowie im dazu korrespondierenden Bereich der Verbrechensbekämpfung erst noch bevorstanden[71].

---

64 Zitiert nach *Frey*, Kriminalpolizeiliche Observation, in: Kriminalpolizei und Technik, 1967, S. 153 [156], der *Schmücker* zustimmt.

65 Auch „nichtförmliches Verwaltungshandeln" oder „Realakt". Ausführlich dazu *Hendler*, Allgemeines Verwaltungsrecht, Rn. 108, 408 ff; *Ipsen*, Allgemeines Verwaltungsrecht, § 13 Rn. 820 ff. *Maurer*, Allgemeines Verwaltungsrecht, § 15 Rn. 1 ff.

66 Vgl. dazu *Schmitt-Glaeser* in: Isensee/Kirchhof, Staatsrecht Bd. VI, § 129 Rn. 97; *Rogall*, GA 1985, 1 [26]; *Rudolphi* in: SK-StPO, vor § 94 Rn. 45, 47; *Weichert*, Informationelle Selbstbestimmung, S. 27.

67 *Wolter* in: SK-StPO, vor § 151 Rn. 45.

68 *Weichert*, Informationelle Selbstbestimmung, S. 27.

69 *Ernst*, Verarbeitung und Zweckbindung von Informationen im Strafprozess, 1993, S. 91 f; *Rudolphi* in: SK-StPO, vor § 94 Rn. 47.

70 Man denke nur an *BVerfG* E 65, 1 ff („Volkszählungsurteil"); dazu ausführlich unten in Kapitel 4.

71 Zu den polizeitaktischen, auswertungsmethodischen und strategischen Chancen moderner Technik ausführlich *Bach* in: Sicherheitsstrategien, S. 155 [157 ff].

§ 5 Gründe für den fortwährenden Diskurs über Ermittlungsmaßnahmen wie die Observation

I. „Organisierte Kriminalität" (OK)[72]

Eine Hauptursache für die Wiederbelebung der Diskussion um den Einsatz heimlicher Ermittlungsmaßnahmen wie Observation ist das seit Beginn der 70er Jahre des vergangenen Jahrhunderts kontrovers diskutierte Problem der Existenz und der effektiven Bekämpfung der sog. „Organisierten Kriminalität"[73].

1. OK aus phänomenologischer Sicht

Zwei der bis heute hinsichtlich der OK gestellten Streitfragen lauten, ob überhaupt und wenn ja in welcher Form eine solche Form der Kriminalität in Deutschland tatsächlich existiert[74]. Wurde sie bis zu Beginn der 80er Jahre des 20. Jahrhunderts noch vielfach in Abrede gestellt, kann bei sorgsamer Betrachtung neuerer polizeilich erhobener Statistiken[75] sowie einem kritischen Blick auf die mittlerweile deutlich hervortretende Verbrechenswirklichkeit, in der u.a. Schutzgelderpressung, Korruption, Betäubungsmittelkriminalität, Menschenhandel, Waffenhandel, Giftmülltransporte etc. an der Tagesordnung sind, ihre Existenz **kaum ernsthaft geleugnet werden**[76]. Von einigen wurde Deutschland

---

72 Eingehend dazu *Schwind/Steinhilper/Böden*, Organisierte Kriminalität, 1987. Zu einer eingehenden rechtsvergleichenden Untersuchung zum Thema vgl. *Kruse* in: Gropp (Hrsg.), „Besondere Ermittlungsmaßnahmen zur Bekämpfung der Organisierten Kriminalität", S. 105 ff.

73 So das Ergebnis der äußerst umfangreichen und fundierten jüngsten Untersuchung von *Kinzig*, Organisierte Kriminalität, S. 46 ff et passim.

74 Grundlegend dazu *Dörmann/Koch/Risch/Vahlenkamp*, Organisierte Kriminalität, BKA-Forschungsreihe, 1990; *Kinzig*, Organisierte Kriminalität, S. 40 ff; *Rebscher/Vahlenkamp*, Organisierte Kriminalität in der Bundesrepublik Deutschland, BKA-Forschungsreihe 1988.

75 Das BKA erstellt seit 1991 in Zusammenarbeit mit den Landeskriminalämtern, der Grenzschutzdirektion Koblenz und dem Zollkriminalamt Köln jährlich einen *„Lageprozess Organisierte Kriminalität in Deutschland"*. Seit 1993 fließen auch Erkenntnisse aus OK-Verfahren des Bundesgrenzschutzes, seit 1996 solche des Zollfahndungsdienstes ein. Näher zum Ganzen *Kinzig*, aaO, S. 275 ff; *Meywirth*, Kriminalistik 1999, 447 ff.

76 *Peter* in: Kube/Störzer/Timm (Hrsg.), Kriminalistik Bd. 2, S. 265 [266], macht die Anfänge einer organisierten Kriminalität am Beispiel des organisierten Kraftfahrzeugdiebstahls in den 60er Jahren aus. Für einen noch früheren Zeitpunkt *Exner*, Kriminalbiologie, S. 249: „Organisiertes Verbrechertum [...] auf deutschem Boden schon vor Jahrhunderten...".

auf dem Höhepunkt jener Diskussion Anfang der 90er Jahre gar als **„Brückenkopf“** einer weltweit operierenden Organisierten Kriminalität ausgemacht[77].

Andererseits rügten kritische Stimmen wie zum Beispiel *Eisenberg/Ohder*, dass zumindest **empirisch** gesicherte Befunde über die OK fehlten[78]. Vor dem Erlass etwaiger gesetzlicher Regelungen forderte daher *Hassemer* als ersten Schritt eine wissenschaftliche Absicherung des genannten Phänomens[79].

Diese Bedenken betreffen jedoch im Grunde den Problemkreis einer korrekten Bewertung bzw. Definition der OK. Sie setzen seine generelle phänomenologische Existenz aber voraus. Zudem wurde als Reaktion auf die geäußerten Bedenken in der Folgezeit anhand verschiedener Forschungsansätze das generelle Vorhandensein von OK auch empirisch nachgewiesen[80], so dass diese Zweifel als überholt angesehen werden können.

Mittlerweile wird denn die grundsätzliche Existenz des Phänomens „Organisierte Kriminalität“ auch weitgehend eingeräumt[81]. *Gusy* hält sie für eine „wichtige Herausforderung“[82]. *Koch* beschreibt sie als ein „herausragendes Thema der

---

77 Speziell zu aktuellen Erkenntnissen über Struktur und Netzwerke der Organisierten Kriminalität siehe *v. Lampe*, Kriminalistik 2001, 465 [466 ff]. Vgl. auch *Stoiber* in: Politische Studien Nov./Dez. 1992, S. 20.

78 JZ 1990, 574. Ebenso *Köhler*, ZStW Bd. 107 (1995), 10; *Dörmann/Koch/Risch/Vahlenkamp*, Organisierte Kriminalität, S. 7 ff.

79 KJ 1992, 64 [66].

80 *Bögel*, Strukturen, S. 193 et passim; *Heckenberger*, Kriminalistik 1995, 234 ff; *Kinzig*, Organisierte Kriminalität, S. 243 ff, 275 ff; *Kube* in: Mayerhofer/Jehle (Hrsg.), Organisierte Kriminalität, S. 17 ff; *Podolsky*, Wahrnehmung, 1995; *Pütter*, Der OK-Komplex, 1998; *Sieber/Bögel*, Logistik der Organisierten Kriminalität, 1993; *Sieber*, Kriminalistik 1998, 97 [100 f] mit dem Ergebnis, dass die moderne OK nur mit Hilfe internationaler Zusammenarbeit bekämpft werden kann; *Weschke/Heine-Heiß*, Organisierte Kriminalität als Netzstrukturkriminalität, 1990. Ebenso *v. Bubnoff*, NJW 2002, 2672; *Zachert*, Kriminalistik 1990, 626 ff. Vgl. dazu auch die Ergebnisse der BKA-Arbeitstagung v. 19.-22.11. 1996, Organisierte Kriminalität, BKA-Forschungsreihe 1997. Zur Existenz von OK in Österreich bzw. in der Schweiz *Sika*, S. 3 ff bzw. *Pieth*, S. 33 ff jeweils in: Mayerhofer/Jehle (Hrsg.), Organisierte Kriminalität.

81 *Eisenberg*, NJW 1993, 1033 ff; *Gusy*, GA 1999, 319 ff; *Hassemer/Starzacher*, Organisierte Kriminalität – geschützt vom Datenschutz, 1993; *Jacobi*, Jura 1989, 586 ff; *Krey*, Rechtsprobleme, BKA-Forschungsreihe 1993, Rn. 20-25; *ders.*, Miyazawa-FS, S. 595 ff; *Lenhard*, Kriminalistik 1991, 223; *ders.*, Kriminalistik 1991, 506 ff; *Nehm*, NStZ 1996, 513 ff; *Pütter*, Der OK-Komplex, S. 9 ff; *Schneider*, Jura 1984, 169 ff; *Schoreit*, StV 1991, 535 [538 f]; *Schuster*, Die Polizei 1990, 25 ff; *Weßlau*, KritV 1997, 238 ff; *Zachert*, Miyazawa-FS, 1995, S. 283 ff. Speziell zur Mafia *Hartmann*, Kriminalistik 2000, 642 ff; *Schott*, Kriminalistik 2000, 513 ff.

82 KJ 1994, 251.

Inneren Sicherheit"[83]. *Sielaff* stuft Maßnahmen gegen sie als eine „hochqualifizierte Form der Verbrechensbekämpfung" ein[84].

Jene Sicht der Dinge wird unterstützt durch den **„Ersten periodischen Sicherheitsbericht"**, den das BMI und das BMJ gemeinsam im Juli 2001 präsentierten. Aus ihm geht eindeutig hervor, dass Tätergruppen mit einem immer ausgeprägteren Grad an Professionalisierung und Internationalisierung inzwischen Deutschland erreicht haben[85]. Der gemeldete bzw. geschätzte wirtschaftliche Schaden wurde im Jahr 1999 mit 3,4 Mrd. DM ausgewiesen, wobei die Aktionsschwerpunkte in den Kriminalitätsbereichen Drogenhandel/-schmuggel, Wirtschaftskriminalität und Eigentumskriminalität lagen[86].

2. Versuche der Herausbildung einer tragfähigen Definition des Terminus „Organisierte Kriminalität"

Weitaus schwieriger gestaltet sich dagegen die Suche nach einer tragfähigen **Begriffsbestimmung** für die OK. Diese muss idealtypisch das Phänomen korrekt und umfänglich erfassen, damit es gleichsam zu einer **rechtlichen** Kategorie entwickelt werden kann, an die rechtliche Folgen von bestimmter Qualität geknüpft werden können[87].

So führte u.a. die unterschiedliche Interpretation der OK dazu, dass die Länder Bayern, Baden-Württemberg, Niedersachsen, Rheinland-Pfalz und Schleswig-Holstein noch Ende der 70er Jahre des 20. Jahrhunderts nach eigener Einschätzung überhaupt keine Organisierte Kriminalität verzeichneten[88].

Eine Klärung ist bis heute nicht umfassend erfolgt[89]. Im Folgenden werden die hierzu vertretenen wesentlichen Ansätze geschildert:

---

83 ZRP 1995, 24.

84 In: Kube/Störzer/Timm (Hrsg.), Kriminalistik Bd. 2, S. 506.

85 Erster Periodischer Sicherheitsbericht, Berlin 2001, S. 260.

86 aaO, S. 251.

87 Zur Entwicklung verschiedener Definitionsansätze seit 1975 siehe *Bögel*, Strukturen, S. 46 ff; *Dörmann/Koch/Risch/Vahlenkamp*, Organisierte Kriminalität, S. 3 ff; *Kinzig*, Organisierte Kriminalität, S. 51 ff.

88 *Kinzig*, aaO, S. 55; *Steinke*, Kriminalistik 1982, 78.

89 So jüngst wieder *von Lampe*, Kriminalistik 2001, 465 f [471].

a) Die Rechtsprechung des BVerfG

aa) BVerfG E 57, 250

Das *BVerfG* hatte in seiner Entscheidung vom 26.5.1981 die Geheimhaltung von Verdeckten Ermittlern im Strafverfahren damit legitimiert, dass sie zur Bekämpfung „besonders gefährlicher Kriminalität" notwendig sei, und exemplarisch die wachsende Bandenkriminalität sowie den Rauschgifthandel angeführt, ohne allerdings den Begriff „Organisierte Kriminalität" explizit zu verwenden[90]. Bei den genannten Tätigkeitsfeldern handelte es sich aber um solche, die heute typischer Weise der OK zugeschrieben werden.

bb) BVerfG E 100, 313

In seinem Urteil vom 14.7.1999 zur Verfassungsmäßigkeit von Regelungen des G 10-Gesetzes im Zuge des Verbrechensbekämpfungsgesetzes 1994[91] führt das *BVerfG* aus:

„Bei den strafrechtlich relevanten Verhaltensweisen der Proliferation, des Rüstungshandels, des internationalen Terrorismus, des Drogenexports und der damit zusammenhängenden Geldwäsche handelt es sich nicht nur um internationale Kriminalität. Vielmehr sind diese Aktivitäten dadurch gekennzeichnet, dass sie häufig von ausländischen Staaten oder von ausländischen Organisationen, die mit staatlicher Unterstützung oder Duldung operieren, ausgehen, jedenfalls aber Dimensionen annehmen, die internationale Gegenmaßnahmen erfordern"[92].

Weiter konstatiert das Gericht, dass

„sich gesteigerte Gefahren wegen der Zunahme internationaler organisierter Kriminalität, insbesondere im Bereich des illegalen Handels mit Kriegswaffen und Rauschgift oder der Geldwäsche entwickele"[93].

Bemerkenswert ist hier, dass das *BVerfG* den **Terrorismus** in einem Atemzug mit der **OK** nennt, aber keine weitergehende Trennung vornimmt.

---

90 *BVerfG* E 57, 250 [284].

91 BGBl. I, S. 3186 ff. Ausführlich dazu unten § 6 VI.

92 E 100, 313 [371].

93 *BVerfG* E 100, 313 [381]. *Möstl*, DVBl. 1999, 1394 f, kritisiert, dass dadurch bei der Bekämpfung der Organisierten Kriminalität die Grenzen zwischen allgemeiner Verbrechensbekämpfung und spezifischem Verfassungsschutz und Staatsschutz verschwömmen. Zustimmend aber: *Krüßmann*, JA 2000, 104 ff; *Müller-Terpitz*, Jura 2000, 296 ff.

b) Die Rechtsprechung des BGH

aa) BGH (GS) St 32, 115

Der *Große Senat* des *BGH* spricht in seinem Beschluss v. 17.10.1983 von einer qualitativen Veränderung in der Verbrechenswirklichkeit dergestalt, dass *„in verstärktem Maße kriminelle Organisationen in Erscheinung treten"*, und verwendet dabei den Begriff „Organisiertes Verbrechen"[94]. Offen bleibt bei dieser Begriffsbestimmung jedoch u.a., ob es sich bloß um eine quantitative oder auch qualitative Veränderung handeln soll.

bb) BGH St 46, 266

Eine gewisse Differenzierung nahm der *3. Strafsenat des BGH* in seiner „GPS-Entscheidung" v. 24.1.2001 vor[95]. Dort stellte er fest: *„Gerade bei den schwerwiegenden Straftaten im Bereich des Terrorismus und der organisierten Kriminalität, die häufig unter Benutzung neuester technischer Hilfsmittel konspirativ vorbereitet und durchgeführt werden, ist eine effektive Strafverfolgung ohne den Einsatz moderner Observierungsmittel [unmöglich]"*[96].

Bemerkenswert ist wiederum die Gleichsetzung von Terrorismus und organisierter Kriminalität. Dies dürfte aber Zufall sein. Es deutet nichts darauf hin, dass sowohl das *BVerfG* als auch der *BGH* insoweit eine Neuerung der sprachlichen Erfassung der OK präsentieren wollten.

c) Die Rechtsprechung des Sächsischen Verfassungsgerichtshofs

Der *Sächsische Verfassungsgerichtshof* sieht polizeiliche Vorfeldbefugnisse mit besonderen Datenerhebungsmitteln in der Auseinandersetzung mit *„schwerer, auch Organisierter Kriminalität"* gerechtfertigt. So stellt das Gericht fest, dass

> *„... sich weltweit kriminelle Gruppen eingerichtet haben, die durch eine besondere Qualität ihres kriminellen Handelns eine schnelle Anpassung ihrer Strukturen an bestehende Normen gekennzeichnet sind. Es handelt sich dabei um äußerst vielgestaltige, in steter Entwicklung begriffene Erscheinungsformen des Verbrechens, deren Bekämpfung situationsgerechtes flexibles Handeln verlangt"*[97].

---

94 *BGH (GS)* St 32, 115 [120].
95 St 46, 266 mit abl. Anm. *Kühne*, JZ 2001, 1148.
96 *BGH* St 46, 266 [273].
97 DVBl. 1996, 1423 [1428].

Das Gericht stellt also explizit auf eine gesteigerte *Qualität* des Verbrechens ab. Konsequent gesteht das Gericht der Polizei angesichts des großen Spektrums drohender Gefahren zum Zwecke einer effektiven Bekämpfung einen großen Beurteilungsspielraum bei der Auswahl ihrer Befugnisse zu.

d) Weitere Definitionsbemühungen

aa) AG Kripo 1974

Den ersten ernsthaften Versuch einer Definition der OK unternahm die AG Kripo, eine Arbeitsgemeinschaft der Leiter der LKA mit dem BKA im Jahr 1974. Er lautete:

„Der Begriff der organisierten Kriminalität umfasst Straftaten, die von mehr als zweistufig gegliederten Verbindungen oder von mehreren Gruppen in arbeitsteiligem Zusammenwirken begangen werden, um Gewinne zu erzielen oder Einfluss im öffentlichen Leben zu nehmen"[98].

bb) Die führende Definition der „Gemeinsamen Richtlinien"

Die teilweise auf jener Begriffsbestimmung der AG Kripo basierende und heute von der herrschenden Ansicht in der Literatur bevorzugte Definition der Organisierten Kriminalität lautet in Anlehnung an Satz 1 von Nr. 2.1 der Gemeinsamen Richtlinien der Justizminister/-senatoren und der Innenminister/-senatoren der Länder über die Zusammenarbeit von Staatsanwaltschaft und Polizei bei der Verfolgung der Organisierten Kriminalität[99]:

„Organisierte Kriminalität ist die von Gewinn- oder Machtstreben bestimmte planmäßige Begehung von Straftaten, die einzeln oder[100] *in ihrer Gesamtheit von erheblicher Bedeutung sind, wenn mehr als zwei Beteiligte auf längere oder unbestimmte Dauer arbeitsteilig*

a) unter Verwendung gewerblicher oder geschäftsähnlicher Strukturen

98 Zitiert nach *Heinhold*, Kriminalistik 1974, 252 [254].

99 RiStBV Anlage E, abgedruckt bei *Meyer-Goßner* A 15, S. 1957, 1958. Vgl. auch *Rebscher/Vahlenkamp*, Organisierte Kriminalität, S. 22 ff, 33 ff; *Ratzel/Brisach/Soiné*, Kriminalistik 2001, 530 [532].

100 *Gropp*, Rechtliche Initiativen, S. 84 mit Fn. 18, weist darauf hin, dass die Formulierung zwischen „und" (*Sieber/Bögel*, Logistik der Internationalen Kriminalität, S. 30) und „oder" (so *Boers*, Neue Kriminalpolitik 1995, 39; *Kruse*, Besondere Ermittlungsmethoden, S. 105 [114]) differiert. Zu Recht konstatiert er aber, dass es nach Sinn und Zweck der Definition „oder" heißen muss, da andernfalls alle Straftaten, die „nur" in ihrer Gesamtheit von erheblicher Bedeutung sind, ausscheiden.

b) unter Anwendung von Gewalt oder

c) unter Einflussnahme auf Politik, Medien, öffentliche Verwaltung, Justiz oder Wirtschaft

zusammenwirken“[101].

Satz 2 jener Begriffsbestimmung stellt dabei klar, dass Straftaten eines wie auch immer motivierten **Terrorismus** nicht von jener Definition erfasst sind. Dies mag sich daraus erklären, dass in Deutschland zu jener Zeit von terroristischen Aktionen keine nennenswerte Gefahr ausging[102].

cc) Ansichten im Schrifttum

Im Schrifttum wurden teilweise Möglichkeit und Wert einer umfassenden Definition der Organisierten Kriminalität angezweifelt, und zwar aus Gründen einer sich ständig ändernden Verbrechenswirklichkeit[103]:

- So spricht *Albrecht* von einer „abstrakten Bedrohungsvokabel“ und von einem „kriminalpolitischen Modewort“[104].
- *Rupprecht* bezeichnet die OK als einen „schillernden Begriff“, dem eine „unscharfe und variationsreiche Definition“ zugrunde liegt[105].
- *Gusy* sieht die „Organisierte Kriminalität“ als ein „wenig klares Phänomen“[106].
- *Nitz* hält den Begriff für „schwammig und unklar“, eine klare, abgrenzbare Definition läge nicht vor[107].
- *Falk* spricht von der „Inflationierung eines Begriffs“[108].

---

101 Von dieser Definition ging auch der Bundesratsentwurf für das „Gesetz zur Bekämpfung des illegalen Rauschgifthandels und anderer Erscheinungsformen der Organisierten Kriminalität“ (OrgKG) v. 15.7.1992 aus, vgl. BT-Drucks. 12/989, S. 24. Sie lag also auch dem erlassenen Gesetz – BGBl I, S. 1302 ff – zugrunde. Vgl. *Vahle*, DVP 1998, 311.

102 Anders in Spanien, wo Straftaten der baskischen Untergrundorganisation ETA das Hauptanwendungsfeld organisierter Kriminalität darstellen.

103 Vgl. nur die etwas anderslautende Begriffsbestimmung der Bundesregierung in der Antwort auf eine Kleine Anfrage der PDS-Gruppe, BT-Drucks. 12/1255 v. 7.10.1991, S. 1. Den Begriff für schwer definierbar hält deshalb *Möhn*, Kriminalistik 1994, 534 [536].

104 KritV 1997, 229 [231].

105 Kriminalistik 1993, 131.

106 StV 1995, 320 [321].

107 Einsatzbedingte Straftaten Verdeckter Ermittler, 1997, S. 24.

108 Erfassung, Beschreibung und Analyse von Organisierter Kriminalität. Defizite und Fortentwicklungsmöglichkeiten, in: BKA (Hrsg.), Organisierte Kriminalität, BKA-Forschungsreihe Bd. 43, 1997, S. 127 [129, 133].

- *Strate* hielt dem damaligen Leiter des Kriminalistischen Instituts des BKA, *Kube*, vor, dass selbst dieser von „[...] aus wissenschaftlicher und kriminalistischer Sicht letztlich relativ unerforschtem Terrain" sprechen musste[109].
- In diesem Sinne äußert sich auch *Schott*, der darüber hinaus die uneinheitliche Verwendung des Begriffs im Rahmen von Beratungen im Vorfeld des Erlasses entsprechender Gesetze sowie das Fehlen einer Legaldefinition in den bis dato erlassenen Gesetzen monierte[110].
- *Hassemer* hält die Begehung von Straftaten unter Einsatz moderner Kommunikationstechnologie nicht für eine neue Qualität, sondern nur für eine gesteigerte Quantität in der Verbrechenspraxis[111].

Kriminologen wie *Kaiser*[112] und *Schwind*[113] legen die Organisierte Kriminalität anhand von Indikatorenlisten fest. *Göppinger* beschränkt sich auf eine reine Beschreibung des Phänomens[114].

Seit dem In-Kraft-Treten des OrgKG v. 15.7.1992 wird die Definition der h.M. trotz der aufgeführten Kritik – soweit ersichtlich – jedoch zumindest als *generelle* Diskussionsbasis akzeptiert[115]. Die Debatte um die organisierte Kriminalität ließ dementsprechend im Laufe der Zeit merklich nach[116]. Das heutige Verständnis lässt sich an dem von *Walter* entworfenen Leitbild veranschaulichen, wonach sich der

„organisierte, professionelle Täter dadurch auszeichnet, dass er mobil, nicht mehr ortsgebunden, international orientiert, mit allen Mitteln der Technik ausgerüstet und in gewerbe- und geschäftsmäßigen Strukturen auch innerhalb der ‚legalen' Gesellschaft organisiert ist"[117].

Schließlich erlangte die genannte Definition durch Festschreibung in den Polizeigesetzen einiger Bundesländer Gesetzeskraft[118]. Der **Erste Periodische Sicherheitsbericht v. 11.7.2001** von BMI und BMJ hält die genannte Definition insoweit für eine „Grundlage für einheitliches Vorgehen in der deutschen Ermittlungspraxis, insbesondere durch die Benennung von Indikatoren zur Erkennung von Sachverhalten mit OK-Relevanz"[119].

---

109 StV 1989, 406 [409] zum Vorwort von *Kube* in: *Rebscher/Vahlenkamp*, Organisierte Kriminalität, 1988.
110 Kriminalistik 2000, 513 [516].
111 In: *Sieber*, Internationale Organisierte Kriminalität, S. 213 [215].
112 Kriminologie, § 22, S. 188 f.
113 Kriminologie, § 29, S. 560.
114 Kriminologie, S. 549 ff. Ebenso *Eisenberg*, Kriminologie, § 57 Rn. 67 f.
115 In diesem Sinne schon vorher *Küster*, Kriminalistik 1990, 626; *Schoreit*, MDR 1992, 1013 [1016].
116 *Kinzig*, Organisierte Kriminalität, S. 58.
117 Kriminalistik 1992, 365.
118 Vgl. § 1 Abs. 7 HambPolDVG und Art. 1 Abs. 3 BayVerfSchG.
119 Erster Periodischer Sicherheitsbericht, Berlin 2001, S. 249.

Schröder spricht dem Gesetzgeber im Hinblick auf die Regelungsfähigkeit der Materie einen gewissen Gestaltungsspielraum zu, da die nähere Konkretisierung der Merkmale der „Organisierten Kriminalität" in Rechtsprechung, Verwaltung, Gesetzgebung und Lehre uneinheitlich ausfalle[120].

Ihm ist jedoch entgegengehalten, dass jene Differenzen bis heute, wie gerade aufgezeigt, weitaus geringer geworden sind.

e) Exemplarisch: Eine „Europäische" Definition von OK[121]

Der mittlerweile in Deutschland zu konstatierende grundsätzliche Konsens wurde im Übrigen über die Landesgrenzen hinaus ins europäische Ausland getragen. Denn die von der Gruppe „Drogen und Organisierte Kriminalität" der EU in ihrem Jahresbericht 1995 aufgestellte Definition der Organisierten Kriminalität war augenscheinlich von der deutschen Definition inspiriert[122]. Nach der EU-Version charakterisiert danach die OK:

(1) der Zusammenschluss von mehr als zwei Personen, von denen
(2) jede ihr zugewiesene Aufgaben erfüllt,
(3) auf längere oder unbegrenzte Dauer,
(4) unter Anwendung bestimmter Formen von Disziplin und Kontrolle,
(5) wobei die Personen unter dem Verdacht der Begehung schwerer Straftaten stehen,
(6) im internationalen Maßstab aktiv sind,
(7) Gewalt und andere Einschüchterungsmittel anwenden,
(8) gewerbliche oder gewerbeähnliche Strukturen verwenden,
(9) Geldwäsche betreiben,
(10) Einfluss auf die Politik, die Medien, die öffentliche Verwaltung, die Justizbehörden oder die Wirtschaft nehmen und
(11) durch das Streben nach Gewinn und/oder Macht motiviert sind[123].

---

120 Der Einsatz verdeckter Ermittler, 2000, S. 96 ff. Er unterteilt die Umschreibungen zur Organisierten Kriminalität der verschiedenen landespolizeigesetzlichen Regelungen in vier Kriterien: 1. Besondere Form gemeinschaftlicher Tatbegehung; 2. Gewerbs- oder geschäftsmäßige Organisation; 3. Logistiksystem; 4. Deliktsfeld.

121 Zu weiteren Definitionen europäischen Ursprungs, z.B. der Gemeinsamen Maßnahme v. 21.12.1998 – Abl. 41 (1998) L 351/1 – bzw. durch den Europarat vgl. *Kinzig*, Organisierte Kriminalität, S. 72 f.

122 So wird die deutsche, an die „Gemeinsamen Richtlinien" angelehnte Definition von *Levi*, Organized Crime, S. 49 [51] als „popularly accepted in Europe", von *Csonka*, Wirtschaftsverbrechen, S. 61 [65] als die europaweit „am weitesten verbreitete Definition von Wissenschaftlern und Anwälten" proklamiert.

123 EU/12247/1/94 Rev. 1, Annex (zitiert nach dem Arbeitsdokument der Kommissionsdienststellen).

Zur Bejahung des Vorliegens von Organisierter Kriminalität müssen mindestens sechs der elf Merkmale erfüllt sein, stets aber die Nummern 1, 3, 5 und 11. Anhand jener Definition soll in Zukunft mittels standardisierter nationaler Berichte ein erster Überblick über die Existenz von Organisierter Kriminalität in den einzelnen Mitgliedsstaaten möglich werden.

f) Resümee

Vor dem aufgezeigten Hintergrund ist der Rekurs auf die in weiten Teilen konsentierte und vorherrschende Begriffsbestimmung im Rahmen der vorliegenden Arbeit ohne weitere Überprüfung sowohl in terminologischer als auch in phänomenologischer Hinsicht nicht nur ausreichend abgesichert. Vielmehr erscheint diese Vorgehensweise aufgrund der Komplexität der Materie überdies geradezu geboten. Denn eine Bewertung eines Phänomens wie der OK kann letztlich schon wegen der enorm hohen Dunkelziffer in den einschlägigen Kriminalitätsbereichen aus der Natur der Sache heraus nie allumfassend sein, sondern muss sich auf Wesensmerkmale beschränken, über die bereits Erfahrungswerte vorliegen. Insbesondere die *Abschottung nach außen* wird zu Recht als ein grundlegendes Kriterium für die Organisierte Kriminalität angesehen[124].

Daher ist es praxisgerecht, wenn *Krey/Haubrich* die OK als *„neue, gegen Ermittlungen besonders abgeschottete Kriminalitätsformen mit der Gefahr der Unterwanderung und Korrumpierung staatlicher und gesellschaftlicher Institutionen"*[125] ausmachen und *Rogall* sie als *„eine gefährliche Realität mit Begleit-, Beschaffungs- und Folgekriminalität, die zumindest wirksam nur mittels heimlicher Maßnahmen bekämpft werden kann"* beschreibt[126].

Damit ist *Gropp* entschieden zu widersprechen, die OK diene primär als *„trojanisches Pferd für die Einführung besonderer Ermittlungsmaßnahmen im Zusammenhang mit Schwerkriminalität"*[127].

---

124 *BbgVerfG* LKV 1999, 450; *Eisenberg*, Kriminologie, § 57 Rn. 69; *Krey*, Miyazawa-FS, S. 595 [596]; *Schröder*, Einsatz, S. 85.

125 JR 1992, 309.

126 JZ 1987, 847 [852].

127 Rechtliche Initiativen, S. 89. In diesem Sinne auch *Sieber*, Kriminalistik 1998, 97 [98], der den Begriff der Organisierten Kriminalität „zur Sensibilisierung der Öffentlichkeit" für die von Tätergruppen ausgehenden Gefahren geeignet hält. Anders *Paeffgen/Görditz*, KritV Bd. 83 (2000), 65 [68]: „OK [ist eine] sprachliche Übertreibung."

II. Das „Volkszählungsurteil" des BVerfG

Der zweite maßgebliche Grund für das Wiederaufleben der Diskussion um Ermittlungsmaßnahmen wie die Observation ist das „Volkszählungsurteil"[128] des *BVerfG* v. 15.12.1983. In jener Entscheidung gab das Gericht der Legislative auf, dafür Sorge zu tragen, dass ein Ausgleich zwischen zwei verfassungsrechtlich geschützten Positionen gewährleistet wird, nämlich zwischen dem *Recht auf informationelle Selbstbestimmung* des Einzelnen[129] einerseits

– jenes Grundrecht wurde hier erstmals „beim Namen genannt" –

und den *Belangen der Allgemeinheit* andererseits, zu denen das Gericht u.a. die Gewährleistung einer funktionstüchtigen Strafrechtspflege durch den Staat zählt[130].

Kurz gesagt: Seit dem „Volkszählungsurteil" ist die Antinomie zwischen zwei dem Staat von Verfassungs wegen aufgegebenen Zielen noch deutlicher geworden: Einerseits die Gewährleistung einer effektiven Strafrechtspflege, andererseits der Schutz der Grundrechte des Beschuldigten und anderer Betroffener[131].

In jüngerer Vergangenheit stellte *Geisler* zu diesem Spannungsverhältnis der Ziele des Strafverfahrens

– Überführung und Verurteilung des Schuldigen bei gleichzeitigem Schutz des Unschuldigen einerseits und Gewährleistung von Rechtsstaatlichkeit bei gleichzeitiger Wahrung der Effektivität der Strafrechtspflege andererseits –

fest, und zwar am Beispiel der Zulässigkeit des Einsatzes von VE bzw. von VP:

„Es liegt auf der Hand, dass diese sehr unterschiedlichen Interessen nicht ohne weiteres unter einen Hut zu bringen sind. Tatsächlich können sie bisweilen in scharfe Konkurrenz treten und schwierige, mitunter sogar schmerzliche Abwägungen erforderlich machen..."[132].

Während sich die Debatte in der breiten Öffentlichkeit lange Zeit im Schwerpunkt auf die verfassungsrechtliche Rechtmäßigkeit des sog. **„Großen Lausch-**

---

128 *BVerfG* E 65, 1 ff.

129 *BVerfG* E 65, 1.

130 *BVerfG* E 74, 257 [262]; 77, 65 [76]. Vgl. *Brodersen*, NJW 2000, 2536.

131 *Lüderssen* z.B. vertritt nachdrücklich letztere Interessen, Jura 1985, 113 ff; *ders.* (Hrsg.), V-Leute. Die Falle im Rechtsstaat, 1985. Demgegenüber verficht u.a. *Lenhard* erstere, Kriminalistik 1991, 223 ff; *ders.*, Kriminalistik 1991, 506 ff.

132 *Geisler*, Verdeckte Ermittler, S. 17.

angriffs" konzentrierte, rückte zumindest bei den Fachleuten und den Praktikern aus den Reihen der Polizei immer mehr auch die Zulässigkeit neuer Ermittlungsmethoden der Polizeiarbeit in den Fokus des Interesses. Dabei ging es insbesondere um die Rechtmäßigkeit von Maßnahmen, die durch die rasant fortschreitende Entwicklung der letzten Jahrzehnte technisch überhaupt erst möglich geworden waren[133], z.B. Observationen mit Hilfe des GPS.

Durch Normierungen wie der des Einsatzes technischer Mittel in § 100c Abs. 1 StPO a.F. (= § 100f Abs. 1 StPO n.F.) trat die für die vorliegende Thematik interessierende **„Observierungsmaßnahme"**

– wenn auch nur die **„unter Verwendung technischer Mittel"** –

in der Strafprozessordnung erstmals terminologisch in Erscheinung. Diese Norm sollte allen fraglichen Maßnahmen unter Verwendung technischer Mittel vor dem Hintergrund des allgemeinen Gesetzesvorbehaltes aus Art. 20 Abs. 3 GG die für eine Ermächtigungsgrundlage notwendigen festen Konturen verleihen. Sie war das von breiter Zustimmung getragene Resultat einer umfassenden Auseinandersetzung in Praxis und Lehre hinsichtlich der Eingriffsqualität solcher Maßnahmen in Grundrechte des Betroffenen[134].

Weitestgehend unbeachtet in der neueren Diskussion blieben dagegen von Beginn an Ermittlungsmaßnahmen **ohne Einsatz technischer Mittel** wie die Observation[135]. Eine solche liegt beispielsweise in dem alltäglichen Fall vor, dass ein Polizist – und sei es nur zu Fuß auf seinem täglichen Streifengang – eine ihm verdächtige Person beschattet.

Der Gesetzgeber ging bei der Einführung des § 100c StPO a.F. (= § 100f Abs. 1 StPO n.F.) davon aus, für solche Fälle keine eigene gesetzliche Grundlage schaffen zu müssen. Zwar sah die Bundesregierung in Anlehnung an den Entwurf des – damals nicht verwirklichten – Strafverfahrensänderungsgesetzes von 1988

---

133 Sehr ausführlich hierzu *Binder*, Rechtsprobleme des Einsatzes technischer Mittel gemäß § 100c, d StPO und des Lauschangriffs, 1996. Zur Videoüberwachung: *Geiger*, Verfassungsfragen zur polizeilichen Anwendung der Videoüberwachungstechnologie bei der Straftatbekämpfung, 1994. Vgl. auch *Gehrlein/Schübel*, NJW 1999, 104 f.

134 Vgl. jeweils m.w.N.: *Bernsmann/Jansen*, StV, 217 ff; *Krey/Haubrich*, JR, 309 ff. *Vahle*, DVP 1998, 313 ff. Zur Zulässigkeit einer Observation durch Einsatz des „Global Positioning System" *BVerfG* NJW 2005, 1338 ff (ausführlich dazu unten § 23 I); *BGH*, StV 2001, 216 ff; *OLG Düsseldorf* StV 1998, 170 ff mit kritischer Anm. *Gusy*, StV 1998, 526 f. Zum Diskussionsstand vor der Einführung des § 100c StPO *Lisken*, DRiZ 1987, 184 ff; *Rogall*, GA 1985, 1 [3 ff].

135 Näher zur Terminologie siehe unten, § 8.

(StVÄG 1988/1989)[136] im Hinblick auf **längerfristige** Observationen weiterhin Regelungsbedarf[137]. Eine gesetzliche Normierung der einfachen, nicht länger andauernden Observation wurde hingegen für entbehrlich gehalten. Dies unter dem nicht weiter begründeten Hinweis, es liege dadurch noch kein Eingriff in ein Grundrecht des Betroffenen vor[138]. Nach welchen Kriterien sich die Langfristigkeit einer Observation bemessen sollte, blieb jedoch im Dunkeln.

Auch im Schrifttum wurde das Problem zumeist lediglich ansatzweise gestreift[139]. Keine weitere Klarheit für den Einzelfall ergab dabei durch die häufig anzutreffende Sichtweise, dass *„planmäßige, langfristig angelegte Observationen von Personen wohl als Eingriff in die grundrechtlich geschützte Privatsphäre anzusehen seien. Dies habe zur Folge, dass ihr Einsatz nach dem Verhältnismäßigkeitsgrundsatz nur bei erheblichen Straftaten, nur bei besonderer Erfolgstauglichkeit und grundsätzlich nur mit Zustimmung der Staatsanwaltschaft zulässig sei.“*[140]

Für die **präventive Ermittlungsarbeit** dagegen sehen die Polizeigesetze der Länder entsprechende Ermächtigungsgrundlagen für die „längerfristige Observation“ seit mehr als einem Jahrzehnt vor[141].

Mittlerweile hat der Gesetzgeber auch im Bereich der Strafverfolgung mit dem „Gesetz zur Änderung und Ergänzung des Strafverfahrens – StVÄG 1999“ in **§ 163f Abs. 1 S. 1 StPO**[142] die ***„längerfristige Observation“*** wie folgt definiert und legalisiert:

---

136 Hierzu und zum Ablauf des Gesetzgebungsverfahrens siehe unten § 6.

137 BR-Drucks. 12/989, S. 56.

138 Zur Historie der gesetzgeberischen Bemühungen seit dem „Volkszählungsurteil“ im Hinblick auf die Schaffung einer gesetzlichen Regelung für die „längerfristige Observation“ siehe ausführlich unten § 6.

139 So z.B. *Rieß* in: SK-StPO, § 163 Rn. 50 mit dem Hinweis, „eine als Ermächtigungsgrundlage interpretierbare spezialgesetzliche Regelung erscheint insoweit de lege ferenda weder geboten noch sachgerecht“. Übereinstimmend die Ansicht des Richterbundes, AP 12/II 147.

140 So HK-*Krehl*, § 163 Rn. 10; *Rieß* in: SK-StPO, § 163 Rn. 51.

141 Dies sind in abschließender Aufzählung: Art. 33 Abs.1 Nr. 1 BayPAG, § 32 Abs. 1 BbgPolG, § 25 Abs. 1 Nr. 1 ASOG Bln, § 22 Abs.1 Nr. 1 BWPolG, § 9 Abs. 1 HambPolDVG, § 15 Abs.1 Nr. 1 HSOG, § 17 Abs.1 Nr. 1 SOG LSA, § 33 Abs.1 Nr. 1 SOG MV, § 34 Abs.1 S. 1 NGefAG, § 16 Abs. 1 PolG NW, § 39 i.V.m. § 36 Abs. 2 Nr. 1 SächsPolG, § 185 Abs.1 Nr. 1 LVG SH, § 34 Abs.1 Nr. 1 ThürPAG (z.T. mit differierenden zeitlichen Grenzen). Bremen stützt die Observation auf die polizeiliche Generalklausel des § 28 BremPolG, in Rheinland-Pfalz gibt es die „besondere Informationserhebung“ in § 25b POG RP. Im Saarland ist in § 28 Abs. 1 S. 2 Nr. 2 SPolG die „einfache“ Observation normiert.

142 BGBl. I, S. 1253, 1255.

„Liegen zureichende tatsächliche Anhaltspunkte dafür vor, dass eine Straftat von erheblicher Bedeutung begangen worden ist, so darf eine planmäßig angelegte Beobachtung des Beschuldigten angeordnet werden, die
1. durchgehend länger als 24 Stunden dauern oder
2. an mehr als zwei Tagen stattfinden
soll."

Zwar scheint mit dieser Regelung ein Ende der Diskussion über die Notwendigkeit einer Ermächtigungsgrundlage für diese Ermittlungsmaßnahme erreicht. Angesichts des viele Jahre dauernden und steinigen Weges zu einem Konsens und der vorangegangenen erbitterten Kontroversen, gerade aber auch wegen der enormen praktischen Bedeutung dieser Maßnahme, erscheint eine gründliche Durchleuchtung der Thematik gerade zum heutigen Zeitpunkt notwendiger denn je. Weiterhin wird das Problem fehlender gesetzlicher Ermächtigungsgrundlagen für verdeckte Ermittlungen am Beispiel von VP durch die „Kammer-Judikatur" des *BVerfG* neu problematisiert[143].

In deren Folge lässt u.a. das *OLG Hamm* ausdrücklich offen, ob der Einsatz von VP überhaupt noch möglich ist[144].

Schließlich hat die wissenschaftliche Diskussion über die Zulässigkeit verdeckter Ermittlungsmaßnahmen seit Mitte der neunziger Jahre an Intensität zugenommen. Man kann daher mit *Geisler* sagen, dass es wieder unter der Oberfläche *„gärt"*[145].

III. Der Bedeutungszuwachs des Europäischen Gerichtshofs für Menschenrechte (EGMR) für das nationale Recht

1. Rang der Europäischen Menschenrechtskonvention (EMRK)

Verdeckte Ermittlungsmaßnahmen sind als potentielle Grundrechtseingriffe an sämtlichen rechtsstaatlichen Grundsätzen und damit gerade auch an der EMRK zu messen[146].

---

143 Zu nennen sind hier u.a. die sog. *„Zweite Sedlmayr-Entscheidung"* des *BVerfG* StV 2000, 57 ff und die sog. *„Hörfallenentscheidung"*, *BVerfG* NStZ 2000, 488 ff = StV 2000, 472 ff.

144 NStZ 2003, 379.

145 Verdeckte Ermittler, 2001, S. 19.

146 Eingehend dazu *Bank/Krisch,* Die Bedeutung der EMRK für den Einsatz von VE und VP, in: *Geisler* Verdeckte Ermittler, 2001, S. 61ff.

Die EMRK ist durch Gesetz v. 7.8.1952[147] in Verbindung mit der Bekanntmachung vom 15.12.1953[148] über das In-Kraft-Treten von der Bundesrepublik ratifiziert worden. Sie gilt seit dem 3.9.1953 nach h.M. als **einfaches Bundesrecht**[149]. Ihrer Natur nach sind die Konvention und ihre Zusatzprotokolle[150] völkerrechtliche Verträge. Es ist den Vertragsparteien grundsätzlich überlassen, in welcher Weise sie ihrer Pflicht zur Beachtung der Vertragsvorschriften genügen[151].

Verletzungen der Konvention können vor deutschen Gerichten gerügt werden[152]. Dies ist insbesondere deshalb von Bedeutung, weil die EMRK nicht selten die in ihr vorgesehen Schutzrechte sehr viel elaborierter ausführt als das Grundgesetz[153]. Obwohl das Grundgesetz seinem Rang nach über der EMRK als einfachem Bundesrecht steht, ist sie nach richtiger Auffassung zur Ausfüllung unbestimmter Rechtsbegriffe und rechtsstaatlichen Grundsätzen des Grundgesetzes heranzuziehen, sofern dies nicht zu einer – von der Konvention selbst nicht gewollten – Einschränkung oder Minderung des Grundrechtsschutzes nach dem Grundgesetz führt[154].

Bei der Kollisionen der EMRK mit gleichrangigem Bundesrecht kann sich wegen des Grundsatzes, dass das später erlassene Gesetz dem früheren vorgeht („*lex posterior derogat legi priori*"), theoretisch das Problem ergeben, dass die EMRK verdrängt wird[155]. Dies widerspräche jedoch bereits wegen der völkerrechtlich verankerten Pflicht zur Beachtung der Konvention in eklatanter Weise

---

147 BGBl. II, S. 685, 953.

148 BGBl. II (1954), S. 14.

149 *BVerfG* E 10, 271 [274]; 74, 358 [370]; *BGH* St 21, 81 [84]; *Meyer-Ladewig/Petzold*, NJW 2005, 15 ff; *Münch*, JZ 1961, 153; *Weigend*, StV 2000, 384 [386 f]. **A.A.** *Bleckmann*, EuGRZ 1994, 149; *Sternberg*, Der Rang von Menschenrechtsverträgen im deutschen Recht unter besonderer Berücksichtigung von Art. 1 Abs. 2 GG, 1999, S. 38 ff, 219 ff. Unentschieden *Geppert*, Jura 1992, 597 [599].
Abweichend hat der Gesetzgeber in Österreich die EMRK als Verfassungsrecht rezipiert; vgl. *Kühne*, Strafprozessrecht, Rn. 29 mit Fn. 9 m.w.N.

150 Siehe die Nachweise bei *Kühne*, aaO, Rn. 29. Vgl. auch die aktuellste Neubekanntmachung der Konvention in der Fassung des 11. Zusatzprotokolls in BGBl. II, 2002, S. 1054.

151 *EGMR*, Series A, No. 20, Nr. 50 – Swedish Engine Drivers Union; Series A, No. 98, Nr. 84 – James u.a.; *Ehlers* in: Ehlers (Hrsg.), Europäische Grundrechte und Grundfreiheiten, 2003, § 2 Rn. 2 f.

152 *BGH* JR 2002, 121 mit Anm. *Tag*.

153 *Kühne*, Strafprozessrecht, Rn. 29.

154 *BVerfG* E 83, 119 [128]; *BVerfG* NJW 2001, 2245; *BGH* St 8, 59 [64]; Vgl. auch *Kühne*, aaO, Rn. 30 m.w.N.

155 Dazu ausführlich *Klein* in: Mahrenholz/Hilf/Klein, Die Entwicklung der Menschenrechte innerhalb der Staaten des Europarates, 1987, S. 50 ff.

deren Sinn und Zweck: Die Grundsätze der EMRK sollten demnach vielmehr vom einfachen Recht unberührt bleiben[156].

2. Auswirkungen der Rechtsprechung des EGMR auf die nationale Rechtsprechung: Auf dem Weg zu einer faktischen Bindungswirkung

a) Fehlen einer rechtlichen Bindungswirkung

Es herrscht weitgehend Einigkeit darüber, dass **keine rechtliche Bindungswirkung** deutscher Gerichte an die Entscheidungen des *EGMR* besteht[157]. So ist anerkannt, dass solche Entscheidungen weder unmittelbar in der Bundesrepublik vollstreckbar sind noch eine direkte kassatorische Wirkung auf Urteile deutscher Gerichte haben[158]. Sie beinhalten bei Verstößen vielmehr den **Appell** an die deutsche Legislative, den konventionswidrigen Zustand zu beenden[159]. Dies geschieht vornehmlich durch Gesetzesänderung seitens der 2. und insbesondere der 3. Gewalt durch konventionskonforme Auslegung.

Folgerichtig betont das *BVerfG* in seinem **Beschluss v. 14.10.2004** zur Frage der Berücksichtigung der Auslegung der EMRK durch den *EGMR* in der nationalen obergerichtlichen Judikatur, dass die Konvention bei der Interpretation des nationalen Rechts – auch der Grundrechte und rechtsstaatlichen Garantien – grundsätzlich zu berücksichtigen ist[160]. Das Gericht führt dazu aus:

„Die Bindungswirkung [...] hängt von dem jeweiligen Zuständigkeitsbereich der staatlichen Organe und des einschlägigen Rechts ab. Verwaltungsbehörden und Gerichte können sich nicht unter Berufung auf eine Entscheidung des EGMR von der rechtsstaatlichen Kompetenzordnung und der Bindung an Gesetz

---

156 Einschränkend *BVerfG* E 74, 358 [370]: „Das nationale Recht ist unabhängig von dem Zeitpunkt seines In-Kraft-Tretens nach Möglichkeit im Einklang mit dem Völkerrecht auszulegen“. Für eine – wohl deklaratorische – Statuierung des Vorrangs der EMRK vor sonstigem Bundesrecht de lege ferenda folgerichtig *Kühne*, Strafprozessrecht, Rn. 30.

157 *LG Mainz* NJW 1999, 1271 f; *Beulke*, Strafprozessrecht, Rn. 11; *Kühne*, Strafprozessrecht, Rn. 40 f.

158 *BVerfG* NJW 2004, 3407 [3410]; *Ehlers* aaO, § 2 Rn. 52; *Klein* in: Mahrenholz/Hilf/Klein, Die Entwicklung der Menschenrechte innerhalb der Staaten des Europarates, 1987, S. 60 ff; *Kühne*, aaO. Ausführlich *Kilian*, Die Bindungswirkung der Entscheidungen des EGMR, 1994; *Polakiewicz*, Die Verpflichtungen der Staaten aus den Urteilen des EGMR, 1993. In diesem Sinne im Übrigen der *EGMR* selbst: EuGRZ 1983, 344 [348].

159 So jüngst *EGMR* EuGRZ 2004, 268 [275] Nr. 198 – Assanidze; ebenso *Polakiewicz*, aaO, S. 63 ff; *Villiger*, Handbuch der EMRK, § 13 Rn. 233.

160 NJW 2004, 3407 ff = JZ 2004, 1171 mit. Anm. *Klein*.

und Recht (Art. 20 Abs. 3 GG) lösen. Zur Bindung an Recht und Gesetz gehört aber auch die Berücksichtigung der Gewährleistungen der Europäischen Menschenrechtskonvention und der Entscheidungen des Gerichtshofs im Rahmen methodisch vertretbarer Gesetzesauslegung. Sowohl die fehlende Auseinandersetzung mit einer Entscheidung des Gerichtshofs als auch deren gegen vorrangiges Recht verstoßende schematische ‚Vollstreckung' können deshalb gegen Grundrechte in Verbindung mit dem Rechtsstaatsprinzip verstoßen"[161].

Letzteres gelte insbesondere dann, „*wenn es sich um ein in seinen Rechtsfolgen ausbalanciertes Teilsystem des innerstaatlichen Rechts handelt, das verschiedene Grundrechtspositionen miteinander zum Ausgleich bringen will*"[162].

Zusammenfassend ergibt sich, dass das *BVerfG* einerseits sein Monopol bezüglich der bindenden Außerkraftsetzung von nationalen Normen im Zusammenhang mit der EMRK-konformen Auslegung des Grundgesetzes klargestellt hat. Es hat Obergerichte und Behörden auf der anderen Seite insbesondere in grundrechtsensiblen Bereichen[163] deutlich dazu aufgerufen, sich gerade in Fällen, in denen ein Konventionsverstoß durch den *Gerichtshof* festgestellt ist und dieser andauert, mit ihm auseinander zu setzen. Anderenfalls läge ein Verstoß gegen Grundrechte und dem Rechtsstaatsprinzip vor.

aa) Keine formalen Auslegungsdivergenzen mit der BVerfG-Judikatur

Eine Kollision der Rechtsprechung des *Gerichtshofs* mit der des *BVerfG* ist von vornherein ausgeschlossen. Die EMRK gilt unabhängig vom Grundgesetz und vice versa[164]. Trotz potentieller inhaltlicher Überschneidungen subsumiert das *BVerfG* unter die deutsche Verfassung und der *Gerichtshof unter* die Konvention[165].

Mit anderen Worten: Die Konvention ist auf Grund ihres Ranges als einfaches Bundesrecht in der Normenhierarchie kein unmittelbarer verfassungsrechtlicher Prüfungsmaßstab[166].

---

161 NJW 2004, 3407 [3410].

162 aaO, 3411.

163 Vgl. dazu jüngst *EGMR* EuGRZ 2004, 404 – Caroline von Hannover/Deutschland mit krit. Anm. *Mann*, NJW 2004, 3220 ff.

164 *Kühne*, aaO, Rn. 38.

165 *Limbach*, NJW 2001, 2913. Für wünschenswert hält *Kühne*, aaO, zu Recht die stärkere Berücksichtigung der Rechtsprechung des *EGMR* durch das *BVerfG*. Vgl. die expliziten Anleihen für die Interpretation des GG aus der EMRK z.B. in *BVerfG* E, 74, 358 [370]; 82, 106 [119 f].

166 *BVerfG* NJW 2004, 3407 [3408].

bb) Auslegungsdivergenzen zwischen EGMR und Europäischem Gerichtshof (EuGH)

Zur Lösung der Frage der Behandlung potentieller Auslegungsdivergenzen zwischen der Judikatur von *EGMR* und dem *EuGH* als formell gleichrangigen Gerichten schlägt *Kühne* überzeugend vor, dass der *EGMR* mittels Beitritt der EU zur EMRK die Kompetenz erlangen solle, den *EuGH* als ein Gericht einer vertragsschließenden Partei zu überprüfen bzw. zu korrigieren[167]. Divergenzen hinsichtlich des in Rede stehenden Bereichs des Strafverfahrensrechts bestehen zwischen *EGMR* und *EuGH* allerdings bis dato (noch) nicht.

b) Wachsender Einfluss des EGMR

In dem von *Geisler* so getauften strafprozessualen **„Machtdreieck“** von *BGH*, *BVerfG* und *EGMR*[168] ist durch die Entwicklung der letzten Jahre eine Verschiebung der Kräfte hin in Richtung des *EGMR* festzustellen. So kann nach Erschöpfung des nationalen Rechtsweges im Wege der Beschwerde gemäß Art. 34 ff EMRK z.B. das Recht auf ein faires Verfahren (sog. „Fair-Trial-Grundsatz“, Art. 6 Abs. 1 EMRK) als justizielles Menschenrecht vor dem *Gerichtshof* in Straßburg im Individualbeschwerdeverfahren geltend gemacht werden. Dessen Einfluss nimmt damit in einem zusammenwachsenden Europa stetig zu[169]. Dies wird weiterhin augenfällig in der nationalen Judikatur von Entscheidungen der Strafsenate des *BGH* z.B. über die Zulässigkeit des Einsatzes von VE und VP, in denen sie sich vermehrt und ausführlich mit Urteilen des *Gerichtshofs* auseinandersetzen[170].

3. Ausblick

Die Rechtsprechung des *EGMR* hat sich mit **Observationen** z.B. durch VE oder VP bislang noch nicht beschäftigt. Ob eine solche Maßnahme als Eingriff in die Privatsphäre der betroffenen Person zu qualifizieren ist[171] oder welche genauen

---

167 aaO, Rn. 39a.

168 Verdeckte Ermittler, 2001, S. 20.

169 Eingehend zum Bedeutungszuwachs und mit zahlreichen Nachweisen zu Entscheidungen des *EGMR*: *Esser*, Auf dem Weg zu einem europäischen Strafverfahrensrecht, 2002. Vgl. auch *Weigend*, StV 2000, 384 ff.

170 Vgl. nur *BGH* StV 2000, 57 ff unter Bezug auf *EGMR* NStZ 1999, 47 ff („Teixeira-de-Castro-Urteil“).

171 Für einen Eingriff votieren *Frowein/Peukert*, EMRK-Kommentar, Art. 8 Rn. 6 EMRK.

Anforderungen an die Rechtfertigung eines möglichen Eingriffs zu stellen sind, hatte der *EGMR* mithin noch nicht zu entscheiden.

IV. Die Explosion des technischen Fortschritts und damit einhergehende Veränderungen der Kriminalitätsstrukturen

Maßgeblich für die Aktualität der zu untersuchenden Thematik ist darüber hinaus der explosionsartige technische Fortschritt in der letzten Dekade. So setzen zwar die Strafverfolgungsbehörden mittlerweile neuartige Überwachungsmethoden wie z.B. das *„Global Positioning System"* (GPS) ein[172], im Gegenzug bedient sich aber gerade die OK der neuesten technischen Entwicklungen, um einer polizeilichen Überwachung zu entgehen. Dieser „Rüstungswettlauf" wird auch in Zukunft immer wieder rechtsstaatliche Problemstellungen mit sich bringen, weil die staatliche Macht dadurch immer intensiver in den geschützten persönlichen Bereich eines jeden Betroffenen einzudringen in der Lage ist. Auf der anderen Seite besteht die Gefahr, dass die Strafverfolgungsbehörden jenen Wettlauf verlieren und damit das rechtsstaatliche Gebot der Gewährleistung einer effektiven Strafrechtspflege unerfüllbar wird.

Zugleich spitzt sich die Frage über die Regeln zu, nach denen die mittlerweile technisch bei fast allen neuartigen Ermittlungsmaßnahmen mögliche *elektronische Datenspeicherung und -verarbeitung* rechtsstaatlichen Grundsätzen genügt. Zwar gibt *Kühne* in diesem Kontext plausibel zu bedenken, dass es *„ein allgemeines Entwicklungsmerkmal von Gesellschaft zu sein [scheint], dass mit der Zunahme legaler Wirkmöglichkeiten auch die illegalen zunehmen"*[173].

Denn mit jeder neuen gesellschaftlichen Entwicklung und jeder technischen Errungenschaft hat sich zugleich das Potential erhöht, durch kriminelle Handlungen geschädigt zu werden. Allerdings darf in diesem Zusammenhang keinesfalls aus den Augen verloren werden, dass der Staat seinen Bürgern gerade auch ein besonderes Maß an Sicherheit zu gewährleisten hat.

V. Das Fehlen eines tragfähigen Grundkonsenses über die rechtliche Behandlung von Observationen ohne technische Mittel

Zudem ist zu Observationen ohne technische Mittel über Jahrzehnte hinweg kaum höchstrichterliche Rechtsprechung ergangen. Insoweit fehlte es an einer Linie der Obergerichte, die eine Orientierungshilfe für die Wissenschaft darge-

---

172 Dazu *BGH* St 46, 266 ff m. abl. Anm. *Kühne*, JZ 2001, 1148.

173 Bürgerfreiheit und Verbrecherfreiheit, Rechtspolitisches Forum, Heft 21, 2005, S. 21.

stellt hätte. Der Grund dürfte darin liegen, dass jene heimliche Maßnahme von den Betroffenen zumeist gar nicht als solche bemerkt und damit keiner gerichtsförmlichen Überprüfung zugeführt wurde.

VI. Lähmende legislative Untätigkeit über 17 Jahre hinweg vor der Einführung des § 163f StPO

Der Verzicht auf eine gesetzliche Regelung der VP beim Erlass des OrgKG 1992 und die erst mit dem StVÄG 1999 beendete Untätigkeit des Gesetzgebers bezüglich der Normierung der **längerfristigen Observation** in § 163f StPO haben zur Folge gehabt, dass die Diskussion um verdeckte strafprozessuale Ermittlungsmaßnahmen in wichtigen Punkten nicht ad acta gelegt werden konnte.

Zur Verdeutlichung dieser Untätigkeit beleuchtet die Untersuchung im folgenden Kapitel ausführlich und kritisch das langjährige *„Gesetzgebungsprojekt Strafverfahrensänderungsgesetz“* und den status quo der Strafprozessordnung im Hinblick auf verdeckte Ermittlungsmaßnahmen.

Zusammenfassung von Kapitel 1

Vom liberalen Rechtsstaat des 19. Jahrhunderts bis in die heutige Zeit ist das offene Agieren des Staates unverzichtbare Grundvoraussetzung der Kontrolle und Disziplinierung von staatlicher Macht. Die Verbrechenswirklichkeit macht jedoch seit jeher zumindest teilweise ein heimliches Handeln des Staates nötig. Noch zu Beginn der zweiten Hälfte des 20. Jahrhunderts wurde der Observation als typische Ermittlungsmaßnahme ohne jede Eingriffsintensität angesehen.

Die „Organisierte Kriminalität“ ist wesentlicher Teil der heutigen Verbrechenswirklichkeit und dient als Grund für eine Mehrzahl von Gesetzesänderungen im Ermittlungsbereich. Es existiert eine hinreichend genaue Begriffsumschreibung für die Organisierte Kriminalität bis hin auf die Ebene der EU.

Die Judikatur des EGMR übt trotz Fehlens einer rechtlichen Bindungswirkung für deutsche Obergerichte im Bereich polizeilicher Ermittlungsmaßnahmen einen steigenden faktischen Einfluss aus.

Gerade in der letzten Dekade hat der explosionsartige technische Fortschritt die Kriminalität weiter professionalisiert. Um gleichwohl eine hinreichende Verbrechensbekämpfung gewährleisten zu können, ist die Herstellung einer „Waffengleichheit“ der Polizei dringend notwendig.

Es fehlte in Judikatur und Lehre bis Ende des 20. Jahrhunderts ein tragfähiger Grundkonsens hinsichtlich Observationen ohne technische Mittel. Dieses Vakuum wurde durch eine 17 Jahre währende Untätigkeit der Legislative verstärkt.

Kapitel 2: Änderungen der StPO seit dem Volkszählungsurteil – Positive Auswirkungen auf den status quo im Bereich repressiver verdeckter Ermittlungsmaßnahmen?

§ 6 Bemühungen des Gesetzgebers seit 1985 um die Normierung verdeckter Observationsmaßnahmen

I. Vorgeschichte

Die fortwährende Aktualität der zu untersuchenden Thematik wie auch Rückschlüsse auf den status quo der Strafprozessordnung hinsichtlich der Regelung von verdeckten Ermittlungsmaßnahmen lassen sich anschaulich anhand der langjährigen Bemühungen des Gesetzgebers über fünf (!) Legislaturperioden hinweg verdeutlichen. Erst mit dem StVÄG 1999[174] gelang es 17 Jahre nach dem „Volkszählungsurteil“ vom 15.12.1983, mit § 163f StPO eine Regelung der **„längerfristigen Observation“** in der StPO einzustellen, bei der es sich um einen der in Frage stehenden Fälle der „Observation ohne technische Mittel“ handelt.

In seinem Volkszählungsurteil stellte das *BVerfG* klar, dass das durch Art. 2 Abs. 1 i.V.m. Art. 1 Abs. 1 GG gewährleistete Allgemeine Persönlichkeitsrecht (APR) das sog. *„Recht auf informationelle Selbstbestimmung“* umfasst, welches dem Einzelnen garantiert, *„grundsätzlich selbst zu entscheiden, wann und innerhalb welcher Grenzen persönliche Lebenssachverhalte offenbart werden“*[175]. Es wurde somit dem Einzelnen der Schutz u.a. gegen unbegrenzte Erhebung seiner persönlichen Daten zugestanden. Beschränkungen über das Verfügen dieser Daten bedürfen nach den Regeln über den allgemeinen Vorbehalt des Gesetzes einer ausdrücklichen gesetzlichen Grundlage, aus der sich Voraussetzungen und Umfang dieser Beschränkungen klar und für jeden Bürger erkennbar ergeben.

In diesem Kontext ist zudem die Rechtsprechung des *BVerfG* zu berücksichtigen, nach der in grundlegenden normativen Bereichen, zumal im Bereich der Grundrechtsausübung, alle wesentlichen Entscheidungen vom Gesetzgeber selbst zu treffen sind[176]. Der Umfang des parlamentarischen Regelungsvorbehalts und die erforderliche Regelungsdichte bestimmen sich dabei nach der Intensität, mit welcher die Grundrechte der Adressaten betroffen werden[177].

Aus diesen Vorgaben wurde die Notwendigkeit gesetzlicher Normierungen für verschiedene bis dahin nicht geregelte strafprozessuale Ermittlungsmaßnah-

---

174 BGBl. I (2000), S. 1253 [1255].
175 *BVerfG* E 65, 1 [42].
176 *BVerfG* E 49, [89, 126].
177 *BVerfG* E 58, 257 [274].

men gefolgert. Denn mangels einer Eingriffsgeneralklausel für solche Maßnahmen – anders als in den Polizeigesetzen der Länder[178] – und wegen des eng umgrenzten abschließenden Katalogs der StPO für Eingriffsermächtigungen **vor In-Kraft-Treten des StVÄG 1999** war eine Normierung der polizeilichen und staatsanwaltschaftlichen Befugnisse notwendig geworden, um den Ermittlungsauftrag auch mit modernen Methoden aus verfassungsrechtlicher Sicht unbedenklich erfüllen zu können.

Als Einleitung zur Beantwortung der Frage, ob die Neuregelung in § 163f StPO i.d.F. des StVÄG 1999 als erfolgreich bezeichnet werden kann, wird hier zunächst der lange und steinige Weg des Gesetzgebungsverfahrens ausführlich nachgezeichnet. Mit Hilfe der Begründungen der an der Gesetzgebung beteiligten Organe soll geklärt werden, warum über den langen Zeitraum hinweg keine konsensfähige Lösung erarbeitet wurde. Dadurch soll zu einem deutlich werden, dass die Diskussion um die **längerfristige Observation als Prototyp einer modernen Einzeleingriffsermächtigung** mit dem Erlass der Neuregelung keineswegs ad acta gelegt werden kann. Außerdem erlaubt jene Untersuchung einen aufschlussreichen Blick auf den status quo der Eingriffsermächtigungen für verdeckt erfolgende Ermittlungen. So liefert die Auswertung des Gesetzgebungsverfahrens gewichtige Argumente, die im weiteren Verlauf der Untersuchung für die Rechtmäßigkeit der Observation ohne technische Mittel in der Zeit bis zum Inkrafttreten des StVÄG 1999 herangezogen werden können.

II. Erste gesetzgeberische Bemühungen zur Umsetzung der Vorgaben des Volkszählungsurteils im Strafprozessrecht

Nach Verkündung des erwähnten Urteils des *BVerfG* am 15.12.1983 begann das BMJ mit den notwendigen Vorarbeiten für ein Gesetzgebungsverfahren. Dabei kristallisierten sich drei verschiedene Hauptaktivitäten heraus[179]:

Anfang 1984 wurde ein erster Arbeitsentwurf für die gesetzliche Regelung besonderer Ermittlungsmethoden wie *Rasterfahndung* und *Polizeiliche Beobachtung* aufgestellt. Dieser Entwurf war das Ergebnis eines Problempapiers des BMJ von Mai 1985[180], welches dem BMI, dem Generalbundesanwalt (GBA) und

178 Vgl. z.B. § 1 Abs. 1 S. 1 PolG NW.

179 Vgl. dazu die Große Anfrage der SPD-Fraktion v. 15.4.1987, BT-Drucks. 11/173 sowie die Antwort der Bundesregierung v. 24.2.1988, BT-Drucks. 11/1878, S. 9-11. Siehe auch den Entschließungsantrag diesbezüglich v. 12.12.1989, BT-Drucks. 11/6031.

180 Dokumentiert in Cilip 23/1986, 119 ff.

dem Bundesbeauftragten für Datenschutz (BfD) zugeleitet wurde[181]. Noch vor Eingang der letzten Stellungnahmen wurde im Jahr 1986 aus Gründen der Eilbedürftigkeit und der Bedeutung der Sache auf der Grundlage jenes Problempapiers und der bis dahin eingegangenen Stellungnahmen der Arbeitsentwurf eines Gesetzes zur Regelung der rechtlichen Grundlagen für Fahndungsmaßnahmen, Fahndungshilfsmittel und für die Akteneinsicht im Strafverfahren erstellt[182]. Dieser Entwurf wie auch die große Anfrage der SPD-Fraktion zum „Datenschutz im Strafverfahren"[183] beeinflussten einen ersten Gesetzgebungsvorschlag zur gesetzlichen Regelung der *„längerfristigen Observation" unter Einsatz technischer Überwachungsmittel.*

Parallel dazu wurde im Dezember 1986 im BMJ ein Problempapier über die *Zulässigkeit der Speicherung, Nutzung und Übermittlung personenbezogener Daten* erarbeitet und bis Februar 1988 in den Arbeitsentwurf eingestellt[184].

Noch im Jahr 1984 wurde eine *Gemeinsame Kommission* aus Vertretern der Justiz- und Innenverwaltungen des Bundes und der Länder eingesetzt, um Vorschläge über die Schaffung klarer gesetzlicher Regelungen über die Zulässigkeit des Einsatzes von „Verdeckten Ermittlern" zu machen und einzuholen[185]. Auf der Grundlage der von dieser Kommission erarbeiteten Thesenpapiere fassten die Justizministerkonferenz sowie die Ständige Konferenz der Innenminister im September/Oktober 1985 den Beschluss, vom BMJ und dem BMI weitere Vorschläge zu erbitten und die Gemeinsame Kommission mit der Erarbeitung von Vorschlägen für gesetzliche Regelungen bis März 1988 zu beauftragen.

Diese drei Aktivitäten wurden von der Bundesregierung seinerzeit bezeichnender Weise als *„Elemente eines in sich geschlossenen Gesamtkonzepts zur Novellierung der Strafprozessordnung"* angesehen[186].

---

181 Sowohl Problempapier als auch Arbeitspapier waren nur zum internen dienstlichen Gebrauch bestimmt, so dass eine genauere Stellungnahme nicht möglich ist; zitiert nach *Hilgendorf-Schmidt*, wistra 1989, 208. Später wurden sie durch den Referentenentwurf zum StVÄG 1988 überholt.

182 Arbeitsentwurf v. 31.7.1986, mit Begründungen dokumentiert in: *Bull*, Sicherheit durch Gesetze?, 1987, 235 ff. Siehe auch die Ergänzung v. 16.7.1987, mit Begründungen dokumentiert in Cilip 29/1988, 71 ff, 90 ff.

183 BT-Drucks. 11/173 v. 15.4.1987. Siehe auch die Antwort der Bundesregierung: BT-Drucks. 11/1878, S. 9 ff.

184 *Hilgendorf-Schmidt*, wistra 1989, 208.

185 BT-Drucks. 11/1878, S. 10.

186 BT-Drucks. 11/1878, S. 10 a.E.

III. Referentenentwurf eines Gesetzes zur Änderung und Ergänzung des Strafverfahrensrechts: E StVÄG 1988 (1989)

1. Entwicklungsgeschichte

Dieser zwischen dem BMJ und dem BMI zunächst noch nicht abgestimmte Entwurf wurde im November 1988 den genannten Ressorts, den Landesjustizverwaltungen, dem BfD, dem GBA und *BGH* sowie den maßgeblichen Fachverbänden mit der Bitte um Stellungnahme zugeleitet. Nach erfolgter Abstimmung zwischen den Beteiligten Ende 1989[187] nahm die SPD-Bundestagsfraktion in einem Entschließungsantrag unter Äußerung erheblicher rechtsstaatlicher Bedenken Stellung zu dieser Fassung des Referentenentwurfs und forderte, dass die Erhebung, Speicherung und Verarbeitung personenbezogener Daten durch die Justizbehörden auf das „erforderliche Minimum“[188] zu beschränken seien, Befugnisnormen keine Generalklauseln enthalten dürften und Verstöße zu einem prozessualen Verwertungsverbot führen müssten[189].

Demgegenüber einigten sich die Innenminister der Länder im Bundesrat im April 1990, die Gesetzesinitiative – d.h. den endgültig ausgearbeiteten Entwurf – der Bundesregierung zu unterstützen. Am 11.5.1990 kam es u.a. aufgrund vorangegangener entsprechender Länderinitiativen von Bayern[190] und Baden-Württemberg[191] erstmals zu einem Beschluss des Bundesrates[192], auf den am 10.8.1990 ein erster Gesetzentwurf folgte[193].

---

187 Vgl. den Referentenentwurf eines StVÄG 1988, Bundesministerium der Justiz RB 3 – 4100/23 – RZ 1597/89; abgedruckt in: Stellungnahme der Strafverteidigervereinigungen (zitiert nach: Dokumentation, StV 1989, 172 (Stand: 22.12.1988). Wegen des in der Zwischenzeit fortgeschrittenen Datums trug der Entwurf mittlerweile z.T. die Bezeichnung „StVÄG 1989“; inhaltlich allerdings besteht Identität zum „StVÄG 1988“.

188 So schon das *BVerfG* E 65, 1 [46] im Volkszählungsurteil.

189 BT-Drucks. 11/6031, S. 4.

190 BR-Drucks. 74/90 v. 30.1.1990: „Entwurf eines Ersten Gesetzes zur Be-kämpfung des illegalen Rauschgifthandels“.

191 BR-Drucks. 83/90 v. 2.2.1990: „Entwurf eines Ersten Gesetzes zur Be-kämpfung der organisierten Kriminalität“.

192 Beschluss vom 11.5.1990, BR-Drucks. 299/90 mit der Betonung des Ausbaus diesbezüglicher internationaler Zusammenarbeit. Dieser Beschluss greift die Empfehlungen der Ausschüsse v. 30.4.1990 auf, BR-Drucks. 299/90.

193 BT-Drucks. 11/7663. Daher resultiert die Bezeichnung „Entwurf eines Gesetzes zur Bekämpfung des illegalen Rauschgifthandels und anderer Erscheinungsformen der Organisierten Kriminalität (OrgKG)“.

– Genauer gesagt führten Bayern und Baden-Württemberg ihre Anträge zu einer gemeinsamen Initiative zusammen: In den Ausschüssen wurde dieses „erste OrgKG" in einem Paket mit dem Hamburger Entwurf eines Gesetzes zur Änderung des Betäubungsmittelgesetzes[194] und dem Entwurf der Länder Hamburg und Saarland für ein Gesetz zur Einführung eines Zeugnisverweigerungsrechts für Beratung in Fragen der Betäubungsmittelabhängigkeit verbunden[195] –.

Bemerkenswert ist an dieser Stelle der nahtlose Übergang der parlamentarischen Bemühungen vom StVÄG 1988 (1989) zu einem seinem Grunde nach neuen Gesetzgebungsverfahren für das **OrgKG 1992**. Die Bundesregierung nahm „aufgrund der politischen Dynamik" zum StVÄG 1988 und auch zum Gesetzentwurf des Bundesrates v. 10.8.1990 keine Stellung mehr[196]. Eine Reform der Strafprozessordnung war kurz vor der Bundestagswahl im Spätherbst 1990 zu einem reinen Politikum mutiert, an dem sich keine der politischen Parteien mehr aufreiben wollte.

Außerdem bedeutet die politische Hinwendung in Richtung auf das „Gesetz zur Bekämpfung des illegalen Rauschgifthandels und anderer Erscheinungsformen der Organisierten Kriminalität" (OrgKG 1992) nicht nur terminologisch eine Abkehr von dem bis dato verwendeten Schlagwort **„Strafverfahrensänderungsgesetz"**.

Wie die veränderte Bezeichnung bereits impliziert, führte dies bedauernswerter Weise *auch inhaltlich zur Abkehr von dem Vorhaben, mit Hilfe eines tauglichen Gesamtkonzepts eine umfassende Reform der Eingriffsermächtigungen der Strafprozessordnung anzugehen*[197]. Umso reibungsloser sollte indes in der 12. Legislaturperiode die Verabschiedung des OrgKG gelingen.

194 BR-Drucks. 57/90 v. 23.1.1990.

195 BR-Drucks. 56/90 v. 23.1.1990; 733/89 v. 18.12.1990.

196 *Frommel*, KritV 1990, 279 [280].

197 Anders, aber freilich sehr aufschlussreich die Ausführungen der bayerischen Gesetzesinitiative in BR-Drucks. 74/90, S. 61, 62, wonach der Entwurf „soweit ... [er] allgemeinere Regelungen vorsehen muß, dasselbe Feld [betritt] wie der Entwurf eines Strafverfahrensänderungsgesetzes 1989 des Bundesministers der Justiz. Im Hinblick darauf, dass dieser auch noch zahlreiche andere Regelungsgegenstände enthält, ist seine Verabschiedung in dieser Legislaturperiode [...] sehr zweifelhaft. Die Verbesserung der Verfolgung der Drogenkriminalität ist aber dringlich, so dass ein gesonderter Entwurf gerechtfertigt erscheint. Dies gilt umso mehr, als der vorliegende Entwurf [...] eigene Vorschläge vorlegt, die im Interesse einer wirksamen Strafverfolgung von dem E-StVÄG 1989 wesentlich abweichen". Auch der Bundesrat in seinem Gesetzentwurf BR-Drucks. 11/7663, S. 31 f und die Stellungnahme der Bundesregierung, BR-Drucks. 11/7663, S. 49 ff schließen sich dieser Auffassung an.

2. Zielsetzung

Erklärte Ziele des o.g. Referentenentwurfes waren primär die Schaffung der verfassungsrechtlich gebotenen, im Interesse der Rechtssicherheit und Rechtsklarheit sowie aus strafprozessual-systematischen Gründen notwendigen präzisen Rechtsgrundlagen für hergebrachte und neuartige Ermittlungsmethoden im Strafverfahren. Darüber hinaus sollten Normen für die Erfassung, Nutzung und Verarbeitung personenbezogener Informationen in Dateien sowie die Verwendung von Informationen aus Strafverfahren für präventiv-polizeiliche Zwecke geschaffen werden[198]. Der Entwurf sollte insoweit einen angemessenen Ausgleich zwischen dem Schutz des Allgemeinen Persönlichkeitsrechts gemäß Art. 2 Abs. 1 i.V.m. Art. 1 Abs. 1 GG und den Erfordernissen einer effektiven Strafrechtspflege herstellen[199].

Diese Ziele sollten zwar grundsätzlich – dem in der StPO **herrschenden Prinzip des Erfordernisses einer Einzelermächtigung** folgend – durch die explizite Normierung der Voraussetzungen besonderer Ermittlungsmethoden erreicht werden. Zugleich fürchtete man jedoch, dass dies zu einer unübersehbaren Fülle von Einzelregelungen führen könnte. Deshalb war korrespondierend zu den Detailregelungen vorgesehen, in §§ 160 ff StPO eine dem Bestimmtheitsgebot entsprechende Generalklausel zu schaffen, die sich strikt am Verhältnismäßigkeitsgrundsatz orientieren sollte[200].

3. Einzelregelungen (Längerfristige Observation bzw. Observation unter Einsatz technischer Mittel)

a) § 163f StPO („Längerfristige Observation")

Der Entwurf des StVÄG 1988 enthielt erstmals eine Regelung der „längerfristigen Observation" in § 163f StPO. Zur Begründung wurde angeführt, dass

198 Begründung des Referentenentwurfs, S. 29, 32, zitiert nach: Dokumentation, StV 1989, 172 (Stand: 22.12.1988). Siehe auch Vorwort zur Stellungnahme der Strafverteidigervereinigungen, S.121 (Alle Nachweise hinsichtlich des Referentenentwurfs – soweit nicht anders gekennzeichnet – zitiert nach: StVÄG 1988 [Stand: 22.12.1988] – Schriftenreihe der Strafverteidigervereinigungen). Äußerst kritisch zu diesen Zielen und zum gesamten Referentenentwurf *Strate*, StV 1989, 406 [407]; *ders.*, ZRP 1990, 144: „Das Strafverfahrensgesetz 1989 [...] wäre einer der schwerstwiegenden Eingriffe in die Grundfreiheiten des Bürgers."

199 Siehe *Hilgendorf-Schmidt*, wistra 1989, 208 [209].

200 Dokumentation, StV 1989, 172. Diese Konzeption stammt schon aus der ersten Stellungnahme der Bundesregierung, BT-Drucks. 11/1878, S. 11 und war Vorbild für §§ 161, 163 StPO n.F. im StVÄG 1999.

„die planmäßige Überwachung in allen Bereichen erheblicher Kriminalität eine große Bedeutung gewonnen hat und deshalb im Interesse des gesetzestreuen Staatsbürgers zur Beobachtung aller schwerwiegenden Straftaten, gleich welcher Art, möglich sein muss"[201].

§ 163f der Entwurfsfassung lautete:

„Begründen bestimmte Tatsachen den Verdacht, dass eine Straftat mit erheblicher Bedeutung begangen worden ist, so kann eine Observation des Beschuldigten angeordnet werden, die
1. länger als vierundzwanzig Stunden dauern soll oder
2. an mehr als zwei Tagen stattfinden soll."

Weiter heißt es in dem Entwurf, dass die Zulässigkeit der *längerfristigen* Observation, die bis dahin aus den §§ 161, 163 StPO abgeleitet worden sei, in § 163f StPO nunmehr ausdrücklich ihren verfassungsrechtlich gebotenen gesetzlichen Niederschlag finde[202]. Damit stehe die längerfristige Observation der kurzfristigen Observation gegenüber, die weiterhin auf §§ 161, 163 StPO zu stützen sei[203]. Letztere Normen allerdings sollten ebenfalls klarer ausgestaltet werden, und zwar wie folgt:

- §§ 161, 163 StPO als *Ermittlungsgeneralklausel* und
- § 160 Abs. 4 StPO als für alle Ermittlungen geltende Festschreibung und Präzisierung des Verhältnismäßigkeitsprinzips[204].

Da nach den Praxiserfahrungen die längerfristige Variante der Observation gerade in Bereichen der Bekämpfung erheblicher Kriminalität als aussichtsreiche Ermittlungsmethode eingesetzt wurde und dies der h.M. jedenfalls vor dem Volkszählungsurteil des *BVerfG* auch als rechtsstaatlich unbedenklich erschien, verlangte § 163f StPO für die Zulässigkeit der Maßnahme materiell im wesentlichen nur das Vorliegen einer **„Straftat mit erheblicher Bedeutung"**[205]. Diesem Verständnis wurde kritisch entgegengehalten, dass die Observation als die systematische Überwachung in allen Tätigkeitsbereichen den Intimschutz des Betrof-

---

201 StVÄG 1988, S. 64 mit Fn. 48 a.E. Kritisch *Strate*, StV 1989, 406 [409].

202 StVÄG 1988, S. 33.

203 StVÄG 1988, S. 64 – Begründung –.

204 Z.B. Regelung der Unzulässigkeit einer unverhältnismäßigen Maßnahme oder der Pflicht zur Beendigung bei Zweckerreichung oder Erledigung aus sonstigen Gründen.

205 Dies sind laut BR-Drucks. 74/90, S. 79 solche, die *„den Rechtsfrieden empfindlich stören oder geeignet sind, das Gefühl der Rechtssicherheit der Bevölkerung erheblich zu beeinträchtigen"*.

fenen aufhebe und damit dessen Persönlichkeitssphäre wesentlich beeinträchtige[206].

Als Reaktion auf diese Kritik wurden **weitere Sicherungen** zum Schutze des Persönlichkeitsrechts vorgeschlagen. Exemplarisch seien hierzu genannt:

- die **Subsidiaritätsklausel** in § 163h Abs. 1, d.h., dass die „Aufklärung der Straftat oder [...] Ermittlung des Aufenthaltsorts des Täters auf andere Weise erheblich weniger erfolgversprechend oder wesentlich erschwert wäre.",
- der grundsätzliche **Richtervorbehalt** gemäß § 163i Abs. 1 StPO allerdings aus Praxiserwägungen durchbrochen durch eine Eilkompetenz der Staatsanwaltschaft und ihrer Hilfsbeamten –,
- das **Schriftformerfordernis** des § 163i Abs. 2 StPO für die Anordnung sowie
- das **Gebot, die Maßnahme nach Art, Raum und Zeit festzulegen.**

Zudem sah § 163i Abs. 3 StPO gewisse **Verwertungsbeschränkungen** und § 163i Abs. 4 StPO eine **Benachrichtigungspflicht** vor, und zwar gegenüber der „*... Person, gegen die sich die Anordnung gerichtet hat, [...] sobald dies ohne Gefährdung des Untersuchungszwecks oder der öffentlichen Sicherheit geschehen kann*"[207].

b) § 163g StPO („Observation unter Einsatz technischer Mittel")

Der im Rahmen einer längerfristigen, aber auch bei der kurzfristigen Observation nach §§ 161, 163 StPO häufig notwendige Einsatz technischer Mittel sollte in § 163g StPO abgestuft nach der Art und Weise der Maßnahmen und somit nach der Intensität des mit dem Einsatz verbundenen Eingriffs in die persönliche Privatsphäre geregelt werden. § 163g Abs. 1 lautete:

> *„Ohne Wissen des Beschuldigten dürfen*
> *1. Lichtbilder und Bildaufzeichnungen vom ihm hergestellt sowie Sichthilfen eingesetzt werden,*
> *2. sonstige technische Mittel zu seiner Observation verwendet werden, soweit bestimmte Tatsachen den Verdacht begründen, dass eine Straftat mit erheblicher Bedeutung begangen worden ist; das nicht-öffentlich gesprochene Wort darf nur abgehört oder aufgezeichnet werden, soweit bestimmte Tatsachen den Verdacht begründen, dass eine in § 100a bezeichnete Straftat begangen worden ist."*

206 StVÄG 1988, S. 145, 146 – Stellungnahme der Strafverteidigervereinigungen. Danach sei „... dieser tiefgreifende Eingriff in die Persönlichkeitsrechte an keinerlei relevante Eingriffsschwelle gebunden, die Schwere des Eingriffs steht im umgekehrten Verhältnis zur Geringfügigkeit seiner Voraussetzungen."

207 StVÄG 1988, Dokumentation, StV 1989, 175.

Der „Lauschangriff“ als besonders weitreichend angesehener Eingriff in die Intimsphäre beim Einsatz technischer Mittel sollte also nur bei Vorliegen einer sog. „Katalogtat“ des § 100a StPO zulässig sein[208]. Weiterhin verlangte der Einsatz technischer Mittel

– z.B. der Einsatz von Sichthilfen wie Nachtsichtbrillen –

den Verdacht einer „Straftat mit erheblicher Bedeutung“. Es handelt sich bei dieser Vorschrift um den Vorläufer des § 100c, der dann mit dem OrgKG von 1992 eingefügt wurde[209] (= § 100f Abs.1 StPO n.F.).

4. Fortgang der Reformversuche

Der Entwurf war trotz zahlreicher bereits geschlossener inhaltlicher Kompromisse nicht konsensfähig. Seine Interpretation machte weiterhin unüberbrückbare Differenzen zwischen den politischen Lagern deutlich. Zudem war er auch in der Fachöffentlichkeit und in den Medien auf deutliche und z.T. harsche Kritik gestoßen[210]. Und nicht zuletzt sollte den im Zuge der deutschen Wiedervereinigung entstandenen fünf neuen Bundesländern nach ihrem Beitritt zur Bundesrepublik Deutschland die Möglichkeit gegeben werden, ihre Vorstellungen in das laufende Verfahren einzubringen.

Wegen dieser Gründe war eine Einigung zwischen dem Deutschen Bundestag und dem Bundesrat und damit die Verabschiedung des entsprechenden Gesetzes bis zum Ende der 11. Legislaturperiode im Spätherbst 1990 wiederum rasch obsolet geworden[211].

---

208 Vgl. auch *Hilgendorf-Schmidt*, wistra 1989, 208 [210 f]. Siehe den damaligen Gesetzestext bei: *Kleinknecht*, StPO, 38. Auflage 1987, § 100a.

209 Dazu unten IV.

210 *Hermanski*, DRiZ 1990, 192; *Prantl*, DRiZ 1991, 69; *Weber*, DRiZ 1990, 306; FAZ v. 10.5.1990 und 26.6.1990; Süddeutsche Zeitung v. 19./20.5. 1990; Die Welt v. 13.7.1990, 15./16.9.1990.

211 Zu den verschiedenen tatsächlichen wie politischen aus der Wiedervereinigung resultierenden Problemen vgl. *Caesar*, ZRP 1991, 241 ff.

IV. Das Gesetz zur Bekämpfung der Organisierten Kriminalität: OrgKG 1992

1. Entwicklungsgeschichte

Der Entwurf des Bundesrates vom 10.8.1990[212] unterlag aus o.g. Gründen am Ende der 11. Legislaturperiode der Diskontinuität.

> Der Diskontinuitätsgrundsatz besagt, dass die am Ende einer Wahlperiode eines Parlaments nicht abschließend beratenen Angelegenheiten (insbesondere Gesetzesentwürfe) nicht weiterleben, sondern im neuen Parlament erneut eingebracht werden müssen[213].

Für das weitere Vorgehen war zwischen den politischen Parteien informell allerdings avisiert, in der 12. Wahlperiode einen im Vorfeld bereits zwischen den Parteien diskutierten Entwurf auf den parlamentarischen Weg zu bringen[214]. So wurde

> – nach Antrag von Bayern und Baden-Württemberg[215] –

auf die Empfehlung des Rechtsausschusses und des Ausschusses für innere Angelegenheiten[216] hin am 26.4.1991 ein neuer, inhaltlich allerdings in weiten Teilen mit dem des Bundesrates identischer Gesetzentwurf beschlossen[217], der von der Bundesregierung – mit entsprechender eigener Stellungnahme versehen – am 25.7.1991 dem Bundestag zugeleitet wurde[218]. Die in mehreren Beratungen in verschiedenen Ausschüssen und einer öffentlichen Anhörung im Rechtsausschuss gefundene, durch zahlreiche Kompromisse gekennzeichnete, Beschlussempfehlung übernahm der Deutsche Bundestag am 4.6.1992[219]. Am 26.6.1992 stimmte der Bundesrat zu[220]. Schließlich trat das am 15.7.1992 verkündete OrgKG[221] am 22.9.1992 in Kraft.

---

212 BR-Drucks. 11/7663.
213 Vgl. § 125 GO BT.
214 Vgl. *Frommel*, KritV 1990, 279 [281].
215 BR-Drucks. 919/90 v. 19.12.1990.
216 BR-Drucks. 219/91 v. 15.4.1991.
217 BR-Drucks. 219/91 v. 15.4.1991.
218 BT-Drucks. 12/989. Die Stellungnahme der Bundesregierung findet sich auf S. 52 ff.
219 BT-Drucks. 12/2720.
220 BR-Drucks. 388/92 (Beschluss).
221 BGBl. I, S. 1302.

2. Zielsetzung

Zwar konstatierte *Hilger* im Nachhinein mit Blick auf die Zielsetzung jenes Gesetzesvorhabens, dass das OrgKG gewisse „Vorabregelungen“ für ein umfassendes, das Volkszählungsurteil umsetzende Strafverfahrensänderungsgesetz beinhaltete und führte exemplarisch die Normierung des genannten § 100c StPO als Ermächtigungsgrundlage an. Ziel des OrgKG war jedoch – davon losgelöst – letztlich nach dem offensichtlichen Aufschieben eines Strafverfahrensänderungsgesetzes aufgrund politischer Überlegungen[222] zumindest in der offiziellen politischen Diktion **primär** eine angemessene Reaktion des Gesetzgebers auf die durch die **Organisierte Kriminalität** bedingten augenfälligen gesellschaftlichen Veränderungen wie Rauschgiftkriminalität mit steigender Zahl von Drogentoten, illegalem Waffenhandel, Schutzgelderpressungen, Hehlerringen, Menschenhandel etc.[223].

Freilich wird der Begriff der „Organisierten Kriminalität“ selbst als Terminus in der durch das OrgKG geänderten Strafprozessordnung weiterhin nicht verwendet[224].

Primärziele des OrgKG 1992 waren insbesondere
- die Abschreckungswirkung höherer Strafen,
- die Verbesserung des Ermittlungsinstrumentariums sowie
- Maßnahmen zum Zeugenschutz.

Bloß **sekundäres** Ziel war dagegen die Lösung der aus dem Volkszählungsurteil resultierenden verfassungsrechtlichen Probleme[225]: Die Bundesregierung hatte schon früher die hier in Rede stehenden Änderungen lediglich als eine **klarstellende** „Bekräftigung“ des Gesetzesvorbehaltes verstanden[226]. Eine Gesamtlösung des Problems der Schaffung gesetzlicher Eingriffermächtigungen für alle

---

222 Siehe oben, § 4 III 1.

223 BT-Drucks. 11/7663, S. 1, 19, 20. Später inhaltlich nahezu identisch: BR-Drucks. 219/91, S. 63-66; BT-Drucks. 12/989, S. 1, 20 f, 33. Dazu *Falk*, Kriminalistik 1997, 20 f; *Gropp*, Rechtliche Initiativen, S. 85 f; *Hilger*, NStZ 1992, 457; *Sieber* in: Sieber, Internationale Organisierte Kriminalität, 1997, S. 54 ff.

224 *Schott*, Kriminalistik 2000, 513 [516]. Einzig nennenswerter Ansatzpunkt ist die Formel *„in anderer Weise organisiert“* in § 98a Abs. 1 S. 1 Nr. 6 und § 110a Abs. 1 S. 1 Nr. 4; dazu *Rieß*, NJ 1992, 491 mit Fn. 8.

225 Vgl. BT-Drucks. 12/989, S. 33 ff, 51, 55 ff. Siehe dazu auch *Rogall*, GA 1985, 1 ff; *Wolter*, GA 1985, 49 ff, 129 ff.

226 So schon BT-Drucks. 11/1878, S. 6.

verdeckten Ermittlungsmethoden sollte jedoch weiterhin einem Strafverfahrensänderungsgesetz vorbehalten bleiben[227].

Im E StVÄG 1988 [1989] war der Regelungsbedarf u.a. für die längerfristige Observation allgemein anerkannt[228].

Zu den fraglichen Schnittstellen jener Gesetzesvorhaben wurde ausgeführt, dass die **Begründung des Deutschen Bundestages** dort, wo sich der Entwurf *„...nicht nur speziell mit Vorschriften zur intensiven Verfolgung der Organisierten Kriminalität befasst, sondern allgemeinere Regelungen vorsehen muss [...], er dasselbe Feld [betritt] wie der Entwurf eines StVÄG 1989 [...] des Bundesministers der Justiz"*[229].

Anschaulich und der Entwicklung des geschilderten Gesetzgebungsverfahrens Rechnung tragend formulierte *Strate* daher schon vor In-Kraft-Treten des OrgKG zu Recht, dass das Gesetz zwei „Paten" haben würde[230].

3. Einzelregelungen

a) § 100c StPO („Observation unter Einsatz technischer Mittel")

Durch § 100c StPO wurde die gesetzliche Grundlage für die Bekämpfung der Organisierten Kriminalität mit Hilfe technischer Mittel geschaffen[231]. Für die **Verwendung besonderer technischer Mittel** sowie das **Abhören und Aufzeichnen des nichtöffentlich gesprochenen Wortes mit technischen Mitteln außerhalb von Wohnungen** hatte der Gesetzgeber *vorsorglich* eine Eingriffsermächtigung für notwendig erachtet[232].

---

227 *Hilger*, NStZ 1987, 457. Nicht zu verwechseln ist diese Lösung (StVÄG) allerdings mit einer echten Gesamtreform des Strafverfahrensrechts, welche bis dato ohne konkretes gesetzgeberisches Echo geblieben und von *Wolter* noch einmal als die einzig konsequente Alternative angeregt worden war, vgl. StV 1989, 371.

228 *Hilger*, NStZ 1992, 457 mit Fn. 9.

229 BT-Drucks. 12/989, S. 33 in Fortführung von BT-Drucks. 11/7663, S. 31 a.E, 32. Vgl. auch *Lemke* in: HK-StPO, § 100c Rn. 1.

230 ZRP 1990, 146; dies freilich als Vorwurf dahingehend formuliert, dass das Volkszählungsurteil sowie die Organisierte Kriminalität als vordergründiger Anlass willkommen waren, den genannten Entwurf Gesetz werden zu lassen. Siehe auch *Krüger*, Die Polizei 1993, 29.

231 Kritisch hierzu *Krüger*, Kriminalistik 1992, 596.

232 BT-Drucks. 12/989, S. 39, 58. Dazu auch *Meyer*, Rechtsfragen, 1982, 89 ff; LR-*Rieß*, § 163 Rn. 45.

Dementsprechend traf § 100c Abs. 1 Nr. 1 StPO in Anlehnung an § 163g des E StVÄG 1988 [1989] folgende Regelung:

(1) „Ohne Wissen des Betroffenen
1. dürfen Lichtbilder und Bildaufzeichnungen hergestellt werden, 2. sonstige besondere für Observationszwecke bestimmte technische Mittel zur Erforschung des Sachverhalts oder zur Ermittlung des Aufenthaltsortes des Täters verwendet werden, wenn Gegenstand der Untersuchung eine Straftat von erheblicher Bedeutung ist und wenn die Erforschung des Sachverhalts oder die Ermittlung des Aufenthaltsortes des Täters auf andere Weise weniger erfolgversprechend oder erschwert wäre."

Aus der Gesetzessystematik und der Entstehungsgeschichte der Norm ergibt sich, dass die Regelung nur für Maßnahmen außerhalb von Wohnungen gelten sollte[233]. Einen insoweit klarstellenden Antrag der SPD-Fraktion lehnten die Koalitionsfraktionen im BT-Ausschuss als überflüssig ab[234].

Nicht erfasst wurden weiterhin der Einsatz bloßer Sicht- und Sehhilfen wie z.B. normaler Ferngläser oder das Aufzeichnen sowie das bloße Mithören des nicht öffentlich gesprochenen Wortes. Dies mit der Begründung, dass sich jene Maßnahmen innerhalb der Grenzen des allgemein geltenden Verhältnismäßigkeitsgrundsatzes bewegten[235].

Dagegen regelte **§ 100c Abs. 1 Nr. 2 StPO** das *Abhören und die Aufzeichnung des nichtöffentlich gesprochenen Wortes*, soweit es außerhalb des durch Art. 13 GG geschützten Bereichs geäußert wird. Die Frage des Einsatzes technischer Mittel in Wohnungen hatte der Gesetzgeber aufgrund andauernder und vehementer Kritik (Stichwort: **„Großer Lauschangriff"**) zunächst ausgeklammert.

Im Jahre 1998 schließlich wurde nach der lange geforderten Änderung des Art. 13 GG[236] eine Ergänzung des § 100c StPO vorgenommen[237].

Diese stellt zwar die einfachgesetzliche Grundlage für den „großen Lauschangriff" dar, d.h. den Einsatz technischer Mittel für die – nur akustische – Überwachung in Wohnungen. Allerdings war das Resultat des politischen Ringens ein unbefriedigender Kompromisskatalog voller Ausnahmetatbestände für Berufsgruppen, deren Angehörigkeit nach § 100d Abs. 3 StPO ein Beweiserhebungsverbot bedingte[238].

---

233 BT-Drucks. 12/989, S. 58.

234 BT-Drucks. 12/2720, S. 46. Anders *Krey/Haubrich*, JR 1992, 309 [314], nach deren Ansicht Lichtbilder und Bildaufzeichnungen in Wohnungen bereits nach dem Wortlaut des § 100c nicht gegen die damalige Fassung des Art. 13 GG verstießen.

235 BT-Drucks. 12/989, S. 38; *Rieß*, NJ 1992, 491 [496].

236 BGBl. I, S. 610; In-Kraft-Treten am 1.4.1998.

237 Siehe dazu unten, § 4 VII: Sog. „Gesetz zur Verbesserung der Bekämpfung der Organisierten Kriminalität" v. 4.5.1998 (BGBl. I, S. 845, In-Kraft-Treten am 9.5.1998).

238 Dazu u.a. KK-*Nack*, § 100c Rn. 2; *Pfeiffer*, § 100c Rn. 2.

Die Problematik um die Rechtmäßigkeit des Lauschangriffs selbst, sei es in der Variante des „großen", sei es in Form des „kleinen" Lauschangriffs, ist – wie bereits erwähnt – nicht Thema dieser Arbeit.

b) Längerfristige Observation

Auch die Bundesregierung sah in Anlehnung an den Entwurf des nicht realisierten StVÄG 1988 (1989) für die **„längerfristige Observation"** weiterhin Regelungsbedarf[239]. Ihre Normierung sollte allerdings in einem gesonderten Gesetzentwurf erfolgen.

Die gesetzliche Statuierung der einfachen, nicht länger andauernden, d.h. **„kurzfristigen" Observation ohne Verwendung technischer Mittel** wurde hingegen für entbehrlich gehalten, und zwar unter dem lapidaren Hinweis, es liege dadurch noch kein Eingriff in ein Grundrecht des Betroffenen vor[240]. Ausführungen dazu, wann die Schwelle zum Grundrechtseingriff überschritten sein sollte, wurden nicht für nötig erachtet. Dies mag sich aus dem bis dahin herrschenden Selbstverständnis erklären, dass die Observation als Mittel der Strafverfolgung seit jeher als **„hergebrachte" Standardmaßnahme ohne Zwangscharakter** angesehen wurde[241]. Eine Regelung der „einfachen" Observation wie z.B. der längerfristigen Observation in ähnlicher Form wie § 163f StPO sah das OrgKG 1992 also weiterhin nicht vor.

V. Der Entwurf eines Strafverfahrensänderungsgesetzes 1994: E StVÄG 1994

1. Entwicklungsgeschichte

Erste gesetzgeberische Aktivität der 13. Legislaturperiode war der Entwurf eines StVÄG 1994, den der Bundesrat vorlegte[242]. Er fand im Bundestag kein Echo, da die effektivere Bekämpfung des organisierten Verbrechens Vorrang auf der politischen Agenda genoss[243].

239 BT-Drucks. 12/989, S. 38 f, 58.
240 BT-Drucks. 12/989, S. 39.
241 StVÄG 1988, Dokumentation StV 1989, 172 [173]; *Gropp*, ZStW 1993, 405 [415].
242 BT-Drucks. 13/194 v. 12.1.1995. Dieser Gesetzentwurf ging zurück auf den Gesetzesantrag verschiedener Bundesländer noch aus der 12. Legislaturperiode v. 14.6.1994, BR-Drucks. 620/94.
243 Dazu sogleich unten VI.

2. Zielsetzung

Der E StVÄG 1994 verfolgte im Wesentlichen das Ziel, die *Verwendung bzw. Verarbeitung personenbezogener Daten* zu regeln[244]. Im Vergleich zum E StVÄG 1988 (1989) sollte also nur ein weitaus geringerer Teil der Strafprozessordnung neu geregelt werden, obwohl die Begründung weiterhin unter der Prämisse „Umsetzung des Volkszählungsurteils" stand. Einige Maßnahmen wie die **Observation mit technischen Mittel** gemäß § 100c StPO oder die **Polizeiliche Beobachtung** gemäß § 163e StPO waren freilich durch das OrgKG 1992 normiert worden.

3. Einzelregelungen

Der E StVÄG 1994 sah im Gegensatz zu dem des E StVÄG 1988 (1989) keine Regelung für die **längerfristige Observation** vor. Allerdings sollten §§ 160, 161, 163 StPO entgegen ihrem bisherigen Verständnis nunmehr ausdrücklich nicht mehr als Aufgabenzuweisungsnorm, sondern zu einer **Befugnisgeneralklausel** ausgestaltet werden[245]. Dadurch sollte für die nicht speziell geregelten Ermittlungsmaßnahmen der Strafverfolgungsbehörden, die **möglicherweise** einen Grundrechtseingriff darstellen, eine verfassungsrechtlichen Anforderungen genügende Rechtsgrundlage geschaffen werden. Ihre Ausgestaltung konnte nach Meinung des Bundesrates ausschließlich mittels der Generalklauseltechnik erfolgen. Dazu führte er an:

„[...] die Eigenart der zu regelnden Materie lässt eine bis ins Detail gehende Regelung nicht zu. Kriminalistische Ermittlungsarbeit ist zu vielförmig, als dass es gelingen könnte, jede heute gängige und künftig denkbare Ermittlungshandlung enumerativ aufzuzählen und in einem abschließenden Befugniskatalog ausdrücklich und differenziert zu regeln. Angesichts sich ständig ändernder Erscheinungsformen der Kriminalität und der Notwendigkeit, ihr angemessen zu begegnen, ist es unverzichtbar, das Ermittlungsverfahren als ein seiner Struktur nach flexibles, elastisches und dynamisches Verfahren zu erhalten und das Prinzip der freien Gestaltung des Ermittlungsverfahrens aufrechtzuerhalten."[246]

244 BT-Drucks. 13/194, S. 1.
245 BT-Drucks. 13/194, S. 7, 8.
246 BR-Drucks. 620/94, S. 16, 17; BT-Drucks. 13/194, S. 8, 9.

VI. Das Verbrechensbekämpfungsgesetz 1994

Parallel zu den erfolglosen Bemühungen um ein *Strafverfahrensänderungsgesetz* verabschiedete das Parlament das Verbrechensbekämpfungsgesetz[247]. Dies sollte u.a. eine effektivere, über das OrgKG hinausgehende Bekämpfung der OK sicherstellen[248].

So wurde der BND ermächtigt, den internationalen Funkfernmeldeverkehr ohne konkreten Verdacht zu überwachen, um die Gefahr der Planung oder Begehung von Straftaten rechtzeitig erkennen zu können[249].

Nicht Regelungsgegenstand dieses Gesetzes war die Observation in jeglicher Form. Sie sollte weiterhin einem Strafverfahrensänderungsgesetz vorbehalten bleiben.

VII. Der Entwurf eines Strafverfahrensänderungsgesetzes 1996: E StVÄG 1996

1. Entwicklungsgeschichte

Erst Ende 1996 legte die Bundesregierung einen eigenen Gesetzentwurf vor[250].

Dass ihr die Angelegenheit mittlerweile dringlich erschien, zeigt sich im Übrigen an der dem Bundesrat für seine Stellungnahme eingeräumten kurzen Frist bis zum 31.1.1997.

Auf Vorschlag des ständigen Beirates beschloss der Bundesrat die Beantragung einer Fristverlängerung[251]. Auf die Empfehlungen des Rechtsausschusses und des Ausschusses für innere Angelegenheiten vom 11.2.1997 bezog der Bundesrat am 21.2.1997 Stellung[252]. Darin kritisierte er die vermeintlich zu starke Ausdifferenzierung der Regelungen, da sie wegen der schwierigeren Handhabbarkeit unausweichlich mit einem zusätzlichen Personalaufwand bei den Strafver-

---

247 Gesetz v. 28.10.1994, BGBl. I, S. 3186 ff (In-Kraft-Treten: 1.12.1994).

248 So der Gesetzentwurf der Fraktionen von CDU/CSU und FDP, BT-Drucks. 12/6853 v. 18.2.1994, S. 18, 20. Zu diesem Gesetzgebungsverfahren umfassend: *Bundesministerium der Justiz* (Hrsg), Verbrechensbekämpfungsgesetz – Materialien –, 1995.

249 BGBl. I, S. 3186 [3194]. Vgl. auch *Lepsius* (Fn. 3). Kritisch zu solch verdachtlosen Kontrollmöglichkeiten *Hund*, ZRP 1991, 463 [466]; *Kühne*, Strafprozessrecht, Rn. 398 ff.

250 BR-Drucks. 961/96 v. 20.12.1996.

251 BR-Drucks. 961/2/96 v. 31.1.1997.

252 BR-Drucks. 961/96 (Beschluss) = BT-Drucks. 13/9718, S 35 ff als „Anlage 2“ zu diesem Gesetzesentwurf der Bundesregierung.

folgungsbehörden verbunden wären und hielt an seinem nur *„auf das Erforderliche beschränkte"* Regelungskonzept fest[253].

Mit anderen Worten: Der Bundesrat hegte weit weniger starke rechtsstaatliche Zweifel an der Normierung der neuen Ermittlungsmethoden als die Bundesregierung und strebte eine pragmatischere Lösung an.

Als Reaktion legte die Bundesregierung Anfang 1998 wiederum einen inhaltlich mit dem vom 20.12.1996 identischen Gesetzentwurf vor[254]. Über ihn wurde nach weiteren Verhandlungen gegen Ende der 13. Legislaturperiode nahezu Einigkeit erzielt[255].

Unüberbrückbarer Streitpunkt war jedoch § 161 Abs. 2, 3 StPO des Entwurfs, dessen Streichung ein zentrales Anliegen u.a. Bayerns war[256]. Die Ländervertretung stützte sich dabei auf ein Urteil des *BGH* v. 14.5.1991[257]. Darin führte das Gericht aus:

„Ist die geschehene Überwachung jedenfalls aus polizeirechtlichen Gründen hinzunehmen, so sind ihre Ergebnisse auch im Strafverfahren verwertbar... Bedenken könnten nur bestehen, wenn [...] der polizeiliche Weg nur beschritten worden wäre, um nicht bestehende strafprozessuale Bestimmungen zu ersetzen".

Der *BGH* ließ somit die Verwendung von im Bereich polizeilicher Gefahrenabwehr gesammelten Daten grundsätzlich zu[258].

Im Widerspruch dazu sah der Gesetzesentwurf vor, dass die durch eine präventive Maßnahme erlangten personenbezogenen Informationen, sofern diese einer Maßnahme nach § 98a StPO entspricht, zu Beweiszwecken nur verwertet werden dürfen, soweit sich *„bei Gelegenheit der Auswertung"* Erkenntnisse ergaben, die zur Aufklärung einer in der genannten Norm bezeichneten Straftat benötigt werden.

Zwar erscheint dieser Streit für das Gesetzgebungsverfahren unmaßgeblich, und zwar deswegen, weil der Gesetzgeber beim Erlass von Regelungen hinsichtlich bisher ungeregelter Materie nicht an die höchstrichterliche Rechtsprechung gebunden ist[259]. Das macht aber den lange hemmenden politischen Streit nicht ungeschehen. So unterlag auch jener Regierungsentwurf der Diskontinuität, so

---

253 Siehe vorige Fn. aaO, S. 1.

254 BT-Drucks. 13/9718 v. 29.1.1998. Dieser Entwurf trug trotz fortgeschrittenen Datums immer noch den Namen „StVÄG 1996".

255 „Flughafen-Kompromiss", vgl. *Brodersen*, NJW 2000, 2536 [2537].

256 *Brodersen*, aaO, 2537.

257 NStZ 1992, 44 [45 a.E.]

258 Differenzierend hierzu *Rogall*, NStZ 1992, 45 [47].

259 Zur ausnahmsweisen Bindungswirkung der Entscheidungen des *BVerfG* nach § 31 Abs. 1 bzw. 2 BVerfGG siehe *Schlaich*, Das Bundesverfassungsgericht, Rn. 439 ff m.w.N.; *Seuffert*, AöR Bd. 104 (1979), S. 169 ff.

dass die 13. Legislaturperiode mit Blick auf die Normierung von Observationsmaßnahmen ergebnislos verstrich.

2. Zielsetzung

Zusätzlich zu den zum StVÄG 1994 genannten Zielen hoben die Regierungsentwürfe zum StVÄG 1996 die **Notwendigkeit der Regelung einzelner strafprozessualer Ermittlungsmaßnahmen** wieder besonders hervor[260]. So sollte u.a. die längerfristige Observation explizit geregelt werden.

3. Einzelregelungen

a) Längerfristige Observation, § 163f StPO

Der Gesetzesentwurf der Bundesregierung sah eine inhaltlich an §§ 163f, 163h, 163i StPO des E StVÄG 1988 (1989)[261] angelehnte, mit zahlreichen Einschränkungen zugunsten der Rechte des Betroffenen versehene Regelung für die längerfristige Observation vor. Demgegenüber sprach sich der Bundesrat in seiner Stellungnahme für eine strafverfolgungsfreundlichere Regelung aus. In seiner Begründung stellte er kriminalpolitische Erwägungen in den Vordergrund:

„Der überwiegende Anteil der Observation muss an mehr als zwei Tagen stattfinden, um überhaupt etwas Verfahrensrelevantes feststellen zu können. Nach der Entwurfsfassung gäbe es demnach in der Praxis kaum noch kurzfristige Observationen. Eine Observation, die nur einige Tage lang stattfindet, stellt keinen so wesentlichen Rechtseingriff dar, dass eine spezielle Vorschrift erforderlich wäre.“[262]

Des Weiteren sah der Bundesrat für den in § 163f Abs. 3 StPO vorgeschlagenen **Richtervorbehalt**[263] sowie das **Erfordernis der schriftlichen Anordnung** der Maßnahme in Abs. 4 keinen Anlass[264].

---

260 Siehe dazu oben § 4 III.

261 Vgl. BR-Drucks. 961/96 v. 20.12.1996 sowie BT-Drucks. 13/9718 v. 29.1.1998, die auf den bereits zitierten Normtext rekurrierten.

262 BR-Drucks. 961/96 (Beschluss) v. 21.2.1997, S. 12.

263 Zu seiner Funktionen generell *Hölscher*, Rechtschutz, S. 14 ff.

264 BR-Drucks. aaO, S. 12, 13. Dies für ersteren ohne jede Begründung, für die Schriftlichkeit unter Bezugnahme auf die Praxisfremdheit.

b) Fahndung, §§ 131 bis 131c StPO

Durch die §§ 131 bis 131c StPO sollte die bis dahin gesetzlich nur partiell geregelte **Fahndung** nach Beschuldigten sowie die Ermittlung von Zeugen, deren Aufenthalt unbekannt ist, eine explizite Rechtsgrundlage erhalten[265]. Im Rahmen dieser Maßnahme wird eine solche Person zur Festnahme, Aufenthaltsermittlung, Identitätsfeststellung etc. ausgeschrieben[266].

Bereits an dieser Stelle sei jedoch angemerkt, dass sich die Fahndung damit in ihrem Wesen grundlegend von der Observationstätigkeit unterscheidet und daher nicht die genuine Thematik der vorliegenden Arbeit tangiert. Denn bei der *Fahndung* geht es darum, eine unbekannte Person überhaupt erst zu identifizieren, bei der Observation darum, eine zumeist bereits bekannte Person zu beschatten und ihr Verhalten bzw. ihre Lebensumstände auszukundschaften[267].

VIII. Das Gesetz zur Verbesserung der Bekämpfung der Organisierten Kriminalität

Am 9.5.1998 trat das **„Gesetz zur Verbesserung der Bekämpfung der Organisierten Kriminalität“** in Kraft[268], dessen Regelungen im Wesentlichen auf die *Bekämpfung der Geldwäsche* sowie die Einführung des *„Großen Lauschangriff“* abzielten[269]. Der Weg des Verfahrens sei hier nur grob skizziert:

Nach einem Gesetzentwurf von CDU/CSU, SPD und FDP[270], einer Beschlussempfehlung[271] und dem Bericht[272] des Rechtsausschusses des Bundestages folgte ein entsprechender Gesetzesbeschluss des Bundestages[273]. Der Bundesrat rief wegen der Klärung der Fragen, welche Berufsgruppen einem *Beweiserhebungsverbot* unterliegen sollten bzw. wegen einer effektiveren Ausge-

---

265 BT-Drucks. 13/9718, S. 15.

266 Ausführlich zu §§ 131-131c StPO n.F.: *Soiné*, Kriminalistik 2001, 173 ff.

267 **A.A.** zur alten Gesetzeslage *Albrecht*, StV 2001, S. 416 [418 f] unter Hinweis auf *Kleinknecht/Meyer-Goßner*, Strafprozessordnung, 44. Aufl., 1999, § 131 Rn. 3: „...der Steckbrief nur zur Vollstreckung eines bestehenden Haft- oder Unterbringungsbefehls, keinesfalls aber zur Fahndung eines noch unbekannten Täters erlassen werden darf.“; **str.**

268 BGBl. I, S. 845. Vgl. zur notwendigen Änderung des Art. 13 GG auch BT-Drucks. 13/8650 v. 1.10.1997 (GGÄndG).

269 Ausführlich *Meyer/Hetzer*, NJW 1998, 1017 ff m.w.N. Zur Rechtslage unmittelbar vor der Grundgesetzänderung *Krey*, JR 1998, 1 [6].

270 BT-Drucks. 13/8651 v. 1.10.1997.

271 BT-Drucks. 13/9644 v. 14.1.1998.

272 BT-Drucks. 13/9661 v. 15.1.1998.

273 BT-Prot. 14/84 v. 27.1.2000, S. 7813 [7824 ff].

staltung der *Unterrichtungspflicht* nach Abschluss der Maßnahme den Vermittlungsausschuss an[274]. Dessen Beschlussempfehlung[275] nahm der Bundestag an[276], woraufhin auch der Bundesrat zustimmte. Das gesamte Verfahren dauerte insgesamt nicht mehr als sieben Monate.

Kein Regelungsgegenstand dieses Gesetzes waren wiederum spezielle Ermittlungsmaßnahmen wie die der Observation.

IX. Der Entwurf eines Strafverfahrensänderungsgesetzes 1999: E StVÄG 1999

1. Entwicklungsgeschichte

Die Bundesregierung brachte in der 14. Legislaturperiode einen neuen Regierungsentwurf als StVÄG 1999[277] ein, der inhaltlich eine überarbeitete Fassung des vorherigen Regierungsentwurfs darstellte. Jener Entwurf trug in Text und Begründung weitgehend der vorherigen Stellungnahme des Bundesrates[278] Rechnung und berücksichtigte den Stand der Beratungen des Rechtsausschusses des Bundestages aus der 13. Legislaturperiode[279].

Mit grundsätzlicher Zustimmung zu dem Entwurf wies der Bundesrat auf die dem Entwurf eigene, seiner Meinung nach zu detaillierte Regelungstechnik hin, die für die Länder einen erheblichen Mehraufwand an Personal und Sachmitteln verursachen würde. Er schlug vor, jede verfassungsrechtlich nicht zwingend gebotene Änderung des Gesetzentwurfes, die zu mehr Aufwand führen und den Kompromiss zu Lasten effektiver Strafverfolgung durch die Länder verschieben würde, zu vermeiden[280]. So hielt er die Veränderung der Legaldefinition der längerfristigen Observation in § 163f Abs. 1 S. 1 Nr. 2 StPO dergestalt für ausreichend, dass diese **„an mehr als sieben Tagen" anstatt nur „mehr als zwei Tagen"** stattfinden müsse.

Auf der Grundlage der mit erheblichen Änderungen versehenen Beschlussempfehlung des Rechtsausschusses des Bundestages[281] – die fast durchweg die Fahndung, allerdings auch § 163f StPO im Hinblick auf dessen Legaldefinition betrafen und den zeitlichen Rahmen wiederum als „durchgehend länger

274 BR-Drucks. 9/98 v. 6.2.1998.
275 BT-Drucks. 13/10004 v. 2.3.1998.
276 BR-Drucks. 214/98 v. 5.3.1998.
277 BR-Drucks. 65/99 v. 5.2.1999.
278 Vgl. BR-Drucks. 961/96 v. 20.12.1996.
279 BR-Drucks. 65/99, S. 29.
280 Vgl. BR-Drucks. 65/99 (Beschluss) v. 19.3.1999.
281 BT-Drucks. 14/2595 v. 27.1.2000.

als 24 Stunden oder an mehr als zwei Tagen“ absteckten – beschloss das Parlament das Gesetz[282].

Der Bundesrat rief den Vermittlungsausschuss an[283]. Dieser legte einen durch eine Arbeitsgruppe vorbereiteten Kompromissvorschlag vor. Jener Beschlussempfehlung[284] folgend verabschiedete der Deutsche Bundestag den Gesetzentwurf, dem der Bundesrat zustimmte[285].

2. In-Kraft-Treten des StVÄG 1999

Am 2.8.2000 beschloss der Bundestag mit Zustimmung des Bundesrates das **Gesetz zur Änderung des Strafverfahrensrechts (StVÄG 1999)**, fertigte es aus und veröffentlichte es im Bundesgesetzblatt[286].

3. Zielsetzung

Die Ziele des StVÄG 1999 waren dieselben wie die des StVÄG 1996 und bündelten zudem viele Zielsetzungen der genannten Gesetzesentwürfe zuvor, nämlich die *Umsetzung des „Volkszählungsurteils“ des BVerfG* in Form der Schaffung der verfassungsrechtlich gebotenen, im Interesse der Rechtssicherheit und Rechtsklarheit sowie aus strafprozessual-systematischen Gründen notwendigen präzisen Rechtsgrundlagen im Hinblick auf

- die strafprozessuale Ermittlungstätigkeit,
- die Verwendung personenbezogener Informationen, die in einem Strafverfahren erhoben worden sind, sowie
- die Verarbeitung personenbezogener Daten in Dateien und ihre Nutzung.

4. Einzelregelungen

a) Längerfristige Observation, § 163f StPO

Nachdem das „Ob“ einer Regelung der längerfristigen Observation nicht mehr zur Debatte gestanden hatte, stellten sich Detailfragen nach der Ausgestaltung des „Wie“ der endgültigen Normierung. Das StVÄG 1999 sah für die länger-

282 BR-Drucks. 64/00 v. 4.2.2000.
283 BT-Drucks. 64/00 v. 25.2.2000 basierend auf den Ausschussempfehlungen 64/1/00; BR-Prot. 784 v. 25.2.2000, S. 44, 45; BT-Drucks. 14/2886 v. 3.3.2000 (Unterrichtung durch den Bundesrat bzgl. Anrufung des Vermittlungsausschusses).
284 BT-Drucks. 14/3525 v. 7.6.2000 bzw. BR-Drucks. 349/00 v. 7.6.2000.
285 BR-Drucks. 349/00 (Beschluss) v. 9.6.2000.
286 BGBl I (2000), S. 1253-1262.

fristige Observation wie bereits dargelegt einen Zeitrahmen von **„durchgehend länger als 24 Stunden oder an mehr als zwei Tagen vor“**[287].

Unstimmigkeiten bestanden zudem über den Zeitpunkt, zu dem die Anordnung ohne staatsanwaltliche Bestätigung außer Kraft zu treten habe. Denn **Abs. 3** dieser Vorschrift räumt den Hilfsbeamten[288] der Staatsanwaltschaft eine **Anordnungskompetenz in Eilfällen** ein. Nach der Beschlussempfehlung des Rechtsausschusses des Bundestages[289] sollte diese Bestätigung innerhalb von **24 Stunden** zu erfolgen haben. Dagegen einigten sich Bundestag und Bundesrat darauf, dass die Anordnung erst nach **drei Tagen** bestätigt werden müsse[290].

b) Sonstige Regelungen: § 474 ff StPO

Die weitere Verwendung von im Wege der Repression gesammelten Daten regeln seit dem Erlass des StVÄG 1999 die §§ 474 ff StPO[291]. Von Bedeutung wird dabei für die Frage der Rechtsstaatlichkeit der Observation **§ 481 Abs. 1 StPO n.F.** sein. Dieser sieht vor, dass im Strafverfahren gesammelte Daten auch in den originär-polizeilichen Bereich der Prävention transferiert werden dürfen.

---

287 Die zunächst vom Bundestag beschlossene Verkürzung der Frist auf 24 Stunden (BT-Drucks. 14/2595, S. 8, 28) wurde also ebenso wenig Gesetz wie die vom Bundesrat von Beginn an (BT-Drucks. 14/1484, S. 40) bis zum Vermittlungsverfahren (BT-Drucks. 14/2886, S. 3) geforderte Verlängerung auf sieben Tage.

288 Zur Begriffsänderung in „Ermittlungsperson“ vgl. oben Fn. 37, 38.

289 BT-Drucks. 14/2595 v. 27.1.2000, S. 9.

290 So BR-Drucks. 64/1/00 im Anschluss an den Entwurf der Bundesregierung v. 5.2.1999, BR-Drucks. 65/99. Dies, obwohl der Bundestag selbst zwischenzeitlich die Lösung „durchgehend länger als 24 Stunden“ für ausreichend hielt, vgl. BR-Drucks. 64/00 v. 4.2.2000.

291 Vgl. dazu *Brodersen*, NJW 2000, 2536 [2540]; *Hilger*, NStZ 2001, 15 ff; *Wollweber*, NJW 2000, 3623 [3624].

§ 7 Kritik am „Flickenteppich" neuerer Strafprozessreformen: Konsequente Missachtung dogmatischer Stringenz und des Prinzips der Widerspruchsfreiheit der Rechtsordnung?

I. Kritik an der fortlaufenden Novellengesetzgebung im Bereich der Strafprozessordnung

1. Gesamtreform contra Teilreformen

Die **Gesamtreform der Strafprozessordnung**[292] ist ein Dauerthema bereits seit Beginn der 60er Jahre des letzten Jahrhunderts[293]. Eine erneute Intensivierung jener Diskussion ging mit dem Volkszählungsurteil des *BVerfG* von 1983 einher. Gerade auch vor dem Hintergrund der ausführlich aufgezeigten Bemühungen des Gesetzgebers stellt sich die Frage einer solchen Gesamtreform mit ungebrochener Aktualität.

Bei den hierzu grundsätzlich vertretenen widerstreitenden Konzeptionen handelt es sich auf der einen Seite um diejenige einer **umfassenden Gesamtreform des Strafverfahrensrechts**[294]. Auf der anderen Seite werden schrittweise, durch partielle Gesetzesänderungen erfolgende und aufeinander abgestimmte **Teilreformen** angemahnt.

Eine umfassende Gesamtreform wurde bis heute nicht realisiert. Jene *Gesamtkonzeption* ist durch den Erlass zahlreicher Gesetzesnovellen[295] im Hinblick auf ihr originäres Ziel auch mittlerweile konterkariert worden. Eine umfassende Änderung der StPO erscheint vor dem Hintergrund der jahrzehntelang andauernden und mit Händen greifbaren Reformunfähigkeit des Gesetzgebers – wie oben am Beispiel des Erlasses eines Strafverfahrensänderungsgesetzes dokumentiert – als Überforderung[296]. Gerade wegen der vielkritisierten Unausgegorenheit, ver-

---

292 *Albrecht*, StV 2001, S. 416, spricht vom „Unheil der Reformbemühungen im Strafverfahren".

293 Zur Historie der Verfolgung der verschiedenen Ansätze siehe ausführlich *Rieß*, ZRP 1977, 67 [68 ff]. Vgl. auch *Rieß*, Pfeiffer-FS, S. 155 ff; LR-*Schäfer*, Einl. Kap. 4, 5 jeweils m.w.N.

294 Dafür ausdrücklich wieder *Herzog*, StV 2000, 444 [445 re. Sp.]. *Rieß*, Pfeiffer-FS, S. 155, nennt sie die „große" Strafprozessreform.

295 Allein im Jahr 2002 lassen sich 10 (!) Gesetzesänderungen zählen, die die StPO tangieren. Eine Übersicht über die bedeutsamsten Gesetzesänderungen seit 1974 findet sich bei *Herzog*, StV 2000, 444 [445]. Sehr ausführlich *Rieß*, Pfeiffer-FS, S. 155 [172 ff].

296 Dabei stand bereits 1964 (!) der einstimmige Beschluss des Deutschen Bundestages im Raum, eine Große Strafprozessrechtskommission einzusetzen, Beschluss v. 24.6.1964, Prot. IV, 6478, 6505.

meintlichen Systembrüchen und inhaltlichen Disharmonien wird eine solche Gesamtreform jedoch heute wieder von einigen als unausweichlich und als dogmatisch einziger sachgerechter Weg zur Strafprozessreform Weg angesehen[297].

2. Status quo der verdeckten Ermittlungsmaßnahmen: Dogma des Flickenteppichs?

a) Baumann

Eine plakative Umschreibung des status quo des Strafprozessrechts der 80er Jahre prägte *Baumann* mit dem Begriff des ***„Flickenteppichs“***, der nach seiner mit einer gewissen Resignation vorgetragenen Meinung *„immer noch nützen und mehr oder weniger gute Dienste leisten kann, wenn [...] vernünftige Gesetzesauslegung sich bemüht, die Normen entsprechend zu interpretieren und trotz allem ein Gesamtsystem herzustellen“*[298].

Eine solche sog. **„Reparatur durch Auslegung“** unterliege aber zwangsläufig Grenzen, die im Fall der Strafprozessordnung laut *Baumann* bereits erreicht seien[299]. Diesen Gedanken aufnehmend nennt *Paeffgen* das Strafverfahrensrecht eine **„Patch-Work-Arbeit“**, bei der „der Gesetzgeber einen Fetzen an den nächsten flickt“[300].

b) Rieß

Sprach *Rieß* zunächst noch positiv davon, dass Anfang der 70er Jahre der Gesetzgeber *„auf die Konzeption einer Gesamtreform durch Teilgesetze umgeschaltet habe“*[301], die man neutraler als *„nahezu kontinuierliche“* oder *„fortlaufende Novellengesetzgebung“* bezeichnen könne[302] räumte er später ein, dass die Konzeption einer **„Gesamtreform durch Teilgesetze“** insgesamt gescheitert sei[303].

---

297 *Baumann*, JuS 1987, 681 [686]. Dazu eingehend *Wolter*, Aspekte zu einer Strafprozessreform bis 2007, S. 9 ff. Auch *Vogel*, NJW 1978, 1217 [1226], gab zu bedenken, dass dringenden Bedürfnissen folgende Sofortmaßnahmen „eine generelle Überprüfung des gesamten Systems der strafprozessualen Eingriffsbefugnisse nicht entbehrlich [machen].“ Ebenso *Rieß*, ZRP 1977, 67 [73]; moderater *ders.* aber später in: Pfeiffer-FS, S. 155 [174].

298 *Baumann*, JuS 1987, 681 [682].

299 aaO, 682.

300 *Paeffgen*, StV 1999, 625.

301 In: Schäfer-FS, S. 155.

302 aaO, S. 155 [172, 174].

303 S. 155 [165 m.w.N].

c) Herzog

Herzog macht äußerst kritisch eine von politischen Hintergründen getragene unerträgliche „Novellierungsfrequenz" aus, nach der *„[es nicht wunder nimmt], dass die StPO mittlerweile nicht nur inhaltlich, sondern auch ein gesetzestechnisch verunstaltetes Gesetz mit Inkonsistenzen, bis zur Unverständlichkeit ausdifferenzierten Normen und monströsen legislatorischen Kompromissformeln ist"*[304].

Und er fügt an, dass man besser *„von Dauergesetzgebung mit fehlender rechtsstaatlicher Sensibilität, ohne Konzeption und schon gar ohne Vision"* sprechen sollte[305].

Ebenfalls in diesem Sinne charakterisieren andere die jüngste Gesetzgebungshistorie als die von einem **allgemeinen hypertrophen Effizienzstreben** gekennzeichnete Reformgeschichte[306].

d) Albrecht

Unter einem anderen Blickwinkel gelangt *Albrecht* zu dem Resümee, dass die Strafprozessordnung insgesamt in ihren rechtsstaatlichen Prinzipien und Kategorien in Auflösung begriffen sei: Statt eines am Verdachtsgrad orientierten repressiven Ermittlungsverfahrens entstehe ein Überwachungs- und Kontrollsystem[307].

e) Fazit

Der von *Baumann* Mitte der 70er Jahre des 20. Jahrhunderts als „Strafprozessreform in Raten" bezeichnete Prozess hat seinen Abschluss bis heute nicht gefunden. Es erscheint angesichts des zögerlichen Agierens der Legislative bei der Implementierung von Ermächtigungsgrundlagen für Ermittlungsmaßnahmen berechtigt, von einer unausgegorenen und unabgestimmten Kasuistik zu sprechen. Zudem ist es nicht tolerabel, wenn der Gesetzgeber – wie aufgezeigt – nahezu zwei Jahrzehnte benötigt, um verfassungsrechtliche Vorgaben eines Urteils des *BVerfG* umzusetzen. Bereits aus diesen Gründen ist es unmöglich, dass ein konsistentes Normensystem der Ermittlungsmaßnahmen besteht.

---

304 StV 2000, 444 [445] sowie mit Fn. 7.

305 *Herzog*, aaO.

306 *Paeffgen*, StV 1999, 625.

307 *Albrecht*, StV 2001, 416 [420].

Man denke insoweit nur an den gesetzlich nicht geregelten Einsatz sog. polizeilicher Vertrauenspersonen (VP)[308].

II. Kritik an der Regelung spezieller Ermittlungsmethoden

Im Schrifttum wird Kritik insbesondere in zweierlei Hinsicht laut. Einerseits zielt diese auf die Art und Weise der Regelung von bestehenden Ermittlungsmethoden ab, andererseits wird das Fehlen einer gesetzlichen Regelung für spezielle Ermittlungsmethoden moniert.

1. Gefahr der Aushöhlung rechtsstaatlicher Grundsätze durch bestehende Normierungen

Hinsichtlich der Anforderungen, die für spezielle Ermittlungsmaßnahmen notwendig sind, gibt *Riegel* zu bedenken, dass der allgemein als richtig anerkannte Weg, nämlich die Schaffung von spezialgesetzlichen Ermächtigungsgrundlagen, allein nicht ausreichen kann. Vielmehr müsse das Ziel eine Befriedung materieller Art sein, d.h. dass „... *es nicht darum gehen kann, lieb gewonnene Praktiken ohne sorgfältige Abwägung fest zu schreiben oder sogar zu erweitern und somit ein weiteres Kapitel in der ohnehin langen Geschichte der normativen Kraft des Faktischen und der Kapitulation des Gesetzgebers vor der Exekutive zu schreiben*“[309].

Vielmehr müssten die in Rede stehenden Maßnahmen zuerst inhaltlich auf ihre Verfassungsgemäßheit untersucht werden.

Bernsmann/Jansen halten dem Gesetzgeber vor, das ursprüngliche Konzept der StPO dadurch zu konterkarieren, dass „*Öffentlichkeit und die damit einhergehende Kontrolle [...] nur dann für erforderlich gehalten (werden), wenn der Staat in die Sphäre des Bürgers eingreift.*“[310]

Comes beklagt den „*Fluch der kleinen Schnitte*“[311] und hält Gesetzgebung und Rechtsprechung vor, bei der normativen Begrenzung neuer Ermittlungstechniken ein Bild unsystematischer, hilfloser Kasuistik zu bieten. Insgesamt führten

308 Dazu ausführlich jüngst *Ellbogen*, Die verdeckte Ermittlungstätigkeit der Strafverfolgungsbehörden durch die Zusammenarbeit mit V-Personen und Informanten, 2004.

309 *Riegel*, Meyer-GS, 1990, S. 345 [364]. Allgemein zu diesem Problem *ders.*, Zur Interdependenz von Recht und Wirklichkeit, RiA 1986, 265 ff.

310 Dazu auch *Dencker*, StV 1994, 667 [678 f].

311 StV 1998, 569 ff.

die *„vielen kleinen Schnitte in die Grenzwälle gegen die heimliche Beobachtung dann in eine Niederlage des liberalen Rechtsstaates."*[312]

2. Eigene Stellungnahme

Der Ansicht von *Riegel* ist beizupflichten. Sie gibt allerdings kaum mehr als eine Selbstverständlichkeit wieder. Denn für eine politische Instrumentalisierung der StPO mit dem Ziel der Installierung von besonders eingriffintensiven Ermittlungsmaßnahmen ohne verfassungskonforme Grundlage sind nach der ausführlichen Untersuchung der Normierung der längerfristigen Observation in dieser Arbeit keinerlei Anhaltspunkte zu erkennen.

Um ein völlig anderes Problemfeld handelt es sich demgegenüber, wenn verzögerte und zerredete Kompromissformeln sich nach ihrer Normierung als nicht praxistauglich erweisen. Dieser Verdacht drängt sich nach der Darstellung des Gesetzgebungsverfahrens auf und wird in der weiteren Untersuchung in weiten Teilen Bestätigung finden.

Den übrigen kritischen Stimmen mag zuzugeben sein, dass die StPO als ein **nach Voraussetzungen und Anwendungskompetenz nach wie vor hochdifferenziertes System von Eingriffsermächtigungen**[313] auf dem Spiel steht, wenn über Jahrzehnte hinweg allein aus Gründen der jeweiligen politischen Interessen neue Ermächtigungsgrundlagen geschaffen werden. Denn dann bestünde zweifelsohne die Gefahr einer Sprengung der Einheitlichkeit des Gesamtsystems. Tatsächlich erscheint es vor dem Hintergrund der aufgezeigten Gesetzesänderungen aber nicht zwingend, dass die Tendenz in Richtung der Aufweichung von Eingriffslegitimationen zu Lasten der Betroffenen steuert. Angesichts immer neuer rechtsstaatlicher Sicherungsmechanismen wie die grundsätzliche Knüpfung der Maßnahmen an **besondere Deliktskategorien** (z.B. durch das Aufstellen von Deliktskatalogen), an **erhöhte Verdachtsstufen**, der Verwendung von verschiedenen **Subsidiaritätsklauseln**, der Ausweitung des **Richtervorbehalts** für die Anordnung solcher Ermittlungsmaßnahmen oder weiterer **Dokumentations- bzw. Benachrichtigungspflichten** für die Ermittlungsbehörden spricht sehr viel dafür, dass die verfassungsmäßig garantierten Rechte der Betroffene heute z.T. besser denn je geschützt sind.

Es stellt auch keinen Widerspruch dar, wenn z.B. als Folge der Entscheidung des *BVerfG* zum „Großen Lauschangriff"[314] ganze Straftatenkataloge auf den

---

312 aaO, S. 569. Zum liberalen Rechtsstaatsgedanken siehe oben § 2.

313 *Riegel*, Polizeiliche Personenkontrolle, 1979, S. 18; *Vahle*, VerwRdSchau 1986, 258 [263]; *Vogel*, NJW 1978, 1217 [1225].

314 NJW 2004, 999 ff.

Prüfstand gestellt werden müssen[315] oder eine weitergehende Grundrechtssicherung durch noch stärkere Betonung von Verfahrensvorschriften wie Benachrichtigungs- oder Kennzeichnungspflichten über Informationserhebungen angemahnt wird[316]. Denn es ist rechtsstaatlich zwingend geboten, dass neu erlassene Normen auf ihre Verfassungsgemäßheit überprüft werden. Die Möglichkeit von Fehleinschätzungen durch den Gesetzgeber ist zunächst hinzunehmen. Treten solche Fehleinschätzungen aber später deutlich zu Tage, sind die fraglichen Gesetze entsprechend zu korrigieren.

Demgemäß ist dem Gesetzgeber vom *BVerfG* aufgegeben worden, *„wegen des schnellen und für den Grundrechtsschutz riskanten informationstechnischen Wandels [...] die technische Entwicklung aufmerksam zu beobachten und notfalls durch ergänzende Rechtssetzung korrigierend einzugreifen. Dies betrifft auch die Frage, ob die bestehenden verfahrensrechtlichen Vorkehrungen angesichts zukünftiger Entwicklungen geeignet sind, den Grundrechtschutz effektiv zu sichern und unkoordinierte Ermittlungsmaßnahmen verschiedener Behörden verlässlich zu verhindern"*[317].

Eine grundsätzliche Fehleinschätzung der Belange der Bürger bei der Novellierung von Vorschriften der StPO ist aber nicht erkennbar.

3. Kritik am Fehlen wichtiger Einzelregelungen

Zwar hält *Hilger* den sich aus dem Volkszählungsurteil ergebenden Gesetzgebungsbedarf durch das OrgKG und das StVÄG 1999 für weitgehend abgearbeitet[318]. Allerdings wurde bereits früher das Fehlen bestimmter Regelungen moniert, die bis heute immer noch nicht in die StPO eingestellt worden sind. So gab *Krey* zu Recht zu bedenken, dass in der StPO Vorschriften über den Einsatz von **VP** und **Informanten** fehlen[319].

Kniesel resümierte, dass die StPO „große Lücken" für die Verwertung von Informationen im Strafverfahren offenbare, dass es an *„jeglichem Ansatz für einen*

---

315 So zu Recht *Gusy*, JuS 2004, 457 [460].

316 So explizit jetzt *BVerfG* NJW 2005, 1338 ff („GPS-Urteil"), nach dem „beim Einsatz moderner, insbesondere dem Betroffenen verborgener, Ermittlungsmethoden die Strafverfolgungsbehörden mit Rücksicht auf das dem ‚additiven' Grundrechtseingriff innewohnende Gefährdungspotential besondere an das Verfahren beachten müssen".

317 *BVerfG* aaO, Ls. 3.

318 NStZ 2001, 15 [19].

319 Rechtsprobleme, BKA-Forschungsreihe 1993, Rn. 13 ff.

gesetzlichen Rahmen der Voraussetzungen, Inhalte und Grenzen (weiterer) Informationsverarbeitung" mangele[320].

Letztgenannte Bedenken dürften sich freilich durch das In-Kraft-Treten des StVÄG 1999 durch §§ 474 ff StPO erledigt haben[321].

III. Abschließende Stellungnahme

Der gemeinsame Kern der hier trotz der lebhaften Diskussion der angesprochenen Probleme nur skizzierten Kritik liegt primär in der Furcht vor der Aushöhlung rechtsstaatlicher Grundsätze. Tenor ist die Notwendigkeit eines umfassenden Schutzes des Bürgers vor einer unerwünschten Allmacht des Staates in Form von Staatsanwaltschaft und Polizei im Bereich der Repression.

Die Frage, auf welche Weise dieses verfassungsrechtlich gebotene Ziel regelungstechnisch umzusetzen ist, erscheint vor dem Hintergrund des gesetzgeberischen „Reformstaus"[322] in Bezug auf die Normierung von Eingriffsermächtigungen nahezu müßig: So sehr die Schaffung eines aufeinander abgestimmten Systems von Ermächtigungsgrundlagen für repressives Eingriffshandeln durch Polizei und StA (norm)theoretisch wünschenswert ist, so unwahrscheinlich ist zugleich seine praktischen Realisierung. Denn der Gesetzgeber hat mit seinem Verhalten in den letzten Jahrzehnten deutlich gemacht, dass er ausschließlich mittels partieller Gesetzesänderungen auf neuere Entwicklungen zu reagieren gedenkt.

– Dass ihm auch vom *BVerfG* nicht der Erlass einer Gesamtreform aus einem Guss aufgetragen werden kann, versteht sich von selbst[323]. –

Riegel vertrat bereits 1991 den bemerkenswerten Standpunkt, dass die Erreichung der speziell mit dem Volkszählungsurteil des *BVerfG* intendierten Ziele inhaltlich nicht mehr machbar sei, vielleicht sogar nie machbar war[324]. Insofern ist seine Resignation zu teilen, wenn er im Anschluss an *Sendler*[325] konstatiert,

320 Die Polizei 1991, 1 [7].

321 Kritisch dazu aber *Albrecht*, StV 2001, 416 [419]. Vgl. auch *Hilger*, NStZ 2000, 561 ff.

322 Dieser Begriff erlangte als sog. „Unwort des Jahres" 1997 traurige Berühmtheit.

323 Zu den vom *BVerfG* für notwendig erachteten strengen Voraussetzungen zur Erzwingung legislativer Tätigkeit vgl. E 56, 54 [70]; *Möstl*, DÖV 1998, 1029; *Stern* in: BK-GG Art. 93 Rn. 633 f. Dass diese im Hinblick auf eine Neuregelung der **gesamten** StPO fehlen, ist angesichts der vorhandenen Regelungen evident.

324 Die Polizei 1991, 1 [8].

325 NVwZ 1990, 231 [233].

man solle sich von der *„Vorstellung der Machbarkeit einer heilen Welt des Rechts"* trennen.

Zudem würde in der heutigen Zeit mit ihrem raschen Wandel in politischer und technologischer Hinsicht eine Gesamtreform ein nicht vollendbares Werk darstellen. Diese Lebensumstände implizieren den aus heutiger Sicht vielleicht einzigen gangbaren Weg für Reformschritte im Strafprozessrecht:

Eine Lösung gesetzesimmanenter Probleme bzw. eine Harmonisierung strafprozessualer Vorschriften kann in casu nur im Wege eines möglichst vernünftigen Zusammenwirkens von Gesetzgebung (unter Beratung von Seiten der Rechtsanwender aus den betroffenen Bereichen im Vorfeld des Erlasses neuer Normen) und einer der verfassungskonformen Rechtsfortbildung verpflichteten Rechtsprechung erreicht werden.

Zusammenfassung von Kapitel 2

Ursprüngliche Bestrebungen in den 80er Jahren des 20. Jahrhunderts zur Durchführung einer umfassende Reform der Strafprozessordnung durch ein umfassendes Strafverfahrensänderungsgesetz wurden sehenden Auges als Opfer politischer Strömungen der Diskontinuität anheim gestellt. Neue, engere Zielrichtung war in der Folge zunächst die wirksame Bekämpfung der Organisierten Kriminalität durch das OrgKG 1992.

Die Normierung einer Spezialermächtigungsgrundlage für die längerfristige Observation (§ 163f StPO i.d.F. des StVÄG 1999) war lange Zeit aus politischen Gründen gescheitert, in ihren Einzelheiten umstritten und gibt ein Beispiel für die fehlende Stringenz, mit der der Gesetzgeber in der StPO agiert.

Eine umfängliche Gesamtreform der Strafprozessordnung hat bis heute nicht stattgefunden. Auch die mögliche Intention einer Gesamtreform durch Teilreformen ist zum heutigen Zeitpunkt nicht erfolgreich gewesen. Die Normierung der verschiedenen repressiven polizeilichen (und staatsanwaltlichen) Ermittlungsmaßnahmen weist ein uneinheitliches Bild auf. Es handelt sich insoweit um eine fortlaufende Missachtung dogmatischer Stringenz und des Prinzips der Widerspruchsfreiheit der Rechtsordnung. Rechtsprechung und Lehre sind aufgerufen, im Wege eines vernünftigen Zusammenwirkens mit dem Gesetzgeber für eine Harmonisierung der Eingriffsermächtigungen Sorge zu tragen. Durch die verstärkte Normierung von **erhöhten** materiellen und/oder formellen Eingriffsvoraussetzungen besteht grundsätzlich ein erhöhter Schutz für die Grundrechte des Betroffenen.

Kapitel 3: Terminologie und Phänomenologie

§ 8 Terminologie

I. Observation und verwandte Oberbegriffe im allgemeinen Sprachgebrauch

Der Begriff „Observation" entstammt dem lateinischen Substantiv „observatio", dessen Übersetzung so viel besagt wie „Beobachtung" oder „Wahrnehmung"[326]. Weiterhin ist auf das lateinische Verb „observare" hinzuweisen, das in seiner klassischen Übersetzung „etwas aufmerksam beobachten" bedeutet, daneben auch „beachten", „befolgen" oder „achtgeben"[327]. Dieses „aufmerksame Beobachten" bzw. „Wahrnehmen" kann im Zusammenhang mit polizeilicher Ermittlungstätigkeit in zweierlei Weise verstanden werden: Zum einen ist das Beobachten von Lebenssachverhalten im weitesten Sinne eine ständige dienstliche Tätigkeit von Polizeibeamten, die mit einer Vielzahl von Diensthandlungen **notwendig einhergeht**[328]. Zum anderen existiert die spezielle Ermittlungsmaßnahme der „Observation" als ein technisches Operationsmittel zur Erledigung zumeist kriminalpolizeilicher Aufgaben.

Die beobachtende polizeiliche Ermittlungstätigkeit gegenüber Personen kann nach einer häufig anzutreffenden Kategorisierung mittels „*Fahndung*", „*Observation*", „*Überwachung*" oder „*polizeilicher Beobachtung*" erfolgen. Allerdings erscheint die Verwendung der Begriffe unsystematisch und mehr oder weniger zufällig. Zwischen diesen Rechtstermini ist daher im Weiteren näher zu differenzieren. Nach der Klärung ihrer Definition erfolgt im nächsten Schritt eine Abgrenzung der einzelnen Observationsmaßnahmen voneinander, und zwar in phänomenologischer Hinsicht.

Für die Begriffsbestimmung ist es irrelevant, ob die dazu herangezogenen Definitionsansätze dem Bereich des präventiven oder dem des repressiven Polizeihandelns entstammen. Insoweit weisen die Ermittlungsmethoden terminologische wie auch inhaltliche Kongruenz auf, so dass in beiden Tätigkeitsbereichen unter den jeweiligen Fahndungsmethoden stets dasselbe verstanden wird.

Eine terminologische Trennung zwischen präventivem und repressivem Polizeirecht wäre auch aus verfassungsrechtlichen wie aus dogmatischen Gründen nicht erlaubt. Denn andernfalls könnten sich die strafprozessualen Regelungen

---

326 Nach: Langenscheidts Großes Schulwörterbuch, 20. Aufl., 2003.

327 aaO.

328 *Bauer*, Moderne Verbrechensbekämpfung Bd. 2, S. 287, der dies „die wichtigste und erste Aufgabe des Polizeibeamten" nennt; *Kühne*, Strafprozessrecht, Rn. 375: „...[die] allgemeine Befugnis, jenseits von polizeilicher Gefahr und Verdacht, Informationen einzuholen [...]".

für Ermittlungsmethoden im Rahmen der Repression von denen des Polizeirechts im Präventivbereich entfernen[329]. Durch den so gewährten *Gleichlauf von Prävention und Repression* hat sich zudem im Zuge der Deutschen Wiedervereinigung in den letzten 15 Jahren eine **unterstützende Funktion für den Rechtsstaat** herauskristallisiert: Dies gilt insbesondere vor dem Hintergrund der Notwendigkeit der Schaffung gesetzlicher Regelungen in der StPO einerseits und der Abgrenzung staatsanwaltschaftlicher und polizeilicher Befugnisse andererseits[330].

II. Abgrenzung zwischen „Fahndung" und „Observation"

Da die Begriffe „Fahndung" und „Observation" immer wieder in engem Zusammenhang fallen oder im täglichen Sprachgebrauch zu Verwechslungen führen, sind sie vorab voneinander abzugrenzen.

Bei genauerer Betrachtung sind im Hinblick auf die „Fahndung" grundsätzlich zwei verschiedene Begriffsmöglichkeiten zu unterscheiden, und zwar ein allgemein verstandener *weiter Fahndungsbegriff* sowie ein *engerer Begriff der Fahndung*, der in der Strafprozessordnung bzw. in Ziffer 1.2 der PDV 384.1 verwendet wird[331].

1. Der Terminus „Fahndung" im allgemeinen Sprachgebrauch

Dass die teils anzutreffende Verwendung der Ausdrücke „*Fahndung*" und „*Observation*" als Synonyme nicht korrekt sein kann, ergibt sich bereits bei einem Blick auf den allgemeinen Fahndungsbegriff und dessen uferlose Weite:

a) Der weite Fahndungsbegriff

Hartung definierte den weiten Fahndungsbegriff wie folgt:

„Fahndung im weiteren Sinne ist die Gesamtheit aller Maßnahmen, die darauf ausgerichtet sind, zu einer bestimmten Tat den Täter festzustellen und der Strafverfolgung oder sonstigen Behandlung zuzuführen"[332].

---

329 HK-*Lemke*, vor §§ 94 Rn. 7.

330 Vgl. *Hilger*, NStZ 1992, 523 [526]; HK-*Lemke*, aaO, Rn. 8.

331 *Ahlf*, Polizeiliche Kriminalakten, S. 12; *Bauer* in: Handwörterbuch der Kriminologie, S. 248. Eine umfassende Zusammenstellung deutschsprachiger Literatur zur Fahndung von 1908 bis 1979 findet sich bei *Störzer* in: *Hefele*, Fahndung und Observation.

332 Zitiert nach *Bauer*, Moderne Verbrechensbekämpfung Bd. 3, S. 53.

Zu Recht hält *Ahlf* im Anschluss an *Bauer*[333] eine solche Definition, die das gesamte Aufgabengebiet der Kriminalpolizei von einer *Fahndung im weiteren Sinne* umfasst sieht, aus dogmatischen Überlegungen für wenig sinnvoll[334].

b) Der engere Fahndungsbegriff

Fahndung im engeren Sinne bedeutet nach *Hartung* dagegen

„die Gesamtheit der Maßnahmen zur Ermittlung und gegebenenfalls Ergreifung eines der Persönlichkeit nach bekannten Menschen für die Zwecke des Strafverfahrens"[335].

Jene Definition zeichnet sich also gegenüber dem weiten Fahndungsbegriff durch eine Differenzierung nach dem Kenntnisstand der Polizei über die Identität des Gesuchten aus.

c) Der Fahndungsbegriff nach Holle

Holle fasste im Jahre 1957 unter dem Begriff der Fahndung

„alle polizeilichen Maßnahmen und Einrichtungen, die der Ermittlung und Ergreifung von Straftätern, der Überprüfung verdächtigter Personen, der Feststellung von Auskunftspersonen sowie der Überprüfung von verdächtigen Gegenständen und der Nachforschung nach Gegenständen dienen, die für ein Strafverfahren bedeutungsvoll sind oder dem rechtmäßigen Inhaber durch eine mit Strafe bedrohte Handlung entzogen oder anderweitig abhandengekommen sind"[336].

Bei diesem sehr verschachtelten Fahndungsbegriff ist das Bemühen ersichtlich, möglichst viele Anwendungsbeispiele der Maßnahme zu erfassen. *Holle* führte darüber hinaus einen noch extensiveren Definitionsvorschlag für die *Fahndung im weiteren Sinne* ins Feld[337]. Er geht somit von einem extrem weit gefassten und letztlich nicht handhabbaren Fahndungsbegriff aus.

---

333 *Bauer* in: Handwörterbuch der Kriminologie, S. 248.

334 aaO.

335 *Bauer* aaO. So auch *Groß/Geerds*, Handbuch der Kriminalistik, S. 46.

336 Schriftenreihe des BKA 1957, Kriminaldienstkunde, III. Teil: Fahndung, S. 13.

337 *Holle* aaO, Fn. 1.

d) Der herrschende Fahndungsbegriff in Anlehnung an PDV 384.1

In den einschlägigen polizeilichen Dienstvorschriften **(PDV)** wird als Fahndung kurz und bündig *„die planmäßige Suche nach Personen und Sachen"* bezeichnet[338].

Der Ausdruck „PDV" ist ein Sammelbegriff für einzelne Verwaltungsvorschriften, welche Verhaltensregeln für Polizeibeamte oder nähere Bestimmungen über Voraussetzungen und Art und Weise der Durchführung polizeilicher Maßnahmen enthalten[339].

Unter einer *Verwaltungsvorschrift* ist nach ganz h.M. jede generell-abstrakte Anordnung (Weisung) von übergeordneten Behörden an nachgeordnete Behörden zu verstehen[340]. Als Verwaltungsvorschrift ist die PDV unmittelbar zwar nur für den internen Dienstgebrauch rechtsverbindlich, *ohne rechtliche Außenwirkung für Dritte* zu entfalten[341]. Sie enthält aber für die Klärung der Terminologie praxiserprobte und anerkannte Definitionen der Ermittlungsmethoden, die für die Klärung der Begriffsbestimmung nutzbar zu machen sind.

Die h.M. folgt jener Umschreibung in der PDV 384.1, so dass nach ihr die *Fahndung* grundsätzlich *„alle Maßnahmen und Einrichtungen, die zur Strafverfolgung und zum Schutz der öffentlichen Sicherheit und Ordnung sowie der planmäßigen Suche nach Personen und Sachen dienen"*, umfasst[342]. Dies zeigt zugleich, dass der Terminus „Fahndung" sozusagen den allumfassenden **Oberbegriff** für die hier zu untersuchenden beobachtenden Ermittlungsmethoden darstellt[343]. Die Observation als solche ist nur eine bestimmte Variante der zur Verfügung stehenden Mittel.

---

338 PDV 384.1.2: Polizeiliche Fahndung.

339 Die Vorschriften werden von den Innenministern/-senatoren des Bundes und der Länder für den jeweiligen Geschäftsbereich nach gemeinschaftlicher Erarbeitung erlassen, aber nicht bekanntgemacht. Es handelt sich um interne Verschlußsachen: „VS – Nur für den Dienstgebrauch".

340 Zu Verwaltungsvorschriften vgl. nur *Maurer*, Allgemeines Verwaltungsrecht, § 24 Rn. 1 ff; *Rudisile*, Verwaltungsvorschriften in der Rechtsprechung von Bundesverwaltungs- und Bundesverfassungsgericht, 1987.

341 Zur fehlenden Außenwirkung von Verwaltungsvorschriften *Hendler*, Allgemeines Verwaltungsrecht, Rn. 396; *Maurer* aaO, § 24 Rn. 15 ff; *Rogmann*, Die Bindung von Verwaltungsvorschriften, 1998.

342 *Ahlf*, Polizeiliche Kriminalakten, S. 12 [13]; *Brodag*, Kriminalistik, vor Rn. 103; *Groß/Geerds*, Kriminalistik, S. 79 . Ähnlich *Riegel*, Datenschutz und Sicherheitsbehörden, S. 116.

343 So ausdrücklich *Evers*, PFA 1978, 31 [34].

2. Der Terminus „Fahndung" im Sinne der Strafprozessordnung

Mit In-Kraft-Treten des StVÄG 1999[344] normierte der Gesetzgeber in §§ 131 bis 131c StPO das Ermittlungsinstrument der **Fahndung** im neugefassten Abschnitt 9a unter dem Titel: *„Weitere Maßnahmen zur Sicherstellung der Strafverfolgung und Strafvollstreckung"*.

– Der Fahndung unterfallen danach z.B. Flugblätter, Plakate, Fahndungsaufrufe über Medien (Fernsehen, auch Internet) etc. –

Damit wurde die den aktuellen Anforderungen nicht mehr genügende Version des § 131 StPO a.F. modernisiert[345], die im Wesentlichen mit dem überholten Begriff des „Steckbriefs"[346] charakterisiert wurde.

Zusammenfassend lässt sich sagen, dass es sich bei den Fahndungsmaßnahmen nach §§ 131 bis 131c StPO um Ermittlungsmethoden handelt, die mit den hier in Rede stehenden „beobachtenden" Maßnahmen nicht vergleichbar und daher für die weitere Untersuchung nicht relevant sind. Terminologisch betrachtet hat der Begriff „Fahndung" als Ermittlungsmaßnahme eine neue Ausgestaltung bekommen, die den Begriff der Observation nicht tangiert.

III. Differenzierung zwischen Observation und mit ihr verwandten Ermittlungsmaßnahmen im Einzelnen

1. Die Definition der Observation

a) Früher Definitionsansatz und seine Erweiterung

Die Observation ist eine klassische und mit am häufigsten durchgeführte Maßnahme von Polizeibehörden. So findet sich bereits in der Schriftenreihe des Bundeskriminalamtes Mitte der 60er Jahre des letzten Jahrhunderts die folgende Begriffsbestimmung:

„Observation ist das systematische Beobachten zur Beschaffung von Beweisen, Ermittlungshinweisen und zur Klärung von Festnahmemöglichkeiten. Sie er-

---

344 Dazu ausführlich oben § 6 IX.

345 Zur Geschichte der Fahndung ausführlich *Zeiger* in: *Kube/Störzer/Timm* (Hrsg.), Kriminalistik Bd. 2, S. 216 ff. Siehe auch *Bauer*, Moderne Verbrechensbekämpfung Bd. 3, S. 50 ff.

346 Vgl. BT-Drucks. 14/1484, S. 19. Näher zur alten Rechtslage *Krey*, Strafverfahrensrecht Bd. 2, Rn. 363 f. Der ursprüngliche Begriff des „Steckbriefs" ist nunmehr mit „Ausschreibung zur Festnahme" umschrieben.

streckt sich auf die Beobachtung von Personen und die Überwachung von Örtlichkeiten"[347].

Diese Definition wurde schon damals wegen der Qualität und Bedeutung der Maßnahme als zu eng empfunden[348]. Es entwickelte sich daher ein offenerer Definitionsansatz, der die Observation als „*unauffällige, systematische Beobachtung von Personen und Sachen zur Vorbeugung und Verfolgung von Straftaten*" umschrieb[349].

b) Heute herrschende Definition in Anlehnung an PDV 384.2

Ähnlich lautet die Definition in der PDV 384.2, die das Ziel der Observation damit angibt, „*Personen, Personengruppen und Objekte planmäßig, im allgemeinen unauffällig, zu beobachten, um grundlegende oder ergänzende Erkenntnisse zur Durchführung präventiver oder repressiver polizeilicher Aufgaben zu gewinnen*"[350].

Aus den beiden letztgenannten Begriffsbestimmungen entwickelte sich schließlich die heute allgemein gebräuchliche und anerkannte Umschreibung. Danach versteht man unter Observation ***„die gewissenhafte Beobachtung von Personen, Einrichtungen und Objekten mit dem Ziel, unter grundsätzlicher Wahrung der Unauffälligkeit grundlegende oder ergänzende Erkenntnisse für polizeiliche oder justizielle Maßnahmen zu gewinnen"***[351].

Nach dieser Terminologie findet zu Recht keine Differenzierung zwischen der Erforschung von Täterabsichten (Prävention) und der Erlangung von Beweisen

---

347 Schriftenreihe des BKA, Heft 1/2 1964: Der Kriminalbeamte und sein Arbeitsgebiet, Wiesbaden 1964.

348 *Frey*, Kriminalpolizeiliche Observation, in: Kriminalpolizei und Technik, 1967, S. 153.

349 Zitiert nach *Frey*, S. 153, vgl. vorige Fn.

350 So auch die der PDV 384.2 vorangegangene Vorschrift der PDV 100, vgl. den Text bei *Peter* in: *Kube/Störzer/Timm* (Hrsg.), Kriminalistik Bd. 2, S. 265. Dazu und zu weiteren – allerdings in erstgenannter Begriffsbestimmung enthaltenen und daher nicht weiterführenden – Definitionsansätzen *Hücker*, Fahndung 1975, 15 [17].

351 So schon die Mitte der 70er Jahre des letzten Jahrhunderts vor der Neufassung der PDV 100 in der Praxis erarbeitete Begriffsbestimmung. Ganz oder inhaltlich weitgehend identische Definition finden sich bei *Benfer*, Grundrechtseingriffe im Ermittlungsverfahren, S. 243; *ders.*, DNP 1990, 519 [520]; *Borgs*, Recht der Geheimdienste, BVerfSchG, § 3 Rn. 167; *Evers*, PFA 1978, 31 [35]; *Erichsen*, Jura 1993, 45 [47]; *Kortgen*, Gewohnheitsrecht, Rn. 88-99, 573-660; *Krey*, Zur Problematik privater Ermittlungen, S. 77 f; *ders.*, VE-Gutachten, Rn. 271 ff; *Meyer*, Rechtsfragen im Zusammenhang mit polizeilichen Beobachtungsmaßnahmen, S. 5 f; *Riegel*, JZ 1980, 224 [225]; LR-*Rieß*, § 163 Rn. 50; *Vogt*, Fahndung 75, 39 [40]; *Weihmann*, Kriminalistik, S. 116.

(Strafverfolgung) statt. Zu letzteren können u.a. die Ermittlung von Tatbeteiligten, des Verwahrungsortes von Tatbeute oder auch Feststellungen gehören, wie und zu welchem Zeitpunkt der Betreffende am besten festgenommen werden kann[352].

c) Die Definition der „längerfristigen Observation" in § 163f StPO

Seit der Einführung des § 163f Abs. 1 S.1 enthält die Strafprozessordnung eine **Legaldefinition** der *„längerfristigen Observation"*[353]. Danach versteht der Gesetzgeber unter Observation die ***„planmäßig angelegte Beobachtung des Beschuldigten"***.

Diese Umschreibung ist weitaus weniger umfangreich und ausdifferenziert als die eben genannte polizeidienstliche Definition. Dies erklärt sich aus dem Vorhaben des Gesetzgebers, primär einen Rahmen für die **Langfristigkeit** der Observation zu normieren[354]. Denn die genannte Regelung ist insbesondere die Reaktion auf das verfassungsrechtliche Problem des Fehlens einer ausdrücklichen Ermächtigungsgrundlage, das sich im Rahmen der Repression bei der Durchführung längerfristigen Observationen gestellt hatte. Daraus ergibt sich, dass der Gesetzgeber keinesfalls eine neue Definition für die Observation als Maßnahme der Strafverfolgung schaffen wollte. Auch ist im gesamten Gesetzgebungsverfahren kein Zweifel an dem herrschenden terminologischen Verständnis in Bezug auf die Observation dokumentiert. Die Legislative ging also insoweit von geklärten Verhältnissen aus. Die Legaldefinition des § 163f StPO beinhaltet aber zugleich die essentialia der vorherrschenden Definition, wenn auch in verkürzter Form.

2. Die Definition der Überwachung

a) Überwachung als intensivste Form von Observation

Neben der Observation wird z.T. der Terminus **„Überwachung"** verwendet. Eine solche stellt nach den Vertretern dieser Diktion eine Unterart der Observation dar, und zwar die **intensivste** Form der Observation[355].

---

352 *Bauer*, GrKrim 1970, 320 [324].

353 Zu einer gleichlautenden Norm aus dem Landesrecht (§ 22 PolG BW) *Mussmann*, Allgemeines Polizeirecht in Baden-Württemberg, Rn. 409 f.

354 Zum Gesetzgebungsverfahren und den Motiven näher oben, § 6.

355 Anders noch *Frey*, Kriminalpolizeiliche Observation, in: Kriminalpolizei und Technik, S. 154, der die „Überwachung" als seiner Meinung nach treffenderen Begriff anstatt der „Observation" verwandte.

Die Überwachung ist zum einen durch eine längere Dauer, zum anderen durch die Anwendung spezieller Ausforschungsmethoden gekennzeichnet. Auf diese Weise soll ein *„umfassender, möglichst lückenloser Einblick in eine Vielzahl von Lebensbereichen ermöglicht werden“*[356].

Mit anderen Worten wird das Privatleben des Beobachteten bei der Überwachung planmäßig so umfangreich ausgeforscht, dass den Ermittlungsbeamten nahezu kein Bereich verborgen bleibt. Obwohl daraus klar hervorgeht, dass die Überwachung einen an Dauer und/oder Intensität qualifizierten Sonderfall der Observation darstellt, wird diese terminologische Unterscheidung leider nur selten konsequent getroffen[357].

Andere wiederum differenzieren in diesem Zusammenhang zwischen der **„längerfristigen“** Observation einerseits und der **„kurzfristigen“** oder **„einfachen“** Observation andererseits[358]. Längerfristig ist die Observation danach, wenn sie *„rund um die Uhr“* erfolgt[359], kurzfristig dagegen, wenn es sich lediglich um eine zeitlich beschränkte Beobachtung handelt, die als *„vorübergehend und unauffällig“* anzusehen ist[360]. Seit der Einführung des § 163f StPO dürfte das dort vorgegebene Zeitfenster die Formulierung „rund um die Uhr“ ablösen.

Als legislative Ungenauigkeit ist zu rügen, dass die terminologische Differenzierung letztlich ausschließlich anhand der zeitlichen Komponente stattfindet. Dies führt einerseits zu einer Vernachlässigung weiterer wichtiger Kriterien. Insofern hat der Gesetzgeber die Chance vertan, selbst eine klare und umfängliche Definition der Observation festzuschreiben. Da andererseits in der Praxis zwar nicht zwangsläufig stets, aber doch zumindest häufig eine länger andauernde Observation auch die Anwendung besonderer Methoden erfordern wird, dürfte der Sache nach die Benutzung der o.g. Ausdrücke auf eine durchaus ähnlich strukturierte Differenzierung hinauslaufen, obwohl der Terminus „Überwachung“ nicht explizit benutzt wird.

---

356 *Kühne*, Strafprozesslehre, 4. Auflage 1993, Rn. 167.4; *Meyer* aaO, S. 6; *Rogall*, GA 1985, 1 [25].

357 So die in Fn. 356 genannten Autoren; Ohne Differenzierung u.a.: *Benfer*, DNP 1990, 519; *Vahle*, Observationsmaßnahmen, S. 2 ff.

358 So u.a. *Deutsch*, Heimliche Erhebung, S. 7, 144; *Gropp*, ZStW Bd. 105 (1993), 405 [415]; *Kruse*, Besondere Ermittlungsmaßnahmen zur Bekämpfung der Organisierten Kriminalität – BRD‘, S. 180; *Rogall*, NStZ 1992, 45; *Sánchez*, Informationelle Selbstbestimmung, S. 242; *Wolter*, Jura 1992, 520 [522].

359 *Kruse* aaO, S. 180, die auf das von den Vertretern des Terminus „Überwachung“ verwendete Merkmal *‚umfassenden Einblick in die Lebensverhältnisse des Betroffenen gewähren‘* rekurriert. Ebenso *Gropp* aaO.

360 So Sánchez aaO, S. 242. Vgl. auch *Kruse* aaO, S. 105, 180.

b) Notwendigkeit der strikten Einhaltung der terminologischen Trennung zwischen Überwachung und Observation

Wenn nach dem Sprachverständnis sowohl des Normalbürgers als auch juristischer Experten ein Fall der Überwachung nicht selten unter den Terminus „Observation" subsumiert wird, ist es an dieser Stelle aus Gründen der Klarstellung geboten, die strikte Differenzierung zwischen „Überwachung" und „Observation" einzuhalten. Sie trägt der Vielfalt der möglichen Observationsmaßnahmen am besten Rechnung und wird dieser Arbeit zugrunde gelegt.

Für die im weiteren Verlauf vorzunehmende Untersuchung, ob Observationsmaßnahmen einen Grundrechtseingriff darstellen, werden nach dem Gesagten vor allen Dingen diejenigen Maßnahmen im Mittelpunkt stehen, die nach der hier getroffenen terminologischen Differenzierung faktisch solche mit **Überwachungs**qualität sind. Denn sie stellen in quantitativer und/oder qualitativer Hinsicht die schwerstwiegenden Maßnahmen dar. Damit impliziert die häufig unter den Terminus „Überwachung" subsumierte Ermittlungsmaßnahme am ehesten einen Grundrechtseingriff. Um aber auch dem üblichen Sprachgebrauch Rechnung zu tragen, sei für die weitere Verwendung der Begriffe klargestellt:

Wenn im Folgenden von der Eingriffsqualität einer „Observation" die Rede ist, so ist in der Regel eine Observationsmaßnahme von der Qualität einer Überwachung gemeint.

3. Die Polizeiliche Beobachtung

a) Polizeiliche Beobachtung im Allgemeinen

Unter „Polizeilicher Beobachtung" im Allgemeinen wird häufig – freilich viel zu ungenau – *„**jede** Form der optischen Überwachungstätigkeit"* verstanden. Dieser Terminus mag zwar wiederum die Beschreibung eines ganzen polizeilichen Tätigkeitsfeldes darstellen. Allerdings kann eine solch allgemein gehaltene Definition der Komplexität der verschiedenen Einzelmaßnahmen niemals gerecht werden, so dass eine genauere Abgrenzung notwendig ist. Wie hier verstanden handelt es sich bei der Verwendung des Ausdrucks der „Polizeilichen Beobachtung allgemein" wie bei der „Fahndung" um die Beschreibung einer ganzen Kategorie polizeilicher Ermittlungstätigkeit, die allerdings ein Muster ohne Wert für die Klärung der exakten Terminologie der einzelnen Ermittlungsmaßnahmen ist.

b) Polizeiliche Beobachtung im engeren Sinne (i.e.S.)

aa) Beobachtungsfahndung gemäß PDV 384.1

Die Mitte der siebziger Jahre des 20. Jahrhunderts gerade in der Praxis als „Beobachtungsfahndung" bzw. „beobachtende Fahndung" **(Befa)**[361] bezeichnete Maßnahme und durch PDV 384.1 näher eingeführte Fahndungsmethode kann man als „Vorläufer" der heutigen Polizeilichen Beobachtung i.e.S. bezeichnen. Auch ihr Ziel war die ***Erstellung eines Bewegungsbildes***. Wesentliche Voraussetzung des Einsatzes der Befa war, dass der Täter Mitglied einer der dort explizit genannten sieben Straftätergruppen war,

namentlich: Drogen- oder Waffenhändler; Falschgeldhersteller- oder verbreiter; Mitglieder von Banden, die organisierte Vermögensdelikte begehen; Mitglieder krimineller Vereinigungen; Terroristen oder deren Helfer; Einschleuser illegaler Arbeitnehmer,

und darüber hinaus im Verdacht stand, „überregional" tätig zu sein. Dies war nach h.M. dann der Fall, wenn er außerhalb seines selbst gestalteten und gesetzten Lebensraumes (Wohnsitz, Arbeitsplatz etc.) verdächtig geworden war, kriminelle Aktivitäten zu entwickeln[362].

Die Einführung der Befa war damit ein erster Anlauf in Bezug auf die Nutzbarmachung neuer Beobachtungsmethoden, mit deren Hilfe man einer neuen Verbrechenswirklichkeit begegnen bzw. ihrer Herr werden wollte. Diese neue Realität zeichnete sich damals im wesentlichen dadurch aus, dass sich Aktivitäten insbesondere von Schwerkriminellen nicht mehr nur regional auf einen bestimmten räumlichen Bereich und herkömmliche Deliktsarten beschränkten, sondern diese Personengruppen ihr Operationsgebiet vergrößerten und die Begehung von schweren Straftaten organisierten und systematisierten. Dies erleichterte ihnen gerade auch, sich dem Zugriff der Polizei zu entziehen[363].

Aus terminologischer Sicht wurde die Befa durch die Änderung der PDV von 1980 hinfällig und ihrem Inhalt nach durch die Polizeiliche Beobachtung i.e.S. abgelöst.

---

361 LR-*Rieß*, § 163 Rn. 53 mit Fn. 107. Zur Befa: *Meyer aaO*, S. 5 ff; *Stock*, Kriminalistik 1977, 29 ff; *Weida*, Fahndung 75, 151 ff.

362 Vgl. nur *Weida* aaO, S. 155.

363 Beispiele dazu bei *Stock* aaO, S. 30 f.

bb) Polizeiliche Beobachtung nach PDV 384.2

Die Polizeiliche Beobachtung i.e.S.[364] war *vor* In-Kraft-Treten des OrgKG ausschließlich in der PDV 384.2 geregelt[365]. Sie wurde aufgrund einer Ausschreibung durch das BKA oder durch ein LKA in die Wege geleitet. Unter ihr versteht man die „planmäßige, grundsätzlich heimliche Beobachtung einer Person mit dem Ziel, ein sog. *Bewegungsbild* mit Hilfe von Zufallskontakten zu erstellen“[366].

Teilweise wird die Polizeiliche Beobachtung „als Sammlung von Erkenntnissen zu Zwecken der Beweisführung im Zuge eines strafprozessualen Ermittlungsverfahrens“ definiert[367]. Freilich kann das Abstellen auf die „Sammlung von Erkenntnissen“ allein kein taugliches Abgrenzungskriterium sein. Schließlich dienen ihrem Grunde nach alle hier in Rede stehenden polizeilichen Ermittlungsmaßnahmen immer zumindest *auch* der Informationssammlung.

Wird die betroffene Person aus irgendeinem Anlass polizeilich erfasst, so z.B. bei Grenzkontrollen, Kontrollstellen nach § 111 StPO oder auch bei allgemeinen Verkehrskontrollen, erfolgt eine unauffällige polizeiliche Registrierung dahingehend, welches Verhalten sie an den Tag legt, welches Fahrzeug sie benutzt, welchen Reiseweg sie nimmt, in wessen Begleitung sie sich befindet oder welche Gegenstände sie mit sich führt[368]. Die auf diese Weise gewonnenen Erkenntnisse werden der ausschreibenden Strafverfolgungsbehörde gemeldet und können wie Mosaiksteine zu einer Gesamtaussage zusammengefügt werden, die einen bestehenden Tatverdacht erhärten kann. Weiterhin ist es Ziel dieser Maßnahme, Zusammenhänge und Querverbindungen innerhalb eines kriminellen Personenkreises zu erkennen[369], z.B. Kontakte zwischen kriminellen Strukturen verschiedener Großstädte, Auslandsverbindungen[370]. Die Ausschreibung und die gewonnenen Erkenntnisse werden in das Informationssystem der Polizei „INPOL“[371] eingespeichert.

---

364 Vgl. hierzu *Meyer*, Rechtsfragen, S. 6; *Riegel*, JZ 1980, 224 ff.

365 *Möhrenschläger*, wistra 1992, 326 [328].

366 *Meyer-Goßner*, § 163e Rn. 1; HK-*Krehl*, § 163 Rn. 10; *Meyer* aaO, S. 41; *Pfennig*, Die Polizei 1978, 173 [175]; LR-*Rieß*, § 163 Rn. 52; *Sánchez*, Informationelle Selbstbestimmung, S. 214 f; *Wanner*, Negative Rasterfahndung, S. 26 f.

367 *Kniesel/Tegtmeyer/Vahle*, Datenschutz, Rn. 554 ff; *Hilger*, NStZ 1992, 523 [525]; *Meyer* aaO, S. 6 f. Vgl. auch *OVG Münster* DVBl. 1980, 422 f.

368 Vgl. dazu nur: *Ahlers*, Grenzbereich, S. 154; *Ernst*, Verarbeitung, S. 29.

369 Vgl. auch BT-Drucks. 12/913; *Roxin* Strafverfahrensrecht, § 10 Rn. 21; HK-*Krehl*, § 163e Rn. 1; *Möhrenschläger*, wistra 1992, 326 [328].

370 *Hilger*, NStZ 1992, 523 [525].

371 Zu Organisation, Technik, Funktionsweise und Anwendungen des INPOL-Systems ausführlich: *Aulehner*, Polizeiliche Gefahren- und Informationsvorsorge, S. 81 ff;

INPOL ist die Bezeichnung für das elektronisch betriebene System bundesweiter polizeilicher Informationsverarbeitung[372]. Zu differenzieren ist zwischen dem beim BKA geführten Teil „INPOL-Bund" und den im jeweiligen Landesbereich beim zuständigen LKA geführten ergänzenden Datenbeständen „INPOL-Land"[373]. Zugriffsberechtigte Teilnehmer sind alle Vollzugspolizeien der Länder, weiterhin BKA, BGS (jetzt: Bundespolizei) und ZKA. Eine der INPOL-Dateien ist dabei die der „Personenfahndung", in welcher u.a. Personen aufgeführt werden, die zur Polizeilichen Beobachtung ausgeschrieben sind.

Wesentliches Element dieser Ermittlungsmaßnahme ist damit die computermäßige Registrierung des Betroffenen[374]. Er nimmt die Kontrolle zwar vielfach wahr, erhält aber bis zum Abschluss der Maßnahme keine Kenntnis von der **Speicherung** der angefallenen Daten[375].

Die Polizeiliche Beobachtung war schon nach PDV 384.2 über den Bereich der Gefahrenabwehr hinaus auch als repressive Maßnahme zur Aufklärung des Sachverhaltes oder zur Ergreifung des Täters vorgesehen, soweit es sich um Straftaten mit „erheblichem Unrechtsgehalt" handelte[376]. Im Gegensatz zur Observation erfolgt hier aber keine planmäßige Beobachtung.

cc) Ausschreibung zur polizeilichen Beobachtung, § 163e StPO

Seit Inkrafttreten des OrgKG vom 15.7.1992 ist die Ausschreibung zur polizeiliche Beobachtung durch § 163e in die Strafprozessordnung eingefügt worden und erfuhr dort eine ausführliche Regelung hinsichtlich repressiver polizeilicher Verfolgungsmaßnahmen, ohne dass dies gravierende inhaltliche Änderungen gegenüber dem bisherigen Verständnis der Ermittlungsmaßnahme selbst mit sich gebracht hätte. Neben den bereits früher geschaffenen landespolizeigesetzlichen

---

Ernesti, NStZ 1983, 57 ff; *Gerster*, Das Informationsrecht der Polizei, 2. Aufl. 1983; *ders.*, DVR 1983, 19 ff; *Kowalczyk*, Datenschutz im Polizeirecht, 1989, S. 181, 183; *Merten*, Datenschutz und Datenverarbeitungsprobleme bei den Sicherheitsbehörden, S. 2 ff; *ders.*, NStZ 1987, 10 [11]; *Wiesel*, Kriminalistik 1992, 391 ff. Dazu auch *Ernst*, Verarbeitung, S. 23 f; *Kube/Leineweber*, DVR 1983, 73 ff; *Riegel*, NJW 1983, 656 [658]. Zur jüngeren datenschutzrechtlichen Entwicklung *Atzbach*, Kriminalistik 2001, S. 323 ff; *Külper*, Das Polizeiliche Informationssystem INPOL unter datenschutzrechtlichen Aspekten, 2000.

372 Zu neueren Tendenzen dieser Informationsverarbeitung *Bach* in: Moderne Sicherheitsstrategien gegen das Verbrechen, S. 155, 176 ff.

373 *Riegel*, Datenschutz bei den Sicherheitsbehörden, S. 38 f.

374 *Mörenschläger*, wistra 1992, 326 [328].

375 Vgl. E StVÄG 1989, S. 89, in dem von einer für den Verdächtigen „unauffälligen" Erkenntnissammlung die Rede ist.

376 So der Einführungserlass zur PDV 384.2 (zitiert bei: BMI, 2. Dateienbericht vom 19.03.1980, Nr.5.1.2.).

Regelungen[377] schloss § 163e StPO die Normierungslücke im Bereich der repressiven Tätigkeit.

Inhaltlich wurde letztlich nur das geregelt, was vorher durch die Befa bzw. die PDV bereits klargestellt und gängige Praxis im Bereich der Gefahrenabwehr war. So heißt es – ersichtlich an die PDV 384.2 angelehnt – im Gesetzentwurf des Bundesrates[378] dazu:

„Diese [Maßnahme] zielt auf die Erstellung eines Bewegungsbildes eines Verdächtigen. Aufgrund einer Ausschreibung der betreffenden Person wird sein Antreffen anlässlich anderer polizeilicher Kontrollen (z.B. Kontrollstellen nach § 111 StPO, Grenzkontrollen) einschließlich der dabei festgestellten Umstände, die für die Aufklärung erheblich sein können (z.B. Begleitpersonen, mitgeführte Gegenstände), erfasst und zur Auswertung an die ausschreibende Strafverfolgungsbehörde gemeldet. Der Betroffene erfährt hiervon nichts".

Aus terminologischer Sicht ergeben sich durch die Einführung des § 163e StPO mithin keine neuen Erkenntnisse[379].

c) Resümee: Polizeiliche Beobachtung

Teilweise wird die Polizeiliche Beobachtung i.e.S. nach dem heutigen Verständnis lediglich als eine Sonderform der Observation bezeichnet[380]. Nach anderer Ansicht soll es sich bei ihr im Gegensatz zur Observation nicht um die Erhebung, sondern vielmehr um die *Sammlung und Aufbewahrung von Daten* zu bestimmten Zwecken handeln[381]. Eine vermittelnde Meinung sieht das Ziel der Polizeilichen Beobachtung nicht primär in der bloßen Erhebung von Informationen, sondern in einer Kombination aus Erhebung, Speicherung, Übermittlung und Nutzung von Daten[382]. All diese Ansichten vermögen aber noch nicht eo ipso etwas über das Verhältnis der verschiedenen Intensitätsgrade der beiden Maßnahmen im Vergleich auszusagen. Richtig ist vielmehr, dass die (kurzfristige oder länge-

---

377 Vgl. nur Art. 36 PAG, § 17 SOG Hessen, § 21 PolG NW. Zu den Voraussetzungen der polizeigesetzlichen Regelungen in allen 16 Bundesländern vgl. *Kowalczyk-Schaarschmidt*, Besondere Mittel der Datenerhebung nach den Polizeigesetzen der Länder im Rechtsvergleich, S. 355 ff.

378 BT-Drs. 12/989, S. 43.

379 Zum Vergleich der Eingriffsintensität von § 163e StPO und § 163f StPO siehe unten § 20 II. b).

380 *Kniesel/Tegtmeyer/Vahle*, Datenschutz, Rn. 554; *Vahle*, Observationsmaßnahmen, S. 35.

381 Vgl. *Deutsch*, Heimliche Erhebung, S. 9.

382 *Alberts/Merten*, Datenverarbeitung, § 13 Rn. 1; *Hoppe*, Vorfeldermittlungen, S. 42.

re) Observation im Vergleich zur Polizeilichen Beobachtung ein **aliud** darstellt[383]. Man wird insoweit grundsätzlich sagen können:

„Im Vergleich zur Observation stellt die Polizeiliche Beobachtung hinsichtlich der Intensität vom Ermittlungsumfang her ein *„quantitatives Minus"* dar"[384].

Die polizeiliche Beobachtung ist keine ständige „Rund-um-die-Uhr-Bewachung", sondern die gelegentliche, sonstige Beobachtung einer oder mehrerer Personen. Schon die zeitliche Komponente ist damit weit weniger ausgeprägt. Die klare *terminologische* Differenzierung der beiden Maßnahmen kann nur durch eine strikte Trennung erfolgen. Observation und Polizeiliche Beobachtung sind sowohl nach ihrer Zielsetzung als auch hinsichtlich der jeweiligen innerdienstlichen Anordnungsvoraussetzungen letztlich zwei grundverschiedene Maßnahmen. Dass diese Trennung auch terminologisch durchzuhalten ist, zeigt sich darin, dass sämtliche Polizeigesetze der einzelnen Bundesländer streng zwischen der „Erhebung personenbezogener Daten durch längerfristige Observationen" und der „Polizeilichen Beobachtung" differenzieren[385].

IV. Ergebnis

Die Rechtstermini Fahndung, Observation, Überwachung und Polizeiliche Beobachtung sind streng voneinander zu trennen. Jede dieser Ermittlungsmethoden zeichnet sich durch eine gerade für sie typische bestimmte Form, Intensität und/oder Dauer aus. Für die weitere Untersuchung wird die Überwachung als die intensivste Form der Observation die größte Bedeutsamkeit haben.

§ 9 Phänomenologie

Im Folgenden werden die verschiedenen ***Erscheinungsformen*** der Observation dargelegt. Nicht näher eingegangen wird dabei auf die je nach Situation zu ergreifenden ***polizeitaktischen*** Maßnahmen. Hier sei nur auf die Ausführungen von *Hücker*[386] und *Köhn*[387] verwiesen. Sie differenzieren u.a. zwischen

- Observationsglocke,
- Reihenobservation,

383 In diesem Sinne auch *Meyer-Goßner*, § 163 Rn. 1; *Rieß*, NJ 1992, 497.

384 Vgl. auch *Kortgen*, Gewohnheitsrecht, Rn. 89; *Riegel*, JZ 1980, 224.

385 Siehe dazu beispielsweise Art. 33 Abs.1 Nr. 1 BayPAG bzw. § 16 PolG NW (Längerfristige Observation) einerseits sowie Art. 36 BayPAG, § 21 PolG NW (Polizeiliche Beobachtung) andererseits. Dazu *Kowalczyk-Schaarschmidt*, Besondere Mittel der Datenerhebung nach den Polizeigesetzen der Länder im Rechtsvergleich, 1997.

386 Fahndung 75, 15 [30 f].

387 GrKrim 1980, Bd. 5 Teilband 2, S. 66, 102 f, 118 f, 132 f mit detaillierter Beschreibung der verschiedenen Taktiken.

- ABC-System,
- Doppelreihenobservation,
- vorgesetzter Reihenobservation (Zange),
- Observationskette,
- Observationskessel und
- Abschnittsobservation

Auch Aspekte des internen polizeilichen Organisationsablaufes im Hinblick auf eine Observation müssen im Rahmen dieser Untersuchung mangels öffentlich zugänglicher Quellen außer Acht bleiben[388].

Die im Anschluss aufgeführten Observationsarten sind im Übrigen nie völlig trennscharf voneinander abgrenzbar. Sie weisen mehr oder weniger große inhaltliche Kongruenzen auf, auf die einzugehen sein wird. Alle Observationsarten können zunächst allgemein danach unterschieden werden, ob sie *im präventiven Bereich der Gefahrenabwehr oder im repressiven Bereich der Strafverfolgung* eingesetzt werden und der Erreichung der diesen Gebieten zugrundeliegenden verschiedenen Zielen dienen[389]. Einige der Observationsformen sind sowohl mit präventiver als auch repressiver Zielsetzung denkbar, andere wiederum nur der einen oder der anderen Aufgabe zuzuordnen. Phänomenologische Besonderheiten bestehen jedoch nicht.

Die Observation im umstrittenen Bereich der vorbeugenden Verbrechensbekämpfung wird ausführlich in **Kapitel 8** untersucht.

I. Observation zu präventiven Zwecken

Eine präventive Observation liegt vor bei der Überwachung auffälliger Personen, von denen der Anschein ausgeht, dass sie Straftaten durchzuführen gedenken[390]. Typischer Weise lautet die Zuweisung dieser Funktion in den Normen der verschiedenen Polizeigesetze der Länder: „*Die Polizei hat die Aufgabe, Gefahren für die öffentliche Sicherheit und Ordnung abzuwehren*“[391].

II. Observation zu repressiven Zwecken

Die Observation zu repressiven Zwecken dient der Erlangung oder Erweiterung von Beweismitteln in Bezug auf eine tatsächlich bereits begangene Straf-

388 Vgl. insoweit annähernd *Bauer*, Moderne Verbrechensbekämpfung Bd. 2, S. 318 ff.

389 Ausführlich dazu *Frey*, Kriminalpolizeiliche Observation, in: Kriminalpolizei und Technik 1967, S. 154 [155].

390 *Bauer*, GrKrim 1980, Bd. 5 Teilband 2, S. 15.

391 So z.B. § 1 Abs. 1 PVG Rheinland-Pfalz; § 1 Abs. 1 ME-PolG. Näher dazu *Krey*, Strafverfahrensrecht Bd. 1, Rn. 461 ff.

tat[392]. Besteht ein *Anfangsverdacht*, d.h. liegen „zureichende tatsächliche Anhaltspunkte" für eine Straftat vor, so ist die Staatsanwaltschaft zum Einschreiten verpflichtet (§ 152 Abs. 2 StPO, sog. *„Legalitätsgrundsatz"*)[393]. Jenes Einschreiten kann z.B. in der Anordnung einer Observation bestehen, die von den Ermittlungspersonen der Staatsanwaltschaft[394] ausgeführt wird.

III. Personenobservation

Das Beobachten von *Personen* stellt den Regelfall der Observation dar. Hierzu gehört aus terminologischer Sicht grundsätzlich auch der Fall, dass eine bestimmte Örtlichkeit oder ein bestimmtes Objekt beobachtet wird, weil eine tatverdächtige oder sonst für die Ermittlungen wichtige Person dort erwartet wird[395]. Bei der Personenobservation ist weiterhin zwischen verschiedenen Erscheinungsformen zu differenzieren:

1. Die generelle Personenobservation

Die generelle Observation hat das Ziel, das Verhalten tatverdächtiger Personen oder Personengruppen sowie deren Umgebung zu beobachten. Sie hat deren Wohnungen oder solche Orte zum Gegenstand, an welchen der Tatverdächtige oder Gruppen von Tatverdächtigen verkehren[396]. Es handelt sich deshalb zumeist um eine Standobservation[397]. Sie kann sowohl zu präventiven als auch zu repressiven Zwecken eingesetzt werden. Der Regelfall dürfte allerdings eine präventiv ausgerichtete Anwendung sein, durch die eine erneute kriminelle Betätigung der Zielperson rechtzeitig erkannt werden soll, um geeignete Gegenmaßnahmen treffen zu können[398].

---

392 Näher dazu *Bauer*, GrKrim 1980, Bd. 5 Teilband 2, S. 14, 15.

393 Ausführlich *Kammann*, Der Anfangsverdacht, S. 5-46; *Krey/Pföhler*, NStZ 1985, 148 ff m.w.N.; *Roxin*, Strafverfahrensrecht, § 14 Rn. 1 f.

394 § 152 Abs. 1 GVG. Näher *Beulke*, Strafprozessrecht, Rn. 101 f; *Rüping*, Strafverfahren, Rn. 77 ff.

395 *Groß/Geerds*, Handbuch der Kriminalistik, S. 85 ff mit Beispielsskizzen. Weitere Skizzen bei *Köhn*, GrKrim 1980, Bd. 5 Teilband 2, S. 135-147.

396 *Groß/Geerds* aaO, S. 86.

397 Siehe dazu unten V.

398 *Bauer*, Moderne Verbrechensbekämpfung Bd. 2, S. 307 ff mit einer umfassenden Aufzählung von Indikatoren, die nach damaliger Erkenntnis eine Rückfälligkeit wahrscheinlich und so die Gruppe der in Rede stehenden Zielpersonen bestimmbar machten.

2. Die spezielle Personenobservation

Die spezielle Observation oder auch „Spezialbeobachtung von Personen“ ist im Allgemeinen nicht ortsgebunden („Bewegungsobservation“)[399], sondern auf eine bestimmte und namentlich bekannte Zielperson ausgerichtet, die mehr oder minder dauerhaft beobachtet werden soll[400]. Hierbei sind zwei Fallgruppen zu unterscheiden:

a) Die Beobachtung einer Person aus akutem Anlass

In solchen Fällen besteht der Verdacht, dass eine namentlich bekannte Person eine bestimmte Straftat begangen hat. Es bedarf jedoch zur Überführung des Täters noch der Ermittlung weiterer Tatsachen, wie z.B. der Tatwaffe, dem Beuteversteck etc.[401] Diese Observationsart findet also im Gegensatz zur generellen Personenobservation ausschließlich zur Aufklärung von Straftaten statt. Zumeist handelt es sich hier um eine Bewegungsobservation, die ihren Ausgangspunkt z.B. am Wohnsitz des Verdächtigen hat.

b) Die Beobachtung einer Person wegen ihres Vorlebens

Bei dieser Art der Observierung wird eine bestimmte, namentlich bekannte Person beobachtet. In der Regel ist in solchen Fällen nicht bekannt, *ob* diese Zielperson eine bestimmte Straftat beabsichtigt und *wo* diese erfolgen soll. Auch die Art der Tat ist ungewiss. Der Anlass der Observation ergibt sich jedoch aus den Vorstrafen, dem Vorleben der Zielperson oder anderer Verdachtsmomente, die eine erhöhte Wahrscheinlichkeit weiterer Straftaten als durchaus wahrscheinlich erscheinen lassen[402]. Es handelt sich somit um einen Fall der vorbeugenden Verbrechensbekämpfung in Form der „Verhütung von Straftaten“[403].

IV. Sachobservation / Orts- bzw. raumbezogene Observation

Eine Observation von Gegenständen, verstanden als Gegensatz zur Personenobservation, existiert in dieser Form nicht und hätte im Zusammenhang mit der vorliegenden Untersuchung mangels Grundrechtseingriffs in die Sphäre des Betroffenen auch keine Bedeutung.

---

399 Siehe unten VI.
400 aaO, S. 91 f.
401 *Bauer*, Moderne Verbrechensbekämpfung Bd. 2, S. 304 f.
402 *Bauer* aaO.
403 Zur Observation in dieser Fallgruppe ausführlich § 22 III. 1.

Hiermit vergleichbar erscheint auf den ersten Blick die sog. *orts- bzw. raumbezogene Observation*, bei der neuralgische Örtlichkeiten wie z.B. Gegenden mit einer Vielzahl von Geschäftshäusern, Tiefgaragen etc. überwacht werden[404], weil diese die Tatanreize für die Begehung bestimmter Delikte, hier z.B. Einbrüche bzw. Autodiebstähle, beinhalten. Es handelt sich jedoch nach oben Gesagtem letztlich um eine **generelle Personenobservation** zu präventiven Zwecken, die darüber hinaus Überschneidungen mit der deliktsbezogenen Observation aufweist[405] und zumeist als Standobservation stattfindet. Vielfach werden technische Mittel eingesetzt werden müssen[406], so z.B., wenn das Areal für die Beobachtung mit bloßen Augen zu groß und unübersichtlich ist. Es handelt sich also bei der in Rede stehenden Beobachtungsart nicht um einen eigenständigen Observationstyp.

In diesem Zusammenhang sei die **Sachfahndung** erwähnt. Sie ist insbesondere für die Erlangung von Beweismitteln zum Zwecke der Einleitung eines Strafverfahrens bedeutsam. Potentielle Sachen sind die Tatwerkzeuge, d.h. sog. *instrumenta sceleris,* sowie die Beute oder Produkte des kriminellen Verhaltens, sog. *producta sceleris*[407].

V. Standobservation

Weiterhin wird zwischen Stand- und Bewegungsobservation unterschieden. Die Standobservation erstreckt sich auf Personen und unbewegliche Objekte, die von einem festen Standort aus beobachtet werden können[408]. Auch Orte, die als bevorzugte Aufenthaltsorte von Rechtsbrechern bekannt sind oder wiederholt Schauplatz von Straftaten waren, werden mittels Standobservationen überwacht. In diesen Fällen hat sie präventiven Charakter. Sie wird auch die *„stehende"*[409] oder *„stationäre"* Observationen genannt[410]. Mit ihrem Wesen sind sowohl verdeckte, aber auch offene Beobachtungen vereinbar[411].

Beispiele für Betroffene/Objekte einer Standobservation: Der mutmaßliche Dealer in einer Diskothek, Hehler-Nester, Bahnhofsschließfächer.

---

404 *Bauer* aaO, S. 290.
405 Näher dazu unten VII.
406 *Bauer* aaO, S. 290.
407 *Groß/Geerds*, Handbuch der Kriminalistik, S. 95.
408 *Brodag*, Kriminalistik, S. 95, *Hücker*, aaO, 15 [25].
409 *Frey*, Kriminalpolizeiliche Observation, in: Kriminalpolizei und Technik, 1967, S. 154.
410 *Hücker*, aaO, 15 [19].
411 Zu ersteren unten VIII, zu letzteren IX.

Eine Standobservation wird allerdings in der Praxis nicht selten mit einer Bewegungsobservation kombiniert, um flexibel auf das Verhalten der Zielperson reagieren zu können.

VI. Bewegungsobservation

Unter Bewegungsobservation versteht man eine Observation von Personen und beweglichen Objekten, die nur durch **Verfolgung** durchführbar ist[412]. Sie wird auch *„fließende"*[413] oder *„rollende"*[414] Observation genannt und ist durch einen (evtl. mehrmaligen) *Ortswechsel* der beobachtenden Beamten gekennzeichnet.

Beispiel[415]: Beobachtung der Ehefrau eines einsitzenden Räubers, um das Geldversteck aufzufinden.

Es handelt sich zugleich um einen Fall der „speziellen Personenobservation aus aktuellem Anlass", vgl. oben IIII 2.

Sie spielt sowohl im präventiven als auch im repressiven Bereich eine bedeutende Rolle und stellt einen Hauptanwendungsfall der Observationsmaßnahmen dar.

VII. Deliktsbezogene Observation

Diese Observationsform orientiert sich primär am Delikt[416]. Sie berücksichtigt, dass derselbe Täter aus verschiedenen Gründen dazu neigt, wiederholt straffällig zu werden. In der Mehrzahl der Wiederholungsfälle wählt er das gleiche oder ein ähnliches Delikt. Er begeht die Tat in der gleichen Ausführungsart oder sucht sich Orte dazu aus, die aufgrund der Art des Deliktes, der günstigen Lage oder wegen der Orts- und Objektkenntnisse des Täters dazu geeignet erscheinen. Es kann sich demgemäß um die verdeckte Observation einer speziellen Person zu präventiven Zwecken handeln. Denkbar ist jedoch auch die Beobachtung eines bestimmten Ortes oder Gebäudes, wenn der Täter insoweit für die Straftatbegehung erkennbare Präferenzen aufweist. Dadurch sollen Informationen beschafft werden, die mit einiger Sicherheit die Begehung einer Tat voraussehbar ma-

---

412 *Brodag*, aaO, S. 96.

413 *Hücker*, Fahndung 75, 15 [25].

414 So *Köhn*, GrKrim 1980, Bd. 5 Teilband 2, S. 80, der hierbei wiederum zwischen Fußobservation, Fahrzeugobservation und Observation in öffentlichen Verkehrsmitteln differenziert.

415 Nach *Brodag*, Kriminalistik, Rn. 203.

416 *Bauer*, Moderne Verbrechensbekämpfung Bd. 2, S. 291 ff mit der Aufzählung einer Vielzahl in Betracht kommender Delikte.

chen[417]. Die deliktsbezogene Observation kann im Übrigen bestimmte Personengruppen als Täter sogar ausschalten. Es handelt sich bei ihr i.d.R. um eine Standobservation.

VIII. Verdeckte Observation

Die verdeckte Observation soll von der Zielperson nicht bemerkt werden, d.h. sie erfolgt *heimlich*[418]. Bei ihr handelt es sich um den **Regelfall** der gezielten Observation einer Person oder einer Örtlichkeit, d.h. nicht um eine eher zufällige Maßnahme oder nur eine „bei Gelegenheit" der normalen Dienstausübung erfolgende[419]. Ziel der Ermittlungsmaßnahme in dieser Form ist vorrangig die *Informationsgewinnung über die **Zielperson** der Maßnahme bzw. deren Umfeld*[420]. Sie kann zu präventiven, repressiven und auch zu Zwecken der vorbeugenden Verbrechensbekämpfung dienen.

IX. Offene Observation

Neben der verdeckten Observation kann die Observation **ausnahmsweise** auch in offener Form vorgenommen werden. Hier steht in den meisten Fällen weniger die Informationsgewinnung im Vordergrund als vielmehr die Veranlassung des Betroffenen zu einem bestimmten Verhalten[421] bzw. dazu, ein bestimmtes Verhalten zu unterlassen, wenn er – was beabsichtigt ist – die Observierung entdeckt[422]. Der Maßnahme ist also ein **Abschreckungseffekt** immanent. Gerade im Bereich der polizeilichen Gefahrenabwehr handelt es sich um ein probates Mittel zur **Einschüchterung** krimineller Täter.

Beispiel: Polizeibeamte, die sich als solche zu erkennen geben, beobachten aus einer Position, die im Blickfeld des Wohnzimmerfensters liegt, den Hauseingang eines Verdächtigen. Eine solche Observation kann zugleich mit technischen Mitteln erfolgen. Zu denken ist an die Observation per Videokamera als Abschreckungsmittel.

---

417 *Bauer*, aaO, S. 292.

418 Dazu *Krey*, Zur Problematik privater Ermittlungen des durch eine Straftat Verletzten, S. 77 f m.w.N.

419 *Bauer*, GrKrim 1980, Bd. 5 Teilband 2, S. 13.

420 Es handelt sich also um eine Personenobservation, vgl. oben III.

421 Dies kann eine sog. „Gegenobservation" sein, *Groß/Geerds*, Handbuch der Kriminalistik, S. 86; zu ihr unten XIV.

422 *Deutsch*, Heimliche Erhebung, S. 7. Siehe dazu auch die Begründung des Beklagten beim Fall vor dem *VG München*, CuR 1986, 667 f m. Anm. *Schoreit*.

Man kann deshalb aus Betroffenensicht im Vergleich zur *„verdeckten"* auch von einer *„zu entdeckenden"* Observation sprechen.

Neben dem Abschreckungseffekt führt aber auch diese Form der Observation sekundär zwangsläufig zu einer Sammlung von Informationen, die zumindest bereits vorhandene Erkenntnisse verdichten können[423]. Zur Erreichung ihres Zieles soll für diese Variante der Observation regelmäßig eine gewisse Dauer und eine gewisse Intensität, Finalität und Systematik notwendig sein[424].

Diese Deutung entspringt jedoch der Intention, die offene Maßnahme als einen Eingriff in Grundrechte des Betroffenen zu klassifizieren[425].

In der Praxis bereitet es keine allzu großen Schwierigkeiten, sich als Observierender geflissentlich von der Zielperson entdecken zu lassen.

X. Observation mit technischen Mitteln, § 100c Abs. 1 StPO a.F. (= § 100f Abs. 1 StPO n.F.)

Die Observation mit technischen Mitteln wurde mit dem OrgKG von 1992 in § 100c StPO (= § 100f Abs. 1 StPO n.F.) normiert. Hinsichtlich weiterer Einzelheiten und des Anwendungsbereichs sei auf die bereits getroffenen Feststellungen hierzu verwiesen [426]. Der Einsatz technischer Mittel findet primär bei der **verdeckten** Beobachtung bestimmter Örtlichkeiten oder Personen Anwendung.

Dadurch ergibt sich insbesondere ein innerer Zusammenhang mit der „generellen" bzw. „speziellen Personenobservation".

XI. Längerfristige Observation ohne technische Mittel

Die Observation ohne technische Hilfsmittel zur Gefahrenabwehr ist in den Polizeigesetzen der Länder unter der offiziellen Überschrift „Längerfristige Observation" geregelt[427]. Seit dem StVÄG 1999 enthält die Strafprozessordnung mit § 163f eine im Hinblick auf die Qualifizierung nach der Dauer der Maßnahme entsprechende Normierung für den Bereich der Strafverfolgung[428]. Die Norm enthält eine Legaldefinition der **„längerfristigen** Observation". Das eigentliche

---

423 *Schoreit* aaO, 671.

424 *Deutsch* aaO, S.144; *Kniesel*, Die Polizei 1989, 231 ff; *Götz*, NVwZ 1990, 112 ff; *Riegel*, NVwZ 1990, 745 ff.

425 So ganz deutlich bei *Deutsch* aaO, S. 143 ff.

426 Vgl. § 6 IV 3 a).

427 Vgl. die abschließende Aufzählung der Normen oben in Fn. 141.

428 Zum Gesetzgebungsverfahren und seinen Widrigkeiten oben, § 6.

Ziel des Gesetzgebers war es, mit § 163f StPO (vorsorglich) eine Eingriffsermächtigung für die längerfristige Observation ohne technische Mittel zu schaffen. Dabei wollte er aber keinesfalls die Definition der **Observation selbst** verändern.

XII. Observation durch VE

Kein eigener Typus der Observation ist diejenige durch Polizeibeamte als VE[429]. Für den Bereich der Strafverfolgung besagt die Legaldefinition des VE in § 110a Abs. 2 Satz 1 StPO:

„*Verdeckte Ermittler sind Beamte des Polizeidienstes, die unter einer ihnen verliehenen, auf Dauer angelegten, veränderten Identität (Legende) ermitteln*"[430].

Davon zu unterscheiden ist der in den meisten Polizeigesetzen der Länder geregelte Einsatz verdeckt ermittelnder Beamter auf dem Gebiet der Gefahrenabwehr[431].

Eines unter einer Vielzahl von einsetzbaren Ermittlungsinstrumenten für VE zur Ausfüllung ihres Auftrages ist die Observation. Diese kann in allen genannten Arten und Formen auftreten. Hier stellt sich das Problem, dass die Vorschriften über den VE in §§ 110a – 110e StPO Sonderregelungen für das Handeln der VE normieren, die mit den „allgemeinen" Normen für Observationsmaßnahmen wie § 163f StPO kollidieren können, soweit sich diese Maßnahmen im Bereich von Grundrechtseingriffen bewegen.

---

429 Zur Terminologie *Benfer*, MDR 1994, 12; KK-*Nack*, § 110a Rn. 5 f.

430 Die „Gemeinsamen Richtlinien der Justizminister/-senatoren und der Inneminister/-senatoren der Länder über die Inanspruchnahme von Informanten sowie über den Einsatz von Vertrauenspersonen und Verdeckten Ermittlern von 1986 hatten unter Punkt II 2 noch die ausführlichere Begriffsbestimmung getroffen: „*Verdeckte Ermittler sind besonders ausgewählte und ausgestattete Polizeivollzugsbeamte, die unter einer Legende Kontakte zur kriminellen Szene aufnehmen, um Anhaltspunkte für Maßnahmen der Strafverfolgung zu gewinnen, und deren Identität auch im Strafverfahren geheimgehalten werden soll.* Abgedruckt bei *Meyer-Goßner*, Anhang A 15 Anlage D, S. 1954 ff. Näher zum Ganzen *Krey*, Rechtsprobleme, Rn. 1 ff, *ders.*, Kohlmann-FS, S. 627 [638 ff].

431 Vgl. zur Normierung in Baden-Württemberg *Mussmann*, Allgemeines Polizeirecht, Rn. 411. Nur in Schleswig-Holstein, Bremen und Niedersachsen fehlen entsprechende Regelungen. Umfassend *Kowalczyk-Schaarschmidt*, Besondere Mittel der Datenerhebung, 1997.

XIII. Observation durch VP

Zu unterscheiden von den VE sind Privatpersonen, die als VP mit der Polizei zusammenarbeiten[432]. Eine gesetzliche Regelung für VP[433] kennt die Strafprozessordnung bisher nicht. In den im Zusammenhang mit den VE angesprochenen „Gemeinsamen Richtlinien“ der Justizminister/-senatoren und Innenminister/-senatoren erfolgt die Begriffsbestimmung der VP nach Punkt II Satz 2 wie folgt[434]:

„*V-Person ist eine Person, die ohne einer Strafverfolgungsbehörde anzugehören, bereit ist, diese bei der Aufklärung von Straftaten auf längere Zeit vertraulich zu unterstützen und deren Identität grundsätzlich geheim gehalten wird*“.

Die V-Person ist also lediglich „freier Mitarbeiter“[435] der Polizei, während der VE Polizeibeamter oder Zoll- bzw. Steuerfahnder (§ 404 AO) sein muss.

Beispiele für VP[436]: Gastwirte, Taxifahrer, Zuhälter, Prostituierte.

Auch die V-Person kann während ihrer Zusammenarbeit mit den Polizeibehörden Observationsmaßnahmen ergreifen. Fraglich ist hier insbesondere, ob (und inwieweit) solche Observationen eine **Umgehung** der geltenden Vorschriften für Polizeibeamte darstellen können[437]. Dies vor dem Hintergrund, dass für ein Handeln der Polizei durch VE wegen des Vorbehalts des Gesetzes bei einer Observation mit der Intensität eines Grundrechtseingriffs in Rechte des Betroffenen eine gesetzliche Ermächtigungsgrundlage notwendig wäre.

XIV. Gegenobservation durch das kriminelle Milieu

Von Gegenobservation spricht man, wenn die beobachteten Personen ihrerseits festzustellen versuchen, ob sie observiert werden[438]. Auch das bekannte „Schmie-

---

432 Ausführlich hierzu jüngst *Ellbogen*, V-Personen, 2004. Zweifelnd zur Effektivität von VE-Einsätzen *Nitz*, Einsatzbedingte Straftaten, S. 26 ff, mit dem Hinweis darauf, dass die Bekämpfung von „Organisierter Kriminalität“ gerade auch anderer gesellschaftlicher Mittel bedarf. Ebenso *Zazcyk*, StV 1993, 490 f.

433 *Bauer*, Moderne Verbrechensbekämpfung Bd. 2, S. 338 ff (mit Begründungen für ihre kriminalpolitische Unverzichtbarkeit); *Körner*, BtMG, § 31 Rn. 103 ff; *Krey*, Rechtsprobleme, Rn. 13 ff; *Rogall*, JZ 1987, 847 ff; jeweils m.w.N.

434 *Meyer-Goßner*, Anhang A 15 Anlage D, S. 1954 ff.

435 *Rogall*, JZ 1987, 847 [849].

436 Nach *Krey*, Rechtsprobleme, Rn. 13.

437 Dazu unten § 24.

438 *Groß/Geerds*, Handbuch der Kriminalistik, S. 86.

restehen“ bei der Ausführung der Straftat stellt danach zumindest im weiteren Sinne eine Gegenobservation dar, auch wenn diese je nach Fallgestaltung im Regelfall weitaus subtiler und schwerer zu erkennen sein wird. Die Gegenobservation mag zwar im Einzelfall mehr oder weniger erkennbar offen erfolgen; i.d.R. handelt der Gegenobservant aber verdeckt[439].

XV. Differenzierung zwischen zufälliger und beabsichtigter Beobachtungsmaßnahme

Die Differenzierung zwischen der zufälligen und der beabsichtigten polizeilichen Beobachtung spielt zwar aus *terminologischer* Sicht keine Rolle. Neben dem *phänomenologischen Wert* dieser Unterscheidung kann und wird sie aber als Kriterium für die im Weiteren zu führende Untersuchung der Frage von Bedeutung sein, ob und gegebenenfalls in welchem Fall eine solche Ermittlungsmaßnahme einen Eingriff in Grundrechte des Betroffenen darstellt. So wird eine beabsichtigte, d.h. zielgerichtete Beobachtungsmaßnahme in der Regel einen eindeutig höheren Intensitätsgrad aufweisen und damit weitaus eher einen grundrechtlichen Eingriff darstellen als die nur zufällige Beobachtungsmaßnahme „bei Gelegenheit“ auf einem Streifengang.

§ 10 Zur Observation ermächtigte Institutionen

I. Polizeibehörden

1. Polizeibehörden der Länder

Strafprozessuale Observationen sind vorrangig Aufgabe der Polizeibehörden der verschiedenen Bundesländer. Zum einen existieren mit den Mobilen Einsatzkommandos (MEK) der Länder als im gesamten Bundesgebiet einheitlich errichtete Spezialeinheiten, die im Auftrag eines Fachkommissariats der örtlichen Polizeibehörde oder des jeweiligen Landeskriminalamtes tätig sind. Zu ihren Aufgaben gehören u.a. die Beobachtung von Anlaufpunkten terroristischer Gruppierungen, Überwachung bestimmter Berufsverbrecher und Vorfeldbeobachtungen zur Verhinderung oder Erschwerung des Einnistens und Ausbreitens der OK. Zum anderen führen aber selbstverständlich grundsätzlich alle Polizeibeamten im

439 *Köhn*, GrKrim 1980, Bd. 5 Teilband 2, S. 88.

allgemeinen Polizeivollzugsdienst der Länderpolizeien in ihren täglichen Außeneinsätzen mehr oder weniger gezielt Observationen aller Art durch[440].

2. Polizeibehörden des Bundes

a) Bundeskriminalamt (BKA)

Das BKA als Bundespolizeibehörde ist gemäß Art. 87 Abs. 1 S. 2 GG die Zentralstelle für die Kriminalpolizei und das polizeiliche Auskunfts- und Nachrichtenwesen. Der Aufgabenbereich des BKA ergibt sich aus dem Gesetz über das Bundeskriminalamt[441], das in jüngst u.a. durch das Terrorismusbekämpfungsgesetz[442] geändert wurde. Gemäß § 4 BKAG ist das BKA Strafverfolgungsbehörde insbesondere für international organisierte Delikte sowie bestimmte politisch motivierte Straftaten. Außerdem kann gemäß § 2 Abs. 2 BKAG der Zuständigkeitsbereich z.B. durch Aufträge des Generalbundesanwalts oder des Bundesinnenministers im Einzelfall erweitert werden.

Eigene Rechtsgrundlage für die durch das BKA durchgeführten Observationen ist für den Präventivbereich § 23 BKAG. Im Bereich der Strafverfolgung ist auf die Befugnisse der StPO zurückzugreifen.

b) Bundespolizei (BPol) – früher: Bundesgrenzschutz –

Die BPol ist ebenfalls eine qua Bundeskompetenz nach Art. 87 Abs. 1 S. 2 GG errichtete Bundesbehörde. Ihre primäre Aufgabe besteht weiterhin im Schutz der Grenzen der Bundesrepublik Deutschland (§ 2 BPolG[443]). In § 28 BPolG ist die Durchführung von Observationen *zur Gefahrenabwehr* vorgesehen. Im Bereich der Repression, d.h. für der BPol gemäß § 12 BPolG übertragenen Strafverfolgungsaufgaben im Rahmen des Schutzes von Bahn (§ 3 BPolG), Flughäfen (§ 4 BPolG), Bundesbehörden (§ 5 BPolG) und Maßnahmen auf See (§ 6 BPolG), ist auf die Ermächtigungsgrundlagen der StPO zurückzugreifen.

---

440 Die Bundesländergrenzen überschreitenden Observationen sind durch das „Abkommen über die erweiterte Zuständigkeit der Polizei der Bundesländer bei der Strafverfolgung“ vom 6.11.1969 und zusätzlichen ergänzenden Ländervereinbarungen geregelt, GVNW 1970, 243.

441 BKAG v. 7.7.1997, BGBl. I, S. 1650.

442 BGBl. I, 2002, S. 361.

443 Gesetz über die Bundespolizei v. 19.10.1994, zuletzt geändert durch Art. 1 G v. 21.6.2005, Sartorius I Nr. 90. Dazu *Scheuring*, NJW 2005, 903 ff.

II. Verfassungsschutzbehörden

Das Bundesamt für Verfassungsschutz (BfV) ist keine Polizeibehörde, sondern ein Nachrichtendienst. Ursprünglich definiert sich daher das Aufgabengebiet des BfV in der Wahrung der demokratischen Grundlagen der Bundesrepublik Deutschland. Durch das Terrorismusbekämpfungsgesetz v. 1.1.2002 erhielt das BfV im diesem Rahmen die ausdrückliche Befugnis, detaillierte Informationen bei Banken, Finanz-, Post-, Telekommunikations- und Luftverkehrsunternehmen einzuholen[444].

Vor dem Hintergrund der damit einhergehenden Ausweitung nachrichtendienstlicher Zuständigkeiten und einem zumindest faktischen Einfluss auf den Bereich repressiver Kriminalitätsbekämpfung – etwa durch Informationen gegenüber Strafverfolgungsorganen – wird die Aufrechterhaltung des in §§ 2 Abs. 1 S. 3, 3 Abs. 3 BVerfSchG niedergelegten rechtsstaatlichen *Trennungsgebots* diskutiert[445]. Die möglichen Überschneidungen zeigen sich in dem Fall, der dem „GPS-Urteil" des *BGH*[446] zu Grunde lag. Dort wurden zwei Angehörige der terroristischen Gruppe „Anti-Imperialistische Zelle" als Verdächtige **auch** von Verfassungsschutzbehörden über einen längeren Zeitraum im Rahmen der Strafverfolgung mitobserviert[447].

III. Zollbehörden

Im Bereich der Zollüberwachung führen die Zollfahndungsämter des Zollfahndungsdienstes (ZFD) zur Strafverfolgung Observationen durch. Sie sind örtliche Bundesbehörden gemäß §§ 1 Nr. 4, 12 Abs. 1 FVG und den Oberfinanzdirektionen unterstellt. Hauptaufgaben der Zollfahndungsämter sind gemäß § 208 Abs. 1 S. 1 AO die Aufdeckung von Steuer- und Zollstraftaten sowie gemäß § 12a S. 1 FVG die Ermittlung und Verfolgung von organisierter Geldwäsche und damit einhergehender Straftaten. Die Zollfahndungsbeamten sind insoweit Ermittlungspersonen der Staatsanwaltschaft[448] und mit den Befugnissen der Polizei gemäß der StPO ausgestattet (§ 404 AO).

---

444 § 8 Abs. 5-8 BVerfSchG.

445 Ausführlich *Nehm*, NJW 2004, 3289 ff, der jenes Gebot aber nicht als beeinträchtigt ansieht. Dagegen warnt *Nimtz*, Observation, S. 47 m.w.N. vor einer „vorschnellen Aufgabe" des Trennungsgebotes. Zur Trennung von Verfassungsschutz und Polizei allgemein *Denninger*, ZRP 1981, 231 ff; *Gusy*, ZRP 1987, 45 ff; *Dorn*, Trennungsgebot, 2004.

446 *BGH* St 46, 266 ff; ausführlich dazu unten § 23 I 2.

447 *BGH* StV 2001, 216.

448 §§ 208 Abs. 1 S. 2, 404 S. 1 AO; § 12a S. 1 FVG.

Weiterhin existieren sog. „OEZ“, d.h. spezialisierte Observationseinheiten, die einzelnen Fahndungsämtern angehören und auf die Observierung verdächtiger LKW-Transporte spezialisiert sind.

Schließlich führen sog. „BillBZ-Einheiten“[449] nach § 304 SGB III – im vorliegenden Kontext weniger maßgebliche – Kontrollen dahingehend durch, ob ausländische Arbeitnehmer im Besitz einer gültigen Arbeitserlaubnis sind. Auch sie sind Ermittlungspersonen der Staatsanwaltschaft und gemäß § 305 ff SGB III mit Polizeibefugnissen ausgestattet.

IV. Finanzbehörden

Die Finanzbehörden besitzen im Falle des Verdachts einer Steuerstraftat anstelle der Staatsanwaltschaft eine originäre Ermittlungskompetenz gemäß § 386 Abs. 2 AO. Trotz unterschiedlicher Handhabung in den einzelnen Bundesländern ist die Zuständigkeit zur Verfolgung von Steuerstrafsachen aufgrund des § 387 Abs. 2 AO jeweils bei bestimmten Finanzämtern konzentriert. Ihre staatsanwaltschaftlichen Befugnisse ergeben sich aus § 208 bzw. § 399 Abs. 1 AO. Zudem besitzen die Beamten der Steuerfahndung nach § 404 AO die Befugnisse der Polizeibeamten gemäß der StPO. Im Rahmen ihrer Ermittlungen greifen sie im Rahmen der Repression auch auf das Mittel der Observation zurück[450].

Zusammenfassung von Kapitel 3

Beobachtende polizeiliche Ermittlungstätigkeit wird insbesondere in die Termini Fahndung, Observation, Überwachung und polizeiliche Beobachtung untergeteilt.

Der Fahndungsbegriff in Anlehnung an PDV 384.1 stellt den umfassenden Oberbegriff für beobachtende Ermittlungsmaßnahmen dar. Er ist von demjenigen der §§ 131-131c StPO als spezieller Ermittlungsmaßnahme strikt zu trennen.

Die herrschende allgemeine Definition der Observation resultiert aus PDV 384.2. Die Legaldefinition der „längerfristigen“ Observation in § 163f Abs. 1 S. 1 StPO ändert hieran nichts.

Unter dem Terminus der Überwachung ist die qualitativ und/oder quantitativ intensivste Form der Observation zu verstehen.

Die Polizeiliche Beobachtung beschreibt die spezielle Ermittlungsmaßnahme des § 163e StPO.

Es existiert eine Vielzahl von verschiedenen Observationsarten, die in Bezug auf ihren jeweiligen Anknüpfungspunkt differieren. Eine Vielzahl von Behörden

449 „Bekämpfung illegaler Beschäftigung durch die Zollverwaltung“.
450 *Nimtz*, Observation, S. 46.

ist zur Durchführung von Observationen gesetzlich ermächtigt. Observationsmaßnahmen gehören zu den traditionellen Ermittlungsinstrumenten gerade auch der Strafverfolgung und werden demgemäß häufig durchgeführt.

Zweiter Hauptteil: Untersuchung der Observation auf Eingriffsqualität und Ermächtigungsgrundlage

Im Folgenden wird die höchstrichterliche Judikatur zur Zulässigkeit verdeckter Ermittlungsmaßnahmen erörtert. Dabei geht es in erster Linie um Entscheidungen zum strafprozessualen Einsatz von VE und VP, da Entscheidungen zur Observation „Mangelware“ sind. Dabei wird die Darstellung im Wesentlichen einschlägige Rechtsprechung in folgender Reihenfolge ansprechen:

- Entscheidungen vor Verkündung des Volkszählungsurteils des *BVerfG* v. 15.12.1983,
- Entscheidungen zwischen dem Volkszählungsurteil und der gesetzlichen Normierung der längerfristigen Observation im StVÄG 1999 v. 2.8.2000,
- Neuere Entscheidungen.

Anschließend werden die notwendigen verfassungsrechtlichen Vorgaben wie Einhaltung des öffentlichrechtlichen Gesetzesvorbehaltes untersucht und eine nähere Bestimmung des Grundrechtseingriffs vorgenommen. Im Anschluss daran wird das Allgemeine Persönlichkeitsrecht (APR) bzw. das Recht auf informationelle Selbstbestimmung als das prüfungsleitende Recht unter Abgrenzung zu weiteren potentiell betroffenen Grundrechten bzw. Verfassungsprinzipien herausgearbeitet. Von Bedeutung wird dabei das Verhältnis des Allgemeinen Persönlichkeitsrechts/Rechts auf informationelle Selbstbestimmung zum Wohnungsgrundrecht des Art. 13 Abs. 1 GG sein.

Kapitel 4: Der verfassungsrechtliche Hintergrund

§ 11 Die Rechtmäßigkeit verdeckter Ermittlungsmaßnahmen im Spiegel der höchstrichterlichen Rechtsprechung und der Lehre

I. Die Auffassungen in der Judikatur

Die Rechtsprechung von *BVerfG, BGH, BVerwG* sowie der weiteren *Obergerichte* hatte – soweit ersichtlich – vor dem Volkszählungsurteil des *BVerfG* in keinem Fall über die Rechtmäßigkeit von Observationen als spezieller Ermittlungsmaßnahme der Polizei bzw. Staatsanwaltschaft oder über die Verwertbarkeit von bei Observierungsmaßnahmen gewonnenen Erkenntnissen zu entscheiden. Dies mag man darauf zurückführen, dass solche Ermittlungen vom Betroffenen nicht bemerkt werden und damit nicht den Weg ins gerichtliche Verfahren finden. Zugleich wurde *von den Obergerichten in seltener Einmütigkeit die Zulässigkeit verdeckter Ermittlungen wie Einsatz von VE oder VP bzw. von Observationen solcher Ermittler anerkannt*[451]. Dies lässt notwendig darauf schließen, dass Observationsmaßnahmen als die weniger weitreichenden Maßnahmen im Instrument „Verdeckte Ermittlungen" im Wege einer **a maiore ad minus-Argumentation** als mitenthalten angesehen wurden:

Da also die Obergerichte zu dieser Zeit von der Zulässigkeit derartiger Verdeckter Ermittlungen ausgingen, müssten Observationen notwendig als legal angesehen worden sein. Nach der ständigen Rechtsprechung von *BVerfG*, *BGH*, *BVerwG* sowie weiteren Obergerichten wird der Einsatz von VE und von VP *zur Bekämpfung besonders gefährlicher und schwer aufklärbarer Kriminalität* für notwendig erachtet[452]. Diese Rechtsprechung wurde im Übrigen auch nach dem Volkszählungsurteil aufrechterhalten[453].

1. Die Judikatur des Bundesverfassungsgerichts

a) BVerfG E 57, 250 ff[454]

In seinem Beschluss vom 26.5.1981 sah das *BVerfG* das Recht des Beschuldigten auf ein rechtsstaatliches, insbesondere auch faires Verfahren durch die „Unerreichbarkeit" einer Beweisperson nicht verletzt, obwohl jene Unerreichbarkeit darauf beruhte, dass eine Behörde Angaben zum Aufenthaltsort dieser Person unterließ. Das Gericht gewichtete den Schutz des Lebens und der Unversehrtheit der anonymen Beweisperson anhand von Verhältnismäßigkeitsgesichtspunkten als schwerwiegender gegenüber der mit der fehlenden Auskunftserteilung möglicherweise verbundenen geringeren Beweiskraft für die Verurteilung des Beschuldigten und führte zur Zulässigkeit des Einsatzes von V-Leuten aus:

„Es liegt [...] auf der Hand, dass es verfassungsmäßig legitimierte staatliche Aufgaben gibt, die zu ihrer Erfüllung der Geheimhaltung bedürfen, ohne dass dagegen verfassungsrechtliche Bedenken zu erheben wären. Die Wahrnehmung derartiger [...] Aufgaben würde in weiten Teilen unmöglich gemacht, wenn die

---

451 *Krey*, Miyazawa-FS, S. 595 [598]; *Maul* in: Geisler, Verdeckte Ermittler, S. 30, jew. m.w.N.

452 Vgl. auch die zahlreichen weiteren Nachweise bei *Scherp* in: Körner, BtMG, § 31 Rn. 113 ff.

453 Vgl. die Nachweise bei *Krey*, Miyazawa-FS, S. 595 [603]; *Lesch*, JR 2000, 336 mit Fn. 13. Hinsichtlich der generellen Zulässigkeit des Einsatzes von VP offen gelassen von *OLG Hamm* NStZ 2003, 279 [280].

454 Beschluss des Zweiten Senats, Az.: 2 BvR 215/81.

Aufdeckung geheimhaltungsbedürftiger Vorgänge im Strafverfahren ausnahmslos geboten wäre. [...] Auch zur Bekämpfung besonders gefährlicher Kriminalität, wie etwa der Bandenkriminalität und des Rauschgifthandels, können die Strafverfolgungsorgane, wenn sie ihrem Auftrag der rechtsstaatlich gebotenen Verfolgung von Straftaten überhaupt gerecht werden sollen, ohne den Einsatz sogenannter V-Leute nicht auskommen, deren Identität auch noch nach dem Einsatz gewahrt werden muss".

Dieser Beschluss enthält einen Grundpfeiler der Judikatur des *BVerfG*, auf den in darauffolgenden Entscheidungen immer wieder aufgebaut wurde. Der Entscheidung wurde vereinzelt kritisch entgegengehalten, dass es sich bei der anonymen Beweisperson gar nicht um einen verdeckten Polizeibeamten handele, dessen Anonymität zur Sicherstellung weiterer Ermittlungserfolge gewahrt werden musste, sondern um einen hohen Funktionär des Ministeriums für Staatssicherheit (MfS) der DDR. Dementsprechend hätte das *BVerfG* in seiner Begründung über den zu entscheidenden Fall hinaus geurteilt[455].

b) BVerfG NJW 1987, 1874 f[456]

In seinem Beschluss vom 10.3.1987 nahm das *BVerfG* die Verfassungsbeschwerde eines wegen Beschaffung von Rauschgift Verurteilten, der durch einen polizeilichen Lockspitzel überführt worden war, mangels hinreichender Erfolgsaussicht nicht zur Entscheidung an. Es betonte die Wesentlichkeit der Aufrechterhaltung einer funktionstüchtigen Rechtspflege, insbesondere einer leistungsfähigen Strafjustiz:

„Soweit der Grundsatz der Rechtsstaatlichkeit die Idee der Gerechtigkeit als wesentlichen Bestandteil enthält, verlangt er die Aufrechterhaltung einer funktionstüchtigen Rechtspflege, ohne die Gerechtigkeit nicht verwirklicht werden kann. Das BVerfG hat deshalb wiederholt die Bedürfnisse einer möglichst vollständigen Ermittlung der Wahrheit betont und die Aufklärung schwerer Straftaten als wesentlichen Auftrag eines rechtsstaatlichen Gemeinwesens bezeichnet"[457].

---

455 *Hamm* in: *Lüderssen* (Hrsg.), V-Leute, 483 [485].

456 3. Kammer des Zweiten Senats, Az.: 2 BvR 186/87.

457 *BVerfG* NJW 1987, 1874 unter Verweis auch *BVerfG* E 44, 353 [374] sowie *BVerfG* E 57, 250 [276].

c) BVerfG NStZ 1991, 445 f[458]

In diesem Beschluss vom 11.4.1991 sah das Gericht die Einführung der Angaben von VE durch Polizeibeamte als Zeugen vom Hörensagen nicht als eine Verletzung des Angeklagten in seinem Recht auf ein faires, rechtsstaatliches Verfahren an und wiederholte mit Hinweis auf *BVerfG* E 57, 250 [284]:

„Zur Bekämpfung besonders gefährlicher Kriminalität, wie etwa der Bandenkriminalität und des Rauschgifthandels, können die Strafverfolgungsorgane, wenn sie auf ihren Auftrag der rechtsstaatlich gebotenen Verfolgung von Straftaten überhaupt gerecht werden sollen, ohne den Einsatz sog. V-Leute nicht auskommen, deren Identität auch noch nach dem Einsatz gewahrt werden muss"[459].

d) Neuere Tendenzen: Die Beschlüsse vom 1.3.2000[460]

aa) Hauptaussage der Beschlüsse

In beiden Entscheidungen stellt das *BVerfG* auf die Verfassungsbeschwerde der Verurteilten im sog. *„Sedlmayr-Prozess"* fest, dass der gezielte Einsatz einer V-Person im Umfeld des Beschuldigten, mit dem eine Zeugin unter Missachtung ihres bestehenden Zeugnisverweigerungsrechts zu Angaben veranlasst wird, eine Verletzung ihres Anspruchs auf ein faires, rechtsstaatliches Verfahren darstellt: Spätestens beim Übergang von einer rein passiven Informationserlangung ohne Eingriffscharakter zu einer **Nachfrage** durch die VP, die eine heimliche Befragung einer Aussageperson darstelle, liege eine Maßnahme vor, die den Ermittlungsbehörden im Rahmen ihres erteilten Auftrages zuzurechnen sei[461].

bb) Bindungswirkung von Kammerbeschlüssen des BVerfG?

Es handelt sich bei den genannten Beschlüssen um **Kammerentscheidungen**[462]. Genauer gesagt um die Ablehnung der Annahme einer Verfassungsbeschwerde gemäß §§ 93a, 93b BVerfGG. Solche Entscheidungen nehmen nach h.M. *nicht* an der Bindungswirkung des § 31 Abs. 1 BVerfGG teil[463].

---

458 2. Kammer des Zweiten Senats, Az.: 2 BvR 196/91.

459 *BVerfG* NStZ 1991, 445.

460 JR 2000, 333 f mit Anm. *Lesch*: 3. Kammer des Zweiten Senats, Az.: 2 BvR 2017 und 2039/94.

461 *BVerfG* aaO unter Hinweis auf *BGH*, StV 2000, 57 [61].

462 Hier jeweils: 3. Kammer des 2. Senats.

463 *BVerfG* E 23, 191 [206 f]; 53, 336 [348]; *Lechner/Zuck*, BVerfGG, § 31 Rn. 28; *Rennert* in: Umbach/Clemens, BVerfGG, § 31 Rn. 70; *Schlaich*, Das Bundes-

Darüber hinaus erwecken die genannten Beschlüsse den Eindruck, dass die Kammer obiter dictum ihre Ansicht zur Zulässigkeit des VP-Einsatzes publik machen wollte. So erklärt sie zwar direkt zu Beginn ihrer Ausführungen, dass das Vorbringen der Beschwerdeführer nicht den an die Begründungen einer Verfassungsbeschwerde zu stellenden Anforderungen genügt, lässt es sich jedoch nicht nehmen, danach explizit auf die VP-Problematik einzugehen[464].

Dieses Verhalten der Kammer ist als kompetenzrechtlich fragwürdig, zumindest aber als rechtspolitisch höchst unglücklich einzuschätzen. Denn sie tut hier ihre Auffassung „ohne Not" kund, d.h. ohne dass dies für die Entscheidung des vorliegenden Falles zwingend gewesen wäre. Zwar entspricht eine gewisse Beiläufigkeit der Natur eines jeden obiter dictums. Im vorliegenden Fall liegt die Besonderheit jedoch darin, dass das obiter dictum in der Entscheidung einer Kammer erfolgt ist, die bekanntlich *nur mit **drei** anstatt wie ein Senat mit acht Richtern* besetzt ist. Bindungswirkung und Überzeugungskraft einer bloßen Kammerentscheidung sind daher grundsätzlich erheblich geringer als die einer Senatsentscheidung anzusetzen. Auch in Anbetracht der zum Teil beträchtlichen faktischen Auswirkungen von obiter dicta auf die weitere Judikatur mag jenes Vorgehen im vorliegenden Fall zwar noch nicht unbedingt als ein Verstoß gegen den gesetzlichen Richter gemäß Art. 101 Abs. 1 GG erscheinen. Die Kammer setzt sich jedoch zumindest dem nicht tolerablen Verdacht aus, ohne erforderliche Legitimation und unter Umgehung ihrer Kompetenzen die künftige Senatsrechtsprechung und die Judikatur der Strafgerichte beeinflussen zu wollen.

2. Die Judikatur des Bundesgerichtshofs in Strafsachen

a) BGH GA 1975, 333 ff

Dieser ersten Entscheidung des *BGH* über verdeckt ermittelnde Polizeibeamten lag der Fall zugrunde, dass der Angeklagte Drogen besaß, die er an einen solchen Beamten veräußerte. Das Gericht befand, dass das Verhalten des Polizeibeamten nur auf die Konkretisierung eines bereits vorhandenen Tatentschlusses und zudem auf die Vereitelung des Taterfolges gerichtet gewesen sei:

„Dass ein tatprovozierendes Verhalten unter solchen Umständen jedenfalls im Rahmen der Bekämpfung besonders gefährlicher oder schwer aufklärbarer

---

verfassungsgericht, Rn. 260; *Winter* in: Maunz/Schmidt-Bleibtreu/Klein/Ulsamer, BVerfGG, § 93b Rn. 11 m.w.N.

464 Vgl. die Pressemitteilung des *BVerfG* 38/2000 v. 24.3.2000.

Straftaten, so also auch beim Vorgehen gegen die Rauschgiftkriminalität, nicht missbilligt werden kann, entspricht anerkannten Rechtsgrundsätzen"[465].

Schon die Wortwahl dieser Entscheidung lässt keinen Zweifel an der Zulässigkeit verdeckten Ermittlungsverhaltens aufkommen, jedenfalls soweit es um die Bekämpfung von Schwerkriminalität geht[466].

b) BGH (GS) St 32, 115 ff

In dieser Entscheidung führt der *Große Senat* aus:

„Im Hinblick auf die veränderten Kriminalitätsstrukturen und die durch sie bewirkte erhebliche Erschwerung der Verbrechensaufklärung besteht in der neueren Rechtsprechung der Obergerichte und auch des Bundesgerichtshofes Einigkeit darüber, dass die Bekämpfung der geschilderten Formen der Kriminalität den Einsatz anonymer Gewährsleute erfordert. Die Notwendigkeit des Einsatzes von V-Personen zur Bekämpfung besonders gefährlicher Kriminalität ist unbestritten. Nach der insoweit feststehenden Rechtsprechung des Bundesgerichtshofes ist nicht zu bezweifeln, dass es zulässig ist, das Wissen von V-Personen in das Strafverfahren einzuführen"[467].

c) BGH St 40, 211 ff („Fall Sedlmayr I")[468]

In seiner Entscheidung vom 21.7.1994 bejahte der 1. Strafsenat des *BGH* die Verwertbarkeit der Zeugenaussage einer VP über Äußerungen von Angehörigen des Angeklagten, obwohl diese in der Hauptverhandlung von ihrem Zeugnisverweigerungsrecht Gebrauch gemacht hatten, und führt unter Hinweis auf die durch das OrgKG von 1992 eingeführte Neuregelung des Einsatzes von verdeckt ermittelnden Polizeibeamten (§§ 110a, 110b StPO) aus:

„Weder rechtsstaatliche Grundsätze noch Bestimmungen der Strafprozessordnung schließen es aus, im Rahmen der Aufklärung von Straftaten Methoden und Mittel anzuwenden, deren Gebrauch für Betroffene (Verdächtige oder Zeugen) nicht als von der Polizei gesteuertes Handeln erkennbar ist. Der zulässige

---

465 GA 1975, 333 mit Hinweis auf *RG* St 65, 145 ff; *BGH*, Urt. v. 28.5.1953, Az.: 4 StR 760/52, mitgeteilt bei *Pfeiffer/Maul/Schulte* StGB § 48 Anm. 4; *Schönke/Schröder*, StGB, 17. Auflage, § 48 Rn. 13; *Esser*, GA 1958, 321 [331]; *Herzberg*, GA 1971, 1 [12].

466 Zu Terminologie und Phänomenologie der „Organisierten Kriminalität" oben § 5 I.

467 So z.B. *BGH* JR 1969, 305; NStZ 1981, 70 f; NJW 1981, 1626 f; ferner KK-*Mayr*, § 250 Rn. 13 ff m.w.N.

468 = NJW 1994, 2904 ff.

Einsatz von V-Leuten ist gerade durch Heimlichkeit und dadurch geprägt, dass die polizeiliche Steuerung nach außen nicht offenbar wird[469].

Bei dieser grundsätzlichen Bestätigung des Einsatzes von V-Männern führt der *BGH* eine Reihe weiterer Urteile an[470], die belegen, dass jede Ermittlungsmethode, die auf eine spezielle Ermächtigungsgrundlage gestützt wird, auch bei einem V-Mann-Einsatz zulässig ist.

In diesem Sinne äußerte auch der 2. Strafsenat des *BGH*, dass „*die Grenze strafprozessual und rechtsstaatlich zulässigen Handelns der Polizei erst dort überschritten [ist], wo zu der Heimlichkeit des Vorgehens der Gebrauch unlauterer, von der Rechtsordnung missbilligter Mittel hinzukommt*“[471].

Gegenstand der aufgezählten Urteile ist wiederum keine Observationsmaßnahme. Diese wurde auch für den V-Mann als erlaubt vorausgesetzt, obwohl sie gesetzlich nicht ausdrücklich geregelt war.

d) Der Beschluss des BGH (GS) St 42, 139 ff

Der *Große Senat* bejahte am 13.5.1996 die Verwertbarkeit von durch V-Personen erlangten Beweismitteln. Er betonte dabei:

„*Einer besonderen gesetzlichen Eingriffsermächtigung bedarf es nur für solche Ermittlungsmaßnahmen und Beweiserhebungen, die in geschützte Rechte anderer eingreifen*[472]. *Im Übrigen sind die Polizeibehörden in der Wahl ihrer Ermittlungsmethoden frei. Das schließt auch die Möglichkeit eines verdeckten Vorgehens gegenüber den Tatverdächtigen ein. Die Heimlichkeit eines polizeilichen Vorgehens ist kein Umstand, der nach der Strafprozessordnung für sich allein schon die Unzulässigkeit der ergriffenen Maßnahmen begründet*[473]. *Ein ›Grundsatz der Offenheit staatlichen Handelns‹*[474] *lässt sich den das Ermittlungsverfahren regelnden Vorschriften des Gesetzes nicht entnehmen. [...] Die §§ 110a ff StPO sind ein zusätzlicher Beleg dafür, dass die StPO kein grundsätzliches Verbot verdeckter Befragungen des Beschuldigten durch eingeschaltete Privatpersonen kennt. [...] Die Kontaktaufnahme solcher anderer Personen hat*

---

469 *BGH* aaO, 216.

470 *BGH* aaO, 216 unter Verweis auf *BGH* St 31, 304 [308 f]; 33, 217 [223 f]; 39, 335 [346 f], jeweils zu Fragen der Verwertung einer indirekt provozierten Selbstbelastung bei zulässig angeordneter Telefonüberwachung.

471 *BGH* St 39, 335 [347].

472 *BGH* (GS) aaO, 150 unter Verweis auf *BVerfG* NStZ 1996, 45; *Rogall*, Informationseingriff, S. 68 ff, 72; LR-*Rieß*, § 160 Rn. 35.

473 So *BGH* St 39, 335 [346]; *Rogall*, JZ 1987, 847 [850].

474 Vgl. *Weßlau*, Vorfeldermittlungen, S. 204 ff m.w.N.

der Gesetzgeber [im OrgKG] bewusst nicht geregelt. Insofern sollte es bei den bis zu seinem Inkrafttreten geltenden Rechtsgrundlagen bleiben[475].

Gegen die Kritik an der Zulässigkeit des Einsatzes von VP – jedenfalls ohne ausdrückliche gesetzliche Regelung – bestätigt der *Große Senat* die oben dargestellte Judikatur:

„Nach ständiger Rechtsprechung dürfen vielmehr Privatpersonen zur Strafverfolgung eingesetzt werden[476]*. Der Große Senat hat in seinem Beschluss vom 17. Oktober 1983 darauf abgestellt, dass der Einsatz von Vertrauenspersonen der Polizei zur Bekämpfung besonders gefährlicher und schwer aufklärbarer Kriminalität erforderlich sei".*

Das Gericht präzisiert diesen Standpunkt in seiner Entscheidung v. 13.5.1996 wie folgt:

„Diese Auffassung geht letztlich auf eine Abwägung nach dem Verhältnismäßigkeitsprinzip zurück. [...]. Für die wertende Betrachtung kann bei solchen Sachverhalten, die ihren Schwerpunkt nicht in einem Zwang, aber in der Heimlichkeit der Ausforschung des Beschuldigten haben, das in Frage stehende Vorgehen einem Verstoß gegen den Nemo-tenetur-Grundsatz nahekommen. Aus der Nähe zu genanntem Grundsatz – damit auch aus der Ausstrahlung des allgemeinen Persönlichkeitsrechts – sowie aus dem Rechtsstaatsprinzip und dem aus ihm hervorgehenden Grundsatz des fairen Verfahrens ergeben sich Bedenken. Ob diese Bedenken durchgreifen, hängt aber von einer Abwägung mit der ebenfalls im Verfassungsrang stehenden, mit dem notwendigen Schutz des Gemeinwesens und seiner Bürger begründeten Pflicht des Rechtsstaates zur effektiven Strafverfolgung ab"[477].

Diese Abwägung nun ergebe, dass *„der heimliche Einsatz von V-Personen jedenfalls dann zulässig ist, wenn es sich bei der Tat um eine Straftat von erheblicher Bedeutung handelt und wenn der Einsatz anderer Ermittlungsmethoden erheblich weniger erfolgversprechend oder wesentlich erschwert wäre."*

e) BGH St 46, 266 ff[478]

Das Gericht stellt in seinem Urteil vom 24.1.2001 zur *Frage der Zulässigkeit moderner Ermittlungsmaßnahmen*, in casu des Global Positioning System („GPS"), fest:

---

475 *BGH* (GS) St 42, 151 mit Hinweis auf BT-Drucks. 12/989, S. 41.

476 *BGH* (GS) aaO, 155 unter Aufzählung der bisher ergangenen wichtigsten Rechtsprechung: *BGH* St 32, 115 [121 f]; 32, 335 [346]; 41, 42 [43]; *BVerfG* E 57, 250 [284]; *BVerfG* NStZ 1987, 276; 1991, 445; 1995, 95 [96], *EGMR* NJW 1992, 3088.

477 *BGH* (GS) aaO, 156 [157].

478 = StV 2001, 216 ff.

„Gerade bei schwerwiegenden Straftaten im Bereich des Terrorismus und der organisierten Kriminalität, die unter Benutzung neuester technischer Hilfsmittel konspirativ vorbereitet und durchgeführt werden, ist effektive Strafverfolgung ohne den Einsatz moderner technischer Observierungsmittel wie des „GPS" oft nicht mehr möglich"[479].

Erstens stellt der *BGH* damit zu Recht fest, dass die gesetzliche Ermächtigungsgrundlage der Observation unter Einsatz technischer Mittel gemäß § 100c Abs. 1 lit. 1b StPO a.F. (= § 100f Abs. 1 Nr. 2 StPO n.F.) auch für die Observation mittels GPS gilt. Zweitens wiederholt das Gericht zutreffend, dass auch mit großem technischem Aufwand verbundene Ermittlungsinstrumente zur Bekämpfung genannter schwerer Kriminalität ungeachtet ihrer Eingriffsschwere zum Zwecke einer effektiven Strafverfolgung unverzichtbar sind.

Im Anschluss hieran muss im Wege des **Erst-recht-Schlusses** das eben Gesagte auch auf die weniger intensiv in Grundrechte des Betroffenen eingreifenden Observationsmaßnahmen anwendbar sein: Der *BGH* hielt „normale" Observationsmaßnahmen ohne Zweifel für zulässig.

f) BVerfG NJW 2005, 1338 ff

In seiner Entscheidung über die gegen das GPS-Urteil eingelegte Verfassungsbeschwerde des Verurteilten bestätigte das *BVerfG* jüngst überzeugend die Rechtsauffassung des *BGH*. So entspricht § 100c Abs. 1 lit. b StPO a.F. als Ermächtigungsgrundlage für Beweiserhebungen unter Einsatz des GPS und die anschließende Verwertung dieser Beweise den verfassungsrechtlichen Anforderungen im Hinblick auf den Bestimmtheitsgrundsatz und die Normenklarheit. Bei der Ortung mittels GPS handelt es sich um ein von der Vorschrift erfasstes Instrument zur Ortung und Aufenthaltsbestimmung durch Beobachtung mit technischen Mitteln, *„[wobei] der Gesetzgeber nicht davon ausgehen musste, dass das GPS zu einem Observationsinstrument besonderer Art und spezifischer Tiefe werden könnte, dessen Einsatz von Verfassungs wegen nur unter restriktiveren Voraussetzungen gestattet werden darf"*[480].

Zudem erreichen Eingriffe in das APR aus Art. 2 Abs. 1 i.V.m. Art. 1 Abs. 1 GG durch die Verwendung von Instrumenten technischer Observation in Ausmaß und Intensität nach Meinung des Gerichts zu Recht typischerweise nicht den unantastbaren Kernbereich privater Lebensgestaltung.

Das *BVerfG* bejaht die weitere Verfassungsmäßigkeit der Norm und führte im Hinblick auf den **Richtervorbehalt** weiter aus:

---

479 *BGH* aaO, 217.
480 NJW 2005, 1338 [1340].

„Der Gesetzgeber war jedenfalls nicht schon im Zeitpunkt des In-Kraft-Tretens des § 100c Abs. 1 lit. b StPO gehalten, länger andauernde technische Observationsmaßnahmen unter Richtervorbehalt zu stellen. Er durfte zunächst die rechtstatsächliche Entwicklung abwarten. Die [mit Wirkung zum 1.11.2000 eingefügte Vorschrift des § 163f Abs. 4 StPO] ergänzt § 100c Abs. 1 lit. b StPO, indem sie für längerfristige Observationen des Beschuldigten, unabhängig vom Einsatz technischer Mittel, zusätzliche Voraussetzungen formuliert und eine richterliche Entscheidung für Observationen, die mehr als einen Monat andauern, anordnet“[481].

3. Die Judikatur des Bundesverwaltungsgerichts

a) BVerwG NJW 1992, 2765 ff

Exemplarisch sei die Entscheidung vom 20.2.1990 angeführt. In dieser stellte das *BVerwG* fest, dass das informationelle Selbstbestimmungsrecht dem Einzelnen kein Recht auf uneinschränkbare Herrschaft über „seine“ Daten gibt. Das Gericht führt im Hinblick auf die Geheimhaltungsgründe des § 19 BDSG aus:

„Wegen der Gemeinschaftsbezogenheit und Gemeinschaftsgebundenheit der Person muss der Einzelne Einschränkungen seines Rechts auf informationelle Selbstbestimmung im überwiegenden Allgemeininteresse hinnehmen. [...] Nach der Rechtsprechung des BVerwG und des BVerfG gibt es verfassungsmäßig legitimierte Aufgaben, die zu ihrer Erfüllung der Geheimhaltung bedürfen. [...] Die Polizei kann dieser Aufgabe grundsätzlich nur gerecht werden, wenn sie ihr Wissen nicht preiszugeben hat, insbesondere nicht gegenüber potentiellen Straftätern oder anderen Beteiligten.“

b) Zwischenergebnis

Das *BVerwG* geht ohne weiteres von der Rechtmäßigkeit der heimlichen Erhebung von Daten aus. Es stellt lediglich Restriktionen für die Mitteilungspflichten der Behörde nach Beendigung der Maßnahme auf.

4. Resümee

In der Rechtsprechung der Obergerichte herrscht eine selten anzutreffende Einmütigkeit darüber, dass der Einsatz polizeilicher Lockspitzel zur Bekämpfung „schwerer“, „besonders gefährlicher“ Kriminalität bzw. zur Bekämpfung des

---

481 *BVerfG* aaO.

„Terrorismus“ und „organisierter Kriminalität“ unabdingbares Ermittlungsinstrument ist, durch das die Funktionstüchtigkeit und die Effektivität der Strafrechtspflege gewährleistet wird. Diese Lockspitzelarbeit zeichnet sich im Gegensatz zur bloß „normalen“ Observationsmaßnahme durch eine oftmals tiefer in die Persönlichkeitssphäre der Betroffenen eindringende Maßnahme aus. Daraus ist zu schließen, dass *BVerfG*, *BGH* und andere Obergerichte die Observation ohne weiteres **erst Recht** als zulässig angesehen hätten. Im Übrigen spricht die Tatsache, dass kein Fall einer bloßen Observationsmaßnahme über drei Jahrzehnte hinweg Gegenstand einer solchen Entscheidung war, zweifellos dafür, dass eine solche Maßnahme in der Judikatur fast allgemein als zulässig erachtet wurde.

II. Auffassungen im Schrifttum

Zu Recht wird in der Lehre festgestellt, dass dem VE im Rahmen seiner strafprozessualen Ermittlungstätigkeit diejenigen Befugnisse zustehen, die Polizeibeamte nach der StPO *auch sonst besitzen*[482].

Eine insbesondere von *Ostendorf* vertretene Auffassung propagiert dagegen die These von der uneingeschränkten Illegalität verdeckter Ermittlungen[483]. Danach dürfte die polizeiliche Ermittlungstätigkeit im Rahmen der Strafverfolgung ausschließlich offen geschehen. Ein konspiratives Vorgehen sei den Polizeibehörden nicht erlaubt[484]. Dem widerspricht *Rogall* unter Rekurs auf die Judikatur des *BVerfG* zu Recht mit der Begründung, dass *„das Ermittlungsverfahren gerade als nicht offenes Verfahren ausgestaltet ist und im Hinblick auf eine funktionstüchtige Strafrechtspflege das Gesetz den Strafverfolgungsbehörden einen Informationsvorsprung einräumt“*[485].

Lüderssen[486] sieht verdeckte Ermittlungen allgemein als eine typisch nachrichtendienstliche Ermittlungsmethode an, die gegen das grundgesetzliche **Trennungsgebot** verstoße, nach dem die Polizei nicht auf nachrichtendienstliche Mittel zurückgreifen dürfe. Er verkennt jedoch, dass jene polizeilichen Maßnahmen historisch gewachsen sind. Vor dem Hintergrund der heutigen Verbrechenswirklichkeit ist *Lüderssens* These zudem aus kriminalpolitischen Gründen strikt abzulehnen[487].

---

482 *Krey*, VE-Gutachten, Rn. 277; *Hilger*, NStZ 1992, 523 [525 mit Fn. 161].
483 Siehe dazu die Nachweise bei *Rogall*, JZ 1987, 847 [850 mit Fn. 43].
484 *Ostendorf*, Kriminalistik 1985, 409 ff.
485 JZ 1987, 847 [850] unter Verweis auf *BVerfG* (Vorprüfungsausschuss), NStZ 1984, 228.
486 Jura 1985, 113 ff.
487 Im Ergebnis übereinstimmend *Nehm*, NJW 2002, 2665 [2670 f].

III. Ergebnis

Die Judikatur der Obergerichte erachtete vor und nach dem Volkszählungsurteil des *BVerfG* vom 15.12.1983 den Einsatz Verdeckter Ermittler als notwendig und zulässig, obwohl es bis zum Erlass des OrgKG im Jahre 1992 dafür keine gesetzliche Ermächtigungsgrundlage gab[488]. Daraus ergibt sich, dass die Rechtsprechung *ohne weiteres* von der Vereinbarkeit der Observation als Ermittlungsmethode mit jenem Urteil ausgeht[489]. Es bleibt daher festzuhalten:

Trotz fehlender gesetzlicher Regelung für die Observation war vor In-Kraft-Treten des § 163f StPO am 1.11.2000 diese Maßnahme in der Rechtsprechung auch im Hinblick auf das Volkszählungsurteil und seine Auswirkungen auf die Grundrechtsdogmatik als legale Ermittlungsmethode akzeptiert.

§ 12 Der Allgemeine Vorbehalt des Gesetzes

Die Beurteilung der Verfassungsmäßigkeit jedweder Observationsmaßnahme ist im Folgenden genauer zu überprüfen. Die Untersuchung hat sich zunächst daran zu orientieren, ob die Maßnahme in Grundrechte des Betroffenen eingreift. Nach vorherrschender Auffassung bedarf jeder Grundrechtseingriff wegen des Vorbehalts des Gesetzes einer Rechtsgrundlage[490]. Liegt ein Grundrechtseingriff vor, so ist danach eine Ermächtigungsgrundlage erforderlich. Fehlt ein solcher, dürfen die Strafverfolgungsbehörden auch ohne spezielle Ermächtigungsnorm tätig werden. Maßgeblich ist also der **Eingriffsbegriff** i.V.m. dem **Rechtsprinzip des Vorbehalts des Gesetzes.**

I. Der Ursprung des Vorbehalts des Gesetzes

Der **Begriff des Gesetzesvorbehalts** geht auf *Otto Mayer* zurück. Er definierte bereits in den 20er Jahren des 20. Jahrhunderts in Anlehnung an das Gedankengut von *Montesquieu*[491]:

„Das verfassungsmäßige Gesetz ist [...] nur für gewisse besonders wichtige Gegenstände zur notwendigen Bedingung aller Staatstätigkeit gemacht worden. Für alle übrigen ist die vollziehende Gewalt an sich frei [...]. Wir nennen den

---

488 So namentlich *BVerfG* NStZ 1991, 445 f; *BGH* NStZ 1991, 194; NStZ 1992, 488; *BVerwG* JZ 1992, 360 ff.

489 Zustimmend *Krey/Haubrich*, JR 1992, 309 [315 mit Fn. 45]. Siehe auch *Krey*, VE-Gutachten, Rn. 19, 22, 23 sowie 104.

490 *Rogall*, GA 1985, 1 [6]; *Rudolphi* in: SK-StPO, vor § 94 Rn. 15.

491 Dazu näher *Krey*, Studien, S. 243; *Krey/Linn*, Blau-FS, S. 123 [139].

Ausschluss ihres selbständigen Vorgehens, der bezüglich jener besonders ausgezeichneten Gegenstände besteht, den Vorbehalt des Gesetzes"[492].

Nach diesem Verständnis benötigt belastendes staatliches Handeln eine durch die Legislative gegebene gesetzliche Grundlage[493]. Seine historische Funktion lag darin begründet, die bürgerliche Gesellschaft im 19. Jahrhundert gegen die monarchische Exekutive, aber auch gegen richterliche Willkür zu sichern[494].

II. Klärung der Terminologie

Die Diskussion um den Gesetzesvorbehalt wird durch terminologische Missverständnisse belastet[495]. Die Begriffe *„Vorbehalt des Gesetzes"*, *„Gesetzesvorbehalt"* oder *„Parlamentsvorbehalt"* werden oft synonym verwendet[496]. Andererseits wird der Terminus „Gesetzesvorbehalt" teilweise lediglich auf die in der Verfassung selbst normierten Vorbehalte bezogen[497]. Solche Spezial- oder Sondervorbehalte[498] finden sich nicht nur im Grundrechtskatalog, sondern auch an anderen Stellen der Verfassung[499]. Derartigen speziellen Gesetzesvorbehalten wird jedoch zu Recht der „Allgemeine Vorbehalt des Gesetzes" gegenübergestellt, der in der Verfassung nicht explizit genannt ist. Umfang und Bedeutung dieses Verfassungsgrundsatzes werden aus unterschiedlichen verfassungsrechtlichen Prinzipien und Kategorien abgeleitet. Dieser „Allgemeine Vorbehalt des Gesetzes" ist in der vorliegenden Untersuchung primär von Relevanz.

---

492 Deutsches Verwaltungsrecht, Bd. 1, 1. Aufl. (1895) S. 74 f bzw. 3. Aufl. (1924), S. 69 f.

493 *Herzog* in: M/D/H/S, Grundgesetz, Band II, Art. 20 IV Rn. 55. Vgl. auch *di Fabio*, JuS 1997, 1 [4 ff].

494 Näher dazu jeweils m.w.N.: *Böckenförde*, Gesetz und gesetzgebende Gewalt, 1981, S. 385 f; *Duttge*, Zwangsmaßnahme, S. 108 ff; *Kloepfer*, JZ 1984, 685 ff; *Ossenbühl* in: Götz/Klein/Starck, Die öffentliche Verwaltung, S. 9, 15 ff; *Pieroth/Schlink*, Grundrechte, Rn. 261; *Pietzcker*, JuS 1979, 710 [711 ff]; *Staupe*, Parlamentsvorbehalt, S. 44 ff.

495 *Ossenbühl*, Handbuch des Staatsrechts, § 62 Rn. 9. Sehr ausführlich zur terminologischen Differenzierung *Staupe*, Parlamentsvorbehalt und Delegationsbefugnis, 1986, S. 27 ff.

496 Vgl. statt vieler *Kisker*, NJW 1977, 1313 mit Fn. 1; *Staupe* aaO, S. 32.

497 *Jesch*, Gesetz und Verwaltung, 1961, S. 32 mit Fn. 107; *Krebs*, Vorbehalt des Gesetzes und Grundrechte, 1975, S. 11 mit Fn. 1; *Ossenbühl*, Handbuch des Staatsrechts, § 62 Rn. 12.

498 Jene Begriffe gehen zurück auf *Richard Thoma*, Der Vorbehalt der Legislative und das Prinzip der Gesetzmäßigkeit von Verwaltung und Rechtsprechung, in: *Anschütz/Thoma* II, S. 221 ff.

499 Art. 24 Abs. 1, 28 Abs. 2, 38 Abs. 3, 41 Abs. 3, 48 Abs. 3, 59 Abs. 2, 106 Abs. 3 S. 3, 109 Abs. 3, 110 Abs. 2 GG.

Noch genauer gesagt geht es um den *Allgemeinen Gesetzesvorbehalt in der Form des* ***„Parlamentsvorbehaltes“***, d.h. um Regelungen, deren Erlass ausschließlich dem Parlament vorbehalten ist und die in Gestalt eines förmlichen Gesetzes getroffen werden müssen. Ein sog. „Rechtssatzvorbehalt“, der zusätzlich Regelungen unterhalb der Ebene des förmlichen Gesetzes wie z.B. Rechtsverordnungen oder Satzungen inkludiert, spielt vorliegend weniger eine Rolle, weil die im Raum stehenden Eingriffe in Grundrechte der betroffenen Personen in jedem Fall nur mittels Ermächtigungsgrundlagen in einem förmlichen Gesetz gerechtfertigt werden können[500].

Es bleibt festzuhalten: Im Folgenden werden die Begriffe „Gesetzesvorbehalt“ und „Vorbehalt des Gesetzes“ synonym verwendet. Gemeint ist dabei jeweils der Allgemeine Gesetzesvorbehalt in der Form des Parlamentsvorbehalts.

III. Funktion für den Untersuchungszusammenhang

Das Verfassungsprinzip des Allgemeinen Gesetzesvorbehalts wird in Art. 20 Abs. 3 GG nicht ausdrücklich erwähnt. Es wird dort jedoch vorausgesetzt[501]. Denn Art. 20 Abs. 3 GG bindet die Legislative an die verfassungsmäßige Ordnung; Exekutive und Judikatur sind an Gesetz und Recht gebunden. Letztere Bindung wäre gegenstandslos, wenn vollziehende und rechtsprechende Gewalt nach ihrem Ermessen ohne Bindung an eine gesetzliche Ermächtigungsgrundlage tätig werden könnten[502]. Dieses Prinzip der Gesetzmäßigkeit der Verwaltung verkörpert damit Legalität und verbietet, gegen geltendes Recht zu verstoßen. Legalität staatlichen Handelns durch die Bindung an das Gesetz garantiert Gleichbehandlung und verschafft dem Bürger Rechtssicherheit[503]. Durch diese dem Rechtsstaatsprinzip Rechnung tragende Funktion des Gesetzesvorbehaltes soll staatliches Handeln, das den Bürger in seinen Freiheitsrechten beeinträchtigen kann, vorhersehbar und berechenbar gemacht werden.

Der damit angesprochene Aspekt des Bestimmtheitsgebots bzw. des Gebots der Normenklarheit wird bei der Frage der Rechtsgrundlage staatlichen Eingriffshandelns von besonderer Bedeutung sein.

500 Vgl. *Pieroth/Schlink*, Grundrechte, Rn. 263.

501 *BVerfG* E 40, 237 [248]; 72, 265 [266]. Anders *BVerfG* E 58, 257 [278]; *Erbguth*, VerwArch Bd. 86 (1995), 327 [338] m.w.N.: Konkretisierung von Rechtsstaatprinzip und Demokratieprinzip.

502 *Degenhart*, Staatsrecht, Rn. 278 m.w.N.

503 *Nimtz*, Observation, S. 53.

§ 13 Der Eingriffsbegriff und seine Wechselwirkung mit den Gesetzesvorbehalt

I. Die Diskussion um den Eingriffsbegriff – Notwendigkeit eines Eingriffs –

Grundsätzlich bedarf jeder Eingriff in Grundrechte wegen des Allgemeinen Gesetzesvorbehaltes einer Ermächtigungsgrundlage. Für die ermittelnden Behörden bedeutet dies also andersherum, dass sie ohne eine solche Grundlage nur tätig werden dürfen, wenn ihr Handeln keinen Grundrechtseingriff beinhaltet[504]. Die Bestimmung des verfassungsrechtlichen **Eingriffsbegriffs** und des **allgemeinen Gesetzesvorbehaltes** war in den letzten Jahrzehnten ausführlich diskutierter Gegenstand in Judikatur und Rechtslehre. Diese Diskussion kann hier nicht eingehend nachgezeichnet werden. Vielmehr muss es mit einer kursorischen Zusammenfassung der Entwicklung und der wichtigsten Ergebnisse sein Bewenden haben.

1. Die Wandlung vom klassischen zum erweiterten Eingriffsbegriff

Die in der Verfassung garantierten Grundrechte sollten, konzipiert als Abwehrrechte des Bürgers gegen den Staat, dem Einzelnen eine „... *[gesicherte] Freiheitssphäre vor der öffentlichen Gewalt*" gewähren[505]. Jedes dieser Grundrechte besitzt also einen Schutzbereich, dessen Bestimmung jeweils auch von dem Verständnis des Eingriffs abhängt, der diesem Schutzbereich droht. Die beiden Begriffe des Schutzbereichs und des Eingriffs sind daher aufeinander bezogen[506]. Nach seinem ursprünglichen Verständnis lag ein **Eingriff** nur dann vor, wenn eine hoheitliche Maßnahme in Gestalt eines Rechtsaktes, d.h. eines materiellen Gesetzes, die Beschränkung eines Grundrechts bezweckte und die Grundrechtsbeeinträchtigung ihre unmittelbare und nicht lediglich mittelbare Folge war.

Der klassische Eingriff wurde mithin definiert als „*finaler, unmittelbarer Rechtsakt mit rechtlicher Wirkung, der mit Befehl und Zwang angeordnet bzw. durchgeführt wird*"[507].

504 *Bottke*, Meyer-FS, S. 37 [39]; *Keller*, StV 1984, 521 [523]; *Rogall*, GA 1985, 1 [6]; *Rudolphi* in: SK-StPO, Vor § 94 Rn. 15; *Schoreit*, CR 1986, 87 [90 ff]; *Steinke*, MDR 1980, 456 [458].

505 B*VerfG* E 7, 198 [204] („Lüth-Urteil"); 50, 290 [336 f]; 68, 93 [105]. Ausführlich zu den einzelnen Grundrechtsfunktionen *Jarass/Pieroth*, GG, Vorb. Vor Art. 1, Rn. 5 ff; *Pieroth/Schlink*, Grundrechte, Rn. 57 ff.

506 *Pieroth/Schlink*, aaO, Rn. 226. Krit. *Duttge*, Zwangsmaßnahme, S. 45.

507 *Bleckmann*, Allgemeine Grundrechtslehren, S. 231 ff.

Vor dem Hintergrund der Wandlung vom liberalen zum sozialen Rechtsstaat, von dem und durch den der Bürger nicht nur zu schützen ist, sondern von dem er Teilhabe- und Leistungsrechte einfordern kann[508], hat in der Staatsrechtslehre des letzten Jahrhunderts der Terminus des „Eingriffs" eine Entwicklung vom lange vorherrschenden sog. *„klassischen"* zum *„modernen"* oder auch *„erweiterten"* Eingriffsbegriff durchgemacht.

Der erweiterte Eingriffsbegriff weitet den Grundrechtseingriff auf *„jedes staatliche Handeln aus, das dem Einzelnen ein Verhalten, das in den Schutzbereich eines Grundrechts fällt, ganz oder teilweise unmöglich macht"*. Dabei ist unerheblich, ob dieser Effekt final oder unbeabsichtigt, unmittelbar oder mittelbar, rechtlich oder tatsächlich, mit oder ohne Zwang erreicht wird[509].

2. Lehre vom Totalvorbehalt

Nicht durchgesetzt hat sich dagegen die auf *Jesch*[510] zurückgehende „Lehre vom Totalvorbehalt", die einen Gesetzesvorbehalt für jedwedes, d.h. auch leistendes exekutivisches Handeln gefordert hatte[511]. Sie verstößt gegen das in Art. 20 Abs. 2 S. 2, 3 GG enthaltene Organisations- und Funktionsprinzip der Gewaltenteilung. Denn auch die Exekutive verfügt über eine eigenständige, wenn auch bloß mittelbare demokratische Legitimation und damit über einen Kernbereich exekutiver Eigenverantwortung[512]. Diesen Bereich hat sie als *sachnächste Instanz* mit dem ihr zur Verfügung stehenden Regelungsinstrumentarium auszufüllen.

3. Eingriffsdogma und Wesentlichkeitstheorie

Seine sog. „Wesentlichkeitsrechtsprechung" hat das *BVerfG* in ständiger Judikatur mit der an die Adresse des Gesetzgebers gerichteten eingängigen Forderung begründet, dass dieser *„in grundlegenden normativen Bereichen, zumal im Be-*

---

508 Vgl. nur: *Kirchhof* in: Isensee/Kirchhof, § 59 Rn. 177 ff.

509 *Bleckmann/Eckhoff*, DVBl. 1988, 373 ff; *Discher*, JuS 1993, 463 [464]; *Duttge*, Zwangsmaßnahme, S. 104 f; *Isensee* in: Isensee/Kirchhof, § 111 Rn. 61; *Lübbe-Wolf*, Grundrechte als Eingriffsabwehrrechte, S. 42 ff; *Pieroth/Schlink*, Grundrechte, Rn. 240; *Sachs*, JuS 1995, 303 [304].

510 Gesetz und Verwaltung, 1961. Ebenso *Achterberg*, DÖV 1973, 289 [295]; *Herzog* in: M/D/H/S, GG, Art. 20 Rn. 69.

511 *Ellbogen*, V-Personen, S. 59 f; *Jarass/Pieroth*, GG, Art. 20 Rn. 46; *Lammer*, Verdeckte Ermittlungen, S. 29; *Perschke*, Ermittlungsmethoden, S. 32; *Rogall*, Informationseingriff, S. 16.

512 *BVerfG* E 49, 89 [125]; 68, 1 [87].

reich der Grundrechtsausübung, soweit sie staatlicher Entscheidung zugänglich sind, alle wesentlichen Entscheidungen selbst zu treffen hat"[513].

In den übrigen Fällen kann das Parlament die Ausgestaltung der Regelung gemäß Art. 80 GG auf die Exekutive übertragen. Dieser Ansatz stellt insbesondere auf den demokratisch-parlamentarischen Aspekt des Gesetzesvorbehalts[514] ab und gilt losgelöst vom Kriterium des Einzeleingriffs. Danach sollen dem Gesetzgeber alle diejenigen Entscheidungen zur ausschließlichen Behandlung und Entscheidung zugewiesen sein, die im Vergleich zu anderen Belangen für das Gemeinwesen besonders bedeutsam, gewichtig oder grundlegend erscheinen. Es schien dem *BVerfG* dabei allerdings zugleich um die Ersetzung des *„Eingriffs"*-Erfordernisses durch das Kriterium der *„Grundrechtsrelevanz"* der Maßnahme zu gehen. Denn das Gericht sah die den Vorbehalt des Gesetzes begründende Wesentlichkeit einer Entscheidung wiederholt darin, dass sie im **grundrechtsrelevanten Bereich** ergehe[515].

Letztlich verwendet das *BVerfG* das „Wesentlichkeitskriterium" in zweierlei Hinsicht: Es dient der Bestimmung der vom Gesetzesvorbehalt erfassten Gegenstände einerseits sowie als Maßstab zur Ermittlung des Umfangs und der Dichte der jeweiligen parlamentsgesetzlichen Regelung andererseits[516]: Je mehr die Regelung in die Rechtsstellung des Betroffenen einzugreifen vermag, desto höhere Anforderungen sind an den Bestimmtheitsgrad der Ermächtigungsnorm zu stellen.

4. Zwischenergebnis

Eine trennscharfe Unterscheidung zwischen dem Gesetzesvorbehalt aufgrund der Wesentlichkeitstheorie und dem klassischen allgemeinen Gesetzesvorbehalt zum Schutz der Grundrechte des Bürgers spielt für die vorliegende Untersuchung keine entscheidende Rolle. Ungeachtet der der Wesentlichkeitstheorie entgegengebrachten Kritik[517] ist zu konstatieren, dass das *BVerfG* an ihr festhält und sie sich

---

513 *BVerfG* E 49, 89 [126 f] unter Hinweis auf *BVerfG* E 34, 165 [192]; 40, 237 [249]; 41, 251 [260]; 45, 400 [417 f]; 47, 46 [78 ff]; 48, 210 [221]. Zustimmend *Perschke*, Ermittlungsmethoden, S. 43.

514 *Weßlau*, Vorfeldermittlungen, S. 161.

515 *BVerfG* E 47, 46 [79]; 58, 257 [268 f]. Dazu *Papier* in: Götz/Klein/Stark, S. 36 [39].

516 *Papier*, aaO, S. 40 f.

517 *Böckenförde*, Gesetz und gesetzgebende Gewalt, S. 375 ff; *Eberle*, DÖV 1984, 485 [487 f]; *Kisker*, NJW 1977, 1313 [1317]; *Krebs*, Vorbehalt des Gesetzes und Grundrechte, 1975; *ders.*, Jura 1979, 304 [308]; *Kloepfer*, JZ 1984, 685 [687 ff, 694]; *Ossenbühl*, DÖV 1980, 545 [550]; *Stern*, Staatsrecht Bd. I, S. 808 ff; *Vogelsang*, Grundrecht, S. 177 f. Zusammenfassend *Ellbogen*, V-Personen, S. 62 f.

bewährt hat. Es kann damit als anerkannt gelten, dass auch faktische Grundrechtsbeeinträchtigungen wie „unfühlbare“, „geistige“ Eingriffe, die bloß psychisch wirken und Ängste oder Furcht auslösen, Eingriffscharakter besitzen[518].

Im Folgenden wird anhand der Wesentlichkeitstheorie zu prüfen sein, ob die Durchführung von Observationsmaßnahmen Grundrechtsrelevanz besitzt. Schlussendlich kommt es also streng genommen nicht mehr darauf an, ob ein Grundrechtseingriff vorliegt, sondern ob und mit welcher Intensität der grundrechtliche Schutzbereich berührt ist. Bejahendenfalls ist dann stets eine gesetzliche Ermächtigungsgrundlage erforderlich, deren nähere Ausgestaltung sich an der Intensität zu orientieren hat: Je intensiver die Berührung des Schutzbereichs ausfällt, desto konkreter muss die Norm gefasst sein und desto schützender müssen ihre Voraussetzungen zugunsten des Betroffenen wirken.

II. Der allgemeine Gesetzesvorbehalt versus speziell grundrechtliche Gesetzesvorbehalte bei der Informationserhebung

Bereits hier sei festgehalten, dass kein Grundrecht schrankenlos gewährleistet wird. Zwingende Grenzen finden selbst die auf den ersten Blick schrankenlos gewährleisteten Grundrechte[519] anerkannter Maßen in kollidierendem Verfassungsrecht, insbesondere in Grundrechten Dritter[520]. Im Kollisionsfall ist ein schonender Ausgleich zwischen den betroffenen Grundrechten auf der einen Seite und ihren einfachgesetzlichen bzw. verfassungsrechtlichen Schranken auf der anderen Seite im Wege **praktischer Konkordanz** als „Abwägung aller Umstände des Einzelfalls“ herzustellen[521].

§ 14 Kein Verstoß gegen den Grundsatz des fairen Verfahrens

I. Notwendigkeit einer vorrangigen Überprüfung

Eine Prüfung der Grundrechtsrelevanz von Observationsmaßnahmen würde obsolet, wenn diese gegen den Grundsatz des fairen Verfahrens verstoßen würden (sog. „Fair-Trial-Prinzip“). Denn dann wäre der Verfahrensverstoß selbst bei potentieller Legitimation durch ein Spezialgesetz nicht mehr heilbar, weil ein

---

518 *BVerfG* E 27, 344 [351]; *Ahlf*, Die Polizei 1983, 41 [45]; *Nimtz*, Observation, S. 54.

519 Z.B. Art. 4 Abs. 1, Art. 5 Abs. 3 GG.

520 *BVerfG* E 28, 243 [260 f]; 52, 223 [246]; 57, 70 [98 f]; 67, 213 [228]; 84, 212 [228]; *Bleckmann*, Staatsrecht Bd. 2, 1. Teil, § 12 V 2b bb, *Jarass/Pieroth*, Vorb. vor Art. 1 Rn. 37 ff; *Starck* in: v. Mangoldt/Klein, GG, Art. 1 Rn. 176.

521 *BVerfG* E 30, 173 [197]; 35, 202 [225]; 93, 1 [21].

elementares Grundprinzip der StPO verletzt wäre. Der Grundsatz des fairen Verfahrens stellt eine Konkretisierung des Rechtsstaatsprinzips und einen Aspekt der Menschenwürde dar[522] und findet seine besondere gesetzliche Ausprägung in Art. 6 Abs. 1 EMRK.

II. Schutzbereich und Verletzung des Fair-Trial-Prinzips

1. Schutzbereich

Der Grundsatz des fairen Verfahrens wird als oberster Grundsatz des gesamten Strafprozesses angesehen[523]. Bei der Konkretisierung dieses normativen Rechtsbegriffs ergibt sich als Kernaussage, dass zwischen den Verfahrensbeteiligten **Waffengleichheit** herrschen muss[524]. Das Verfahren muss also stets so gestaltet sein, dass die Grundrechte des Strafverfolgten gegenüber staatlichem Verfolgungshandeln wirksam geschützt und durchgesetzt werden können[525]. Dem Beschuldigten bzw. Angeklagten muss eine wirksame Verteidigungsmöglichkeit eingeräumt werden, um nicht zum bloßen Objekt des gegen ihn gerichteten Verfahrens degradiert zu werden[526].

2. Verletzung der Waffengleichheit durch heimliche Observationen?

Die Waffengleichheit könnte durch die **Heimlichkeit** der Observationsmaßnahme verletzt sein. Indes ist heute zu Recht fast allgemein anerkannt, dass das strafprozessuale Ermittlungsverfahren gerade nicht als durchgehend offenes Verfahren ausgestaltet ist. Dies dokumentieren nicht zuletzt die in den letzten Jahrzehnten vermehrt normierten Ermittlungsmaßnahmen, deren Wesensmerkmal eine heimliche Vorgehensweise ist (z.B. Rasterfahndung, Polizeiliche Beobachtung). Zur weiteren Bestätigung der Richtigkeit dieser These sei auf § 170 Abs. 2 StPO verwiesen. Danach braucht eine Benachrichtigung des Beschuldigten von der Einstellung eines gegen ihn geführten Ermittlungsverfahrens nur in bestimmten Fällen, zu erfolgen. D.h. im Regelfall braucht der Beschuldigte von Gesetzes wegen nichts von einem gegen ihn geführten Ermittlungsverfahren zu erfahren.

Daraus folgt einerseits, dass kein generelles Verbot heimlicher Ermittlungsmaßnahmen existiert. Andererseits besteht jedoch die Gefahr, dass der Rechts-

---

522 *BVerfG* E 38, 105 [111]; 57, 250 [274]; 74, 358 [370]; 78, 123 [126].
523 *Roxin*, Strafverfahrensrecht, § 11 Rn. 9.
524 *BVerfG* E, 38, 105 [111]; *Ellbogen*, V-Personen, S. 65; *Wolter* in: SK-StPO, vor § 151 Rn. 106.
525 *BVerfG* E 57, 250 [276].
526 *BVerfG* E 66, 313 [318].

schutz bei heimlichen Maßnahmen wegen deren Unkenntlichkeit verkürzt ist. Dies gilt zumindest immer dann, wenn anschließend keine Offenbarung von staatlicher Seite zu erfolgen hat. Eine Offenbarungspflicht ist aber in § 101 StPO mittlerweile kodifiziert und durch die neueste Rechtsprechung des *BVerfG* mit Bindungswirkung in seinen Anwendungsvoraussetzungen konkretisiert worden[527].

Zudem darf das Prinzip der Waffengleichheit nicht als Gleichheit im formellen Sinn verstanden werden. Es handelt sich vielmehr um ein Strukturprinzip, das die Einräumung annähernd gleicher Chancen der Verfahrensbeeinflussung verlangt[528]. Dies gilt im Übrigen insbesondere in der Hauptverhandlung; im Ermittlungsverfahren ist es beschränkt durch die dargelegte grundsätzliche Berechtigung zur heimlichen Sachverhaltserforschung durch die Staatsgewalt[529].

3. Resümee

Die Heimlichkeit von Observationen bedingt keinen Verstoß gegen das Fair-Trial-Prinzip. Daher ist im Weiteren die Grundrechtsrelevanz jener Maßnahmen zu untersuchen.

§ 15 Die Rechtslage nach Erlass des „Volkszählungsurteils": Das Allgemeine Persönlichkeitsrecht bzw. das Recht auf informationelle Selbstbestimmung als prüfungsleitendes Recht

I. Die Entwicklung des Rechts auf informationellen Selbstbestimmung in der Judikatur des BVerfG

Das *BVerfG* hatte sich bereits vor dem Volkszählungsurteil mehrfach mit dem – in diesem Urteil erstmals so genannten und generell anerkannten – ***Recht auf informationelle Selbstbestimmung*** des einzelnen Bürgers beschäftigt und diesem eine besondere Bedeutung zugesprochen. Das Volkszählungsurteil ist damit weder die „Geburtsstunde des Grundrechts auf Datenschutz" noch der Anfangspunkt der Strukturierung der verfassungsrechtlichen Doktrin der Selbstbestimmung[530]. Vielmehr hatte das *BVerfG* bereits zuvor den Einzelnen auch rechtlich

527 *BVerfG* NJW 2004, 999 ff. Vgl. dazu auch das „GPS-Urteil" des *BVerfG* NJW 2005, 1338 ff.

528 *Ellbogen*, V-Person, S. 65 f.

529 *Nimtz*, Observation, S. 79 m.w.N.

530 *Sánchez*, Informationelle Selbstbestimmung, S. 63. Jene Konzeption fand sich bereits 1971 in dem Gutachten von *Steinmüller, Lutterbeck, Mallmann, Harbort, Kolb*

als Individuum kategorisiert, welches sich durch Gemeinschaftsbezug zur Gesellschaft definiert. Das Gericht verfolgt damit einen rollen- bzw. kommunikationstheoretischen Ansatz. Wegen jener Gemeinschaftsbezogenheit solle sich der Einzelne diejenigen Schranken seiner Handlungsfreiheit auferlegen lassen müssen, die *„zur Pflege und Förderung des Zusammenlebens in den Grenzen des bei dem gegebenen Sachverhalt allgemein Zumutbaren"*[531] geboten seien. Keine Novität war also der Gedanke, dass aus jeder Selbstbestimmung eines jeden Einzelnen die Befugnis resultiert, für sich zu entscheiden, wann und in welchem Umfang persönliche Lebenssachverhalte an die Umwelt weitergegeben werden sollen.

Bereits im **„Mikrozensus-Beschluss"** hatte das *BVerfG* ein „Selbstbestimmungsrecht des Einzelnen im innersten Lebensbereich" anerkannt[532]. Das Gericht führte dazu aus:

„Es widerspricht der menschlichen Würde, den Menschen zum bloßen Objekt im Staat zu machen. Mit der Menschenwürde wäre es nicht zu vereinbaren, wenn der Staat das Recht für sich in Anspruch nehmen würde, den Menschen zwangsweise in seiner ganzen Persönlichkeit zu registrieren und zu katalogisieren".[533]

Im **„Scheidungsaktenurteil"** erkannte das *BVerfG* einen *„unantastbaren Bereich der Lebensgestaltung"*[534] an.

Im **„Lebach-Urteil"** führte das Gericht aus:

„Das Recht auf freie Entfaltung der Persönlichkeit und die Menschenwürde sichern jedem Einzelnen einen autonomen Bereich privater Lebensgestaltung, in dem er seine Individualität entwickeln und wahren kann. Hierzu gehört auch das Recht, in diesem Bereich ‚für sich zu sein', ‚sich selbst zu gehören'... ".[535]

Auf dieser Basis entwickelte das *BVerfG* in seiner teils als „Jahrhunderturteil"[536] bezeichneten Entscheidung aus Anlass der Volkszählung im Jahre 1983

---

und *Schneider* zum Referentenentwurf eines Bundesdatenschutzgesetzes, BT-Drucks. VI/3826 Anl. 1, S. 48 ff.

531 *BVerfG* E 4, 7 [15]; 12, 45 [51].

532 *BVerfG* E 27, 1 [7].

533 *BVerfG* E 27, 1 [6].

534 *BVerfG* E 27, 344 [350]. Vgl. auch *BVerfG* E 44, 353 [371 ff].

535 *BVerfG* E 35, 202 [220 ff]. Vgl. auch den sog. „Gegendarstellungsrecht-Beschluss", in dem dem Persönlichkeitsrecht auch der Schutz gegen die Möglichkeit der Behandlung des Einzelnen als bloßes Objekt öffentlicher Diskussion zugesprochen wird, *BVerfG* E 63, 131 [142].

536 So *Tinnefeld*, NJW 1993, 1117. Hinsichtlich dieser Entscheidung mangelte es nicht an großen Worten, die der Beschreibung ihrer Bedeutung dienten: So z.B. ist von „Sternstunde des Datenschutzes" die Rede, *Donos*, Datenschutz – Prinzipien und Ziele, 1995, S. 91. Gegen eine solche Einschätzung allerdings bereits *Rogall*, GA 1985, 1 [12].

das **Recht auf informationelle Selbstbestimmung**[537] und postulierte dezidiert die Notwendigkeit der Selbstbestimmung für den Bereich der elektronischen Verarbeitung persönlicher Daten. Dem lag die Vorstellung zu Grunde, dass nur unter diesem Schutz die freie Entfaltung der Persönlichkeit unter den modernen Lebensbedingungen möglich sei, die sich durch eine komplexe Vernetzung von Sozialbezügen und die explosionsartige Verbreitung von Informationen auszeichnen. Nur so könne laut *BVerfG* zukünftig gesichert werden, dass der Einzelne in ständigem und sinnvollem Wechselspiel mit den Informationen der anderen Bürger und daran orientiertem, rückgekoppelten Verhalten eine freie und autonome Persönlichkeitskonstituierung vollführt[538]. Wesentliche Aussagen jenes Urteils fanden in späteren Entscheidungen Bestätigung bzw. erfuhren sogar eine weitere Extension[539].

II. Kernaussagen des Volkszählungsurteils

1. Zum Fortgang der Untersuchung

Nach der vorherrschenden Grundrechtsdogmatik ist zunächst der Schutzbereich des betroffenen Grundrechts, d.h. dessen Gegenstand und Inhalt, darzulegen. Dabei stehen allein die Belange des Einzelnen im Vordergrund. In einem zweiten Schritt gilt es festzulegen, ob die fragliche Maßnahme grundrechtsrelevant ist und welche Intensität sie aufweist. Erst dann kann die Frage beantwortet werden, in welchen Fallgestaltungen Observationsmaßnahmen ohne besondere technische Mittel dem Vorbehalt des Gesetzes unterliegen. In jenem letzten Schritt steht im Mittelpunkt des Interesses, unter welchen Voraussetzungen und in welchem Umfang staatliche Institutionen Eingriffe in die betroffenen Grundrechte vornehmen dürfen.

2. Schutzbereich des Rechts auf informationelle Selbstbestimmung

a) Bestimmung des Schutzbereichs

Das *BVerfG* hat im Volkszählungsurteil festgestellt, das durch Art. 2 Abs. 1 i.V.m. Art. 1 Abs. 1 GG gewährleistete Allgemeine Persönlichkeitsrecht[540] umfasse das sog. „Recht auf informationelle Selbstbestimmung". Dieses garantiere

537 *BVerfG* E 65, 1 ff.
538 *Ellbogen*, V-Personen, S. 69; *Lammer*, Verdeckte Ermittlungen, S. 24.
539 *BVerfG* E 67, 100 [144]; 78, 77 [84].
540 Ausführlich zu diesem Recht siehe *Ehmann* in: Erman, BGB, Anh. § 12.

dem Einzelnen, *„grundsätzlich selbst zu entscheiden, wann und innerhalb welcher Grenzen persönliche Lebenssachverhalte offenbart werden“*[541].

Das *BVerfG* gesteht dem Einzelnen somit Schutz gegen unbegrenzte Erhebung, Speicherung, Verwendung und Weitergabe seiner persönlichen Daten zu und erlaubt ihm, grundsätzlich selbst über deren Preisgabe und Verwendung zu bestimmen[542]. Denn wer das Wissen möglicher Kommunikationspartner nicht abschätzen könne, sei entsprechend dieses rollentheoretischen Ansatzes des Gerichts in seiner Freiheit beeinträchtigt, aus eigener Selbstbestimmung zu planen, zu entscheiden und sich entsprechend zu verhalten[543]. Vor dem Hintergrund der Gefahren der automatisierten Datenverarbeitung gebe es in diesem Zusammenhang **„kein belangloses Datum“** mehr[544].

b) Neuere Tendenzen: Ausweitung auf ein Recht auf individuelle Selbstbestimmung – Abschied vom „Sphärengedanken“?

aa) Existenz eines Rechts auf individuelle Selbstbestimmung

Das *BVerfG* hat in der Folgezeit das Recht auf informationelle Selbstbestimmung offenbar zu einem noch extensiver verstandenen Recht auf **individuelle Selbstbestimmung** weiterentwickelt. Dessen Schutzbereich erstrecke sich über die automatische Datenverarbeitung hinaus auf **jegliche Verwendung personenbezogener Daten**[545]. Das Recht auf individuelle Selbstbestimmung solle also wegen seiner persönlichkeitsrechtlichen Grundlage generell und allumfassend vor staatlicher Erhebung und Verarbeitung personenbezogener Daten schützen[546].

Völlig zu Recht wirft insbesondere *Ehmann* jener Konzeption wegen ihrer uferlosen Weite und daraus resultierenden Untauglichkeit zur Bestimmung des Schutzbereichs die Beseitigung von Rechtssicherheit vor und macht darüber hinaus eine schwere Verletzung der gesamten Informationsordnung aus[547].

---

541 *BVerfG* E 65, 1 [42].

542 *BVerfG* E 65, 1 [43].

543 *BVerfG* aaO.

544 *BVerfG* E 65, 1 [45].

545 *Ehmann* in: Erman, BGB, Anh § 12 Rn. 9.

546 *BVerfG* E 72, 155 [170]; 78, 77 [84]. In diesem Sinne bereits *Baumann*, DVBl. 1984, 612 f; *Riegel*, DVBl. 1985, 765; *Simitis*, NJW 1984, 398 [399]; *Steinmüller*, DuD 1984, 91 [92].

547 aaO Rn. 19, 20 m.w.N.

bb) Existenz eines informationellen Totalvorbehalts?

Eng verknüpft mit dem Gedanken eines umfassenden individuellen Selbstbestimmungsrechts ist die Lehre des informationellen Totalvorbehalts. Sie geht von einer vollständigen Loslösung von Inhalt oder Herkunft der in Rede stehenden Daten aus. Jede Information – unabhängig ob Gewinnung, Verarbeitung oder Weitergabe – sei dem Schutz des Rechts auf informationelle Selbstbestimmung unterstellt[548].

cc) Eigene Stellungnahme

Die Extension des Rechts auf informationelle Selbstbestimmung zu einem Recht auf individuelle Selbstbestimmung beruht auf einem falsch interpretierten Sicherheitsbedürfnis zugunsten der Rechte des Einzelnen auf die Herrschaft über seine Daten. Dass eine solche Herrschaft in einer auf das Miteinander angewiesenen Kommunikationsgesellschaft[549] nicht bestehen **kann**, ist zu Recht zu Bedenken gegeben worden[550]. Jedoch geht es im Grunde auch gar nicht um die Ausgestaltung jenes Herrschaftsanspruchs, sondern um die verfassungsmäßige Regelung des Verhältnisses von Staat und einzelnem Bürger für den Umgang mit dessen Daten[551]. Es wäre falsch, in jedem Bereich staatlicher Informationserhebung bzw. -verwendung einen Verstoß gegen ein Recht auf individuelle Selbstbestimmung zu sehen.

Weiterhin ist auch die Lehre vom informationellen Totalvorbehalt abzulehnen. Sie vermag den Eingriffsgegenstand nicht zu definieren[552].

Denn es mangelt an einer Differenzierung zwischen Informationen, die der Einzelne in seiner Rolle als Teilnehmer am sozialen Leben preisgibt, und solchen, die von dieser Preisgabe nicht erfasst sind. Vor dem Hintergrund des modernen Kommunikationsverständnisses wird in einer Vielzahl von Situationen ein Verzicht auf die Information durch den Betroffenen indiziert sein. In diesen Fällen vermag die Lehre vom informationellen Totalvorbehalt keinen Schutz vor der Gefährdung des Einzelnen durch die Gesamtschau von Einzeldaten aus dem öf-

548 *Denninger*, KJ 1985, 215 [221, 230]; *Schwan*, VerwArch 1975, 120 [127 ff]; *Steinmüller* u.a. (siehe Fn. 530), Grundfragen des Datenschutzes, BT-Drucks. VI/3826 Anl. 1, S. 85 ff.

549 Zu gesellschaftlichen Veränderungen durch die neuen Medien vgl. *Gusy*, KritV 2000, 52 [56 f].

550 *Simitis*, NJW 1984, 398 [400]; *Weßlau*, Vorfeldermittlungen, S. 182.

551 *Nimtz*, Observation, S. 59.

552 *Ernst*, Verarbeitung, S. 50 f; *Weßlau*, Vorfeldermittlungen, S. 181.

fentlichen Bereich zu gewähren[553]. Zudem ist es methodisch unzulässig, dem Recht auf informationelle Selbstbestimmung als umfassendes Abwehrrecht gegen staatliche Maßnahmen eine größere Dimension zuzuordnen als dem ihm zu Grunde liegenden Allgemeinen Persönlichkeitsrecht[554].

Wenn dem *BVerfG* nachgesagt wird, dass es sich von seiner sog. „Sphärenrechtsprechung" losgesagt habe[555], so ist dem zu widersprechen. Das Gericht hat keinen Abschied von der „Sphärentheorie" auf der Ebene der grundrechtlichen Schutzbereichsbestimmung vollzogen. Vielmehr ist jede Verarbeitung personenbezogener Informationen nach dem Volkszählungsurteil als Eingriff in den Schutzbereich zu qualifizieren. Das *BVerfG* selbst hebt auf den Informationsinhalt ab, wenn es ausführt, dass nicht allein die Art der Information maßgeblich sei[556]. Ihr Inhalt bleibt nunmehr für die Frage der Rechtmäßigkeit des Informationseingriffs bedeutsam[557]. Der Inhalt und die an den Sphären ausgerichtete Herkunft der Information büßen lediglich ihre beherrschende Stellung als Alleinstellungsmerkmal ein. Die Abgrenzungsschwierigkeiten, die sich zuvor hinsichtlich des Umfangs der Privatsphäre gestellt haben, finden sich bei der Beurteilung der Zulässigkeit des Eingriffs in das Recht auf informationelle Selbstbestimmung wieder[558]. Ein weiteres Indiz für die Richtigkeit dieser Sichtweise ist zudem die fragwürdige, jedoch eher beiläufige Bezeichnung der Observation als „Informationseingriff" durch das *BVerfG*[559].

c) Einschränkungen des Schutzbereichs des Rechts auf informationelle Selbstbestimmung

aa) Informationserhebung ohne Zwang

Der Schutzbereich des Rechts auf informationelle Selbstbestimmung umfasst entgegen einer im Schrifttum vertretenen Ansicht nicht nur die offene und zwangsweise[560], sondern auch die ohne Zwang erfolgte Erhebung bzw. Verar-

553 *Benda*, Geiger-FS, S. 23 [34 f]; *Bull*, Sasse-GS, Bd. II, S. 869 [878].
554 Zur Abgrenzung sogleich § 15 I 3.
555 *Benda*, DuD 1984, 86 [88]; *Geis*, JZ 1991, 112 [113 mit Fn. 27].
556 *BVerfG* E 65, 1 [45 f].
557 *Deutsch*, Heimliche Erhebung, S. 81 m.w.N.
558 *Baumann*, DVBl. 1984, 612 [613]; *Schlink*, NVwZ 1986, 249 [253]; *Simitis*, NJW 1984, 398 [402]. Im Ergebnis ebenso *Nimtz*, Observation, S. 60.
559 E 65, 1 [41]; wohl nur als **obiter dictum**.
560 *Kniesel*, Die Polizei 1984, 304 [309]; *Krause*, JuS 1984, 268 [270].

beitung von Daten[561]. Zwei Entscheidungen des *BVerfG*[562] nennen insoweit eindeutig staatliche Tätigkeiten ohne Zwangscharakter im Hinblick auf personenbezogene Informationen. Diese Entscheidungen entfalten unzweifelhaft Bindungswirkung gemäß § 31 BVerfGG[563].

bb) Bagatellbeeinträchtigungen

Teilweise wird eine Betroffenheit des Schutzbereichs des Rechts auf informationelle Selbstbestimmung verneint, wenn es sich um *„triviale, beiläufige oder adäquate Informationsvorgänge"* handele[564]. Wenn *Nimtz* diese Hypothese jedenfalls für den Bereich der Observation ablehnt, ohne zugleich deren Allgemeingültigkeit anzuzweifeln, ist dieses Vorgehen methodisch betrachtet abzulehnen[565]. Die im Bagatellbereich stets auftretenden Abgrenzungsschwierigkeiten im Hinblick auf die Qualität bestimmter Maßnahmen dürfen nicht dazu verleiten, dass der „Weg des geringsten Widerstandes" eingeschlagen wird und eine wissenschaftlich haltbare Untersuchung unterlassen wird.

Demgegenüber wird in der vorliegenden Studie an späterer Stelle der Versuch einer weiterführenden Qualifizierung von Observationsmaßnahmen nach ihrem Gewicht vorgenommen.

Ungeachtet der Tatsache, dass die Kategorien „Schutzbereich" und „Eingriff" stets aufeinander bezogen sind, hat das *BVerfG* – soweit ersichtlich – in keiner seiner maßgeblichen Entscheidungen irgendwelche Anhaltspunkte für eine solche Beschränkung des Schutzbereichs geliefert. Richtig ist vielmehr, dass die gegenläufige Tendenz zur Extension bis hin zu dem genannten Recht auf individuelle Selbstbestimmung zu beklagen ist.

cc) Entgegenstehende Allgemeininteressen

Die insbesondere von *Aulehner* propagierte Beschränkung bereits des Schutzbereichs durch entgegenstehende überwiegende Allgemeininteressen ist abzulehnen[566]. Die durch sie hervorgebrachte Konsequenz, nämlich die Unbeachtlichkeit

---

561 Ebenso *Aulehner*, CR 1993, 446 [454]; *Baumann*, DVBl. 1984, 612 [615]; *Deutsch*, Heimliche Erhebung, S. 70 f; *Kühne*, Strafprozessrecht, Rn. 369; *Nimtz*, Observation, S. 56; *Riegel*, DVBl. 1985, 765 [766].

562 E 67, 100 [142]; 78, 77 [84].

563 *Perschke*, Ermittlungsmethoden, S. 62 ff; *Rogall*, GA 1985, 1 [12].

564 *Rogall*, GA 1985, 1 [26]; *Rudolphi* in: SK-StPO, Vor § 94 Rn. 45, 47.

565 Observation, S. 58.

566 Polizeiliche Informations- und Gefahrenvorsorge, passim.

des Fehlens einer Ermächtigungsgrundlage mangels Grundrechtsrelevanz, ist der Rechtsprechung des *BVerfG* ebenfalls nicht zu entnehmen. Das Gericht spricht vielmehr weiterhin davon, dass selbst „*schwerwiegende Interessen der Allgemeinheit Eingriffe in den unantastbaren Bereich privater Lebensgestaltung nicht rechtfertigen*“[567].

Die Deutung *Aulehners* hätte zudem die unhaltbare Konsequenz, dass Ermittlungsmaßnahmen wegen des öffentlichen Interesses an einer wirksamen Strafverfolgung und Verbrechensbekämpfung nicht grundrechtsrelevant wären. Ihre Rechtmäßigkeit hinge somit nicht mehr vom Bestehen einer Ermächtigungsgrundlage ab. Dies würde jedoch zu der trotz einer immer bedrohlicheren Verbrechenswirklichkeit nicht akzeptablen Konsequenz führen, dass Grundrechte für ihre Aufgabe des Individualschutzes in eklatant verfassungsverletzender Weise nicht mehr auf Posten gestellt wären[568].

dd) Zwischenergebnis

Es bestehen keine Einschränkungen des Schutzbereichs des informationellen Selbstbestimmungsrechts.

3. Abgrenzung zu weiteren Grundrechten

Im Folgenden ist das Konkurrenzverhältnis des informationellen Selbstbestimmungsrechts zu den übrigen in Betracht kommenden Grundrechten zu untersuchen. Demgemäß sind die in den jeweiligen Observationssituationen tangierten Grundrechte und die Voraussetzungen ihrer verfassungsrechtliche Rechtfertigung festzustellen.

a) Abgrenzung zum Allgemeinen Persönlichkeitsrecht (APR)

aa) Wesen und Schutzbereich des APR

Das APR als Teilbereich des Art. 2 Abs. 1 GG hat „*[...] i.S.d. Konstitutionsprinzips der Würde des Menschen (Art. 1 Abs. 1 GG) die engere persönliche Lebenssphäre und die Erhaltung ihrer Grundbedingungen zu gewährleisten*“[569].

Es sichert jedem einzelnen einen autonomen Bereich privater Lebensgestaltung, in dem er seine Individualität entwickeln und wahren kann. Dazu gehört im

567 *BVerfG* E 80, 367 [373].
568 *BVerfG* E 85, 386 [397]; *Ellbogen*, V-Personen, S. 73.
569 *BVerfG* E 54, 148 [153]; 72, 155 [170]. Vgl. *Jarass*, NJW 1989, 857 ff.

Rahmen des Schutzes der Privatsphäre, dass der Grundrechtsträger das Recht auf Selbstfindung im Alleinsein und in enger Beziehung zu ausgewählten Vertrauten genießt. Insoweit bezweckt das APR die Abschirmung eines geschützten Bereichs der Privat- und Intimsphäre vor Dritten bzw. der Öffentlichkeit[570].

bb) Ableitung der informationellen Selbstbestimmung aus dem APR

Wie bereits angedeutet, leitet das *BVerfG* aus Art. 2 Abs. 1 i.V.m. Art. 1 Abs. 1 GG im Wege der Konkretisierung des APR das Recht auf informationelle Selbstbestimmung ab[571]. Das Gericht hat also kein Grundrecht „erfunden", sondern mit dem Recht auf informationelle Selbstbestimmung eine spezifische Ausprägung des APR entwickelt, freilich als eigenes Grundrecht[572].

Damit geht die Ansicht fehl, die dem Recht auf informationelle Selbstbestimmung den Status eines besonderen Grundrechts abspricht[573].

b) Abgrenzung zu weiteren im APR wurzelnden Grundrechten

Das APR ist in einer Reihe von Entscheidungen zu einer Mehrzahl von Einzelrechten konkretisiert worden[574]. In Bezug auf Observationen können insbesondere zwei Rechte eine Rolle spielen:

aa) Recht auf Selbstdarstellung

Das *BVerfG* stellt dazu im **„Lebach-Urteil"** fest:

„Jedermann darf grundsätzlich selbst und allein bestimmen, ob und in wieweit andere sein Lebensbild im Ganzen oder bestimmte Vorgänge aus seinem Leben öffentlich darstellen dürfen"[575].

Daraus resultiert negativ betrachtet das Recht, bestimmten Personen eine Selbstdarstellung vorzuenthalten. Es ist evident, dass dieses Recht im Rahmen einer Observationsmaßnahme betroffen sein kann.

---

570 *Jarass/Pieroth*, GG, Art. 2 Rn. 27; *Schmitt-Glaeser* in: Isensee/Kirchhof, S. 59 spricht insoweit von „personaler Identität".

571 *Ehmann* in: Erman, BGB, Anh. § 12, Rn. 7, 9; *ders.*, JuS 1997, 193 [197].

572 Wie hier u.a. *Aulehner*, Polizeiliche Gefahren- und Informationsvorsorge, S. 99; *Krause*, JuS 1984, 268. **A.A.** *Duttge*, JZ 1996, 556 [563].

573 *Ernst*, Verarbeitung, S. 60; *Vogelsang*, Grundrecht, S. 159 ff.

574 Vgl. die Nachweise bei *Jarass/Pieroth*, Art. 2 Rn. 25 ff.

575 E 35, 202 [220].

bb) Recht am eigenen Bild

Das Recht am eigenen Bild erlaubt jedermann grundsätzlich selbst zu bestimmen, *„ob und wieweit andere sein Lebensbild im Ganzen oder durch bestimmte Vorgänge aus seinem Leben darstellen dürfen"*[576].

Nach h.M. bedeutet jede Bildaufnahme einen Eingriff in das Recht am eigenen Bild[577]. Dabei wird der Schutzbereich nicht nur in der Verbreitung des Bildes, sondern bereits in der Aufnahme als solcher tangiert.

c) Resümee

Eine Observation verletzt das Recht auf Selbstdarstellung, bei Verwendung technischer Mittel zudem das Recht am eigenen Bild.

4. Schranken des APR bzw. des Rechts auf informationelle Selbstbestimmung

a) Bestimmung der Schranken anhand der Sphärentheorie

Nach h.M. hat die Beschränkung des APR bzw. des Grundrechts auf informationelle Selbstbestimmung anhand der vom *BVerfG* entwickelten *Sphärentheorie* zu erfolgen[578]. Nach ihr wird insbesondere zwischen zwei unterschiedlich intensiv geschützten Bereichen der Grundrechtsausübung differenziert[579]:

Informationen aus dem unantastbaren Kernbereich privater Lebensführung, dem sog. **Intimbereich**, sind der Einwirkung der öffentlichen Gewalt stets entzogen[580]. Selbst schwerwiegende Interessen der Allgemeinheit können Eingriffe in diesen Bereich nicht rechtfertigen; eine Abwägung nach Maßgabe des Verhältnismäßigkeitsgrundsatzes findet nicht statt[581].

Gehören die Informationen dagegen zum Bereich der **Privatsphäre**, darf der Staat aus überwiegenden Gründen der Strafverfolgung eingreifen. Dies hat unter einer strengen Güterabwägung anhand des Verhältnismäßigkeitsgrundsatzes zu erfolgen.

Teile der Literatur erkennen in Anknüpfung an die Rechtsprechung des *BVerfG* noch eine dritte Sphäre an, die sog. **Sozialsphäre**[582]. Diese soll Informa-

---

576 *BVerfG* E 35, 202 [220].
577 *Nimtz*, Observation, S. 65 m.w.N.; *Riegel*, JZ 1980, 224 [225].
578 Gegen die Kritikpunkte *Ellbogen*, V-Personen, S. 74 m.w.N.
579 Vgl. nur *BVerfG* E 80, 367 [374 f].
580 *BVerfG* E 6, 32 [41]; 389 [435]; 54, 143 [146].
581 BVerfG E 34, 238 [245].
582 Vgl. nur *Ellbogen*, V-Personen, S. 75.

tionen umfassen, bei denen der objektive Gehalt der Information derart stark im Vordergrund steht, dass die Persönlichkeit des sich Äußernden dahinter nahezu vollständig zurücktritt. Ein Eingriff soll aus wichtigen Gründen des Allgemeinwohls zulässig sein. Dieser Ansicht ist jedoch entgegenzuhalten, dass sie keine hinreichend konkreten Kriterien zu benennen vermag, die eine Abgrenzung zum Bereich der allgemein anerkannten Privatsphäre ermöglicht.

b) Bestimmung des Kernbereichs

Dem Bürger ist in Ableitung aus der Menschenwürde als höchstem Verfassungswert eine Sphäre privater Lebensgestaltung vorbehalten, ein sakrosankter Bereich menschlicher Freiheit, der jeglicher Einwirkung entzogen ist[583]. Denn nur so kann ein **unantastbarer Kernbereich** seiner Persönlichkeit verbleiben, der die Aufrechterhaltung der Subjektqualität garantiert. Dieser Bereich ist ohne Ausnahme zu schützen[584]. Ob ein Sachverhalt dem unantastbaren Kernbereich zuzuordnen ist, hängt davon ab, ob er **nach seinem Inhalt höchstpersönlichen Charakter** hat, also auch, in welcher Art und Intensität er aus sich heraus die Sphäre anderer oder Belange der Allgemeinheit berührt[585]. Maßgebend sind dabei stets die Besonderheiten des Einzelfalls[586]. Entscheidend ist, ob eine Situation besteht, in der auf Grund von konkreten Hinweisen oder zumindest typischerweise und ohne gegenteilige Anhaltspunkte im Einzelfall der unantastbare Kernbereich privater Lebensgestaltung betroffen wird[587], etwa im Zuge der Beobachtung von Äußerungen innerster Gefühle oder von Ausdrucksformen der Sexualität. Der Kernbereich privater Lebensgestaltung wird anhand der drei folgenden Elemente bestimmt:

aa) Höchstpersönlicher Charakter

Die Information, d.h. der in Rede stehende Lebenssachverhalt, muss seinem Inhalt nach höchstpersönlichen Charakter aufweisen. Die Bestimmung dieser Höchstpersönlichkeit kann schon wegen der unterschiedlichen Weltanschauungen eines jedes Einzelnen nicht allgemeingültig erfolgen. Man wird jedoch sagen können, dass es sich um solche Umstände handeln muss, die auf das **Wesen** des

583 *BVerfG* E 6, 32 [41]; 80, 367 [373].
584 *Ellbogen*, V-Personen, S. 76. A.A. *Wolter* in: SK-StPO, vor § 151 Rn. 140a, der bei unmittelbarer Lebensgefahr die Informationserhebung bzw. -verwertung bis zur Grenze des „ethischen Minimums" zulässt.
585 *BVerfG* NJW 2004, 999 [1002] Vgl. auch *Ellbogen*, NStZ 2001, 460 [463].
586 *BVerfG* E 34, 238 [248]; 80, 367 [374].
587 *BVerfG* E 34, 238 [248]; *BVerfG* NJW 2004, 999 [1002].

Einzelnen zurückgeführt werden können[588]. Bezugspunkte können der enge Familienkreis, besondere Vertrauensverhältnisse[589] oder Liebesverhältnisse, Sexualität oder Religion darstellen. Nicht höchstpersönlich sind dagegen bloße Bekanntschaften oder das Arbeitsumfeld.

bb) Geheimhaltungswille

Es kommt weiterhin darauf an, ob der Betroffene einen Lebenssachverhalt geheim halten **will** oder nicht. Hier ist zwischen schriftlichen und mündlichen Informationen zu differenzieren:

Bei **schriftlichen** Informationen lassen allenfalls Indizien auf den Geheimhaltungswillen schließen, etwa wenn diese in verschlossenen Behältnissen aufbewahrt werden[590]. Einer solchen Sicherung bedarf es nicht, wenn der Betreffende nicht mit der Kenntnisnahme durch Dritte rechnen muss bzw. darauf vertrauen darf, dass Personen seines höchstpersönlichen Bereichs keine Kenntnis nehmen werden, so bei **Tagebuchaufzeichnungen**[591]. Je sorgloser die Aufbewahrung ist, desto weniger wird ein Geheimhaltungswille feststellbar sein[592].

Bei **mündlichen** Informationen wird ein Geheimhaltungswille i.d.R. fehlen, weil der Betroffene diese **freiwillig** preisgibt. In seinem Urteil zum „Großen Lauschangriff" hebt das *BVerfG* bei der Einordnung von Informationen in die verschiedenen Sphären im Hinblick auf das Abhören von Gesprächen maßgeblich auf den **Sozialbezug** ab, ohne den Geheimhaltungswillen näher zu problematisieren.

cc) Fehlender Sozialbezug

Die Berührung mit der Persönlichkeitssphäre eines anderen Menschen verleiht der Information eine soziale Relevanz, die sie rechtlicher Regelung zugänglich macht[593]. Wegen der bereits erwähnten verstärkten Bedeutung des vom *BVerfG* vertretenen kommunikationstheoretischen Rollenverständnisses des Einzelnen in Relation zur Gemeinschaft ist die **Art und Intensität** dieser Sozialbezüge maßgeblich, nicht hingegen, ob eine soziale Bedeutung oder Beziehung überhaupt besteht[594]. **Schreibt** jemand seine Gedanken nur für sich nieder, fehlt ein solcher

588 *Ellbogen*, aaO, S. 76.
589 *BVerfG* E 90, 255 [260].
590 Vgl. dazu *BGH* NStZ 1994, 350.
591 *BVerfG* E 80, 367 [374].
592 *Dünnebier*, MDR 1964, 965 [967].
593 *Ellbogen*, V-Personen, S. 76.
594 *BVerfG* E 80, 367 [374]; *BVerfG* NJW 2004, 999 [1003].

Bezug. Enthalten solche Aufzeichnungen aber etwa Angaben über die Planung bevorstehender oder Berichte über begangene Straftaten, so gehören sie dem unantastbaren Kernbereich privater Lebensgestaltung wegen des unmittelbaren Bezugs zu konkreten strafbaren Handlungen nicht an[595].

Bei **mündlichen** Äußerungen kommt es, wie bereits angesprochen, maßgeblich auf ihren **Inhalt** an. So entschied das *BVerfG* in seinem Urteil zum „Großen Lauschangriff", dass es darauf ankomme, **worüber** gesprochen werde. Gespräche über begangene konkrete Straftaten gehören daher nach ihrem Inhalt und dem daraus resultierenden Sozialbezug nicht dem unantastbaren Kernbereich privater Lebensgestaltung an. Da Gewissheit über die korrekte Zuordnung regelmäßig erst mit der Erhebung der Information zu erlangen ist, müssen vor Durchführung einer entsprechenden Maßnahme zum Schutze des Kernbereichs tatsächliche Anhaltspunkte vorliegen, aus denen zumindest in **typisierender Weise** geschlossen werden kann, dass das Gespräch nicht den Bereich des Höchstpersönlichen betrifft. Als Indikator für diese **Wahrscheinlichkeitsprognose** kommt insbesondere die Art der zu überwachenden Räumlichkeit in Betracht. Eine Vermutung für Gespräche aus dem unantastbaren Kernbereich besteht in Räumen, denen typischer Weise oder im Einzelfall die Funktion als Rückzugsbereich der privaten Lebensgestaltung zukommt. Gespräche in Betriebs- oder Geschäftsräumen dagegen deuten auf deren Nichtzugehörigkeit zu diesem Bereich hin[596].

Erst in zweiter Linie ist wichtig, **mit wem** das Gespräch geführt wird. Gespräche mit Ehegatten und engen Familienangehörige, aber auch anderen Personen des besonderen Vertrauens, lassen dabei grundsätzlich auf die Höchstpersönlichkeit des Gesprächs schließen[597].

Weisen Aufzeichnungen oder Äußerungen ausschließlich innere Eindrücke oder Gefühle und keine Hinweise auf konkrete Straftaten auf, so gewinnen sie nicht schon dadurch einen hinreichenden Sozialbezug, dass sie Ursachen oder Beweggründe eines strafbaren Verhaltens darzulegen vermögen[598].

dd) Ergebnis

Bei Vorliegen aller drei Voraussetzungen gehört eine Information zum unantastbaren Kernbereich privater Lebensgestaltung, d.h. zum **Intimbereich**. Repressive Observationsmaßnahmen verbieten sich in diesem Fall ohne Einschränkung.

---

595 *BVerfG* E 80, 367 [375].
596 *BVerfG* NJW 2004, 999 [1004].
597 *BVerfG* aaO.
598 *BVerfG* NJW 2004, 999 [1003].

c) Regelfall: Informationserlangung innerhalb der Privatsphäre

Die Informationserlangung innerhalb der **Privatsphäre** dürfte den Regelfall der Ermittlung im Strafverfahren darstellen. Ihr Schutzbereich ist eröffnet, wenn die Daten persönlichen oder sogar höchstpersönlichen Charakter aufweisen. In letzterem Fall müssen jedoch der Geheimhaltungswille und/oder der Sozialbezug fehlen. In die Privatsphäre kann unter Beachtung des Verhältnismäßigkeitsprinzips eingegriffen werden. Jede potentielle Ermächtigungsnorm ist also hieran zu messen.

5. Schranken-Schranken des APR und des Rechts auf informationelle Selbstbestimmung

a) Bestimmtheitsgebot/Gebot der Normenklarheit

Aus den gesetzlichen Ermächtigungsgrundlagen für Grundrechtseingriffe müssen sich Umfang und Voraussetzungen solcher Eingriffe klar erkennen lassen; weiterhin sind unverständliche Verweisungen zu unterlassen.

b) Grundrechtsschutz durch Verfahren

Weiterhin verlangt das *BVerfG* auch organisatorische und verfahrensrechtliche Vorkehrungen zum Schutz des APR und des Rechts auf informationelle Selbstbestimmung wie durch Richtervorbehalte etc. (Grundrechtsschutz durch Verfahren)[599].

c) Übertragung dieser Aussagen auf Observationsmaßnahmen

Anlass, Zweck und Grenzen des Eingriffs müssen in der Ermächtigung bereichsspezifisch, präzise und normenklar festgelegt werden[600]. Dadurch soll gesichert werden, dass der Betroffene sich darauf einstellen kann, dass der Rechtsanwender sein Verhalten steuernde und begrenzende Handlungsmaßstäbe vorfindet und die Gerichte die Rechtskontrolle gewährleisten können.

aa) Erkennen-Können durch den Betroffenen

Der Betroffene muss die Rechtslage anhand der gesetzlichen Regelung derart erkennen können, dass er sein Verhalten danach auszurichten vermag. Die Anfor-

---

599 *BVerfG* E 65, 1 [43 f]; *BVerfG* NJW 2004, 999 ff; NJW 2005, 1338 ff.
600 *BVerfG* E 100, 313 [359 f, 372].

derungen an die Bestimmtheit und Klarheit der Norm erhöhen sich, wenn Unsicherheit bei der Beurteilung der Gesetzeslage die Betätigung von Grundrechten erschweren würde. Soweit die praktische Bedeutung einer Regelung vom Zusammenspiel der Normen unterschiedlicher Regelungsbereiche abhängt, müssen die Klarheit des Normeninhalts und die Voraussehbarkeit der Ergebnisse der Normanwendung gerade auch im Hinblick auf dieses Zusammenwirken gesichert sein[601].

Im Hinblick auf Ermächtigungsgrundlagen für Überwachungsmaßnahmen bedeutet danach das Bestimmtheitsgebot konkret, dass die betroffene Person erkennen können muss, bei welchen Anlässen und unter welchen Voraussetzungen ihr Verhalten mit dem Risiko der Überwachung verbunden ist. Für Dritte, die keinen Anlass geschaffen haben und eher zufällig betroffen sind, genügt es demgegenüber, wenn die Rechtsordnung die Voraussetzungen der Überwachungsmaßnahme in grundsätzlich nachvollziehbarer Weise umschreibt[602].

bb) Gebot der Normenklarheit

Die Anforderungen an die Bestimmtheit und Klarheit der Norm dienen dazu, die Rechtsanwender – seien es Polizeibeamte, Staatsanwälte oder Strafrichter – zu binden und ihr Verhalten nach Inhalt, Zweck und Ausmaß zu begrenzen[603]. Der Aspekt der *Bindung der Rechtsanwender* ist bei einer Überwachungsmaßnahme besonders deshalb wichtig, weil der Betroffene i.d.R. keine Kenntnis von ihr hat. Dies gilt in besonderem Maße auch für unbeteiligte Dritte, die mit der staatlichen Überwachung nicht rechnen und sich deshalb vor einem Einblick in ihren Privatbereich nicht schützen können[604].

cc) Richterliche Kontrolle

Schließlich dienen Normenbestimmtheit und Normenklarheit der gerichtlichen Kontrolle der Exekutive. Dies ist für den Schutz der Bürger besonders bedeutsam, wenn das Gericht schon vor Ergreifen der Maßnahme oder bei ihrem Vollzug zur Kontrolle der Exekutive eingeschaltet wird (z.B. in Form strafprozessualer Richtervorbehalte), während der Betroffene wegen der Heimlichkeit des Vorgehens nicht in die Lage versetzt ist, sein Recht selbst in die Hand zu nehmen.

---

601 *BVerfG* NJW 2003, 2733 [2735].
602 *BVerfG* NJW 2004, 2213 [2216].
603 *BVerfG* E 56, 1 [12].
604 *BVerfG* aaO.

III. Resümee

Das APR bzw. das Recht auf informationelle Selbstbestimmung können durch Observationsmaßnahmen tangiert werden. Solche Beeinträchtigungen sind mit Ausnahme von Eingriffen in den unantastbaren Kernbereich privater Lebensgestaltung der verfassungsrechtlichen Legitimation zugänglich. Weiterhin sind für potentielle Ermächtigungsgrundlagen das Bestimmtheitsgebot/Gebot der Normenklarheit sowie das Erfordernis von richterlicher Kontrolle von besonderer Bedeutung.

§ 16 Art. 13 Abs. 1 GG als Spezialgrundrecht gegenüber dem APR bzw. dem Recht auf informationelle Selbstbestimmung bei Observierung der Wohnung eines Verdächtigen?

Für die vorliegende Arbeit ist es letztlich ohne rechtliche Relevanz, ob man die Observation als Eingriff in das APR ansieht oder als Eingriff in das Recht auf informationelle Selbstbestimmung. Wichtiger als dieser im Grunde nur terminologische Unterschied ist die Erkenntnis, dass bei verdeckten Ermittlungen bedeutsamer die materielle Frage ist, wann der Schutz der Menschenwürde Eingriffe verbietet. Wo Art. 1 Abs. 1 GG – wie in aller Regel – verdeckte Ermittlungen nicht schlichtweg ausschließt, sind die Anforderungen an die Verfassungsmäßigkeit von Observationen unabhängig davon, ob man auf das APR oder das (speziellere) Recht auf informationelle Selbstbestimmung abstellt. Letzteres ist ja im Grunde nur eine besondere Erscheinungsform des APR[605].

I. Das Konkurrenzverhältnis zwischen dem APR bzw. dem Recht auf informationelle Selbstbestimmung und Art. 13 GG

Bei Observierungen der Wohnung eines Verdächtigen wäre ein Rückgriff auf das APR bzw. das Recht auf informationelle Selbstbestimmung nur dann statthaft, wenn es in der fraglichen Fallgestaltung nicht durch andere speziellere Grundrechte verdrängt wird. Besteht ein derartiges Subsidiaritätsverhältnis, so ist primär das spezielle Grundrecht auf seine Betroffenheit zu untersuchen.

---

605 Siehe statt aller nur *BVerfG* E 6, 32 [37]; *Badura*, Staatsrecht, Rn. C 100; *Dürig* in: M/D/H/S, GG, Art. 2 Abs. 1, Rn. 6 ff; *Maunz/Zippelius*, Deutsches Staatsrecht, § 24 I 3, S. 171; *Krey*, VE-Gutachten, Rn. 318; *Scholz*, AöR Bd. 100 (1975), 80 [113 mit Fn. 78].

Für den Fall der Durchführung von Observierungsmaßnahmen ist insbesondere das Wohnungsgrundrecht des Art. 13 Abs. 1 GG relevant. Nur wenn dieses als Spezialgrundrecht nicht im Schutzbereich betroffen wäre, würde sich weiterhin die Frage der Betroffenheit des APR bzw. des Rechts auf informationelle Selbstbestimmung stellen. Im Folgenden wird daher zunächst die Stellung des APR bzw. Rechts auf informationelle Selbstbestimmung im System der Grundrechte erörtert.

1. Rang des APR und Rechts auf informationelle Selbstbestimmung

Während die Allgemeine Handlungsfreiheit lediglich Auffanggrundrecht ist und nur auf Art. 2 Abs. 1 GG basiert, ist das APR (und ebenso das Recht auf informationelle Selbstbestimmung) in Art. 2 Abs. 1 GG i.V.m. Art. 1 Abs. 1 GG verankert. Gleichwohl ist zu Recht fast allgemein anerkannt, dass Grundrechte wie Art. 13 Abs. 1 GG gegenüber dem APR als lex specialis vorrangig sind[606]. Jedenfalls für **Art. 13 Abs. 1 GG** ist dem deswegen zu folgen, weil auch dieses Grundrecht **letztlich auf Art. 1 GG basiert**.

So stellt der 1. Senat des *BVerfG* in seiner Entscheidung zum „Großen Lauschangriff" zur Frage der Zulässigkeit akustischer Wohnraumüberwachung zu Strafverfolgungszwecken darauf ab, ob der unantastbare Kernbereich der Menschenwürde bzw. der **Menschenwürdegehalt von Art. 13 Abs. 1 GG und Art. 2 Abs. 1 i.V.m. Art. 1 Abs. 1 GG** verletzt ist[607]. Denn der Schutz der Menschenwürde wird in Art. 13 Abs. 1 GG konkretisiert.

Der Schutz des APR greift hingegen dann ein, wenn Personen betroffen sind, die sich nicht auf speziellere Grundrechte berufen können.

Der 2. Senat des *BVerfG* sieht in seinem „GPS-Urteil" zur Verwendung von Instrumenten zur technischen Observation das APR als Prüfungsmaßstab an[608]. Dies ist auch folgerichtig, da es nicht um die Observation im Zusammenhang mit Wohnungen ging.

2. APR und informationelle Selbstbestimmung im Grundrechtssystem

Aus dem vorstehend Gesagten folgt: Das Eindringen in den Schutzbereich des Art. 13 Abs. 1 GG durch verdeckte Ermittlungsmaßnahmen wie Lauschangriff oder Observation ist, was seine Verfassungsmäßigkeit angeht, nur am Woh-

---

606 Vgl. nur *BVerfG* E 100, 313 [358]; NJW 2004, 999 [1005].
607 NJW 2004, 999 [1001].
608 NJW 2005, 1338 [1340].

nungsgrundrecht des Art. 13 Abs. 1 GG und dessen Menschenwürdegehalt zu messen, **nicht aber am Maßstab des APR bzw. des Rechts auf informationelle Selbstbestimmung**.

Damit ist die Auffassung abzulehnen, die das staatliche Handeln kumulativ an speziellen Freiheitsrechten und dem Recht auf informationelle Selbstbestimmung messen will[609].

3. Schutzbereich und Beeinträchtigung von Art. 13 Abs. 1 GG

Nach dem in der Rechtsprechung des *BVerfG*[610] und großen Teilen der Lehre[611] vorherrschenden **weiten Wohnungsbegriff** stellt die Wohnung den *„Mittelpunkt der menschlichen Existenz"* dar. Zum Schutzbereich gehören auch Arbeits- und Geschäftsräume, darüber hinaus sogar Treppen, Speicher, Keller, Garagen sowie das unmittelbar angrenzende befriedete Besitztum, sofern es nicht allgemein zugänglich ist[612].

4. Das Konkurrenzverhältnis von Art. 13 GG einerseits und dem APR bzw. dem Recht auf informationelle Selbstbestimmung andererseits im Spiegel der Rechtsprechung von BGH und BVerfG

a) BGH NJW 1991, 2651[613]

Dieser Entscheidung lag zwar eine Observierungsmaßnahme **mit technischen Mitteln** (Videoaufnahmen) zugrunde. Hinsichtlich des Verhältnisses des Rechts auf informationelle Selbstbestimmung und der Unverletzlichkeit der Wohnung trifft es aber grundsätzliche Aussagen. Dem Urteil lag folgender Sachverhalt zugrunde:

Nach verschiedenen Gebäudebränden brachte die Polizei in Absprache mit der StA in die der Wohnung des Angeklagten gegenüberliegenden Wohnungstür eine Videokamera an, mit der über mehrere Monate hinweg jedes Betreten und Verlassen der Zielperson aufgezeichnet wurde.

---

609 Ernst, Verarbeitung, S. 43; *Wolter* in: SK-StPO, vor § 151 Rn. 117.

610 *BVerfG* E 18, 121 [131]; vgl. auch *BVerfG* E 42, 212 [219]; 89, 1 [12].

611 *Deutsch*, Heimliche Erhebung, S. 118; Gusy, JuS 1980, 718 [719]; *Kunig*, Jura 1993, 476 [478 f]; *Pieroth/Schlink*, Grundrechte, Rn. 939 m.w.N.

612 *BVerfG* E 42, 212 [219 ff]; 76, 83 [88]. Vgl. statt aller im Schrifttum *Schmitt-Glaeser* in: Isensee/Kirchhof, § 129 Rn. 49 m.w.N.

613 = NStZ 1992, S. 44 f.

Die Verurteilung des Angeklagten stützte das Gericht u.a. auf die durch die Videoaufzeichnungen vermittelten Zeiten, da in drei Fällen ein Zusammenhang mit ermittelten Brandlegungszeiten erkennbar gewesen sei. Damit lehnte der *BGH* ein Beweisverwertungsverbot ab.

Vor dem Hintergrund, dass im vorliegenden Fall die Videokamera den Eingangsbereich des Mehrfamilienhauses und sogar dessen Treppenhaus erfasste[614], hätte der *BGH* richtigerweise **nur einen Eingriff in den Schutzbereich des Art. 13 Abs. 1 GG annehmen dürfen**[615], ohne weiter auf das APR einzugehen. Das Gericht zog diesen Schluss jedoch nicht und führte unter Bezugnahme auf letztgenanntes Recht aus:

„Dass zur Privatsphäre auch das Betreten und Verlassen der eigenen Wohnung gehöre und ein behördlicher Eingriff jedenfalls in der monatelangen verdeckten Aufzeichnung dieser Vorgänge zu erblicken sei, hat viel für sich."[616]

Dagegen wurde in einem obiter dictum die Betroffenheit des Schutzbereichs des Art. 13 Abs. 1 GG a.F. angezweifelt, hilfsweise die Qualität der vorliegenden Maßnahme als nicht den hohen Anforderungen des Art. 13 Abs. 2 GG a.F. entsprechend qualifiziert.

Es bleibt festzuhalten, dass der *BGH* in dieser Entscheidung das Konkurrenzverhältnis zwischen den beiden in Rede stehenden Grundrechten schlichtweg verkennt.

b) Das Urteil des BVerfG NJW 2004, 999 ff („Großer Lauschangriff")

aa) Schutz des Wohnungsinhabers durch Art. 13 Abs. 1 GG n.F.

Das *BVerfG* führt in seinem Urteil zum „Großen Lauschangriff" zur Verfassungsmäßigkeit von Art. 13 Abs. 3 GG bzw. § 100c Abs. 1 StPO a.F. aus:

„Das APR kommt neben Art. 13 Abs. 1 GG nicht zur Anwendung, soweit Eingriffe in die räumliche Privatsphäre des Wohnungsinhabers zu überprüfen sind. Art. 13 Abs. 1 GG enthält eine spezielle Gewährleistung des Schutzes vor staatlicher akustischer Überwachung der räumlichen Privatsphäre, die die allgemeinere Vorschrift insoweit verdrängt. Diese Spezialität wirkt sich nicht nur gegenüber der staatlichen Überwachung selbst aus, sondern erstreckt sich auch auf notwendige Vorbereitungsakte und auf den Informations- und Datenverar-

614 *BGH* NJW 1991, 2651 [2652].

615 So auch *Amelung/Kerckhoff*, JuS 1993, 196 [197]; *Duttge*, Zwangsmaßnahme, S. 101.

616 NStZ 1992, 44 [45].

beitungsprozess, der sich an die Erhebung anschließt, sowie auf den Gebrauch, der von den erlangten Kenntnissen gemacht wird"[617].

Mit dem Recht am in der Wohnung gesprochenen Wort schützt Art. 13 Abs. 1 GG also gerade den sonst dem APR und seinen verschiedenen Ausformungen unterfallenen Teil der Privatsphäre. Da damit bereits ein Schutz durch Art. 13 Abs. 1 GG besteht, kommt dem APR als unbenanntem Freiheitsrecht keine eigene Bedeutung zu[618].

bb) Schutz sonstiger Betroffener durch Art. 2 Abs. 1 GG

Dagegen greift der Schutz durch das APR ein, soweit von der Wohnungsüberwachung Personen betroffen werden, die nicht von Art. 13 Abs. 1 GG geschützt sind. M.a.W. schützt es Personen, die nicht entweder Inhaber noch Bewohner des Wohnraums sind[619].

II. Anwendung jener Grundsätze auf die Observation ohne technische Mittel

Es fragt sich, ob Observationsmaßnahmen **ohne technische Hilfsmittel** dazu geeignet sind, den betroffenen Bürger in seinem Recht aus Art. 13 GG zu verletzten. Hierzu ist nach den tatsächlichen, am Beobachtungsort herrschenden Verhältnissen zu differenzieren:

1. Keine Verletzung bei bloßer akustischer bzw. optischer Erkenntnis ohne Überwindung von Barrieren

Art. 13 Abs. 1 GG schützt nicht nur gegen das physische Eindringen von Personen in die Wohnung[620]. Das mit den bloßen Ohren von außen mitgehörte Gespräch in der Wohnung bedingt aber keine Verletzung des Art. 13 Abs. 1 GG. Denn in diesem Fall kommt ihr keine **„Schutzhüllen-Funktion"** i.S. des Schutzes eines „elementaren Lebensraums" zu[621]. Dies gilt genauso für das **Hineinsehen** in Wohnungen, soweit sie allgemein einsehbar sind[622]. Dann hat sich der Berechtigte seines Schutzes der Privatheit selbst begeben. Zudem ist zu beachten, dass der Mensch als kommunizierendes Wesen immer in einem gewissen Maß öffentlichkeitsbezogen agiert. Eine hierüber hinausgehende Beeinträchtigung fehlt

---

617 *BVerfG* NJW 2004, 999 [1005].
618 So auch *Gusy*, JuS 2004, 457 [459].
619 *BVerfG* aaO.
620 Gusy, aaO.
621 *BVerfG* E 42, 212 [219]; 51, 97 [110].
622 *BVerfG* E 32, 54 [75 ff].

beim bloßen Hineinsehen. Die Observation ohne technische Mittel greift hier nicht in Art. 13 GG ein.

2. Verletzung bei Überwindung von erkennbaren Barrieren zur Abschirmung des geschützten Bereichs

Etwas anderes muss gelten, wenn der Observant potentielle Barrieren überwinden muss, die die Privatheit erkennbar sichern[623]. Die Unverletzlichkeit der Wohnung schützt auch gegen Maßnahmen außerhalb von Wohnungen, die geeignet sind, das Handeln in den Wohnräumen zu überwachen. Denkbar ist in diesem Zuge z.B. das Anheben eines Rollladens, um freie Sicht in die Wohnung zu erlangen. Denn hier hat sich der Betroffene erkennbar durch die Sicherheit seiner „vier Wände" abgeschirmt und macht von seinem Recht Gebrauch, „in Ruhe gelassen zu werden"[624] und seine Privatheit in seinem höchstpersönlichen Rückzugsraum auszuleben.

3. Die Ansicht des BVerfG

Im Anschluss hieran verknüpft das *BVerfG* die Unverletzlichkeit der Wohnung mit Aspekten der **Menschenwürde**. Die Privatwohnung sei letztes Refugium zur Wahrung der Menschenwürde. Dies verlange nicht einen absoluten Schutz der Räume an sich, wohl aber den **absoluten Schutz des Verhaltens des Betroffenen in diesen Räumen**, soweit es sich als individuelle Entfaltung im unantastbaren Kernbereich privater Lebensgestaltung darstelle[625].

4. Eigene Stellungnahme

Das *BVerfG* rückt in seiner Entscheidung nur scheinbar vom Aspekt der Unverletzlichkeit der Wohnung ab, indem es sich in seiner Argumentation explizit auf die Menschenwürde konzentriert. Denn auch das Wohnungsgrundrecht beinhaltet mit seinem unantastbaren Kernbereich konkrete Menschenwürdeaspekte. Das Gericht setzt sich bewusst von der langjährigen Diskussion um die verfassungsrechtliche Rechtmäßigkeit des großen Lauschangriffs ab, in der häufig auf die Unverletzlichkeit der Wohnung abgestellt wurde[626] und entwickelt die Menschenwürde als Prüfungsmaßstab fort[627]. Dies deshalb, weil es in der Entschei-

623 *Jarass/Pieroth*, GG, Art. 13 Rn. 6; *Ruthig*, JuS 1998, 506 [512].
624 *BVerfG* NJW 2004, 999 [1002].
625 aaO.
626 Vgl. *Gusy/Ziegler*, Journal für Rechtspolitik 1996, 193 m.w.N.
627 Zustimmend insoweit *Gusy*, JuS 2004, 457 [458].

dung zum Lauschangriff zunächst um die Frage der Verfassungsmäßigkeit des geänderten Art. 13 GG ging. Prüfungsmaßstab durfte daher wegen Art. 79 Abs. 3 GG nur Art. 1 GG sein[628]. In einem zweiten Schritt erfolgte sodann die Überprüfung der §§ 100c Abs. 1 Nr. 3, 100c Abs. 2, 100d, 100e StPO a.F. als einfachgesetzlicher Ermächtigung bzw. Ausführungsbestimmungen. Letztere Überprüfung hatte gemäß Art. 20 Abs. 3 GG an der „verfassungsmäßigen Ordnung", d.h. am gesamten Grundgesetz zu erfolgen.

III. Ergebnis

Das Spezialgrundrecht des Art. 13 Abs. 1 GG geht dem Recht auf informationelle Selbstbestimmung vor. Es findet Anwendung, wenn die Unverletzlichkeit der Wohnung durch eine Observationsmaßnahme verletzt wird. Dies kann auch ohne Verwendung technischer Mittel der Fall sein, wenn Barrieren überwunden werden, die erkennbar der Abschirmung dieses Schutzbereichs dienen.

§ 17 Weitere potentiell betroffene Grundrechte

Gegenstand der vorliegenden Untersuchung ist die Vereinbarkeit des einfachen Gesetzesrechts der StPO mit den Grundrechten der von Ermittlungsmaßnahmen Betroffenen. Dabei erscheint die Verletzung weiterer Verfassungsnormen je nach Fallgestaltung möglich. Sie ist im Folgenden zu überprüfen.

I. Die Menschenwürde gemäß Art. 1 Abs. 1 GG

1. Rang und Bedeutung der Menschenwürde

Die Menschenwürde ist tragendes Konstitutionsprinzip unseres Grundgesetzes und oberster Verfassungswert[629]. Für den Strafprozess kommt ihr besondere Bedeutung zu: Soweit der Strafprozess gegen die Menschenwürde verstößt, ist er verfassungswidrig.

---

628 *BVerfG* NJW 2004, 999 [1001 f].
629 Vgl. *BVerfG* E 6, 32 [36]; 72, 105 [115].

Im Rahmen unserer Untersuchung ist im Übrigen die umstrittene Frage, ob Art. 1 Abs. 1 GG selbst ein Grundrecht ist[630], ohne Bedeutung. Denn Verletzungen des Art. 1 Abs. 1 GG beinhalten immer zugleich den Eingriff in ein (anderes) Grundrecht, etwa Art. 13 Abs. 1 GG oder das APR.

Der Maßstab der Menschenwürde ist mit Blick auf die spezifische Situation näher zu konkretisieren, in der es zum Konfliktfall kommen kann. Gegenwärtig bestimmen insbesondere Fragen des Schutzes der personalen Identität und der psychisch-sozialen Integrität die Auseinandersetzungen über den Menschenwürdegehalt:

Nach der vom *BVerfG* entwickelten **Objekt-Formel** ist es mit der Menschenwürde nicht vereinbar, wenn der Mensch zum „bloßen Objekt der Staatsgewalt" gemacht würde[631]. So dürfe ein Straftäter nicht unter Verletzung seines verfassungsrechtlich geschützten sozialen Wert- und Achtungsanspruchs behandelt und dadurch zum bloßen Objekt der Verbrechensbekämpfung und Strafvollstreckung gemacht werden[632]. Zwar werde die Menschenwürde nicht schon dadurch verletzt, dass jemand Adressat von Strafverfolgungsmaßnahmen sei. Anders verhalte es sich aber dann, wenn durch die Art der ergriffenen Maßnahme die Subjektqualität des Betroffenen grundsätzlich in Frage gestellt werde. Das sei der Fall, wenn die Behandlung durch die öffentliche Gewalt die Achtung des Werts vermissen lässt, der jedem Menschen um seiner selbst willen zukomme[633]. Solche Maßnahmen dürften auch nicht im Interesse der Effektivität der Strafrechtspflege und der Wahrheitserforschung vorgenommen werden.

Die Heimlichkeit des Vorgehens der Ermittlungsbehörden bedingt nicht zwangsläufig die Verletzung des absolut geschützten Bereichs. Die heimliche Beobachtung eines anderen bedeutet noch nicht ipso iure die Missachtung seines Wertes als Mensch, d.h. seiner Menschenwürde. Es ist jedoch in jedem Fall ein unantastbarer Kernbereich privater Lebensgestaltung zu wahren[634]. Würde der Staat in ihn eindringen, verletzte dies die jedem Menschen gewährte Freiheit zur Entfaltung in den ihn betreffenden höchstpersönlichen Angelegenheiten. Selbst überwiegende Interessen der Allgemeinheit können einen Eingriff in diesen absolut geschützten Kernbereich privater Lebensgestaltung nicht rechtfertigen.

---

630 Vgl. dazu nur *Dreier* in: ders., GG, Art. 1 Rn. 36 ff; *Höfling* in: Sachs, GG, Art. 1 Rn. 19 ff.

631 *BVerfG* E 30, 1 [25].

632 *BVerfG* NJW 2004, 999 [1001] unter Hinweis auf *BVerfG* E 45, 187 [228].

633 *BVerfG* NJW 2004, 999 [1002].

634 *BVerfG* E 6, 32 [41]; 32, 373 [378]; 34, 238 [245].

Denkbar erscheint ein solcher Verstoß allenfalls bei einer **zeitlichen und räumlichen Rundumüberwachung** im Zuge von Observationsmaßnahmen über einen längeren Zeitraum. Eine solche Überwachung birgt die konkrete Gefahr, dass z.B. höchstpersönliche Gespräche mitgehört werden. Sie kann derart umfassend sein, dass alle Bewegungen und Lebensäußerungen des Betroffenen nahezu lückenlos registriert und zur Grundlage für ein Persönlichkeitsprofil gemacht werden können[635].

II. Aspekte des Rechtsstaatsprinzips

1. Der Nemo-tenetur-Grundsatz

Der Grundsatz „nemo tenetur se ipsum accusare" besagt, dass niemand gezwungen werden darf, sich selbst zu belasten und damit ein Beweismittel gegen sich selbst zu liefern. Er wird heute überwiegend aus Art. 2 Abs. 1 i.V.m. Art. 1 Abs. 1 GG hergeleitet, besitzt also Verfassungsrang[636] und hat seinen einfachgesetzlichen Niederschlag z.B. in §§ 136, 136a StPO gefunden. Jeder Beschuldigte muss frei darüber entscheiden können, ob und in welchem Umfang er an einem gegen ihn gerichteten Strafverfahren mitwirken will[637]. Andererseits bestehen bestimmte Mitwirkungspflichten des Beschuldigten im Strafverfahren, z.B. bei einer erkennungsdienstlichen Identifizierung oder durch Anwesenheit in der Hauptverhandlung. Diese sind durch den Nemo-tenetur-Grundsatz nicht tangiert.

Zur Abgrenzung zwischen erzwingbarer und nicht erzwingbarer Mitwirkung wird überwiegend auf die Kriterien „Aktivität" und „Passivität" abgestellt. Der Beschuldigte darf nicht zu Aktivitäten an seiner eigenen Überführung gezwungen werden. Er hat aber die Pflicht, das Ermittlungsverfahren über sich ergehen zu lassen und in dessen Zuge bestimmte Eingriffe, auch zwangsweise, passiv zu erdulden[638].

Daraus ergibt sich, dass auch die gesetzlich erlaubte Observation vom Beschuldigten hinzunehmen und der Nemo-tenetur-Grundsatz nicht verletzt ist. Denn bei heimlichen Observationsmaßnahmen handelt es sich nicht um eine durch Zwang provozierte Aktivität des Beschuldigten, sondern vielmehr um eine **unbemerkte Selbstbelastung**. Vor ihr aber schützt die Verfassung nicht.

---

635 *BVerfG* E 61, 1 [42 f]. Ebenso *Wolter* in: SK-StPO, § 163f Rn. 4.

636 *BVerfG* E 38 105 [111]; 56, 37 [42 f]; *BGH* St 1, 39 [40]; KK-*Boujong*, § 136 Rn. 10. Näher zur Historie *Ellbogen*, V-Personen, S. 79 m.w.N.

637 *Meyer*, JR 1987, 215.

638 *BVerfG* E 56, 37 [42 f]; *BGH* St 5, 333 [334]; *Krey*, Strafverfahrensrecht Bd. 1, Rn. 790; *Meyer-Goßner*, Einl. Rn. 80; *Rüping*, Strafverfahren, Rn. 266; *Rogall* in: SK-StPO, vor § 133 Rn. 73.

Nichts anderes gilt im Übrigen auch für offene Observationen. Denn trotz des Erkennens jener Maßnahme entsteht dadurch für den Betroffenen kein Zwang zur Mitwirkung an der eigenen Überführung[639].

2. Die Unschuldsvermutung

Ein Verstoß gegen die Unschuldsvermutung scheidet von vornherein aus. Ihre Kernaussage, nämlich dass Maßnahmen, die den vollen Nachweis der Schuld erfordern, erst durchgeführt werden dürfen, sobald jener Nachweis erbracht ist[640], hat für die Zulässigkeit von repressiven Ermittlungsmaßnahmen keinerlei Bedeutung. Denn solche Maßnahmen sind an einen bestimmten Verdachtsgrad gekoppelt und zielen überhaupt erst auf die Klärung des Tatvorwurfs ab.

III. Ergebnis

Eine Verletzung der Menschenwürde kommt allenfalls bei sehr intensiven und aufwändigen Rund-um-die-Uhr-Überwachungen in Betracht. Der Nemo-tenetur-Grundsatz und die Unschuldsvermutung sind durch strafprozessuale Observationsmaßnahmen nicht verletzt.

Zusammenfassung von Kapitel 4

Die höchstrichterliche Judikatur ging bereits vor dem Volkszählungsurteil einmütig von der Zulässigkeit des Einsatzes verdeckter Ermittler zur Bekämpfung schwerer Kriminalität aus. Im Wege des Erst-recht-Schlusses hätte selbiges für jedwede Observation gelten müssen.

Grundrechtseingriffe bedürfen wegen des allgemeinen Vorbehalts des Gesetzes einer ausreichenden Ermächtigungsgrundlage. Prüfungsleitendes Recht im Hinblick auf Observationsmaßnahmen ist das APR bzw. das Recht auf informationelle Selbstbestimmung. Ein Eingriff in deren unantastbaren Kernbereich stellt stets einen Verfassungsverstoß dar. Der Regelfall einer Informationserlangung in der sonstigen Privatsphäre des Betroffenen ist dagegen mit Zwecken der Strafverfolgung zu rechtfertigen. In der Sozialsphäre ist sie, so man eine solche anerkennt, stets erlaubt.

Bei Observierungen in Wohnungen hinein liegt kein Verstoß gegen das APR bzw. das Recht auf informationelle Selbstbestimmung, sondern gegen das spe-

---

639 Näher zu den Auswirkungen jener Maßnahme unten § 20 I 1 c) aa).

640 *BVerfG* E 35, 311 [320].

ziellere Grundrecht aus Art. 13 Abs. 1 GG i.V.m. Aspekten der Menschenwürde vor, wenn zur Abschirmung erkennbar dienende Barrieren überwunden werden.

Ein Verstoß gegen das Fair-trial-Prinzip, den Nemo-tenetur-Grundsatz und die Unschuldsvermutung durch repressive Observationen besteht nicht, gegen die Menschenwürde allenfalls ausnahmsweise bei einer besonders intensiven und aufwändigen Rund-um-die-Uhr-Bewachung des Betroffenen.

Kapitel 5: Ermächtigungsgrundlagen für strafprozessuale Observationsmaßnahmen ohne technische Mittel vor dem StVÄG 1999?

Es hat sich gezeigt, dass die Durchführung von Observationsmaßnahmen wegen des verfassungsrechtlichen Gesetzesvorbehalts und der Wesentlichkeitsrechtsprechung des *BVerfG* einer gesetzlichen Ermächtigung bedarf. Im Hinblick auf den Eingriff in das APR bzw. das Recht auf informationelle Selbstbestimmung ist daher eine der Verfassung entsprechende Rechtsgrundlage durch ein Gesetz erforderlich. Zur Beantwortung der Frage, ob die StPO insoweit tragfähige Ermächtigungsgrundlagen bereithält, werden im Folgenden die Zeiträume **vor und nach In-Kraft-Treten des StVÄG 1999** getrennt betrachtet. Denn durch jenes Gesetz wurden die Generalklauseln der §§ 161 Abs. 1 S. 1, 163 Abs. 1 S. 2 StPO als mögliche Ermächtigungsgrundlage für **kurzfristige** Observationen ausgestaltet und mit § 163f StPO explizit eine Norm für **längerfristige** Observationen eingeführt.

In Rechtsprechung und Literatur war die Existenz einer Ermächtigungsgrundlage **vor** Erlass des StVÄG 1999 höchst unterschiedlich beurteilt worden. Es ist daher zunächst zu klären, ob die seinerzeit diskutierten Rechtsgrundlagen den verfassungsrechtlichen Anforderungen genügt hätten. Dazu werden die wichtigsten Argumente dargestellt, deren Kenntnis zugleich der besseren Einschätzung der Auswirkungen der Gesetzesnovellierung dient.

§ 18 Ermächtigungsgrundlagen für Observationsmaßnahmen ohne technische Mittel

Vor Erlass des StVÄG 1999 wurde nicht wie heute zwischen kurzfristigen und längerfristigen Observationen differenziert. Die im Anschluss dargestellten Legitimationsansätze beziehen sich daher jeweils auf **alle Arten** von Observationsmaßnahmen, die **ohne Verwendung technischer Mittel** durchgeführt werden.

I. Aufgaben- oder Ermittlungsgeneralklausel: §§ 161 S. 1, 163 Abs. 1 S. 1 StPO

1. Aufgabengeneralklausel

Vor In-Kraft-Treten des StVÄG 1999 am 1.11.2000 war im Schrifttum zu § 163 Abs. 1 S. 1 StPO als **Aufgabenzuweisungsnorm** für Polizeibeamte — bzw. zu § 161 S. 1 StPO für die Staatsanwaltschaft — heftig umstritten, ob (und wenn inwieweit) diesen Vorschriften die Funktion einer *Auffangnorm* als Ermächtigungsgrundlage für spezialgesetzlich nicht geregelte Ermittlungsmaßnahmen zukam.

§ 163 Abs. 1 StPO a.F. lautete wie folgt: *„Die Behörden und Beamten des Polizeidienstes haben Straftaten zu erforschen und alle keinen Aufschub gestattenden Anordnungen zu treffen, um eine Verdunkelung der Sache zu verhüten".*

Der Wortlaut der Norm war insofern nicht eindeutig. Angesichts des Doppelauftrags der Polizei (Gefahrenabwehr und Strafverfolgung) stellte sich die Frage, ob die StPO für den Bereich der Strafverfolgung analog zu den Eingriffsgeneralklauseln des Polizei- und Ordnungsrechts bei der Gefahrenabwehr eine allgemeine und flexible Befugnis zum Eingriff enthielt[641].

Der dies bejahenden Auffassung wurde zu Recht entgegengehalten, dass der Vergleich zum Gefahrenabwehrrecht schon im Grundsatz nicht tragfähig ist. Denn sie gründet auf der Hypothese, dass **aus einer *Aufgabe* stets die entsprechende *Befugnis* abgeleitet** werden könne. Ein solcher Schluss ist indes nicht möglich und liegt zudem den Landespolizeigesetzen fern[642]. Alle modernen Landespolizeigesetze trennen klar zwischen Aufgabenzuweisungen einerseits und Befugnissen andererseits[643]. Darüber hinaus unterschied auch die StPO durchgehend zwischen *konkreten **Eingriffs**normen*

— wie z.B. §§ 81 ff, 102 ff, 127 Abs. 2, § 163 b StPO —

und der *generellen **Aufgaben**norm* des § 163 Abs. 1 StPO **a.F.**[644].

Schließlich sprach gegen die Qualität dieser Vorschrift als Ermächtigungsgrundlage, dass sie entgegen sonstiger Befugnisnorm in keiner Weise erkennen ließ, wem gegenüber zu welchen Eingriffen unter welchen Voraussetzungen sie ermächtigen sollte[645]. Und gab *Riegel* zu Recht zu bedenken, dass mit der An-

---

641 *Ahlers*, Grenzbereich, S. 40; *Leister*, Annexkompetenzen, S. 228 f.

642 Ganz h.M.; vgl. für alle *Vahle*, VerwRdschau 1986, 258 [263].

643 Vgl. nur § 1 PolG NW einerseits und § 8 PolG NW andererseits.

644 A.A. *Kramer*, Kriminalistik 1993, 227.

645 *Vahle*, VerwRdschau 1986, S. 258 [263]. **A.A.** hierzu *Ahlf*, Die Polizei 1983, 41 [52], nach dem die „innere Beziehung" zwischen § 163 Abs. 1 StPO i.V.m. §§ 160

nahme einer Befugnisnorm zwangsläufig die **nach der Schwere des Eingriffs abgestuften und ausdifferenzierten Spezialermächtigungen der StPO umgangen würden**[646].

§ 163 Abs. 1 S. 1 StPO a.F. stellte daher mit der h.M. eine bloße ***Aufgabenzuweisungsnorm*** dar, die nicht als Ermächtigungsgrundlage für Eingriffe in Grundrechte des Betroffenen dienen konnte[647].

2. (Partielle) Ermittlungsgeneralklausel

Eine andere Ansicht sprach § 163 Abs. 1 StPO in gewissem Rahmen den Charakter einer *Befugnisnorm* zu[648]. Dies wurde insbesondere mit dem Gesichtspunkt der **Sicherung einer effektiven polizeilichen Ermittlungstätigkeit** begründet[649]. Zwischen den Anhängern dieser Meinung herrschte indes Uneinigkeit über die *Reichweite* der Legitimationswirkung des § 163 Abs. 1 StPO. Dazu wurden verschiedene Lösungsansätze vertreten.

Abs. 1, 152 Abs. 2 StPO zeige, dass als Voraussetzung „hinreichende tatsächliche Anhaltspunkte" vorliegen müssen.

646 *Riegel*, Polizeiliche Personenkontrolle, 1979, S. 18.

647 *RG* St 38, 373 f; *BGH* NJW 1991, 2651; *BayObLG* DÖV 1960, 130 [131]; *Achenbach* in: AK-StPO, § 163 Rn. 5, 8; *Asbrock*, NStZ 1998, 631 [632]; *Baumann*, JuS 1987, 681 [684]; *Benfer*, Grundrechtseingriffe, S. 19; *Duttge*, Zwangsmaßnahme S. 141 ff; *Ehmke*, Die Polizei 1983, 221 ff; *Fischer/Maul*, NStZ 1992, 7 [13]; *Gössel*, ZStW Bd. 105 (1993), 372 [375]; *Gropp*, JZ 1998, 501 [505]; *Hellmann*, Strafprozessrecht, § 4 Rn. 1; *Meyer-Goßner*, § 161 Rn. 1; *Kortgen*, Gewohnheitsrecht, Rn. 95; *Krey*, Strafverfahrensrecht Bd. 1, Rn. 468, 486; *ders.*, Rechtsprobleme, Rn. 101; *Lammer*, Verdeckte Ermittlungen, S. 31; *Martensen*, JuS 1999, 433 [437]; *Meyer*, Rechtsfragen, S. 82; *Nelles*, JuS 1987, 51 [54]; *Paeffgen*, StV 1999, 625 [626 mit Fn. 7]; *Perschke*, Ermittlungsmethoden, S. 93 ff; *Peters*, Strafprozess, § 24 III; *Pfeiffer*, § 163 Rn. 1; *Riegel*, JZ 1980, 224 ff; *ders.*, Polizei- und Ordnungsrecht, 1981, S. 120 f, *Riepl*, Informationelle Selbstbestimmung, S. 194 f; *Rieß*, Pfeiffer-FS, S. 155 [160, 171]; *Rudolphi* in: SK-StPO, vor § 94 Rn. 20; *Rüping*, ZStW Bd. 95 (1983), 894 [904] m.w.N.; *Schoreit*, DRiZ 1987, 82; *Schwan*, AöR Bd. 102 (1977), 243 [254 ff]; *Vahle*, Observationsmaßnahmen, S. 50 f.

648 So grundsätzlich *Ahlf*, Die Polizei 1983, 41 [51 ff]; *Bachmann*, Probleme des Rechtsschutzes gegen Grundrechtseingriffe im strafrechtlichen Ermittlungsverfahren, S. 22; *Gehrlein/Schübel*, NJW 1999, 104 f; *Kubica/Leineweber*, Kriminalistik 1993, 227 ff; *Kühne*, Strafprozessrecht, 4. Aufl. Rn. 62; KMR-*Müller*, § 163 Rn. 3; *Rebmann*, NJW 1985, 1 [3]; *Rogall*, Informationseingriff, S. 73; *ders.*, NStZ 1992, 45 [47]; *Schwan*, VerwArch Bd. 70 (1979), 109 [116 ff]; *Steinke*, DVBl. 1980, 433 [438]; *ders.*, MDR 1980, 456 [457 f]; *Wieczorek*, Kriminalistik, S. 88.
Auch der Bundesrat sah § 163 StPO wohl als Befugnisnorm an, vgl. dazu die Begründung des Gesetzentwurfes des Bundesrats zu einem Strafverfahrensänderungsgesetz 1994: BR-Drucks. 620/94, S. 12.

649 Vgl. statt aller *Pfennig*, Die Polizei 1983, 374 [385].

a) 163 Abs. 1 StPO i.V.m. der „Schwellentheorie"

Nach der sog. „Schwellentheorie" diente § 163 Abs. 1 StPO als Legitimation für alle Maßnahmen, deren Eingriffsintensität unterhalb der Schwelle der speziell in der Strafprozessordnung normierten speziellen Ermächtigungsgrundlagen anzusiedeln war[650].

b) Kritik an der Schwellentheorie

Dieser Theorie wurde zu Recht entgegengehalten, dass es an der Bestimmbarkeit eines Mindestniveaus in der Gewichtigkeit von Eingriffen nach den Spezialermächtigungen mangelt[651]. Eine abstrakte Bestimmung der Schwelle kann bereits deshalb nicht erfolgen, weil der Gesetzgeber nicht nur Regelungen mit bestimmtem Eingriffscharakter erlässt, sondern auch solche ohne diesen Charakter vorsieht. Zudem darf für die Beantwortung der verfassungsrechtlichen Frage, ob ein Grundrechtseingriff anzunehmen und daher eine Ermächtigungsgrundlage erforderlich ist, nicht auf einfachgesetzliche Normen wie solche der StPO rekurriert werden. Vielmehr ist jene Frage im Verfassungsrecht verankert und aus dem Verfassungsrecht zu beantworten.

Differenzierend stellte *Rogall* in seiner Variante der „Schwellentheorie" mittels Verhältnismäßigkeitsüberlegungen darauf ab, ob § 163 Abs. 1 StPO als Ermächtigungsgrundlage auszulegen war. Danach *„hängt die Anwendbarkeit der Generalklausel allein davon ab, ob die Anwendung der Norm auf den Sachverhalt den Prinzipien der Bestimmtheit, Normklarheit und Verhältnismäßigkeit entspricht"*[652].

Im Grunde geht es *Rogall* um die rechtspolitische Bewertung, ob ein Sachverhalt spezialgesetzlich geregelt werden ***sollte*** oder ob es ausreicht, ihn unter eine Generalklausel zu subsumieren. Seine Ansicht läuft auf eine umfassende Einzelfallprüfung hinaus.

Dagegen wird eingewendet, dass sich die Unterscheidungskriterien dem Gesetz selbst entnehmen lassen müssen, weil anderenfalls der Rechtsanwender seine Kompetenzen der Auslegung von Vorschriften überschreiten würde, indem er in einem Bereich entscheiden würde, der allein dem Gesetzgeber vorbehalten ist[653].

---

650 *Ahlf*, Die Polizei 1983, 41 [52 f]; *Kubica/Leineweber*, NJW 1984, 2068 [2072]; *Müller* in: KMR, § 163 Rn. 3; *Pfennig*, Die Polizei 1983, 374 [385]; *Rebmann*, Kriminalistik 1981, 1 [3]; Wohl auch *Fezer*, JZ 1995, 972.

651 *Kramer*, Kriminalistik 1993, 227 [228].

652 NStZ 1992, 45 [47]; *ders.*, ZStW Bd. 103 (1991), 907 [928 f].

653 Vgl. insbesondere *Kramer*, Kriminalistik 1993, 227 [228]; *Leister*, Annexkompetenzen, S. 233.

Dieser Kritik ist zwar im Grundsatz zu widersprechen. Denn es handelt sich um dieselbe Situation wie bei der üblichen präventiv-polizeilichen Generalklausel der Landespolizeigesetze. Diese erlaubt Eingriffe in Grundrechte der Betroffenen im Zuge der Gefahrenabwehr und hat erst im Laufe der Zeit durch die Rechtsprechung ausreichend bestimmte Konturen verliehen bekommen. Denn auch hier hatte der Gesetzgeber ursprünglich keine engeren Eingriffskriterien aufgestellt. Auf dieselbe Art und Weise wäre es möglich, eine noch unkonturierte strafprozessuale Generalklausel anhand bestimmter Kriterien auszufüllen.

Gleichwohl ist daran festzuhalten: Wegen ihrer **Unbestimmtheit** sind die an einer „Schwelle" orientierten Ansichten abzulehnen, zumal es zu § 163 Abs. 1 StPO a.F. an jeder Konkretisierung nach Art der durch Judikatur und Lehre zu den **polizeilichen Generalklauseln** erfolgten Präzisierung fehlte.

c) Das „Zwang"-Kriterium

Eine weitere Auffassung rekurrierte auf das Kriterium des „Zwangs". Danach sollte § 163 Abs. 1 StPO eine ausreichende Legitimation für Eingriffe in das APR darstellen, soweit die Maßnahme ohne Zwang durchführbar war[654].

Die Frage des Zwangs kann indes kein taugliches Abgrenzungskriterium sein kann. Dies verdeutlichen u.a. §§ 98a, 100a, 163d, 163e StPO, bei denen es sich ersichtlich um Ermächtigungsgrundlagen für Grundrechtseingriffe *ohne Zwang* handelt. Da die StPO somit Ermittlungsmaßnahmen ohne Zwangswirkung, aber mit Eingriffsqualität, kennt, scheidet eine Bestimmung der Schwelle zum Eingriff in ein Grundrecht mittels des „Zwang"-Kriteriums aus.

d) Das Kriterium der „grundlegenden, unvorhergesehenen technischen Umwälzungen"

Gehrlein/Schübel postulierten im Ausgangspunkt zu Recht den grundsätzlichen Vorrang von Spezialermächtigungen. Wo solche Ermächtigungen jedoch fehlen, sollte der Generalklausel des § 163 StPO eine lückenfüllende Funktion dergestalt zukommen, dass *„Raum für die behutsame Nutzbarmachung künftiger kriminaltechnischer Neuerungen [gegeben wird], die Spezialvorschriften nicht zuzuordnen seien und in ihrer Eingriffsintensität über die Sonderbefugnisse nicht hinausreichten"*[655].

654 *Kramer*, Kriminalistik 1993, 227 [228]; *ders.*, NJW 1992, 2732 [2734].
655 NJW 1999, 104 [105].

Nach ihrer Ansicht sollten bloße Ergänzungen bereits anerkannter und ausgeübter Kriminaltechniken erlaubt sein. Nur bei **grundlegenden** unvorhersehbaren technischen Umwälzungen sei eine Sondernorm unverzichtbar[656].

Da Observationsmaßnahmen zu den seit jeher allgemein bekannten Formen polizeilicher Ermittlungstätigkeit gehören, wäre nach dieser Argumentation der Erlass einer Spezialvorschrift verzichtbar gewesen.

Der Auffassung von *Gehrlein/Schübel* ist neben der auf der Hand liegenden Ungewissheit, ab wann man von einer solchen technischen Umwälzung sprechen kann, insbesondere entgegenzuhalten, dass auch althergebrachte Ermittlungsmethoden selten unumstritten sind bzw. in der Vergangenheit waren. Außerdem können bereits geringe technische Veränderungen enorme Auswirkungen auf grundrechtlich geschützte Positionen des Betroffenen haben. So erscheint z.B. die von *Gehrlein/Schübel* ohne Erlass einer Sondervorschrift für rechtmäßig gehaltene „Erweiterung" der Ermittlungsmethode Observation um den Einsatz einer Videokamera angesichts ihrer höheren Verlässlichkeit, Genauigkeit sowie Speicherfähigkeit nicht plausibel.

e) Weitere Auffassungen

Vereinzelt wurden weitere Ansätze zur Bestimmung der Qualität des § 163 Abs. 1 StPO vertreten, die jedoch dem Vorwurf zu vager Abgrenzungskriterien ausgesetzt waren. So stellte *Perschke* fest:

„... dass nur grundrechtlich relevantes Handeln durch eine Generalklausel legitimiert werden kann, dessen Auswirkungen auf den geschützten Freiheitsbereich [...] lediglich gering sind"[657].

Und *Bachmann* gestand selbst ein, dass er kaum brauchbare Abgrenzungskriterien aufstellte, wenn er *„[...] unter Berücksichtigung des Verhältnismäßigkeitsgrundsatzes und des Bestimmtheitsgebots mindergewichtige Maßnahmen aufgrund der §§ 161, 163 StPO zu[ließ] und [...] insgesamt zu einem abgestuften System von Ermittlungsmaßnahmen [gelangte]"*[658].

Fazit: Vor In-Kraft-Treten des StVÄG 1999 war § 163 Abs. 1 StPO für die Polizei — bzw. § 161 Abs. 1 StPO für die Staatsanwaltschaft — als **reine Aufgabenzuweisungsnormen** ausgestaltet und stellte damit keine Ermächtigungsgrundlage für staatliches Eingriffshandeln in Grundrechte Betroffener dar.

---

656 aaO.

657 *Perschke*, Ermittlungsmethoden, S. 106 ff.

658 Probleme des Rechtsschutzes gegen Grundrechtseingriffe im strafrechtlichen Ermittlungsverfahren, S. 22 f. Kritisch *Steinke*, MDR 1980, 456 [457].

II. Vorkonstitutionelles Gewohnheitsrecht

Fehlen Ermächtigungsgrundlagen im geschriebenen positiven Recht, so können sie aus Gewohnheitsrecht als ungeschriebenem Recht erwachsen. Gewohnheitsrecht definiert sich gemeinhin als die *„langdauernde Übung, die von der Rechtsüberzeugung der Beteiligten getragen ist“*[659].

1. Observation als vorkonstitutionelles Gewohnheitsrecht

Wie bereits gezeigt, handelt es sich bei der Observation um eine der traditionellsten polizeilichen Ermittlungsmaßnahmen, die nachweislich seit Mitte des 19. Jahrhunderts planmäßig praktiziert wurde. Zudem wurde sie von der Rechtsüberzeugung der Beteiligten getragen, wie bereits die fehlende Kritik bzw. die fehlende Inanspruchnahme von Rechtsschutz gegen sie ausdrückt.

2. Krey

Nach einer z.B. von *Krey* vertretenen Auffassung stellt *vorkonstitutionelles Gewohnheitsrecht* eine ausreichende Ermächtigungsgrundlage für Grundrechtseingriffe durch eine Observation dar[660]. Sie sei nämlich gewohnheitsrechtlich schon lange in Rechtsüberzeugung als strafprozessuales Ermittlungsinstrument eingesetzt worden, bevor die Diskussion um ihre Vereinbarkeit mit dem Gesetzesvorbehalt entbrannt war.

Darüber, dass *nachkonstitutionelles Gewohnheitsrecht* dem öffentlichrechtlichen Gesetzesvorbehalt nicht genügt, herrscht Einigkeit[661]. Ob ***vorkonstitutionelles*** *Gewohnheitsrecht* eine Ermächtigungsgrundlage darstellen kann, wird in jüngerer Vergangenheit immer stärker in Frage gestellt. Im Ergebnis wird diese

---

659 *BVerfG* E 9, 109 [117]; 22, 114 [121]; 28, 21 [28 f]; *Kortgen*, Gewohnheitsrecht, Rn. 115 ff, 456 ff, 657 f; *Krey*, Strafverfahrensrecht Bd. 1, Rn. 14 ; *ders.*, Rechtsprobleme, Rn. 127.

660 *Krey*, Strafverfahrensrecht Bd. 1, Rn. 488; *ders.*, Miyazawa-FS, S. 595 [603, 609]; *ders.*, JA 1983, 233 [236]; *Krey/Linn*, Blau-FS, S. 123 [145 f]. Unter Bezugnahme auf *Krey* in früherer Auflage ebenso: *Kleinknecht/Meyer-Goßner*, StPO, z.B. 39. Aufl., 1989, § 163 Rn. 34 (*„gewohnheitsrechtlich zulässige Observation“*). Im Anschluss an *Krey* ebenso *Kortgen*, Gewohnheitsrecht, Rn. 633 ff, 640 ff für die Begrenzung dieser Eingriffsermächtigung auf bestimmte Ausnahmefälle.

661 Siehe nur: *BVerfG* E 22, 114 [121]; *Bleckmann*, Staatsrecht Bd. 2, 12 IV, S. 345; *Krey/Linn*, Blau-FS, S. 123 [145 f]; *Dürig* in: M/D/H/S, GG, Art. 2 II, Rn. 6; *Rudolphi* in: SK-StPO vor § 94 Rn. 29.

These unter Rekurrieren auf rechtsstaatliche Bedenken mittlerweile wohl mehrheitlich abgelehnt[662].

Unbeschadet dieser Zweifel spricht jedoch eine weitere gewichtige Überlegung gegen den Rückgriff auf vorkonstitutionelles Gewohnheitsrecht als Ermächtigungsgrundlage für strafprozessuale Grundrechtseingriffe. Zwar ist nach Art. 123 Abs. 1 GG die weitere Anwendung vorkonstitutionellen Gewohnheitsrechts grundsätzlich möglich. Diese Norm besagt:

„Recht aus der Zeit vor dem Zusammentritt des Bundestages gilt fort, soweit es dem Grundgesetze nicht widerspricht".

Aus dem Rechtsstaatsprinzip folgt jedoch, dass jenes Recht **nicht unbefristet** gelten kann. Denn andernfalls würde sich Gewohnheitsrecht als resistent gegen Änderungen höherrangigen Verfassungsrechts und einfachgesetzlicher Vorschriften erweisen[663]. Spätestens mit der Einführung des § 163f StPO, möglicherweise aber bereits mit der Schaffung des § 100c StPO im Zuge des OrgKG 1992, hat der Gesetzgeber etwaige Gesetzeslücken im Bereich von Observationsmaßnahmen geschlossen. Der vorher möglicherweise zulässige Rückgriff auf Gewohnheitsrecht im Bereich strafprozessualer Observationen ist jedenfalls heute ausgeschlossen.

III. Polizeigesetzliche Regelungen der Länder

Vereinzelt wird die Ansicht vertreten, dass strafprozessuale Grundrechtseingriffe bei Fehlen einer Ermächtigungsgrundlage in der StPO auf landesrechtliche Vorschriften über polizeiliche Standardmaßnahmen bzw. auf die polizeiliche Generalklausel gestützt werden können.

So die sog. *„Ergänzungslehre"*[664].

---

662 So z.B. *Bottke*, Meyer-GS, S. 37 [40]; *Ernst*, Verarbeitung, S. 141; *Lammer*, Verdeckte Ermittlungen, S. 31 f; *Perschke*, Ermittlungsmethoden, S: 129; *Rudolphi* in: SK-StPO, vor § 94 Rn. 30. **A.A.** noch *BVerfG* E 9, 338 [343]; 22, 114 [121]; 34, 293 [303]; *Huber*, § 34 StGB als Rechtfertigungsgrund für hoheitliches Handeln, S. 97. Gegen eine Legitimierung von unselbständigen Begleitmaßnahmen durch vorkonstitutionelles Gewohnheitsrecht: *Leister*, Annexkompetenzen, S. 259 ff.

663 *Perschke*, Ermittlungsmethoden, S. 129; *Leister*, Annexkompetenzen, S. 260. Im Ergebnis ebenso: *Deutsch*, Heimliche Erhebung, S. 170; *Ernst*, Verarbeitung, S. 141; *Lammer*, Verdeckte Ermittlungen, S. 31 f; *Rogall*, Informationseingriff, S 66; *Wolter*, Jura 1992, 520 [530].

664 Dafür grundsätzlich *Hoffmann*, DVBl. 1967, 751 [755]; *Peters*, Strafprozess, § 24 II. Zum speziellen Fall des StPÄG 1978 vgl. *Achenbach* in: AK-StPO, § 163 Rn. 10; *Krey*, Strafverfahrensrecht Bd. 1, Rn. 487.

Dem ist aus folgenden Gründen entschieden zu widersprechen:

Erstens ist das Strafverfahrensrecht gemäß Art. 74 Abs. 1 Nr. 1 i.V.m. Art. 72 GG Gegenstand der **konkurrierenden Gesetzgebung**. Da der Bundesgesetzgeber von seiner Kompetenz umfassend Gebrauch gemacht hat, bleibt für die einzelnen Länder für den Bereich des Strafverfahrensrechts keine Gesetzgebungsbefugnis übrig[665]. Der Ausschluss von ergänzendem Landesrecht im strafprozessualen Bereich ergibt sich aus dem in § 6 EGStPO normierten **Kodifikationsprinzip**[666].

Das zweite Gegenargument erwächst aus der Stellung der Staatsanwaltschaft als *„Herrin des Ermittlungsverfahrens"*[667]. Die im repressiven Bereich eingesetzten Polizeibeamten sind lediglich *„Ermittlungspersonen"* der Staatsanwaltschaft (§ 152 GVG). Deshalb dürfen der Polizei durch die Landesgesetze keine umfassenderen Befugnisse eingeräumt werden als der Staatsanwaltschaft selbst[668]. Denn dies wäre eine Umgehung der Kompetenzen der Staatsanwaltschaft und einen Verstoß gegen Art. 31 GG („Vorrang des Bundesrechts").

Und drittens ist *Kühne* darin beizupflichten, dass die besondere rechtsstaatliche Garantie der StPO darin besteht, dass sie alle Ermächtigungen zum repressiven Eingriff in Rechte Dritter **abschließend enumeriert und damit begrenzt**[669].

Fazit: Die Observation als repressive Ermittlungsmaßnahme kann nicht auf landespolizeirechtliche Regelungen gestützt werden.

IV. Rekurs auf § 34 StGB

Heftig umstritten ist, ob allgemeine strafrechtliche Rechtfertigungsgründe wie §§ 32, 34 StGB, §§ 228, 904 BGB (in Ausnahmefällen) staatliche Eingriffe in grundrechtlich geschützte Rechtsgüter legitimieren können. Das Hauptaugenmerk liegt dabei auf § 34 StGB[670]. Für die vorliegende Untersuchung gilt im Ergebnis

---

665 *BGH* NJW 1962, 1020 [1021]; *Achenbach*, JA 1981, 660 [661]; *Binder*, Rechtsprobleme S. 197 f; *Friauf* in: v. Münch (Hrsg.), Besonderes Verwaltungsrecht, 7. Auflage 1985, S. 198; *Götz*, NVwZ 1984, 211 [212]; *Krey*, aaO; *Rebmann*, NJW 1985, 1 [3]; *Rudolphi* in: SK-StPO, vor § 94 Rn. 11.

666 *Binder* aaO, S. 199; *Borchert*, JA 1982, 338 [345]; *Kortgen*, Gewohnheitsrecht, Rn. 96; *Krey* aaO; *Rogall* aaO; *Schenke* in: Steiner (Hrsg.), Besonderes Verwaltungsrecht, S. 186; *ders.*, JR 1970, 48 [50]; *Schwan*, VerwArch Bd. 70 (1979), 109 [120].

667 Ausführlich *Krey*, Strafverfahrensrecht Bd. 1, Rn. 392 ff, 397 ff, 470 ff.

668 *Binder*, Rechtsprobleme, S. 198; *Schenke*, JR 1970, 48 [50]; *Perschke*, Ermittlungsmethoden, S. 124; *Schwan*, AöR Bd. 102 (1977), 243 [256].

669 Strafprozessrecht, Rn. 156.

670 Ausführlich *Huber*, § 34 StGB als Rechtfertigungsgrund für hoheitliches Handeln, passim; *Küper*, Darf sich der Staat erpressen lassen?, S. 77 ff.

mit der h.M., dass durch § 34 StGB die Zulässigkeit polizeilicher Ermittlungsmethoden wie der Observation nicht begründet werden kann[671].

Eine Mindermeinung wendet § 34 StGB im öffentlichen Recht uneingeschränkt an und gestattet Grundrechtseingriffe auf der Basis dieser Vorschrift[672]. Nach einer weiteren Auffassung kann § 34 StGB dann zur Legitimation von Grundrechtseingriffen dienen, wenn keine öffentlich-rechtlichen abschließenden Sondervorschriften einschlägig sind[673]. Nach einer dritten Meinung kommt § 34 StGB nur für die Regelung „nicht vorhersehbarer und nicht kodifizierbarer Ausnahmesituationen" in Betracht[674].

Im vorliegenden Kontext mag es für die Ablehnung des § 34 StGB als Ermächtigungsgrundlage für die Observation mit folgenden thesenhaften Überlegungen sein Bewenden haben:

- § 34 StGB ist ein Rechtfertigungsgrund, der wie alle anderen Rechtfertigungsgründe nur in Ausnahmefällen zur Anwendung kommt. Es lassen sich seinem Charakter nach gerade *keine Rechtsregeln für Normalzustände* ableiten[675]. Die Observation ist aber eine althergebrachte polizeiliche

---

671 *Amelung*, NJW 1977, 833 ff; *Benfer*, Grundrechtseingriffe, S. 21; *Böckenförde*, NJW 1978, 329 [331 ff]; *Dahs*, ZRP 1977, 164 [168]; *Günther*, Strafrechtswidrigkeit und Strafunrechtsausschluß, S. 367 ff; *Jakobs*, Strafrecht AT, 13/42; *Keller*, Rechtliche Grenzen der Provokation von Straftaten, S. 354 ff; *Kirchhof*, NJW 1978, 969 [972]; *Kühne*, Strafprozessrecht, Rn. 405; *Meyer*, Rechtsfragen, S. 87; *Perschke*, Ermittlungsmethoden, S. 126; *Rebmann*, NJW 1985, 1 [3]; *Riegel*, NVwZ 1985, 639 [640 f]; *Rogall*, JZ 1987, 847 [850]; *Ruppelt*, Maßnahmen, S. 97 ff, 116 ff.

672 *BGH* St 27, 260 [262] („... in außergewöhnlicher Lage..."); *OLG Frankfurt* NJW 1975, 271 f; *HansOLG Hamburg* MDR 1973, 1035; *OLG München* NJW 1972, 2275; *Gössel*, JuS 1979, 162 [164 f]; *ders.*, GA 1980, 152 [154]; relativierend *ders.*, GA 1999, 354 [355] („§ 34 [...] in Ausnahmesituationen..."); *Lange*, NJW 1978, 784 ff. Sehr ausführlich zum Streitstand Schönke/Schröder/*Lenckner*, § 34 Rn. 7 m.w.N.

673 *BGH* St 31, 304 [307]; 34, 39, 51 f; *Borchert*, JA 1982, 338 [345]; *Huber*, § 34 als Rechtfertigungsgrund für hoheitliches Handeln, S. 78 ff; *Lackner/Kühl*, § 34 Rn. 14; *Ostendorf*, JZ 1981, 165 [171 ff]; *Roxin*, JuS 1976, 505 [510]; *Tröndle/Fischer*, § 34 Rn. 24 a.

674 *Bottke*, JA 1980, 93 [95]; *ders.*, Jura 1987, 356 [363 ff]; *Seelmann*, ZStW Bd. 95 (1983), 797 [809 ff]. Grundsätzlich zustimmend, aber extensiver *Krey*, Rechtsprobleme, Rn. 312, 602 ff: „§ 34 fungiert im öffentlichen Recht als subsidiäre Eingriffsermächtigung für besondere Ausnahmesituationen, die zwar nicht unbedingt ‚unnormierbar', weil unvorhersehbar sein [müssen], bei [denen] aber aus rechtlichen, faktischen oder allgemeinpolitischen Gründen erhebliche Normierungsprobleme bestehen".

675 *Amelung*, NJW 1977, 833 [837]; *Binder*, Rechtsprobleme, S. 195; *Duttge*, Zwangsmaßnahme, S. 145; *Haas*, V-Leute, S. 76, 79; LK-*Hirsch*, § 34 Rn. 8; *Lei-*

Standardermittlungsmaßnahme, auf die in einer Vielzahl von Fällen zurückgegriffen wird.

- Prinzipiell bedeutet die Qualifizierung allgemeiner Rechtfertigungsgründe wie § 34 StGB[676] als Rechtsgrundlagen für strafprozessuale Grundrechtseingriffe notwendig die **Aushöhlung des ausdifferenzierten Systems der speziellen strafprozessualen Eingriffsermächtigungen**[677].
- § 34 StGB verstößt gegen den rechtsstaatlichen *Bestimmtheitsgrundsatz*: Zum einen ist das *Prinzip der Vorhersehbarkeit* verletzt, wenn – wie hier – der mögliche Wortsinn der Norm für den betroffenen Bürger keine Ermächtigungsgrundlage für Eingriffe in seine Rechte erkennen lässt. Zum anderen ist das *Gebot der Messbarkeit* verletzt, da § 34 StGB weder eine gegenständliche Konkretisierung des Eingriffsmittels noch der Eingriffsintensität beinhaltet[678].
- Allgemeinen Rechtfertigungsgründen mangelt es stets an einer Kompetenzzuweisung an ein staatliches Organ. Folglich besteht die Gefahr der **Auflösung der öffentlich-rechtlich geregelten Kompetenzordnung**, könnte jedes staatliche Organ auf der Basis solcher Erlaubnissätze Eingriffe in Individualrechte vornehmen[679].

V. Übergangsbonus

1. Vorliegen einer entsprechenden Tatsachenlage

a) Problemstellung

Der Begriff des **Übergangsbonus**[680] besagt, dass dem Gesetzgeber nach Erlass eines Urteils des *BVerfG*, welches zumindest in Teilbereichen ein gewandeltes Verfassungsverständnis herbeiführt, ein begrenzter Zeitraum zur Verfügung ste-

---

ster, Annexkompetenzen, S. 250; *Perschke*, Ermittlungsmethoden, S. 127; *Rebmann*, NJW 1985, 1 [3]; *Rogall*, GA 1985, 1 [7].

676 Nicht ohne Grund lautet die Bezeichnung des § 34 StGB „**allgemeiner** rechtfertigender Notstand“, *Krey*, Strafrecht AT 1, Rn. 541 ff.

677 Ebenso *Achenbach/Perschke*, StV 1994, 577 [579]; *Duttge*, Zwangsmaßnahme, S. 146; LK-*Hirsch*, § 34 Rn. 13; *Kühne*, Strafprozessrecht, Rn. 405; *Günther* in: SK-StGB, § 34 Rn. 16.

678 *Binder*, Rechtsprobleme, S. 194 f; *Rudolphi* in: SK-StGB, vor § 331 Rn. 12; *Leister*, Annexkompetenzen, S. 251; *Vahle*, Observationsmaßnahmen, S. 53.

679 *Amelung*, NJW 1977, 833 [837 f]; *Binder*, Rechtsprobleme, S. 195; *Leister*, aaO; *Lüderssen*, Jura 1985, 113 [119]; *Vahle*, Observationsmaßnahmen, S. 54; *ders.*, Kriminalistik 1984, 255 [256].

680 Er geht in diesem Kontext zurück auf *Riegel*, DVBl. 1985, 765 [766].

hen soll, um die entsprechenden gesetzlichen Grundlagen zu schaffen[681]. Er soll dazu dienen, allzu rigide Konsequenzen einer Verfassungswidrigkeit von Normen abzumildern, um schwere Schäden von der Gemeinschaft abzuwenden, die dadurch entstehen könnten, dass die Folgen einer Verfassungswidrigkeit sofort eintreten[682]. Bei dem festgestellten materiellen Regelungsdefizit hinsichtlich Observationsmaßnahmen könnten diese also als zulässig gelten, solange und soweit der Gesetzgeber nicht entsprechende gesetzliche Handlungsbefugnisse schafft.

b) Die Einordnung des Übergangsbonus im Schrifttum

aa) Grundsätzliche Ablehnung einer Übergangsfrist

Eine Ansicht im Schrifttum lehnt die Einräumung einer Übergangsfrist für den Gesetzgeber grundsätzlich ab. Sie orientiert sich streng an der tatsächlichen Gesetzeslage und folgert, dass bei Abwesenheit geeigneter gesetzlicher Grundlagen, die den Anforderungen des Volkszählungsurteils entsprechen, zum Schutz des informationellen Selbstbestimmungsrechts die betroffenen Ermittlungsmaßnahmen verfassungswidrig sind[683]. Vertreter dieser Meinung führen gegen den „Übergangsbonus“ insbesondere kompetentielle Gründe an:

Da die Rechtsprechung nach Art. 20 Abs. 3 GG an Gesetz und Recht gebunden ist, kann sie sich nicht selbst von den aus Grundrechten und Gesetzesvorbehalt resultierenden Anforderungen entbinden[684] — auch nicht für eine Übergangszeit —.

---

681 Vgl. *Vogelsang*, DVBl. 1989, 962 ff. Gegen den Fristbeginn mit Datum des Volkszählungsurteils sprechen sich *Pitschas/Aulehner*, NJW 1989, 2353 [2358] aus, weil es sich eher um eine „Reflexionsentscheidung handele, die den Gesetzgeber anhalten wollte, das Recht auf informationelle Selbstbestimmung anzuerkennen und konkret auszuformen“.

682 *Alberts*, ZRP 1987, 193 [194]. Zu Recht weist *Schoreit*, CuR 1986, 87 [92], darauf hin, dass in dieser Zeit fehlender Regelung die staatlichen Eingriffe auf das *unerlässliche* Maß zu beschränken seien.

683 *VG Frankfurt* DVR 1985, 234 [238]; *Alberts*, ZRP 1987, 193 [196]; *Kramer*, NJW 1992, 2732 [2737 f]; *Marschang*, CR 1995, 53 [54 f]; *Scholderer*, NStZ 1989, 585 [586]; ebenso wohl auch *Simitis/Wellbrock*, NJW 1984, 1591 [1593]. Für die – bis dahin nicht explizit geregelte *längerfristige* Observation – für den Zeitraum bis zum Erlass des StVÄG 1999 in diesem Sinne auch *Rudolphi* in: SK-StPO, vor § 94 Rn. 47, 53; *Wolter*, NStZ 1993, 1 [9]; *ders.*, GA 1988, 49 ff, 129 [134]; *Malek*, StV 1992, 342.

684 *Duttge*, Zwangsmaßnahme, S. 217, im Anschluss an *Pieroth*, VerwArch Bd. 68 (1977), 217 [229 f, 234].

Die Konsequenz dieser Ansicht wäre, dass die Observation bis zum Erlass einer verfassungskonformen gesetzlichen Eingriffsermächtigung mit dem Grundgesetz unvereinbar war. Damit wären Observationsmaßnahmen bis zu diesem Erlass zu unterlassen gewesen[685].

bb) Anerkennung einer Übergangsfrist

Weitere Auffassungen, darunter auch die Judikatur der Verwaltungsgerichte, erkennen das Institut des Übergangsbonus an, um einen „rechtswidrigen Zustand zu beseitigen". Uneinigkeit herrscht dabei über die **Bemessung der Laufzeit der Übergangsfrist:**

Nach einer eher restriktiven Meinung sollte die Übergangsfrist wegen der verflossenen Zeit seit dem Volkszählungsurteil bereits Ende der 80er Jahre des letzten Jahrhunderts abgelaufen sein[686]. Eine andere Auffassung billigt der Legislative einen großzügigeren Übergangsbonus zu. Strittig unter ihren Anhängern ist jedoch die konkrete Fristbestimmung. So ist teils sehr unbestimmt von „angemessener Zeit"[687] die Rede, teils soll die Frist mit dem Ende der Legislaturperiode 1990 abgelaufen gewesen sein[688]. *Bär* plädierte für die Beendigung der Übergangsfrist bis zum ersten Gesetzgebungsgang der 12. Legislaturperiode, also Anfang 1991[689]. Dagegen sah *Vahle* sie im Jahr 1991 als noch nicht abgelaufen an[690]. Und *Ernst* plädierte für einen besonderen „Bonus Deutsche Einheit" bis zum Ablauf des Jahres 1994[691].

---

685 Für die Führung kriminalpolizeilicher Akten *Schoreit*, DRiZ 1986, 54 ff.

686 *VG Hannover* CR 1987, 250 [252] mit zust. Anm. von *Taeger*, CR 1987, 252 f; *VG München* CR 1988, 329; *VG Oldenburg* CR 1989, 731.

687 *Vahle*, Kriminalistik 1987, 514 [515].

688 *BVerwG* NJW 1990, 2761 [2763]; *OLG Frankfurt* NJW 1989, 47; *Denninger*, CR 1988, 51 [58]; *Krumm*, DRiZ 1988, 207; *Honnacker*, CR 1986, 287 [290]; *ders.*, DuD 1987, 218 [221]; *Riegel*, CR 1989, 509 [510]; *Simitis/Fuckner*, NJW 1990, 2713 [2715]; sachlich übereinstimmend *Wolter*, StV 1989, 358 [371]. Ähnlich *Hilgendorf-Schmidt*, wistra 1989, 208 [213]: Verabschiedung „jedenfalls Anfang der folgenden Legislaturperiode absehbar". Differenzierend *Simitis*, NJW 1989, 21 f, nach dessen Ansicht die Übergangsfrist grundsätzlich nach jeder Legislaturperiode ausläuft

689 *Bär*, Der Zugriff auf Computerdaten im Strafverfahren, S. 475. Auch das *BVerfG* NJW 1991, 1475, hat auf die „besonders starke Belastung [des Gesetzgebers] durch die mit der Einigung der beiden deutschen Staaten zusammenhängenden Fragen" hingewiesen.

690 VR 1991, 371 [372].

691 *Ernst*, Verarbeitung, S. 188.

Selbst nach diesen Vorschlägen wären Observationsmaßnahmen spätestens jedoch ab Mitte der 90er Jahre nicht mehr vom Übergangsbonus gedeckt gewesen[692].

Die extensivste Auffassung gesteht dem Gesetzgeber einen **zeitlich fast unbegrenzten** Übergangsbonus zu. Sie lässt allerdings offen, bis wann eine Untätigkeit des Gesetzgebers hinzunehmen ist[693].

c) Übergangsfristen in der höchstrichterlichen Rechtsprechung

aa) Grundsätzliche Anerkennung von Übergangsfristen

Das *BVerfG* hat dem Gesetzgeber in Fällen gewandelter Verfassungsinterpretation nicht selten einen Übergangsbonus eingeräumt[694], „*um eine sonst eintretende Funktionsunfähigkeit staatlicher Einrichtungen zu vermeiden, die der verfassungsmäßigen Ordnung noch ferner stünde als der bisherige Zustand*“[695].

In weiteren Entscheidungen begründet das *BVerfG* die Zulässigkeit von Übergangsfristen mit der „*Gefahr von Chaos*“ bzw. mit einem drohenden oder bestehenden „*rechtlosen Zustand*“[696].

Auch der *BGH* erkannte im Fall der fehlenden Ermächtigungsgrundlage für eine Videoüberwachung der Wohnungstür eines Verdächtigen einen „*gewissen Übergangszeitraum*“ an[697].

---

692 **Siehe aber auch *OLG Frankfurt*, unten, c) bb) mit Fn. 704.**

693 BayVerfGH NJW 1986, 915 [916]; *OLG Hamm* NStZ 1986, 236; *OVG Berlin* NJW 1986, 2004 [2005]. Zu großzügig *Rogall*, Informationseingriff und Gesetzesvorbehalt, S. 103: „... bis zur endgültigen Novellierung der StPO“. **A.A.** *Vahle*, Observationsmaßnahmen, S. 78 ff, ohne sich auf eine konkrete Begrenzung festzulegen. Unentschieden der Bundesdatenschutzbeauftragte im 11. Tätigkeitsbericht, S. 7: „[...] den fragwürdigen Rechtszustand baldmöglichst zu beseitigen“.

694 Ausführlich dazu *Pieroth*, VerwArch Bd. 68 (1977), 217 [222 ff]; *Moench*, Verfassungswidriges Gesetz und Normenkontrolle, 1977, S. 39 ff, *Ebsen*, Das Bundesverfassungsgericht als Element gesellschaftlicher Selbstregulierung, 1985, S. 95 ff.

695 *BVerfG* E 33, 1 [12 f] (*Strafgefangener*); 33, 303 [347] *(Numerus clausus)*; 41, 251 [267] *(Speyer-Kolleg)*; 45, 400 [420]; 48, 29 [38]; 51, 268 [288]; 58, 257 [280] (Schulausschluss); 73, 280 [297]; 76, 189.

696 *BVerfG* E 32, 199 [218]; 37, 217 [261]; 42, 296 [302]; 48, 29 [37 et passim]. Kritisch zum Topos „Funktionstüchtigkeit der Strafrechtspflege“ *Fischer*, DVBl. 1981, 517 ff; *Hassemer*, StV 1982, S. 275 ff.

697 *BGH* NStZ 1992, 44 f mit insoweit zust. Anm. *Rogall*, NStZ 1992, 45 [48].

bb) Bemessung der Übergangsfrist

Bei der Festsetzung von Maßstäben für Übergangsfristen hat das *BVerfG* die **Dispositionsfreiheit des Gesetzgebers** zu beachten[698]. Daraus folgerte das Gericht, dass die Organe der Rechtsprechung erst dann eine Verfassungsverletzung feststellen können, wenn die Untätigkeit des Gesetzgebers so lange andauert, dass sie „*auch unter Würdigung aller die Verzögerung rechtfertigenden Umstände nicht mehr erträglich erschiene*"[699].

Mit Hilfe jener Vorgabe akzeptierte das *BVerfG* Fristen von einem Jahr[700] über zwanzig Jahre[701] bis hin zu ca. 28 Jahren[702], wobei maßgeblich für die Länge der Übergangsfrist die Schwere des Eingriffs sein sollte: Je tiefgreifender der Eingriff sei, desto strengere Anforderungen sollen gestellt werden; je weniger schwerwiegend der Eingriff sei, desto großzügiger sollte dagegen die Übergangsfrist bemessen werden[703].

Im Übrigen war die aus dem Volkszählungsurteil resultierende Übergangsfrist nach einem Urteil des *OLG Frankfurt* im Jahre 1995 noch nicht abgelaufen[704].

Diese Rechtsprechung rügt *Vogelsang* zu Recht als nicht befriedigend, und zwar im Hinblick auf die Verfassungsprinzipien der Rechtssicherheit und der Transparenz[705]. Jedoch ist insoweit auch seine eigene Meinung unbefriedigend: Er sucht eine Lösung in der Gesamtschau der Schwere des Eingriffs, der Kompliziertheit der zu regelnden Materie und nicht zuletzt aus der politischen Umstrittenheit des Gesetzes, wobei sich fixe Daten bzw. schematische Betrachtungsweisen verböten[706]. Diese Kriterien sind inhaltsarm und viel zu vage.

---

698 *Vogelsang*, DVBl. 1989, 962 [964]. Vgl. auch *Pieroth*, VerwArch. Bd. 68 (1977), 222 [234]; *Skouris*, AöR Bd. 101 (1976), 135 [136].

699 E 25, 167 [184].

700 E 33, 303 [348] (Numerus clausus).

701 E 25, 167 [185].

702 E 40, 276 [283 f]; 41, 329 [331].

703 *BVerfG* E 51, 268 [288].

704 NJW 1995, 1102 [1103].

705 DVBl. 1989, 962 [966].

706 *Vogelsang* aaO; zustimmend zu letzterem *Hilgendorf-Schmidt*, wistra 1989, 208 [213]. Für einen Verstoß gegen die Rechtssicherheit auch *Deutsch*, Heimliche Erhebung, S. 291; Pieroth, VerwArch Bd. 68 (1977), 217 [241]. Ähnliche Kriterien verwendet *Kniesel*, ZRP 1987, 377 [381].

d) Eigene Stellungnahme

Ungeachtet aller Kritik[707] ist die **Einräumung von Übergangsfristen** an die Legislative als Folge einer Wandlung in der verfassungsrechtlichen Auffassung **unverzichtbar**. Sie sollten aber aus Gründen der Rechtsklarheit und Rechtssicherheit stets an einen konkreten Termin gebunden werden. Nur so kann ein rechtsstaatlich vertretbares Minimum an Rechtssicherheit und Vorhersehbarkeit staatlichen Handelns gewährleistet werden.

Problematisch ist daher die im konkreten Fall des Volkszählungsurteils fehlende Bestimmung der Übergangsfrist für den Gesetzgeber. Man ist versucht, *Rogall* im Grundsatz zuzustimmen, wenn er konstatiert, dass grundsätzlich „insofern gehandelte Termine ohnehin willkürlich gewählt sind“[708]. Es gibt jedoch konkrete Anhaltspunkte, die für die Beantwortung der Frage wichtig sind, so z.B. der Umstand, dass im Zuge des Urteils **starke gesetzgeberische Aktivitäten** entfaltet wurden.

Man denke nur an die oben dargelegten Entwürfe u.a. des StVÄG 1988 [1989] und des OrgKG 1992[709].

Dies spricht einerseits für die Anerkennung eher längerer Übergangsfristen, da der Gesetzgeber sich alles andere als untätig erwiesen hat. Dass es aufgrund von politischen Unwägbarkeiten nicht zum Abschluss des jeweiligen Gesetzgebungsverfahrens gekommen war, hätte dem Gesetzgeber nicht zum Nachteil gereichen dürfen. Andererseits ist jedoch festzustellen, dass schon in den siebziger Jahren (!) des 20. Jahrhunderts – und damit **vor** dem Erlass des Volkszählungsurteils – die Forderung nach differenzierteren Normierungen[710] laut geworden war, aufgrund derer u.a. der *Musterentwurf für ein einheitliches Polizeigesetz (ME PolG)* geschaffen wurde[711]. Auch waren in einer Reihe von Entscheidungen des *BVerfG* bereits **vor** dem Volkszählungsurteil Tendenzen zu einer Forderung

---

707 Hier seien noch die Bedenken von *Rogall*, NStZ 1992, 45 [48] genannt, dass die sich Kriterien der Übergangsjudikatur nur scheinbar präzise sind: „Sie beschränken die Tätigkeit der Exekutive auf das zur Aufrechterhaltung der Staatsfunktionen unabdingbar Notwendige und verpflichten zur strikten Beachtung des Verhältnismäßigkeitsgrundsatzes“.

708 *Rogall*, Informationseingriff und Gesetzesvorbehalt im Strafprozess, S. 102; *Duttge*, Zwangsmaßnahme, S. 217.

709 Ausführlich zu weiteren gesetzgeberischen Aktivitäten siehe oben § 5.

710 *Denninger*, ZRP 1981, 231 [234 f]; *Podlech* in: Perels, Grundrechte als Fundament der Demokratie, S. 55.

711 Vgl. die Begründung zum Musterentwurf bei *Heise/Riegel*, Musterentwurf für ein einheitliches Polizeigesetz, S. 18.

von bereichsspezifischen Regelungen im Datenschutz erkennbar[712]. Dies alles spricht maßgeblich dafür, an die Bemessung des Zeitraums für einen Übergangsbonus strengere Maßstäbe anzulegen.

Für die Observation ergibt sich daraus, dass der Zeitraum eines möglichen Übergangsbonus auch unter Berücksichtigung der legislativen Bemühungen und der schwierigen Zeit für den Gesetzgeber im Zuge der Deutschen Einheit **jedenfalls mit dem Ende der 90er Jahre endgültig abgelaufen** ist. Insoweit weist *Ellbogen* zu Recht darauf hin, dass eine überhöhte Arbeitsbelastung nach der Jahrtausendwende angesichts der Umsetzung von nicht einheitsbedingten Reformen grundlegender Art nicht mehr festgestellt werden kann[713]. Zudem hatten mittlerweile fast alle Landesgesetzgeber die Voraussetzungen von Observationsmaßnahmen (zur Gefahrenabwehr) in ihren Polizeigesetzen geregelt, so dass auf dortige Vorarbeiten hätte aufgebaut werden können.

2. Die „Fangschaltungsentscheidung" des BVerfG[714]

a) Kernaussagen des Urteils

Keine weiteren Erkenntnisse für die **Länge** der Übergangsfrist ergeben sich aus der sog. „Fangschaltungsentscheidung" des *BVerfG*, in der das Gericht die Erfassung von Ferngesprächsdaten mittels Fangschaltungen und Zählervergleichseinrichtungen als gesetzlich nicht legitimierten Verstoß gegen das Fernemeldegeheimnis des Art. 10 Abs. 1 GG wertete. Das Gericht betont insoweit lediglich erneut die Pflicht des Gesetzgebers, „alsbaldig" einen verfassungsgemäßen Zustand herzustellen.

Von Bedeutung sind hingegen die Feststellungen des *BVerfG* zur ***Handhabung der Maßnahme*** in der ermächtigungsgrundlagenlosen Übergangszeit. So stellt das Gericht fest, dass das Fehlen der Ermächtigungsgrundlage keine zwischenzeitliche Unzulässigkeit der Gesprächsbeobachtung bedinge und führt aus:

„Zwar liegt [darin] ein Verstoß gegen das Fernmeldegeheimnis. Andererseits würde aber auch die Verweigerung von Gesprächsbeobachtungen die grundrechtlich geschützten Belange von Fernsprechteilnehmern beeinträchtigen, die Opfer bedrohender oder belästigender anonymer Anrufe werden [...] Die Betroffenen sind derartigen Angriffen relativ schutzlos ausgeliefert. Fangschaltungen bilden für sie ein besonders wirksames, oft sogar das einzige Mittel der

---

712 Vgl. *BVerfG* E 35, 202 [220] *(Lebach)*; 54, 148 [155] *(Eppler-Beschluss)*; 63, 131 [142] *(Gegendarstellungs-Beschluss)*.

713 V-Personen, S. 105.

714 *BVerfG* E 85, 386 ff; *Schatzschneider*, NJW 1993, 2029 [2031]; *Schlosser*, NJW 1992, 3275 [3277]; kritisch *Welp*, NStZ 1994, 209 ff.

Gegenwehr [...] Dürften wegen fehlender gesetzlicher Grundlage keine Gesprächsbeobachtungen mehr stattfinden, so könnte diesen grundrechtlichen Belangen nicht Rechnung getragen werden. Die Betroffenen wären weitgehend schutzlos gestellt"[715].

Hieraus zieht das Gericht den Schluss, dass der verfassungswidrige Zustand *vorübergehend* hinzunehmen sei. Denn dies verhindere eine Lage, die den verfassungsrechtlichen Anforderungen noch ferner stünde als der bisherige Zustand[716].

b) Folgerungen für die Observation

Für die Observation vor In-Kraft-Treten des StVÄG 1999 am 1.11.2000 ändert diese Rechtsprechung nichts. Denn der Übergangsbonus war — wie erwähnt — jedenfalls zu Beginn des 21. Jahrhunderts abgelaufen. Zum anderen lässt sich die Fangschaltung aber auch ihrem Inhalt nach nicht mit der Observation vergleichen. Es ist richtig, dass eine *Überwachung des Telefonverkehrs* schwerlich auf andere Art und Weise vollzogen werden kann. Anders ist es bei der *Observation*, die jedenfalls typischer Weise nur eines von mehreren zur Verfügung stehenden Strafverfolgungsmitteln und damit selten das **einzige** Erfolg versprechende Ermittlungsinstrument ist. Daher müssen die Strafverfolgungsbehörden notfalls andere zur Verfügung stehende normierte Maßnahmen durchführen, ohne dass von der Straftat Betroffene schutzlos gestellt wären. Ein letztlich auf Verhältnismäßigkeitsgesichtspunkten beruhender Ausnahmefall besteht hier nicht.

VI. Konstitutive Legalisierung oder deklaratorische Anerkennung der längerfristigen Observation durch § 100c Abs. 1 Nr. 1a StPO a.F. bis zum Erlass des StVÄG 1999?

1. Einführung des § 100c Abs. 1 Nr. 1a StPO durch das OrgKG

Wie bereits im Rahmen der Erörterung der Gesetzgebungsaktivitäten seit dem Volkszählungsurteil dargelegt, wurde § 100c durch das OrgKG im Jahre 1992 in die StPO eingeführt. Die Vorschrift gestattet es u.a., ohne Wissen des Betroffenen Lichtbilder und Bildaufzeichnungen außerhalb von Wohnungen herzustellen[717]. Es sei an dieser Stelle auf die Aussagen in den Gesetzesmaterialien hingewiesen, die das Verhältnis der verschiedenen Observationsmöglichkeiten zu-

---

715 *BVerfG* E 85, 386 [400 f].

716 *BVerfG* aaO unter Verweis auf E 33, 1 [12]; 303 [347]; 41, 251 [267]; 45, 400 [420]; 48, 29 [38].

717 BT-Drucks. 12/989, S. 39. – **§ 100c Abs. 1 StPO i.d.F. des OrgKG ist heute durch § 100f Abs. 1 StPO n.F. ersetzt. –**

einander betreffen: In der Begründung des Gesetzesentwurfs zum Einsatz technischer Mittel wird festgestellt, dass die *„jedenfalls **kurzfristige** Beobachtung verdächtiger Personen ohne Einsatz technischer Überwachungsgeräte keiner besonderen Regelung bedarf“*[718].

Die Frage der Regelungsbedürftigkeit einer **längerfristigen Observation** ohne Einsatz technischer Mittel war damit noch nicht geklärt. Dass damals aber erhebliche Zweifel an der Notwendigkeit der Schaffung einer Ermächtigungsgrundlage für jene Maßnahme bestanden, ergibt sich aus der in diesem Kontext gewählten Formulierung „Klarstellung“[719]. Seinerzeit wurde vom Gesetzgeber nur der Einsatz technischer Mittel zu Observationszwecken für regelungsbedürftig gehalten und dementsprechend gesetzlich vertypt[720].

2. BGH v. 29.1.1998[721]

In diesem Urteil bejahte der *1. Strafsenat* des *BGH* die Frage, ob auch eine längerfristige Observation

> – die seit ihrer damals nicht Gesetz gewordenen Definition im StVÄG 1988[722] so verstanden wurde wie nunmehr in § 163f StPO normiert –

von § 100c Abs. 1 Nr. 1a StPO a.F. (siehe Fn. 717) erfasst war. Denn aus dessen Formulierung wie auch aus dem systematischen Zusammenhang mit § 100c Abs. 1 Nr. 1b StPO a.F., der es erlaubte, „sonstige besondere für Observationszwecke bestimmte technische Mittel“ zu verwenden, ergebe sich klar, dass Bildaufzeichnungen gerade oder zumindest auch mit dem Ziel der Observation gemeint seien[723]. Weiterhin legten weder der Wortlaut des § 100 Abs. 1 StPO noch seine Entstehungsgeschichte den Schluss nahe, dass der Einsatz technischer Mittel nur für kurzfristige und nicht auch für längerfristige Observationen erlaubt werden sollte[724].

3. Krey

Krey vertrat angesichts der damaligen Gesetzeslage die Auffassung, dass die Observation zumindest in den Fällen, in denen zu ihrer Durchführung gemäß § 100c

---

718 aaO.
719 aaO, S. 39 f.
720 *Rogall*, JZ 1998, 796 [797].
721 JZ 1998, 794 ff. Zum Sachverhalt bereits oben § 16 I 4 b).
722 Ausführlich oben § 6 III.
723 *BGH* JZ 1998, 794 [796].
724 *BGH* aaO.

Abs. 1 Nr. 1b StPO „besondere für Observationszwecke bestimmte technische Mittel" eingesetzt werden durften, durch diese Vorschrift **mitlegalisiert** war[725]. Nach seiner Lesart hätte die Vorschrift demgemäß in etwa heißen müssen: *„Observationen ‚**sogar**' mit technischen Mitteln"*. Damit wären Observationen ohne technische Mittel mit umfasst gewesen, und zwar mit Hilfe eines **argumentum ad absurdum**.

Beispiel: Die Videokamera fällt bei einer von § 100c Abs. 1 Nr. 1b StPO a.F. gedeckten Maßnahme aus.

Man hätte zu Recht nicht ernsthaft verlangen können, dass die Überwachungsaktion abgebrochen werden müsste, nur weil die Beamten nicht mit dem bloßen Auge hätten weiter beobachten dürfen.

4. Eigene Stellungnahme

Die Annahme einer Miterfassung von Observationsmaßnahmen ohne technische Mittel durch § 100c Abs. 1 Nr. 1 StPO a.F. ist gleichwohl abzulehnen. So ist es keineswegs schlüssig, wenn das Gericht aus der Tatsache, dass die angesprochenen Mittel **primär** zu Observationszwecken eingesetzt werden, die Konsequenz zieht, dass alle weiteren Observationsarten mitlegalisiert worden seien. Diese Konsequenz steht im Gegensatz zum klaren Willen des Gesetzgebers, der seinerzeit einen Regelungsbedarf bezüglich der Observation ohne technische Mittel gerade verneint hatte. Zudem dient jene Vorschrift einem anderen Zweck: Ihre Regelung war bereits durch den mit der Maßnahme i.d.R. verbundenen Einriff in das „Recht am eigenen Bild" zwingend geboten und hat damit eine von der Observation ohne technische Mittel abweichende zusätzliche Grundrechtsrelevanz.

Gegen die Extension des § 100c StPO a.F. spricht weiterhin, dass die StPO bei langandauernden Maßnahmen Beschränkungen bereits im Rahmen ihrer Tatbestandsvoraussetzungen und nicht erst auf der Verhältnismäßigkeitsebene vorsieht[726]. Dies mag zumindest ein Indiz gegen eine ausdehnende Auslegung sein[727].

Darüber hinaus wäre im Hinblick auf die Auffassung *Kreys* die Frage zu beantworten, ob mit einem argumentum ad absurdum dem Gesetzesvorbehalt Genüge getan wäre. Dies erschiene im Ergebnis zweifelhaft. Viel spricht dafür, dass ein solches Argument nicht ausreicht. Denn bei dem mit dem argumentum ad absurdum eng verwandten argumentum „a maiore ad minus"

---

725 Miyazawa-FS, S. 595 [609]. A.A. *Gercke*, Bewegungsprofile, S. 122 f.

726 So z.B. bei § 100b Abs. 2 StPO: Telefonüberwachung.

727 *Nimtz*, Observation, S. 99.

– welches teilweise an dieser Stelle für einschlägig gehalten wird[728] –

gilt nach h.M., dass ein solches Argument weder im Öffentlichen Recht noch im Strafprozessrecht dem Gesetzesvorbehalt genügt. Dazu wird geltend gemacht, dass anderenfalls der Gesetzgeber stets lediglich die intensivsten Eingriffe per Gesetz regeln müsste. Alle leichteren Eingriffe zu demselben Zweck wären durch sie zwingend mitlegalisiert[729]. Daraus würde sich die rechtsstaatlich nicht haltbare Konsequenz ergeben, dass die Bestimmung von Art, Umfang und Voraussetzungen der weniger intensiven Eingriffe vorrangig der Exekutive und der Judikative obläge. Dies jedoch ist mit dem Gesetzesvorbehalt und auch dem Bestimmtheitsgebot unvereinbar[730].

VII. Rekurs auf die Vorwirkung von Gesetzen

Wie soeben ausgeführt, hatte sich der Gesetzgeber mit der Frage der Einführung einer Ermächtigungsgrundlage für die längerfristig Observation bereits im StVÄG 1988 beschäftigt. Die endgültige Regelung in § 163f StPO war jedoch erst Teil des StVÄG 1999. In solchen Fällen wird teilweise eine „Vorwirkung von Gesetzen" für zulässig gehalten, nach der eine Neuregelung ausnahmsweise schon Wirkung entfalten kann, bevor sie in Kraft getreten ist[731]. Die längerfristige Observation konnte jedoch nicht durch eine solche Vorwirkung legitimiert werden. Notwendig hierfür wäre allemal die hinreichend sichere Prognose gewesen, die fragliche Neuregelung werde alsbald in Kraft treten. Dass dies hier evident nicht der Fall war, zeigen die in der Analyse des Gesetzgebungsverfahrens aufgezeigten Aspekte[732] und die unverhältnismäßig lange Dauer bis zur Normierung der längerfristigen Observation.

VIII. Legitimation durch den Verhältnismäßigkeitsgrundsatz (Interessenabwägung)

Verfassungsrechtlich nicht haltbar ist weiterhin die Ansicht, dass strafprozessuale Grundrechtseingriffe ohne Rechtsgrundlage möglich sein sollen, wenn das Strafverfolgungsinteresse des Staates das Interesse des Bürgers an der Ungestörtheit

728 *Amelung*, NStZ 1998, 631 [632]: *Hefendehl*, StV 2000, 270 [275]; *Nimtz*, Observation, S. 98; *Rogall*, JZ 1998, 796 [797 f].

729 *Leister*, Annexkompetenzen, S. 255.

730 *Bär*, Der Zugriff auf Computerdaten im Strafverfahren, S. 172 f; *Grünwald*, JZ 1981, 423 [425]; *Rudolphi* in: SK-StPO, vor § 94 Rn. 20.

731 Ausführlich *Kloepfer*, Vorwirkung von Gesetzen, S. 120 ff.

732 Oben § 6 III et passim.

seiner Rechtsgüter überwiegt[733]. Denn zum einen ist das Verhältnismäßigkeitsprinzip kein Rechtssatz im klassischen Sinne, der sich aus Tatbestand und Rechtsfolge zusammensetzt[734]. Zum anderen würde sich bei Heranziehung des Verhältnismäßigkeitsgrundsatzes als **Ermächtigungsgrundlage** dessen genuine Aufgabe, nämlich die Beschränkung staatlicher Machtausübung, in ihr Gegenteil verkehrten *(Kühne)*[735].

IX. Die Erfordernisse einer an rechtsstaatlichen Garantien ausgerichteten Rechtspflege

1. Wesentlicher Inhalt dieses Grundsatzes

Dieser vom *BVerfG* mittlerweile an Stelle des ursprünglich entwickelten Topos der *„Funktionsfähigkeit der Strafrechtspflege"*[736] verwendete Grundsatz[737] beinhaltet im Wesentlichen folgende Gesichtspunkte: Es geht um die Findung der materiellen Wahrheit und der gerechten Entscheidung[738], die Verwirklichung der Gerechtigkeit[739], die Aufklärung insbesondere schwerer Straftaten[740] und die unabweisbaren Bedürfnisse einer effektiven Strafverfolgung[741]. Die der so verstandenen „Wirksamkeit gerechter Strafrechtspflege" widerstreitenden geschützten Grundrechte der von Strafverfolgung Betroffenen seien im Sinne praktischer Konkordanz auszugleichen.

2. Resümee

Die Erfordernisse einer an rechtsstaatlichen Garantien ausgerichteten Rechtspflege vermögen keine Rechtsgrundlage für Grundrechtseingriffe zu bilden. Diesem Topos mangelt es nicht nur an hinreichender Bestimmtheit. Vielmehr würde bei seiner Anerkennung als Eingriffsermächtigung der ausdifferenzierte und ab-

---

733 *BVerfG* E 30 1 [20 f]; ebenso *Dreier*, DVBl. 1980, 471 [473 f]; *Schröder*, AöR Bd. 103 (1978), 138 ff.

734 Vgl. hierzu statt aller *Gropp*, StV 1989, 216 [219]; *Leister*, Annexkompetenzen, S. 262 f.

735 *Kühne*, JZ 2001, 1148.

736 Vgl. *BVerfG* E 33, 367 [383]; 46, 214 [222]. Kritisch *Bottke*, Jura 1987, 356 [363]; *Comes*, StV 1998, 569 [572].

737 *BVerfG* E 80, 367 [375]; *Fischer*, DVBl. 1981, 517 ff; *Schaefer*, NJW 1997, 2437 [2438].

738 *BVerfG* E 33, 367 [383]; 34, 238 [248]; 77, 65 [76]; 80, 367 [375].

739 *BVerfG* aaO.

740 *BVerfG* E 44, 353 [374]; 80, 367 [375].

741 *BVerfG* E 38, 105 [118]; 80, 367 [375]; *BVerfG* NJW 1996, 771 [772].

schließende Katalog strafprozessualer Eingriffsermächtigungen in seiner eingriffslimitierenden Funktion ausgehebelt[742].

Zusammenfassung von Kapitel 5

Vor In-Kraft-Treten des StVÄG 1999 existierten weder für längerfristige noch für kurzfristige Observationsmaßnahmen hinreichende Ermächtigungsgrundlagen.

Dies bedeutet, dass vor dem Hintergrund des gewandelten verfassungsrechtlichen Verständnisses nach dem Volkszählungsurteil alle Arten von Observationen dann unzulässig waren, wenn sie oberhalb der Eingriffsschwelle insbesondere des Allgemeinen Persönlichkeitsrechts bzw. Rechts auf informationelle Selbstbestimmung lagen und damit Grundrechtsrelevanz aufwiesen.

Kapitel 6: Ermächtigungsgrundlagen nach dem StVÄG 1999

Das am 1.11.2000 in Kraft getretene StVÄG 1999 normiert mit § 163f StPO eine Ermächtigungsgrundlage für die längerfristige Observation. Da für sonstige, weniger intensive Observationen keine weitere explizite Regelung getroffen wurde, stellt sich zunächst die Frage, ob diese – im folgenden kurzfristige Observationen genannten – Maßnahmen überhaupt einer Ermächtigungsgrundlage bedürfen bzw. ob (und wenn ja, bis zu welcher Intensität) insbesondere die Ermittlungsgeneralklausel der novellierten §§ 161 Abs. 1 S. 1, 163 Abs. 1 S. 2 StPO eine taugliche Legitimation darstellt.

§ 19 Ermächtigungsgrundlage für „kurzfristige" Observationen

I. Die novellierte „Ermittlungsgeneralklausel" der §§ 161 Abs. 1 S. 1, 163 Abs. 1 S. 2 StPO

1. §§ 161 Abs. 1 S. 1, 163 Abs. 1 S. 2 StPO n.F. als Befugnisnorm

Mit dem StVÄG 1999 wurde § 161 Abs. 1 S. 1 StPO als **Ermittlungsgeneralklausel**, d.h. als Befugnisnorm für die Staatsanwaltschaft ausgestaltet[743] und § 163 Abs. 1 S. 2 StPO für polizeiliche Tätigkeit entsprechend angepasst. § 161 Abs. 1 S. 1 StPO n.F. lautet:

---

742 Vgl. auch *Leister*, Annexkompetenzen, S. 246.

743 Grundsätzlich kritisch zu einer solchen Ausgestaltung bereits *Schoreit*, DRiZ 1987, 464 [468].

„Zu dem in § 160 Abs. 1 bis 3 bezeichneten Zweck ist die Staatsanwaltschaft befugt, von allen Behörden Auskunft zu verlangen und Ermittlungen entweder selbst vorzunehmen oder durch die Behörden und Beamten des Polizeidienstes vornehmen zu lassen, soweit nicht andere gesetzliche Vorschriften ihre Befugnisse besonders regeln."

§ 163 Abs. 1 StPO n.F. besagt:

„Die Behörden und Beamten des Polizeidienstes haben Straftaten zu erforschen und alle keinen Aufschub duldenden Anordnungen zu treffen, um die Verdunkelung der Sache zu verhüten. Zu diesem Zweck sind sie befugt, alle Behörden um Auskunft zu ersuchen, bei Gefahr im Verzug auch, die Auskunft zu verlangen, sowie Ermittlungen jeder Art vorzunehmen, soweit nicht andere gesetzliche Vorschriften ihre Befugnisse besonders regeln."

Es fragt sich, ob die Änderung des § 163 Abs. 1 StPO eine neue Qualität in Bezug auf die Legitimationswirkung für repressiv-polizeiliche Ermittlungsarbeit beinhaltet. Dabei ist namentlich zu klären, welche Observationsmaßnahmen der Norm des § 163 Abs. 1 StPO n.F. unterfallen und ob sich insoweit Divergenzen in Form von jetzt weiterreichenden Ermittlungsbefugnissen für die Polizei ergeben.

a) Argumente von Bundestag und Bundesrat im Gesetzgebungsverfahren zum StVÄG 1999

Aus den Stellungnahmen von Bundestag und Bundesrat zum StVÄG 1999 ergibt sich, dass der neu formulierte § 163 Abs. 1 StPO ***nicht** als allumfassender Auffangtatbestand* für alle nicht speziell geregelten Ermittlungsmaßnahmen fungieren soll, sondern vielmehr als eine Regelung zur Legitimierung von Eingriffen ausschließlich in das APR des Betroffenen konzipiert ist. So lautete die Zielsetzung aller Entwürfe von Bundestag und Bundesrat übereinstimmend:

„Mit dem Gesetzentwurf soll der Rechtsprechung des BVerfG, insbesondere dem Urteil des BVerfG vom 15. Dezember 1983 zum Volkszählungsgesetz [...] Rechnung getragen werden. Der Entwurf soll daher für die strafprozessuale Ermittlungstätigkeit [...] die verfassungsrechtlich gebotenen, im Interesse der Rechtssicherheit und Rechtsklarheit sowie aus strafprozessual-systematischen Gründen notwendigen präzisen Rechtsgrundlagen schaffen"[744].

Es sollte also ausschließlich eine Anpassung an die nach dem Volkszählungsurteil geltende Rechtslage erfolgen[745]. Dazu heißt es weiter:

---

744 BT-Drucks. 14/1484, S. 16; BR-Drucks. 65/99, S. 30. Vgl. *Brodersen*, NJW 2000, 2536.

745 *Leister*, Annexkompetenzen, S. 234 f.

*„[...] bringt den Charakter der Regelung als **Eingriffsermächtigung** zum Ausdruck. Zu den Ermittlungshandlungen jeder Art zählen z.B. die Einholung von Erkundigungen im Umfeld einer gesuchten Person sowie die nicht unter § 163f fallende, kurzfristige Überwachung des Beschuldigten oder einer anderen Person (z.B. kurze Beobachtung bei der Beseitigung von Tatspuren oder Hinterhergehen- oder fahren nach zufälligem Antreffen), oder der Einsatz von Scheinaufkäufern zur Aufklärung von Betäubungsmittelstraftaten"*[746].

Die genannten Maßnahmen betreffen ausnahmslos das APR und seine Ausformungen[747]. Zu § 163 Abs. 1 S. 2 StPO n.F. heißt es in den Gesetzesmaterialien weiter:

„Auch die polizeiliche Eingriffsbefugnis wird in ihrem Regelungsumfang durch gesetzlich besonders geregelte Befugnisse beschränkt. Liegen die speziellen Eingriffsvoraussetzungen nicht vor oder besitzt die Polizei für bestimmte Ermittlungsmaßnahmen, wie z.B. für die Telefonüberwachung nach § 100a, keine Eilkompetenz, kann sie eine solche Maßnahme im Einzelfall auch nicht über § 163 anordnen"[748].

Es zeigt sich, dass die Strafverfolgungsbehörden also keine Ermächtigungsgrundlage für **sämtliche** mit einem Grundrechtseingriff verbundene Ermittlungshandlungen an die Hand bekommen sollten, die weniger intensiv eingreifen und deshalb nicht von einer speziellen Eingriffsermächtigung erfasst werden[749].

b) Auffassungen im Schrifttum

Von der mittlerweile herrschenden Ansicht werden die neuen Ermittlungsgeneralklauseln der Sache nach als — wie *Krey* sie plakativ bezeichnet[750] — **„kleine Eingriffsgeneralklauseln"** gedeutet[751]. Angesichts der sich ständig ändernden Erscheinungsformen von Kriminalität und immer neu entwickelter Aufklärungsmöglichkeiten sei die abschließende gesetzliche Beschreibung und Regelung aller im Einzelfall denkbaren Ermittlungsmaßnahmen nicht möglich und daher eine Generalklausel für **„weniger intensiv"** in Grundrechte des Bürgers eingreifende

746 BT-Drucks. 14/1484, S. 23; BR-Drucks. 65/99, S. 46.

747 Vgl. *Leister*, Annexkompetenzen, S. 235.

748 BT-Drucks. 14/1484, S. 24; BR-Drucks. 65/99, S. 48.

749 Eine insoweit missverständliche Formulierung findet sich jedoch in BT-Drucks. 14/1484, S. 23; BR-Drucks. 65/99, S. 46.

750 Kohlmann-FS, S. 627 [648].

751 Ebenso ausdrücklich oder der Sache nach: *Beulke*, Strafprozessrecht, Rn. 104; *Hilger*, NStZ 2000, 561 [563]; *Meyer-Goßner*, § 161 Rn. 1, 1a, § 163 Rn. 1, 1a; *Leister*, Annexkompetenzen, S. 230 ff; KK-*Wache*, § 161 Rn. 1, § 163 Rn. 1; *Wollweber*, NJW 2000, 3623 f.

Maßnahmen unverzichtbar[752]. Als Beispiele für solche Ermittlungshandlungen werden neben der Einholung von Erkundigungen im Umfeld einer gesuchten Person, sonstigen einfachen Fahndungsmaßnahmen unterhalb der Schwelle der in §§ 131 ff StPO geregelten Maßnahmen[753] und dem Einsatz von VP[754] auch die **verdeckte kurzfristige Observation** genannt[755].

Weitgehend Einigkeit herrscht zudem darüber, dass sich die Ermittlungsgeneralklausel *„an der Struktur des geltenden Rechts"*[756] zu orientieren habe, und zwar insbesondere an dem der StPO zugrunde liegenden **Prinzip der Einzeleingriffsermächtigung für grundrechtsrelevante Ermittlungsmaßnahmen**[757]. Deshalb sei *„[...] § 161 Abs. 1 S. 1 StPO stets im Kontext der bereichsspezifischen Rechtsvorschriften über die Erhebung und weitere Verarbeitung der personenbezogenen Daten zu lesen, [welche] Gegenstand der staatsanwaltschaftlichen Ermittlungshandlung sind"*[758].

Daraus ergibt sich, dass beim Fehlen der Tatbestandsmerkmale einer Spezialermächtigungsgrundlage der Rückgriff auf §§ 161 Abs. 1 S. 1, 163 Abs. 1 S. 2 StPO nicht statthaft ist. Somit hat die Änderung dieser Vorschriften nach h.M. **keine zusätzliche Legitimationswirkung** für Ermittlungsmethoden von Staatsanwaltschaft und Polizei im grundrechtsrelevanten Bereich des Betroffenen mit sich gebracht.

Albrecht befürchtet durch die neuen Generalklauseln eine informelle Vorfeldkontrolle *„überall, wo sich staatliche Ermittlungstätigkeit im Dunkeln bewegen will"*[759]. Beliebige Maßnahmen unterhalb der Eingriffsintensität der klassischen prozessualen Zwangsbefugnisse wie Durchsuchung, Beschlagnahme, körperliche Eingriffe könnten so rechtsstaatswidrig auf eine Ermächtigungsgrundlage gestellt werden. Kurz: § 161 Abs. 1 StPO sei Verfassungsbruch[760].

Zur Bestimmung der Eingriffstiefe der genannten Ermittlungsmaßnahmen, die nach den unterschiedlichen Formulierungen im Schrifttum nicht mehr als nur „wenig erheblich" bzw. „„„wenig intensiv" sein darf, reaktivieren *Hilger* und *Beulke* den Gedanken der „Schwellentheorie"[761], wenn sie feststellen:

---

752 *Beulke*, Strafprozessrecht, Rn. 104.
753 *Hilger*, NStZ 2000, 561 [564]; *Soiné*, Kriminalistik 2001, 245 [246].
754 *Krey*, Kohlmann-FS, S. 627 [649].
755 *Krey*, Kohlmann-FS, S. 627 [649]: „*vorsorgliche* Mitlegalisierung"; *Meyer-Goßner*, § 161 Rn. 1; KK-*Wache*, § 161 Rn. 1.
756 So die Begründung in BT-Drucks. 14/1484, S. 23.
757 *Beulke*, Strafprozessrecht, Rn. 104 ff; *Krey*, Kohlmann-FS, S. 627 [648 f].
758 *Wollweber*, NJW 2000, 3623.
759 StV 2001, S. 416 [419].
760 *Albrecht* aaO.
761 Dazu ausführlich oben, § 18 I 2.

„Da nach dem Willen des Gesetzgebers schon für Maßnahmen wie z.B. Durchsuchung, Beschlagnahme, vorläufige Festnahme eine ‚Einzeleingriffsermächtigung' angezeigt ist, können ‚weniger tief' greifende Ermittlungshandlungen nur dann angenommen und von § 161 Abs. 1 (§ 163 Abs. 1) erfasst werden, wenn sie in ihrer verfassungsrechtlichen und strafprozessualen Bedeutung (unter Berücksichtigung der Eingriffstiefe bei dem Betroffenen) unterhalb der Schwelle solcher Maßnahmen liegen"[762].

Darüber hinausgehend schlägt *Krey* eine äußerst restriktive Interpretation der Generalklauseln vor, um das in der StPO geltende Prinzip der Einzelermächtigungen für Grundrechtseingriffe zu wahren. So seien Ermittlungsmaßnahmen nur bei kumulativem Vorliegen der folgenden Voraussetzungen erfasst[763]:

- Die Maßnahme ist lange vor dem Volkszählungsurteil des *BVerfG* ohne gesetzliche Spezialermächtigung durchgeführt worden,
- dabei gingen die Strafverfolgungsorgane und die seinerzeit h.L. davon aus, dass es sich nicht um strafprozessuale Grundrechtseingriffe handelte,
- seit jenem Urteil des *BVerfG* wird diese Annahme fehlender *Eingriffsqualität* aber zunehmend kritisiert.

c) Kritik

Wenn *Albrecht* behauptet, § 161 StPO n.F. sei Verfassungsbruch, ist ihm entschieden zu widersprechen. Es gibt aus verfassungsrechtlicher Sicht nur zwei verschiedene Kategorien von Ermittlungstätigkeiten: Nämlich diejenigen, die grundrechtsrelevant sind, und diejenigen, die es nicht sind. Um die Normierung der ersten Kategorie hat sich der Gesetzgeber — zumeist aus Klarstellungsgründen — in letzter Zeit verstärkt bemüht. Staatliche Ermittlungstätigkeiten ohne Eingriffscharakter dagegen bedürfen ohnehin keiner gesetzlichen Ermächtigungsgrundlage.

Die Auffassung von *Hilger* und *Beulke* und ihre enge Verknüpfung mit der „Schwellentheorie" ist wegen deren Mangel an Bestimmtheit ebenso wie diese selbst abzulehnen.

Richtig ist zweifelsohne, dass angesichts des die StPO beherrschenden **Prinzips der Einzelermächtigungen** der Rückgriff auf die Ermittlungsgeneralklausel jedenfalls dann **„gesperrt"** ist, wenn für die fragliche Maßnahme eine Spezialermächtigungsgrundlage existiert, deren Voraussetzungen im konkreten Fall aber nicht erfüllt sind. Für die vorliegende Untersuchung bedeutet dies, dass aufgrund der Normierung der längerfristigen Observation in § 163f StPO daher **al-**

762 *Beulke*, Strafprozessrecht, Rn. 104; *Hilger*, NStZ 2000, 561 [564].
763 Kohlmann-FS, S. 627 [649].

lenfalls kurzfristige Observationen auf die Eingriffsgeneralklauseln gestützt werden könnten. Ob dies der Fall ist bzw. welche Grundrechtseingriffe sie generell zu legitimieren vermögen, wird im Folgenden untersucht.

2. Eigener Standpunkt: §§ 161 Abs. 1 S. 1, 163 Abs. 1 S. 2 StPO als deklaratorisch festgeschriebene Ermächtigungsgrundlage für solche Eingriffe in das APR bzw. das Recht auf informationelle Selbstbestimmung, die erst nach dem Volkszählungsurteil umstritten wurden

Der Umfang der Legitimationswirkung der neugefassten §§ 161 Abs. 1, 163 Abs. 1 StPO ist anhand der klassischen Auslegungselemente zu klären, nämlich der grammatischen, historischen, systematischen, teleologischen und verfassungskonformen Auslegung.

a) Grammatische Auslegung

Der Wortlaut des § 163 Abs. 1 S. 2 StPO n.F. führt zu keinem eindeutigen Ergebnis[764]. Zwar legt die Wendung „*Ermittlungen jeder Art vorzunehmen*" nahe, dass alle nicht spezialgesetzlich geregelten Grundrechtseingriffe erfasst sind. Auf der anderen Seite spricht die Formulierung „*... befugt, alle Behörden um Auskunft zu ersuchen, bei Gefahr im Verzug auch, die Auskunft zu verlangen*" dafür, allenfalls Eingriffe in das APR bzw. Recht auf informationelle Selbstbestimmung des Betroffenen zu erfassen[765].

b) Historische Auslegung

In den Stellungnahmen des Bundestages und des Bundesrates zum StVÄG 1999 heißt es:

„*Die Strafverfolgungsbehörden benötigen [...] eine Ermächtigungsgrundlage auch für solche mit einem Grundrechtseingriff verbundenen Ermittlungshandlungen, die weniger intensiv eingreifen und deshalb nicht von einer speziellen Eingriffsermächtigung erfasst werden*"[766].

Aus dem Zusammenhang mit der unter der Überschrift „*Inhalt des Entwurfs*" gewählten Formulierung, nach der Rechtsgrundlagen für „*[...] in das Persönlichkeitsrecht des Betroffenen eingreifende Ermittlungsmethoden*" geregelt werden sollten, ergibt sich, dass keinesfalls alle Grundrechtseingriffe gestattet sind,

764 Der Text der Vorschrift findet sich oben in § 19 I 1.

765 So schon *Leister*, Annexkompetenzen, S. 237 f.

766 BT-Drucks. 14/1484, S. 23; BR-Drucks. 65/99, S. 46.

die eine geringere Eingriffsintensität aufweisen als speziell geregelte Maßnahmen. Vielmehr sollen nach dem historischen Willen des Gesetzgebers durch § 163 Abs. 1 S. 2 StPO n.F. lediglich Eingriffe in das APR legitimiert werden[767].

c) Systematische Auslegung

Aus der systematischen Auslegung der Norm ergibt sich, dass sie jedenfalls für schwerwiegendere Grundrechtseingriffe keine ausreichende Ermächtigungsgrundlage darstellt. Einerseits beinhalten die Nachbarvorschriften des § 163 Abs. 1 StPO im zweiten Abschnitt des zweiten Buches der Strafprozessordnung *(„Vorbereitung der öffentlichen Klage")* wie z.B. §§ 163b, 163d, 163e, 163f StPO Ermächtigungsgrundlagen für Eingriffe in das APR bzw. das Recht auf informationelle Selbstbestimmung. Dieselbe Zielrichtung liegt damit auch für § 163 Abs. 1 StPO nahe. Andererseits spricht – wie schon *Leister* überzeugend herausgearbeitet hat – gegen die Zulässigkeit schwerwiegenderer Eingriffe, dass der StPO ein nach Voraussetzungen und Anwendungskompetenz **hochdifferenziertes System von Eingriffsermächtigungen** immanent ist[768]. Wären daher gravierende, spezialgesetzlich nicht geregelte Eingriffe in geschützte Rechtspositionen des Betroffenen durch § 163 Abs. 1 StPO erlaubt, so würde jenes System und damit die Systematik der gesamten Strafprozessordnung gewissermaßen gesprengt.

d) Teleologische Auslegung

Im Rahmen der Untersuchung der ratio legis sei auf die bereits genannte Zielsetzung des StVÄG 1999 verwiesen, die primär in der **Umsetzung der rechtlichen Vorgaben des Volkszählungsurteils** des *BVerfG* bestand[769]. Diese Einsicht und die in den Gesetzesmaterialien gewählte Formulierung *„[grundsätzlich] Vorkehrungen zu treffen, die einer Verletzung des Persönlichkeitsrechts entgegenwirken. Ziel des Entwurfs ist es, unter Berücksichtigung dieser Erwägungen für bestimmte Bereiche des Ermittlungsverfahrens, insbesondere für die Fahndung und die längerfristige Observation klare gesetzliche Regelungen zu schaffen"*[770], lassen auf eine sehr restriktive Bedeutung des § 163 Abs. 1 StPO als **„kleiner Eingriffsgeneralklausel"** schließen. Nach dem rechtspolitischen Sinn und Zweck

767 *Leister*, aaO.
768 Annexkompetenzen, S. 239 m.w.N.; *Kühne*, Strafprozessrecht, Rn. 156 et passim.
769 Siehe oben IX 3.
770 BT-Drucks. 14/1484, S. 16; BR-Drucks. 65/99, S. 16.

dieser Norm sollen daher nur leichte Eingriffe in das APR bzw. das Recht auf informationelle Selbstbestimmung erlaubt sein.

e) Verfassungskonforme Auslegung der §§ 161 Abs. 1 S. 1, 163 Abs. 1 S. 2 StPO im Hinblick auf den Bestimmtheitsgrundsatz

Auch eine in der vorliegenden Untersuchung primär interessierende kurzfristige Observation greift grundsätzlich in das APR bzw. das Recht auf informationelle Selbstbestimmung ein[771]. Ihre verfassungsrechtliche Rechtfertigung könnte die Maßnahme in § 163 Abs. 1 S. 2 StPO als Teil der verfassungsmäßigen Ordnung

> – die wiederum als Bestandteil des Schrankentrias des Art. 2 Abs. 1 GG aus der Gesamtheit der Normen, die formell und materiell verfassungsgemäß sind, besteht[772] –

erfahren.

Als kleine Eingriffsgeneralklausel müsste § 163 Abs. 1 S. 2 StPO n.F. insbesondere materiell verfassungsgemäß sein. Hier stellt sich die Frage nach ihrer ausreichenden **Bestimmtheit**[773]: Sie muss nach Inhalt, Gegenstand, Zweck und Ausmaß so hinreichend bestimmt sein, dass die Eingriffe für den Betroffenen messbar, voraussehbar und berechenbar sind[774].

aa) Anforderungen des Bestimmtheitsgebots an Generalklauseln

Auf Grund des Bestimmtheitsgebots sind Rechtsvorschriften nach der Rechtsprechung des *BVerfG* so präzise zu fassen, *„wie dies nach der Eigenart der zu ordnenden Lebenssachverhalte mit Rücksicht auf den Normzweck möglich ist"*[775]. Das bedeutet, dass umso höhere Anforderungen an die Bestimmtheit der gesetzlichen Regelung zu stellen sind, je schwerwiegender ihre Auswirkungen für den Betroffenen sind. Im Fall einer strafprozessualen Ermittlungsmaßnahme muss also mit zunehmender Grundrechtsrelevanz die Bestimmtheit der normativen Aussage des Gesetzgebers zunehmen.

---

771 Ausführlich oben § 15.

772 *BVerfG* E 6, 32 [37 f]; 80, 137 [153].

773 Zum Bestimmtheitsgrundsatz: *BVerfG* E 49, 168 [181], 57, 295 [326 f]; 80, 137 [161]; *Jarass/Pieroth*, GG, Art. 20 Rn. 38 ff.

774 *BVerfG* E 9, 137 [147]; 35, 382 [401]; 83, 130 [142]. Vgl. auch *Rudolphi* in: SK-StPO, vor § 94 Rn. 68.

775 *BVerfG* E 49, 168 [181]; 87, 234 [263]; 93, 213 [238].

Generalklauseln gehören dabei zum anerkannten Instrumentarium des Gesetzgebers[776]. Dies gilt grundsätzlich auch für den Regelungsbereich strafprozessualer Grundrechtseingriffe. Im konkreten Fall der Ausgestaltung der §§ 161 Abs. 1 S. 1, 163 Abs. 1 S. 2 StPO als kleinen Eingriffsgeneralklauseln ist insbesondere das Argument der **Schaffung von Einzelfallgerechtigkeit** dafür anzuführen, dass die Verwendung der Generalklauseln zulässig ist: Sie werden im Sinne einer Anweisung an den Richter verwandt, den Besonderheiten des Einzelfalls gerecht zu werden[777].

Die Verwendung der Generalklauseln ist im vorliegenden Fall unabdingbar. Denn es handelt sich um einen Regelungsbereich, in dem wegen des rasanten Fortschritts der technischen Entwicklung und den dadurch neuen Vorgehensweisen der Täter einerseits sowie des Einsatzes neuer Ermittlungsmethoden auf Seiten der Strafverfolgungsbehörden andererseits eine möglichst flexible Gesetzesfassung erforderlich ist. Eine engere, kasuistische Ausgestaltung des Gesetzes nach dem Enumerationsprinzip wäre deshalb nicht nur praxisfremd und kaum effektiv handhabbar, sie würde darüber hinaus die Gewährleistung bestmöglicher Einzelfallgerechtigkeit verhindern[778].

bb) Bestimmtheit der §§ 161 Abs. 1 S. 1, 163 Abs. 1 S. 2 StPO

Eine kurzfristige verdeckte Observation im Sinne einer zeitlich und räumlich eng begrenzten Beobachtung, die sich in der allgemein zugänglichen Öffentlichkeit abspielt, greift nur unerheblich in die Rechtsstellung des Betroffenen ein. Denn hier werden nur punktuell Daten über den Betroffenen erhoben, die seinem Geheimhaltungswillen im Zweifel nicht unterliegen. Daraus folgt, dass eine **spezialgesetzliche Ermächtigung für kurzfristige Observationen nicht erforderlich** ist. Sie sind auf §§ 161 Abs. 1 S. 1, 163 Abs. 1 S. 2 StPO n.F. zu stützen: So existiert eine gefestigte Praxis im Hinblick auf kurzfristige Observationen, die dem Bestimmtheitsgebot genügt. Gegen die Erforderlichkeit der ausdrücklichen spezialgesetzlichen Regelung jener Maßnahme spricht zudem, dass weitere strafprozessuale Ermittlungsmaßnahmen den Schutzbereich des APR bzw. des Rechts auf informationelle Selbstbestimmung tangieren, die ebenfalls auf § 163 Abs. 1 S. 2 StPO gestützt werden. Hier ist das ungezielte Sammeln von Informationen

---

776 *BVerfG* E 8, 274 [326]; 56, 1 [12].

777 Zu den Gründen der Verwendung von Generalklauseln ausführlich *Krey*, Studien, S. 85 f.

778 So schon zur Fassung des § 163 Abs. 1 StPO vor Erlass des StVÄG 1999: *Ahlf*, Die Polizei 1983, 41 [52]; *Kramer*, NJW 1992, 2732 [2736 f]; *Perschke*, Ermittlungsmethoden, S. 99 ff; *Schwan*, VerwArch Bd. 70 (1979), 109 [117]. **A.A.** *Fischer/Maul*, NStZ 1992, 7 [10]; *Riepl*, Informationelle Selbstbestimmung, S. 185.

durch Befragen der Tatzeugen, der Nachbarn des Opfers oder auch des Tatverdächtigen, zudem das allgemeine Beobachten des Tagesablaufs des Beschuldigten zu nennen[779]. Ähnlich geringe Auswirkungen kommen auch der kurzfristigen Observation zu.

Weiterhin wäre eine speziellere Normierung sachwidrig, da man anderenfalls den Strafverfolgungsbehörden die Durchführung von Ermittlungsaufgaben in erheblichem Unfang unmöglich machen würde. Wenn heute betont wird, dass die Fortentwicklung kriminalistischer Methoden und die notwendige Kreativität zur Gewinnung von Ermittlungsansätzen generell eine eher offene Fassung von Eingriffsnormen nahe legt[780], ist daran zweifelsfrei richtig, dass dies keinesfalls zu einer schrankenlosen Entwicklung bzw. Anwendung von Ermittlungsmethoden führen darf. Trotzdem ist die Ausgestaltung der §§ 163 Abs. 1, 161 Abs. 1 StPO als Generalklausel zur Aufrechterhaltung der Effektivität der Strafverfolgung unabdingbar[781].

f) Materielle und verfahrensrechtliche Eingriffsvoraussetzungen der §§ 161 Abs. 1 S. 1, 163 Abs. 1 S. 2 StPO

aa) Verdacht einer Straftat

§ 163 Abs. 1 StPO regelt den *ersten Zugriff* der Polizei und bestimmt bei Vorliegen eines *Anfangsverdachtes* einen umfassenden Ermittlungsauftrag. Diese Zweckbestimmung genügt zweifelsfrei den verfassungsrechtlichen Mindestanforderungen[782].

Der *zeitliche Anwendungsbereich* der fraglichen Norm ist ebenfalls verfassungsgemäß. Er beginnt mit dem Anfangsverdacht gemäß § 152 Abs. 2 StPO *(„zureichende tatsächliche Anhaltspunkte")* und endet mit der Abschlussentscheidung der StA über eine *Klageerhebung bei hinreichendem Tatverdacht* gemäß § 170 Abs. 1 StPO oder der *Einstellung des Verfahrens* gemäß § 170 Abs. 2 StPO — bzw. in den Fällen des Opportunitätsprinzips (§§ 153 ff StPO) gegebenenfalls durch Einstellung nach diesen Vorschriften —.

Diese Verdachtsgrade sind durch Rechtsprechung und Lehre hinreichend konkretisiert. Zudem schränkt § 163 Abs. 2 StPO *(„ohne Verzug")* den § 163

---

779 *Ellbogen*, V-Personen, S. 117; *Kühne*, Strafprozessrecht, Rn. 367 ff.

780 So *Martensen*, JuS 1999, 433 [435].

781 Ebenso *Kramer*, Kriminalistik 1993, 227 [230]; *Leister*, Annexkompetenzen, S. 177; *Rogall*, Informationseingriff, S. 73.

782 *Kramer*, NJW 1992, 2732 [2736 f]; *ders.*, Kriminalistik 1993, 227 [229 f]; *Leister*, aaO, S. 176.

Abs. 1 S. 2 StPO ein. Daher ist § 163 StPO im Ergebnis als dem rechtsstaatlichen Bestimmtheitsgebot genügend zu qualifizieren.

bb) Anordnungs- und Durchführungskompetenz

Zur Anordnung und Durchführung der Maßnahme sind nach § 161 Abs. 1 StPO hinreichend bestimmt die Staatsanwaltschaft und nach § 163 Abs. 1 StPO die Beamten des Polizeidienstes berufen[783].

cc) Verhältnismäßigkeit

Wie bei allen staatlichen Grundrechtseingriffen gilt auch hier der Verhältnismäßigkeitsgrundsatz. Die kurzfristige Maßnahme muss geeignet und erforderlich sein und darf den Betroffenen nicht unangemessen (unzumutbar) belasten[784]. Je geringer die Eingriffsschwere ist, desto weniger Bedeutung kommt dem Verhältnismäßigkeitsprinzip zu. Da kurzfristige Observationen wie gezeigt wenig eingriffsintensiv sind, ist der Grundsatz der Verhältnismäßigkeit gewahrt[785].

3. Resümee

Die grammatische Auslegung der §§ 161 Abs. 1 S. 1, 163 Abs. 1 S. 2 StPO erlaubt kein zweifelsfreies Ergebnis. Nach der systematischen Auslegung sind gravierende Eingriffe in Grundrechte der Betroffenen nicht legitimiert. Die historische wie auch die teleologische Auslegung legen den Schluss nahe, dass die Neufassung der Normen lediglich eine Rechtsgrundlage für leichtere Eingriffe in das APR bzw. das Recht auf informationelle Selbstbestimmung schaffen soll.

Nicht erfasst werden dagegen alle **weitergehenden**, nicht spezialgesetzlich in der StPO geregelten Ermittlungsmaßnahmen. Der Gesetzgeber hat hinreichend klar gemacht, dass er durch die Neufassung des § 161 StPO **keinen allgemeinen Auffangtatbestand zum Zwecke der Extension intensiverer Ermittlungsbefugnisse** normieren wollte. Die §§ 161 Abs. 1 S. 1, 163 Abs. 1 S. 2 StPO genügen daher den Anforderungen des verfassungsrechtlichen Bestimmtheitsgebots.

Dem Gesetzgeber ging es nach alledem primär darum, eine Norm mit Klarstellungsfunktion zu erlassen: Einerseits sollen Ermittlungsmaßnahmen, die **nicht** mit einem Grundrechtseingriff verbunden sind, ihre — freilich rein deklaratorische — Grundlage in den Generalklauseln finden. Andererseits sollen in Zukunft

---

783 Zur Kompetenz anderer strafverfolgender Behörden vgl. oben § 10.
784 *BVerfG* E 63, 131 [144].
785 So im Ergebnis auch *Nimtz*, Observation, S. 105.

nicht schwerwiegende Eingriffe in das APR bzw. das Recht auf informationelle Selbstbestimmung auf §§ 161 Abs. 1 S. 1, 163 Abs. 1 S. 2 StPO gestützt werden können. Angesichts der aus den Gesetzesmaterialien hervorgehenden expliziten Verknüpfung des langwierigen Gesetzesvorhabens mit dem Volkszählungsurteil des *BVerfG* sind die geschaffenen Ermittlungsgeneralklauseln und ihr Anwendungsbereich insbesondere im Kontext mit jenem Urteil zu deuten. Aus dieser sachlichen Nähe ergibt sich die Notwendigkeit ihrer äußerst restriktiven Interpretation. So sind von der kleinen Generalklausel ausschließlich Ermittlungsmaßnahmen erfasst, die bereits vor dem Volkszählungsurteil als zulässig angesehen und ohne Spezialermächtigungsgrundlage durchgeführt wurden, deren fehlende bzw. nicht schwerwiegende Eingriffsqualität aber im Anschluss an die Entscheidung des *BVerfG* strittig wurde. Diese Kriterien sind insbesondere beim Einsatz von VP oder Befragungen im Umfeld eines Beschuldigten, aber auch bei kurzfristigen Observationen erfüllt.

II. Ergebnis

§§ 161 Abs. 1 S. 1, 163 Abs. 1 S. 2 StPO sind durch das StVÄG 1999 als „kleine Eingriffsgeneralklauseln" ausgestaltet worden.

Die genannten Normen sind äußerst restriktiv zu interpretieren und stellen eine Ermächtigungsgrundlage lediglich für Ermittlungsmaßnahmen ohne Grundrechtseingriff bzw. für solche dar, die keinen schwerwiegenden Eingriff in das APR bzw. das Recht auf informationelle Selbstbestimmung beinhalten.

Weitere Kriterien sind, dass diese Maßnahmen vor Erlass des Volkszählungsurteils des *BVerfG* als zulässig angesehen und mithin als legal durchgeführt worden sein müssen, seit der Entscheidung im Hinblick auf ihre Eingriffsqualität aber umstritten sind. Zu letzteren Maßnahmen gehört die kurzfristige Observation.

Mit der Novellierung der §§ 161 Abs. 1 S. 1, 163 Abs. 1 S. 2 StPO zur kleinen Ermittlungsgeneralklausel hat die kurzfristige Observation eine den verfassungsrechtlichen Anforderungen genügende Ermächtigungsgrundlage erhalten.

§ 20 § 163f StPO als Ermächtigungsgrundlage für längerfristige Observationen

Durch das StVÄG 1999 erhielt die längerfristige Observation in § 163f StPO eine spezielle Ermächtigungsgrundlage. Im Folgenden wird untersucht, ob diese Norm in ihren Tatbestandsvoraussetzungen eine taugliche Beschreibung der Maßnahme zu liefern vermag und welche Parallelitäten mit bzw. Divergenzen zu ähnlichen Ermittlungsmaßnahmen bestehen. Dabei sind die jüngst vom *BVerfG* in seinen Entscheidungen über die Verfassungsmäßigkeit des „Großen Lauschangriffs“[786] (1. Senat) und des „GPS-Einsatzes“[787] (2. Senat) fortentwickelten Grundsätze über die verfahrensrechtliche Behandlung verdeckter Ermittlungsmaßnahmen und ihre Auswirkungen auf die Gesetzgebung zu berücksichtigen.

I. Materielle Eingriffsvoraussetzungen des § 163f StPO

1. Anwendungsbereich

a) Zeitlicher Anwendungsbereich

aa) Legaldefinition des § 163f Abs. 1 S. 1 StPO

Nach dieser Vorschrift ist die längerfristige Observation eine *„planmäßig angelegte Beobachtung des Beschuldigten, die **durchgehend länger als 24 Stunden dauern oder an mehr als zwei Tagen stattfinden soll**, wobei sie in letzterem Fall nicht durchgehend zu sein braucht“*.

Die Ermittlungsmaßnahme ist also lediglich durch zwei bestimmte Zeitmomente gekennzeichnet. Bereits an dieser Stelle sein festgehalten, dass es an **weiteren Kriterien** zur Bestimmung der Intensität der Maßnahme, die deren besondere Regelungsbedürftigkeit manifestieren würden, mangelt.

bb) Notwendigkeit der Berücksichtigung weiterer Begleitumstände für die Beurteilung der Eingriffsschwere längerfristiger Observationen

Der Rekurs des Gesetzgebers allein auf die **zeitliche** Dimension in § 163f StPO greift im Ergebnis zu kurz. Dass sich bei rein grammatikalischem Verständnis der Norm Umgehungsmöglichkeiten für die Behörden ergeben und dass weitere Faktoren für die Bestimmung der Intensität der Maßnahme nötig sein können, wird im Anschluss an die Untersuchung des § 163f StPO dargelegt.

b) Erstes Sonderproblem: Anwendbarkeit auf die offene Observation?

Wie ausgeführt ist die offene Observation primär ein Mittel der Gefahrenabwehr (Abschreckung potentieller Täter). Sie kann aber auch als Mittel der Strafverfolgung eingesetzt werden, etwa um zu erreichen, dass der eingeschüchterte Beschuldigte unvorsichtiger Weise Kontakt zu Hintermännern aufnimmt, um sich

---

786 NJW 2004, 999 ff.
787 NJW 2005, 1338 ff.

Rat zu holen: „*Die Bullen beschatten mich; was soll ich tun?*". Nur diese offene Observation ist im Folgenden gemeint. Hauptziel jener Maßnahme im Bereich der Strafverfolgung ist es also, den Beschuldigten eines Ermittlungsverfahrens **einzuschüchtern**. Es wird auf gewollt nicht verdeckte (offene) Art und Weise psychischer Druck aufgebaut.

Gegen die Einbeziehung jener Observationsart in den Anwendungsbereich des § 163f StPO selbst dann, wenn sie angesichts ihrer Dauer als „längerfristig" zu gelten hätte, sprechen folgende Erwägungen:

Zum einen fehlt es bei der offenen Observation an der **Heimlichkeit der Ausforschung**, welche die Intensität des Grundrechtseingriffs einer planmäßigen Beobachtung allgemein charakterisiert.

Zum anderen ist die Zielrichtung des Eingriffs bei der offenen Observation eine völlig andere als bei der verdeckten Observation: Bei ersterer soll gerade nicht auf vom Beschuldigten unbemerkte Art und Weise ein möglichst vollständiges Persönlichkeitsbild gezeichnet werden. Vielmehr soll als mittelbarer Effekt durch die vom Betroffenen bemerkte Beobachtung ein **psychischer Druck** aufgebaut werden, um ihn zur Begehung von Fehlern und damit zur Preisgabe von zur Aufklärung dienenden Informationen zu veranlassen.

Solcher Druck, mag er bisweilen auch so massiv sein, dass man im Extremfall sogar von „psychischem Terror" sprechen könnte, entbehrt daher im Hinblick auf die Betroffenheit des APR bzw. des Rechts auf informationelle Selbstbestimmung gerade der dafür notwendigen Datenbezogenheit, die typischer Weise mit der verdeckten längerfristigen Observation verbunden ist. Die Erstellung eines umfassenden Persönlichkeitsprofils ist bei der offenen Observation weder intendiert noch wird sie in praxi gelingen, weil der Betroffene nach dem Bemerken seiner Observierung sein Verhalten der Situation anpassen kann und keine belastenden Informationen preisgeben muss wie im unbemerkten Fall der heimlichen Observation. Es besteht somit i.d.R. eine bei weitem geringere Eingriffsrelevanz.

In Bezug auf das APR bzw. das Recht auf informationelle Selbstbestimmung gemäß Art. 2 Abs. 1 i.V.m. Art. 1 Abs. 1 GG ist festzustellen, dass durch die offene Observation die nach der Sphärentheorie des *BVerfG* dem staatlichen Eingriff schlechthin entzogene Intimsphäre als unantastbarer und damit schützenswertester Bereich privater Lebensgestaltung[788] typischer Weise nicht betroffen ist. Denn jede Preisgabe von Informationen durch den Betroffenen ist nach dessen Gewahrwerden von seiner Observierung „freiwilliger" Natur.

Ein Eingriff in die sonstige Privatsphäre, in dessen Rahmen Erkenntnisse verwendet werden dürfen, wenn eine Gesamtabwägung ergibt, dass das betroffe-

788 Vgl. nur *BVerfG* E 80, 367 [373]; *BVerfG* NJW 2002, 2164 [2165]. Zur „Sphärentheorie" ausführlich oben § 15 II 4.

ne Grundrecht hinter dem Interesse der Strafverfolgung zurückstehen muss, ist hier wegen der geringen Schwere des konkreten Eingriffs als Abwägungselement auf Seiten des Individualinteresses i.d.R. von vornherein und unabhängig von der Schwere des Tatvorwurfs und der zu unterstellenden Unverzichtbarkeit des Beweismittels gerechtfertigt.

Fazit: Die offene Observation unterscheidet sich nach Art, Umfang und Zielrichtung gravierend von den **heimlichen** Observationsmethoden. Wegen ihrer weitaus geringeren Eingriffsintensität unterfällt sie auch bei Überschreitung der zeitlichen Grenzen des § 163f StPO nicht dessen Anwendungsbereich. Sie findet, wenn sie zur Strafverfolgung eingesetzt wird, ihre Rechtsgrundlage entsprechend dem oben zur kurzfristigen Observation Gesagten in der kleinen Ermittlungsgeneralklausel der §§ 161 Abs. 1 S. 1, 163 Abs. 1 S. 2 StPO.

c) Zweites Sonderproblem: Der „Große Observationsangriff" — Anwendbarkeit des § 163f StPO bei längerfristigen Observationen, deren Ausforschungsobjekt eine Wohnung i.S.d. Art. 13 GG ist? —

Wie oben bereits angesprochen, können längerfristige Observationen im Einzelfall einen Eingriff in die Unverletzlichkeit der Wohnung gemäß Art. 13 Abs. 1 GG bedeuten. Hier lässt sich in Anlehnung an den Begriff des „Großen Lauschangriffs" im Rahmen der akustischen Wohnungsüberwachung bei der optischen Überwachung von einem **„Großen Observationsangriff"** sprechen. Art. 13 Abs. 1 GG (ggfls. i.V.m. Aspekten der Menschenwürde) stellt dann wegen des Vorrangs des spezielleren Gesetzes den alleinigen Prüfungsmaßstab dar.

Es fragt sich, ob ein Eingriff durch längerfristige Observationen in Art. 13 Abs. 1 GG überhaupt zulässig und wann ein solcher Eingriff in das Wohnungsgrundsrecht anzunehmen ist. Bei der Bestimmung des Eingriffs ist wegen ihrer unterschiedlichen Eingriffsintensität zwischen solchen Observationen zu differenzieren, die unter Einsatz technischer Mittel vorgenommen werden und denen, die ohne technische Mittel erfolgen. Für den Einsatz technischer Mittel gemäß § 100c Abs. 1 Nr. 1b StPO a.F. (= § 100f Abs. 1 Nr. 1b StPO n.F.) gilt seit dem „GPS-Urteil" des *BGH*[789], dass für längerfristige Observationen zusätzlich die Voraussetzungen des § 163f StPO zu beachten sind.

aa) Unzulässigkeit eines Eingriffs in Art. 13 Abs. 1 GG

Ein strafprozessualer Eingriff in das Wohnungsgrundrecht gemäß Art. 13 Abs. 1 GG durch eine (längerfristige) Observation ist letztlich stets unzulässig.

789 St 46, 266 ff. Vgl. dazu ausführlich unten § 23 I 2.

Dies ergibt sich zum einen aus dem **Umkehrschluss** (argumentum e contrario) zu Art. 13 Abs. 3 GG, der eine an zahlreiche Voraussetzungen geknüpfte verfassungsrechtliche Rechtfertigung eines Eingriffs in das Wohnungsgrundrecht zwar für die **akustische** Überwachung vorsieht, aber gerade nicht für die **optische** Überwachung.

Zudem ergibt ein weiterer Umkehrschluss aus Art. 13 Abs. 4, 5 GG:

Beide Vorschriften erlauben den Einsatz technischer Mittel zur Überwachung von Wohnungen zur **Gefahrenabwehr**

— gemäß Art. 13 Abs. 5 GG dabei in der speziellen Erscheinungsform des Schutzes von in Wohnungen tätigen Personen wie VE und VP (sog. „Eigensicherung", siehe § 161 Abs. 2 StPO) —.

Dabei fehlt in beiden Vorschriften die in Art. 13 Abs. 3 GG normierte Beschränkung auf die bloße **akustische** Überwachung, so dass Art. 13 GG zur Gefahrenabwehr auch die **optische** Überwachung (Observation durch technische Mittel) in Wohnungen erlaubt – **aber eben nicht für die Strafverfolgung (Art. 13 Abs. 3 GG).**

Zwischenergebnis: Die optische Überwachung von Wohnungen unter Einsatz von technischen Mitteln wie Videokameras, soweit sie die Unverletzlichkeit der Wohnung i.S.d. Art. 13 Abs. 1 GG tangiert, ist als Mittel der Strafverfolgung qua zweier Umkehrschlüsse aus Art. 13 Abs. 3, 4 und 5 GG unzulässig.

bb) Bestimmung des Eingriffs in Art. 13 Abs. 1 GG

Bei **längerfristigen Observationen unter Einsatz technischer Mittel** liegt unzweifelhaft ein Eingriff in das Wohnungsgrundrecht vor, wenn z.B. eine Videokamera oder eine drahtlose Webcam innerhalb der geschützten Räumlichkeit installiert und benutzt wird. Dasselbe gilt im Übrigen bei einer Verwendung der genannten Geräte von außen in die Wohnung hinein.

Problematischer ist die Annahme eines Grundrechtseingriffs dagegen in folgenden Fällen:

- Die Observation wird mit einem sehr leistungsstarken Fernrohr in die Wohnung hinein durchgeführt, und zwar aus einem so weit entfernt liegenden Gebäude, dass der Betroffene auf Grund der großen Entfernung mit der Möglichkeit einer Beobachtung nicht zu rechnen braucht.
- Die Beobachtung erfolgt mit einer Infrarotkamera zur Nachtzeit.

Letztlich wird man jedoch auch hier einen Eingriff in das Wohnungsgrundrecht annehmen müssen, weil der Schutz des Verhaltens des Betroffenen in seinen Privaträumen erhalten bleiben muss und er unter normalen Umständen nicht mit einer optischen Überwachung zu rechnen braucht.

Längerfristige Observationen **ohne Zuhilfenahme technischer Mittel** bedingen grundsätzlich keinen Eingriff in Art. 13 Abs. 1 GG. Man denke nur an das Hineinsehen in eine Wohnung nach gewöhnlicher ***„Passantenart"*** von der Straße aus oder von einem in Sichtweite gelegenen Wohngebäude. Denn mit derlei sozialadäquaten Beobachtungen muss der Betroffene stets rechnen und kann, wenn er sie unterbinden will, mühelos Vorkehrungen treffen, um die „Schutzhülle" seiner Räumlichkeiten herzustellen. Dies kann etwa durch das Herunterlassen der Rollläden oder Zuziehen der Vorhänge geschehen.

Nach dem Gesagten liegt dagegen ausnahmsweise ein Eingriff vor, wenn ein als Fensterputzer getarnter Polizeibeamter zu Observationszwecken eine Leiter an die Hauswand stellt oder sich von einem Hochhaus dazu gar mit einem Korb abseilen lässt. Denn die Benutzung jener (wenn auch i.S.d. Gesetzes nicht „technischen") Mittel verhindert bei dem arglosen Betroffenen ebenfalls die Aktivierung seiner Schutzmöglichkeiten.

cc) Resümee

Wenn trotz des gewonnenen Einblicks in Wohnungen kein Eingriff in das Wohnungsgrundrecht des Art. 13 Abs. 1 GG vorliegt, verbleibt es bei der Anwendung des § 163f StPO für längerfristige Observationen (bzw. bei gleichzeitiger Verwendung technischer Mittel zusätzlich bei § 100f Abs. 1 Nr. 2 StPO n.F. = § 100c Abs. 1 Nr. 1b StPO a.F.) sowie bei § 163 Abs. 1 S. 2 StPO für kurzfristige Observationen.

2. Anfangsverdacht

Mit der Umschreibung „zureichende tatsächliche Anhaltspunkte" wird die Anordnung der längerfristigen Observation an das Vorliegen eines **Anfangsverdachts** geknüpft (Legalitätsprinzip, §§ 152 Abs. 2, 160 Abs. 1 StPO). Hierfür genügt, dass eine Tatsachengrundlage besteht, aus der sich nach der kriminalistischen Erfahrung die Möglichkeit der Tatbegehung durch den Beschuldigten ergibt, ohne dass es auf eine erhöhte Wahrscheinlichkeit ankommt[790]. Eine bloße Vermutung reicht dagegen nicht aus[791]. Andererseits muss sich aus den Umstän-

---

790 *BVerfG* NStZ-RR 2004, 143; HK-*Krehl*, § 152 Rn. 7. Ausführlich *Kammann*, Der Anfangsverdacht, S. 5 ff; *Kühne*, NJW 1979, 617 [622].

791 *BVerfG* E 44, 353 [381 f]; 59, 95 [97 f]; st. Rspr.

den, die den Anfangsverdacht tragen, nicht bereits eine genaue Tatkonkretisierung ergeben.

Als auslösendes Element für die Einleitung eines zunächst auf Verdachtsklärung gerichteten Verfahrens ist der Anfangsverdacht zwar durch eine verhältnismäßig geringe Intensität gekennzeichnet. Im Rahmen des § 163f StPO muss er sich aber auf eine „Straftat von erheblicher Bedeutung" beziehen.

3. Straftat von erheblicher Bedeutung

Zur näheren Bestimmung des unbestimmten Rechtsbegriffs der „Straftat von erheblicher Bedeutung" fehlen in den Gesetzesmaterialien zu § 163f StPO jegliche Hinweise.

a) Stand der bisherigen Bemühungen um eine Begriffsdefinition

aa) Kein Rückgriff auf landespolizeirechtliche Regelungen

Der Vorschlag eines Rückgriffs bei der Auslegung des Terminus „Straftat von erheblicher Bedeutung" auf bestehende landespolizeirechtliche Regelungen zur Gefahrenabwehr verbietet sich bereits deshalb, weil die fraglichen Landesgesetze insoweit divergieren[792]. Eine dem Bestimmtheitsgrundsatz genügende Auslegung des Begriffs in § 163f StPO ist dadurch ausgeschlossen.

bb) Kein Rückgriff auf den Straftatenkatalog des § 100a StPO u.a.

Ein Rückgriff auf die Straftatenkataloge der Rasterfahndung (§ 98a StPO), der Telefonüberwachung (§ 100a StPO) oder des Einsatzes verdeckter Ermittler (§ 110a StPO) ist im Rahmen des § 163f StPO im Ergebnis weder notwendig noch möglich.

Wenn *Nimtz* in diesem Zusammenhang die Frage aufwirft, ob das Fehlen eines solchen Kataloges einen Verstoß gegen Art. 103 Abs. 2 GG darstellt[793], beruht dies auf einer fern liegenden Verwendung des Begriffs des strafrechtlichen Bestimmtheitsgrundsatzes. Denn Art. 103 Abs. 2 GG gilt nach ganz herrschender Ansicht nicht für **strafprozessuale** Eingriffsermächtigungen. Ihre Unbestimmtheit kann allenfalls einen Verstoß gegen das **Prinzip der Normenklarheit** darstellen[794].

---

792 Vgl. nur Art. 30 Abs. 5 BayPAG, § 1 Abs. 4 Nr. 1 HbgGDVP, § 13 Abs. 3 HSOG, § 8 Abs. 3 PolG NW.

793 Observation, S. 108.

794 Ausführlich dazu *BVerfG* NJW 2004, 2213 ff.

Bei § 98a StPO fungiert der Begriff der „Straftat von erheblicher Bedeutung“ als zusätzliches Begrenzungsmerkmal für einen weitgespannten Deliktskatalog, bei § 110a StPO als Generalklausel mit katalogartigen Grenzen. Seine Verwendung macht dort deutlich, dass auch innerhalb dieser Grenzen eine **weitere Gewichtung** erforderlich ist[795]. Anders verhält es sich jedoch bei § 163f StPO, bei dem der Begriff insoweit das alleinige Begrenzungsmerkmal darstellt.

Auch eine Orientierung am Katalog des § 100a StPO

— wie sie von Nimtz vorgeschlagen wird[796] —

ist letztlich nicht überzeugend. Zwar mögen die dort aufgeführten Delikte allesamt Straftaten sein, denen man gemeinhin erhebliche Bedeutung zumisst. Gegen die Heranziehung im Rahmen des §163f StPO sprechen jedoch gewichtige Argumente:

Es hätte ein **schlichter Verweis** auf § 100a StPO durch den Gesetzgeber ausgereicht, wenn er jene Delikte hätte heranziehen wollen.

Zudem liegt es angesichts der erhöhten Eingriffsintensität der Telefonüberwachung als Eindringen in das Spezialgrundrecht des Fernmeldegeheimnisses aus Art. 10 GG nahe, an das Gewicht der Anlasstat dort einen strengeren Maßstab anzulegen als in § 163f StPO, der im Regelfall (nur) in das APR und seine Ausformungen eingreift. Darüber hinaus ist der Katalog des § 100a StPO unvollständig. Denn es fehlt u.a. das Delikt der Bestechlichkeit gemäß § 332 StGB, das nach Schutzrichtung und Strafandrohung jedenfalls bei Vorliegen eines „besonders schweren Falls“ gemäß § 335 StGB eine „erhebliche Bedeutung“ besitzt.

Dieses und zahlreiche weitere Delikte hat der Gesetzgeber jüngst im Rahmen des *„Gesetzes zur Umsetzung des Urteils des Bundesverfassungsgerichts vom 3. März 2004“* v. 24.6.2005[797] in den Straftatenkatalog des § 100c Abs. 2 StPO **n.F.** (= § 100c Abs. 1 Nr. 3a-f StPO a.F.) für Abhörmaßnahmen **in Wohnungen** aufgenommen. Jener Katalog gestaltet den Terminus der **„besonders schweren Straftat“** in i.S.d. Art. 13 Abs. 3 GG, § 100c Abs. 1 Nr. 1 StPO **n.F.** näher aus, der jedoch nicht gleichbedeutend mit der hier in Rede stehenden „Straftat von erheblicher Bedeutung“ ist. Vielmehr fordert der Begriff der „besonders schweren Straftat“ einen deutlich höheren Schweregrad als der einer „Straftat von erheblicher Bedeutung“.

---

795 LR-*Rieß*, § 163e Rn. 12 m.w.N.
796 Observation, S. 110.
797 BGBl. I, S. 1841 ff.

cc) Begriffsbestimmung in Anlehnung an § 81g StPO

Ob die Vorschrift des § 81g StPO zur DNA-Identitätsfeststellung, die nach Art eines Regelbeispiels („insbesondere") durch den Hinweis auf Verbrechen, Vergehen gegen die sexuelle Selbstbestimmung, gefährliche Körperverletzung, besonders schweren Diebstahl oder Erpressung konkretisiert wird[798], für § 163f StPO (Straftat von erheblicher Bedeutung) hilfreich sein kann, ist fraglich. Grundsätzlich dagegen spricht jedenfalls die unterschiedliche Normstruktur, nach der die Straftat von erheblicher Bedeutung bei § 81g StPO nicht das alleinige Abgrenzungskriterium ist.

dd) Die Ansicht der h.M.

Nach h.M. ist eine Straftat erheblich, wenn sie *„mindestens der mittleren Kriminalität zuzurechen ist, den Rechtsfrieden empfindlich stört und geeignet ist, das Gefühl der Rechtssicherheit der Allgemeinheit erheblich zu beeinträchtigen"*[799].

Maßgeblich für jenen Erheblichkeitsbegriff ist, dass nach **Art und Umfang** schwerwiegendere Kriminalität vorliegt. Diese kann sich etwa aus dem Wert des betroffenen Rechtsguts oder aus der Bedeutung für den Rechtsfrieden ergeben[800]. Verbrechen werden stets, Straftaten „mittlerer" Kriminalität bei serien-, gewerbs-, gewohnheits- oder bandenmäßiger Begehung als erheblich angesehen. Die Konsequenz jenes Definitionsansatzes ist eine am Grundsatz der Verhältnismäßigkeit orientierte Einzelfallprüfung[801].

Dem herrschenden Erheblichkeitsbegriff wird vorgehalten, dass er mit dem rechtsstaatlichen Gebot der Normenklarheit nicht vereinbar sei[802]. Zudem ergebe sich häufig gerade erst im Laufe des Ermittlungsverfahrens, ob es eine Straftat von erheblicher Bedeutung zum Gegenstand hat[803], so dass sich jene Konstruktion als zirkulär erweise.

798 Vgl. *BVerfG* NStZ 2001, 328 [329]; LR-*Krause*, § 81e Rn. 16 ff.

799 *BVerfG* E 103, 21 [34]; 107, 299 [322]; *BVerfG* NJW 2004, 999 [1010]; *Hilger*, NStZ 1992, 457 [462]; *Meyer-Goßner*, § 98a Rn. 5, *Möhrenschläger*, wistra 1992, 327 [329]; LR-*Rieß*, § 163e Rn. 13.

800 HK-*Lemke*, § 98a Rn. 9.

801 So im Ergebnis auch *Nimtz*, Observation, S. 109.

802 *Bottke*, Meyer-GS, S. 37 [43].

803 *Meyer-Goßner*, § 98a Rn. 5.

b) Eigene Stellungnahme

Ein Rückgriff auf die angeführten Straftatenkataloge der StPO zur Auslegung des Terminus „Straftat von erheblicher Bedeutung" verbietet sich, da sich die Normstruktur jener Vorschriften wie gezeigt von der des § 163f StPO erheblich unterscheidet.

Die Verwendung des **Erheblichkeitskriteriums** macht zunächst einmal deutlich, dass der Gesetzgeber eine Restriktion der längerfristigen Observation für notwendig hielt. Die gegen die h.M. vorgetragenen Bedenken greifen im Ergebnis nicht durch. Denn zum einen konkretisiert die h.M. den unbestimmten Rechtsbegriff ausreichend, so dass er hierdurch hinreichend bestimmt ist. Zum anderen können im Ermittlungsverfahren zunächst andere Ermittlungsmethoden angewendet werden, um zureichende tatsächliche Anhaltspunkte für das Vorliegen der „Straftat von erheblicher Bedeutung" zu erlangen. Gelingt dies, so darf eine längerfristige Observation durchgeführt werden. Andernfalls ist die Maßnahme nicht statthaft. Ergibt sich im Zuge der längerfristigen Observation, dass keine solche Straftat in Frage steht, so ist die Maßnahme unverzüglich einzustellen. Ob und inwieweit eine Verwertung der Ermittlungsergebnisse in diesen Fällen schlechthin unzulässig ist oder z.B. nur bei **Willkür**, muss hier dahinstehen. Diese Problematik würde nämlich eine eigene Abhandlung erfordern[804].

Maßgeblich für die Schwere des tatbestandlichen Unrechts sind daher nach der sachgerechten h.M. der Rang des verletzten Rechtsguts und andere tatbestandlich umschriebene, gegebenenfalls auch in einem Qualifikationstatbestand (bzw. in Regelbeispielen für besonders schwere Fälle) enthaltene Begehungsmerkmale und Tatfolgen. Sie müssen die über dem Durchschnitt liegende Schwere des Straftatbestandes begründen. Daraus folgt, dass das Vorliegen eines **Verbrechens** in jedem Fall die erhebliche Bedeutung konstituiert[805]. Darüber hinaus genügt für **Vergehen** im Rahmen des § 163f StPO vor dem Hintergrund des regelmäßig vorliegenden Eingriffs in das APR bzw. das Recht auf informationelle Selbstbestimmung der Rückgriff auf den von der h.M. anerkannten Mindeststandard. Dieser umfasst die banden-, gewerbs-, gewohnheits- und serienmäßige Begehung solcher Straftaten, weil ihr die Gefahr einer vertieften Rechtsgutverletzung mit erhöhten Tatfolgen innewohnt. Dabei kann auch bereits der Versuch einer solchen Tat je nach Lage des Einzelfalles von erheblicher Bedeutung sein[806].

---

804 Zur Frage der Beweisverwertungsverbote siehe die Habilitationsschrift von *Jäger*, Beweisverwertung und Beweisverwertungsverbote im Strafprozess, 2003.

805 Vorsichtiger LR-*Rieß*, § 163e Rn. 13: „wohl regelmäßig indiziert".

806 KK-*Schoreit*, § 163e Rn. 13; *Wolter* in: SK-StPO, § 163e Rn. 17.

4. *Subsidiaritätsklausel*

a) Differenzierungen bei der Einordnung der verschiedenen Subsidiaritätsklauseln

Die Erreichung des Ermittlungsziels im Rahmen des § 163f StPO muss zudem auf andere Weise *„erheblich weniger erfolgversprechend oder wesentlich erschwert"* sein. Dieser Typ von Subsidiaritätsklausel wird **„qualifizierte" Subsidiaritätsklausel** genannt[807]. In der neueren Literatur werden andere Subsidiaritätsklauseln je nach Ausgestaltung in folgende Stufen eingeteilt[808]:

- Eine **„einfache" Subsidiaritätsklausel** als die am wenigsten anordnungsbeschränkende liegt danach vor, wenn die Erforschung des Sachverhalts oder des Aufenthaltsorts des Täters *„weniger erfolgversprechend oder erschwert wäre"*[809].
- Bei der **„strengen" Subsidiaritätsklausel** muss diese Erforschung *„aussichtslos oder wesentlich erschwert sein"*[810].
- **„Strengste" Subsidiaritätsklausel** ist die Variante *„unverhältnismäßig erschwert oder aussichtslos"*[811].

Die Subsidiaritätsklausel des § 163f StPO ist also zwischen „einfacher" und „strenger" einzuordnen und stellt damit eine „qualifizierte" Subsidiaritätsklausel" dar.

b) Die sog. „qualifizierte" Subsidiaritätsklausel in § 163f StPO: Parallelitäten und Divergenzen im System der Subsidiaritätsklauseln der StPO

Der Vergleich mit anderen strafprozessualen Ermittlungsmaßnahmen zeigt, dass die „qualifizierte" Subsidiaritätsklausel der Eingriffsintensität der längerfristigen Observation Rechnung trägt und angemessen ist. Weitere „qualifizierte" Klauseln

---

807 KK-*Nack*, § 100c Rn. 7. Zur Systematik und Struktur solcher Klauseln vgl. *Bernsmann/Jansen*, StV 1998, 217 ff; *Rieß*, Meyer-GS, S. 367 ff.

808 LR-*Rieß* § 163e Rn. 18; *ders.*, Meyer-GS, S. 367; KK-*Schoreit*, § 163e Rn. 16. Kritisch zur Notwendigkeit der Ausdifferenzierung *Bernsmann/ Jansen*, StV 1998, 217 [220 f]; *Meyer-Goßner*, ZRP 2000, 345 [348].

809 Vgl. z.B. in § 100c Abs. 1 Nr. 1a, b StPO **a.F.** (Einsatz technischer Mittel) = § 100f Abs. 1 Nr. 1, 2 StPO **n.F.**

810 Vgl. u.a. § 100a Abs. 1 S. 2 StPO (Überwachung des Fernmeldeverkehrs), 100c Abs. 1 Nr. 2 StPO **a.F.** (Aufzeichnung des nicht öffentlich gesprochenen Wortes) = § 100f Abs. 2 StPO **n.F.**, § 110a Abs. 1 S. 3 StPO (Einsatz verdeckter Ermittler), § 131b Abs. 2 S. 1 StPO (Öffentlichkeitsfahndung nach Zeugen mit Lichtbildern).

811 § 100c Abs. 1 Nr. 3 StPO **a.F.** (Aufzeichnung des in der Wohnung gesprochenen Wortes) = § 100c Abs. 1 StPO **n.F.**

finden sich nämlich in § 98a StPO (Rasterfahndung), § 131 Abs. 3 S. 1 StPO (Ausschreibung zur Festnahme), § 131a Abs. 3 StPO (Ausschreibung zur Aufenthaltsermittlung), § 131b Abs. 1 StPO (Öffentlichkeitsfahndung nach Beschuldigten mit Lichtbildern), § 163e StPO (Ausschreibung zur polizeilichen Beobachtung) und § 100c Abs. 1 Nr. 1a i.V.m. Abs. 2 S. 2 StPO **a.F.** = § 100f Abs. 1 Nr. 1 i.V.m. Abs. 3 S. 2 StPO **n.F.** (Einsatz technischer Mittel bei Maßnahmen gegen Nichtverdächtige).

Für die Beurteilung der Vergleichbarkeit mit der längerfristigen Observation ist unschädlich, dass die Rasterfahndung zusätzlich durch einen Straftatenkatalog begrenzt ist. Denn ihrem grundsätzlichen Wesen nach wird letztere aufgrund der Tatsache, dass Daten wie z.B. Adressdaten bei der Stromgesellschaft etc. in großem Stil zu Strafverfolgungszwecken mit anderen Daten abgeglichen werden[812], die der Betroffene niemals dazu hergegeben hätte, zu einer eingriffsintensiveren Ermittlungsmethode als die längerfristige Observation. Zwar lassen sich durch letztere umfassendere zusammenhängende Einblicke in das Leben einer Person gewinnen. Die **Verknüpfungsdichte** ist jedoch bei der Rasterfahndung, — wie im Übrigen auch bei der polizeilichen Beobachtung — besonders erhöht[813].

Im Gegensatz dazu ist ein gemeinsames Wesensmerkmal von Maßnahmen, die an eine „strenge“ Subsidiaritätsklausel geknüpft sind

> – wie Telefonüberwachung (§ 100a S. 1 StPO) und die Aufzeichnung des nichtöffentlich gesprochenen Wortes (§ 100c Abs. 1 Nr. 2 StPO a.F. = § 100f Abs. 1 Nr. 2 StPO n.F.) –,

dass sie **stets unter Zuhilfenahme besonderer technischer Ausstattung** vorgenommen werden und deshalb per se geeignet sind, eine intensivere und durch die Speicherung der erlangten Daten auch dauerhafte Grundrechtsverletzung des Betroffenen zu bewirken.

c) Bestimmung des Merkmals „wesentlich erschwert“

Der in § 163f StPO verwendeten qualifizierten Subsidiaritätsklausel wird jedenfalls dann Genüge getan sein, wenn bei Unterlassen der längerfristigen Observation und bloßer Durchführung anderer Ermittlungsmaßnahmen anderenfalls ein deutliches **Aufklärungsdefizit** zu prognostizieren wäre[814]. Dieses Defizit kann auch in einer **erheblichen zeitlichen Verzögerung** des Ermittlungserfolges be-

---

812 Dazu *Hellmann*, Strafprozessrecht, § 4 Rn. 111. Ein instruktives Beispiel dazu findet sich bei *Kühne*, Strafprozessrecht, Rn. 543.

813 Dazu ausführlich sogleich unten § 20 II 1 b).

814 *Meyer-Goßner* § 98a Rn. 3; KK-*Nack*, § 98a Rn. 13.

stehen[815]. Nicht ausreichend ist dagegen, dass sich ansonsten lediglich ein höherer Arbeits- oder Kostenaufwand ergäbe[816], das Ermittlungsergebnis aber ebenso sicher erreicht werden könnte.

Zur Lösung der sog. „Klausel-Konkurrenz", von der man spricht, wenn zwei Ermittlungsmaßnahmen mit gleicher Subsidiaritätsklausel konkurrieren und sich die Frage stellt, ob ein Vorrangverhältnis besteht oder sich beide Maßnahmen gegenseitig blockieren[817], sei angesichts geringer Praxisrelevanz nur soviel gesagt: Es spricht einiges dafür, dass diejenige Maßnahme vorzugswürdig ist, die nach den konkreten Umständen des Einzelfalles unter Verhältnismäßigkeitsgesichtspunkten die geringere Belastung für den Betroffenen darstellt[818].

Trotz jener Umschreibungen bereitet die Bestimmung des Grades der **„wesentlichen"** Erschwerung Probleme:

Zwar ist *Nimtz* nicht zu folgen, wenn er konstatiert, dass kaum andere Maßnahmen mit geringerer Eingriffsintensität als die längerfristige Observation denkbar sind[819]. Schließlich kommen hier auch Erkundigungen in der Nachbarschaft oder dem weiteren Umfeld des Beschuldigten, einfache Fahndungsmaßnahmen oder der Einsatz von Scheinaufkäufern oder VP in Betracht. Diese Maßnahmen, die ihre Rechtsgrundlage wie gezeigt in der Ermittlungsgeneralklausel von §§ 161 Abs. 1 S. 1, 163 Abs. 1 S. 2 StPO finden, sind i.d.R. bzw. häufig *weniger* oder nur *gleich* eingriffsintensiv.

Überzeugend weist *Nimtz* jedoch in diesem Zusammenhang darauf hin, dass aus dem rechtsstaatlichen Gesichtspunkt der Kontrolle der Exekutive durch die Judikative die Pflicht besteht, **aktenmäßig nachprüfbar** festzuhalten, aus welchem konkreten Grund die Aufklärung der Straftat durch welche dieser anderen Maßnahmen wesentlich erschwert wäre[820]. Das Kriterium der Wesentlichkeit lässt sich auf diese Weise jedenfalls durch ein **Mehr an Verfahrenssicherung** verfassungsgemäß bestimmen.

d) Resümee

Die Verwendung der „qualifizierten" Subsidiaritätsklausel in § 163f StPO durch den Gesetzgeber trägt der Eingriffsintensität der längerfristigen Observation

815 *Nimtz*, Observation, S. 113; KK-*Schoreit*, § 163e Rn. 15 m.w.N.
816 *Wolter* in: SK-StPO, § 163e Rn. 18.
817 Dazu ausführlich *Rieß*, Meyer-GS, S. 367 [387 f m.w.N].
818 So LR-*Rieß*, § 163e Rn. 19.
819 Observation, S. 113.
820 Observation, aaO.

Rechnung und steht im Einklang mit der Gesetzessystematik der StPO; jene Klausel ist also angemessen.

5. Zielpersonen

a) Beschuldigter

§ 163f Abs. 1 S. 1 StPO nennt als primäre Zielperson den **Beschuldigten**. Der Beschuldigtenbegriff wird nach h.M. formal bestimmt: Beschuldigter ist nur derjenige Tatverdächtige, gegen den das Verfahren als Beschuldigten betrieben wird[821]. Maßgebliche Voraussetzung ist also, dass ein Anfangsverdacht gemäß § 152 Abs. 2 StPO besteht und ein auf die Begründung der Beschuldigteneigenschaft gerichteter Willensakt der Strafverfolgungsbehörde vorliegt, der i.d.R. in der **Einleitung eines förmlichen Ermittlungsverfahrens** gegen jene Person zum Ausdruck kommt[822].

In Abgrenzung dazu handelt es sich bloß um den **Verdächtigen** einer Straftat, wenn dieser unter einen vagen Tatverdacht gerät, d.h. (noch) keine Tatsachen bekannt sind, die auf die naheliegende Möglichkeit seiner Täterschaft oder Teilnahme schließen lassen[823].

b) Täter

aa) Problemstellung

Es erscheint rechtstaatlich höchst bedenklich, dass das Gesetz in § 163f Abs. 1 S. 2 StPO Maßnahmen nennt, die zur Ermittlung des Aufenthalts des **Täters** dienen sollen. Es handelt sich um die sachwidrige Fortführung einer missglückten Terminologie, die bereits im Jahre 1978 Eingang in die StPO gefunden hatte, und zwar in § 111 StPO[824]. Weiter findet sich dieser problematische Täterbegriff u.a. in §§ 98a, 100c, 163e StPO[825]; § 163d StPO[826].

---

821 *BGH* St 10, 8 [12]; LR-*Hanack*, § 136 Rn. 4; *Meyer-Goßner*, Einl. Rn. 76; *Rogall* in: SK-StPO, Rn. 16 vor § 133.

822 *BGH* St 34, 138 [140]; LR-*Hanack*, § 136 Rn. 4; *Schlüchter*, Das Strafverfahren, Rn. 85, 100 *Krey*, Strafverfahrensrecht Bd. 1, Rn. 760 ff.

823 *Hauser*, Kriminalistik 1978, 369 [372]. Nur im Falle einer Strafanzeige ist der Verdächtige stets als Beschuldigter zu behandeln, *Meyer-Goßner*, Einl. Rn. 77 m.w.N.

824 Gesetz zur Änderung der StPO v. 14.4.1978 (BGBl. I, S. 497 ff).

825 Eingefügt durch das OrgKG v. 15.7.1992 (BGBl. I, S. 1302 ff).

826 Passgesetz und Gesetz zur Änderung der StPO v. 19.4.1986 (BGBl. I, S. 537 ff).

Korrekt sind die Bezeichnungen „Täter“ und „Teilnehmer“ dagegen in § 100a StPO, weil Anknüpfungspunkt *der* ***Verdacht*** *der Begehung der dort genannten Katalogtaten als Täter oder Teilnehmer* ist.

Die Verwendung des Begriffs „Täter“ in der StPO mag also nicht per se unzulässig sein[827]. Sie stellt aber im Rahmen des § 163f StPO einen Verfassungsverstoß dar, und zwar **gegen den Grundsatz der Vermutung der Unschuld**[828]. Jenes tragende Prinzip des Strafprozesses, das seine nähere Ausgestaltung im für das deutsche Recht unmittelbar geltenden Art. 6 Abs. 2 EMRK[829] gefunden hat, besagt, dass gegenüber einem wegen einer strafbaren Handlung Beschuldigten nur in einem prozessordnungsgemäßen Verfahren und erst nach Erbringung des gesetzlichen Nachweises seiner Schuld durch rechtskräftige Verurteilung die Annahme gerechtfertigt ist, dass er nicht bloßer Tatverdächtiger, sondern Täter ist[830].

Zwar spricht Art. 6 Abs. 2 EMRK nur vom „Angeklagten“. Nach allgemeiner Ansicht bezieht sich diese Vorschrift jedoch auch auf das Vor- und Zwischenverfahren, so dass auch der Beschuldigte ihrem Schutzbereich unterfällt[831].

Darüber hinaus garantiert die scharfe Trennung von Ermittlungs-, Zwischen- und Hauptverfahren, dass rechtliche Verantwortung auf rechtlich zulässige Art und Weise geklärt wird. Durch das Ansetzen am **Verdacht** einer Straftat hält das Vorverfahren Regelungen über Ermittlungsmaßnahmen bereit, die auch solchen Betroffenen zugemutet werden können, die in Wirklichkeit unschuldig sind. Jener Verdacht ist die legitimierende Grundlage für hoheitliche Eingriffe in die Rechtssphäre des einzelnen und begründet die daran anknüpfenden Rechtspflichten zur rechtsförmigen Ermittlung, Aufklärung und Entscheidung im justiziellen Verfahren[832].

---

827 *Schroeder*, NJW 2000, 2483 [2484].

828 *Dencker*, StV 1994, 667 [668], beklagt den Übergang von einer „Unschulds-“ zu einer „Schuldvermutung“. Vgl. *Diercks*, AnwBl 1999, 311 [315]; *Hund*, ZRP 1995, 334 [336]; *Nitz*, Einsatzbedingte Straftaten, S. 121 f; *Paeffgen*, DRiZ 1998, 320; *Rieß*, StraFo 1999, 1 [9]; *Zaczyk*, StV 1993, 490 [491]; in diesem Sinne auch *Lisken*, ZRP 1993, 121 [124]; differenzierend *Schroeder*, NJW 2000, 2483 [2484]. Ausführlich zur Unschuldsvermutung *Stuckenberg*, Unschuldsvermutung, S. 66 ff.

829 Dazu *Diercks*, AnwBl 1999, 311 [312 m.w.N.].

830 *BVerfG* E 35, 311 [320]; 82, 106 [114]; *BGH* St 14, 358 [364]: Vgl. ausführlich *Denninger* StV 1998, 401 [403 f]; *Frister*, Schuldprinzip, S. 85 f, 89; *Marxen*, Straftatsystem und Strafprozess, S. 345. Zur Darstellung eines Verdächtigen als Täter in den Medien *Marxen*, GA 1980, 365 [378 f].

831 *BVerfG* E 19, 342 [347]; 35, 311 [320]; 74, 358 [371 et passim]; *Haberstroh*, NStZ 1984, 289 [290 f]; *Lisken*, ZRP 1993, 121 [124].

832 *Diercks*, AnwBl 1999, 311 [312].

Dem zu Unrecht verwendeten Begriff des „Täters" ist daher eine rechtsstaatlich unzulässige Vermischung der einzelnen Stufen des Strafverfahrens immanent. Somit verdient *Kühne* uneingeschränkt Zustimmung, wenn er feststellt, dass *„insofern der zum Teil eingerissene Sprachgebrauch, dass bestimmte Maßnahmen gegen organisierte Verbrecher doch wohl erlaubt sein müssten, ebenso falsch wie rechtspolitisch unverantwortlich [ist]"*[833].

bb) Der Begriff „Täter" im Rahmen des § 163f Abs. 1 S. 2 StPO

Der in § 163f Abs. 1 S. 2 StPO verwendete Täterbegriff ist gesetzessystematisch der Subsidiaritätsklausel als rechtsstaatlich notwendiger Limitierung der Ermittlungsmaßnahme des S. 1 zugeordnet. Es fehlt aber sowohl systematisch als auch semantisch jeglicher Bezug zu den materiellen Voraussetzungen der längerfristigen Observation. Bei deren Tatbestandsvoraussetzungen ist dagegen strafprozessual korrekt vom „Beschuldigten" die Rede. Der Tatverdacht und die daraus resultierende Beschuldigteneigenschaft als Grundlage der Observationsmaßnahme werden dadurch terminologisch verwässert.

Weiterhin irritiert insbesondere der vom Gesetzgeber geschaffene verunglückte **„Dreiklang"** durch Abstellen auf drei Personengruppen: Denn nach Verwendung der Bezeichnung des *„Beschuldigten"* im Rahmen der Tatbestandsvoraussetzungen und der des *„Täters"* im Kontext mit der Subsidiaritätsklausel enthalten die Voraussetzungen in Abs. 1 S. 3 die Zulässigkeit der Maßnahme gegen *„andere Personen"*. Dies erweckt auf den ersten Blick den Eindruck, als handele es sich um ***drei*** *verschiedene Personengruppen.* Zudem gipfelt die Zulässigkeit der Maßnahme gegen letztgenannte Personen in der semantisch völlig verunglückten Tatbestandsvoraussetzung, dass diese *„[...] mit dem* ***Täter*** *in Verbindung stehen [...]"*.

Der einmal begangene Fehler wird damit im Verlauf des Normtextes fortgeführt und sogar intensiviert. Terminologisch korrekt müsste es auch in Abs. 1 S. 3 „Beschuldigter" anstatt „Täter" heißen.

cc) Verfassungskonforme Umdeutung des „Täter"-Begriffs

In Betracht kommt jedoch eine verfassungskonforme Umdeutung des strafprozessualen Täterbegriffs. Unter dem Begriff „Täter" ist wegen der verfassungsrechtlichen Unschuldsvermutung der **rechtskräftig verurteilte Straftäter** zu

833 *Kühne*, Schneider-FS, S. 1 [3].

verstehen[834]. Nach diesem zu Grunde zu legenden Verständnis ist die Begriffsverwendung in § 163f StPO nicht zulässig. Denn es handelt sich bei der dort geregelten Maßnahme um eine strafprozessuale Eingriffsmaßnahme im Rahmen des **Ermittlungsverfahrens**. Keinen Verstoß gegen die auch hier geltende Vermutung der Unschuld würde es darstellen, wenn wie in S. 1 vom „Beschuldigten" die Rede wäre[835]. Denn „Beschuldigte" sind jedenfalls immer auch **mutmaßliche Täter**. Ihnen gegenüber ist ein repressives Vorgehen nach den Regeln des Ermittlungsverfahrens erlaubt. Weiterhin ist dem Beschuldigtenbegriff immanent, dass eine (Vor)Verurteilung noch nicht stattgefunden hat und letzten Endes im Falle des fehlenden Beweises der Schuld eine Einstellung der Ermittlungen gemäß § 170 Abs. 2 StPO erfolgen kann.

Erst Recht kein Verfassungsverstoß läge vor, wenn man in diesem Zusammenhang vom **„Verdächtigen"** sprechen würde.

dd) Eigene Stellungnahme

Durch die Verwendung des Täterbegriffs in § 163f StPO findet in verfassungsrechtlich höchst bedenklicher Weise eine Vorverurteilung des im Stadium des Ermittlungsverfahrens allenfalls Tatverdächtigen statt. Diese hat eine unzulässige soziale Stigmatisierung zur Folge und muss demgemäß unterbleiben. Von ihrer Begrifflichkeit geht eine, wie *Diercks* sie treffend beschreibt, **Suggestivwirkung** aus[836]. Diese birgt die Gefahr einer psychologischen Beeinflussung der Allgemeinheit und der Verfahrensbeteiligten. Das Urteil über die Tätereigenschaft und damit die rechtlich verbindliche Grenzlinie zwischen rechtstreuem Bürger und Rechtsbrecher ist immer dem erkennenden Gericht, nicht aber der Polizei und StA vorbehalten. Schließlich sollte man sich vor Augen führen, dass das Unterlassen einer – wenn zunächst auch nur sprachlichen – Vorverurteilung dem wichtigen und rechtsstaatlich bedeutsamen Zweck dient, die noch durchzuführende Hauptverhandlung nicht als bloß deklaratorisch und somit als überflüssig zu entwerten.

Als weitere Formulierungsvarianten neben den Termini „Beschuldigter" und „Verdächtiger" bieten sich insbesondere die *„als Täter in Betracht kommende Person"* oder schlicht *„**möglicher** Täter"* an.

834 *BVerfG* E 19, 342 [347]; 22, 254 [265]; 35, 202 [232]; 71, 206 [216 f]; *König*, Kriminalistik 1998, 349 [351]; *Krey*, JA 1983, 638; *Paeffgen* in SK-StPO, Vor § 112 Rn. 26; *Rudolphi* in: SK-StPO, Vor § 94 Rn. 9.

835 So allgemein zur Problematik und nicht explizit zu § 163f StPO: *Bernsmann/Jansen*, StV 1998, 217 ff; *Marxen*, GA 1980, 365 [378 f]; *Zaczyk*, StV 1993, 490 [491]; *v. Hindte*, Verdachtsgrade, S. 37 [74].

836 AnwBl 1999, 311 [315].

Es drängt sich daher de lege ferenda auf, auch in § 163f Abs. 1 S. 2 StPO den Begriff des „Täters" durch den des „Beschuldigten" zu ersetzen. Insoweit besteht Anlass zur der Hoffnung, dass die jüngst in § 100f Abs. 1 Nr. 2 StPO **n.F.** (= § 100c Abs. 1 Nr. 1b StPO **a.F.**) erfolgte entsprechende Korrektur durch den Gesetzgeber ihre Fortsetzung findet.

c) Kontaktpersonen

Längerfristige Observationen sind gemäß § 163f Abs. 1 S. 3 StPO gegen **Nichtbeschuldigte** zulässig, wenn

- es sich um eine Person handelt, bei der auf Grund bestimmter Tatsachen anzunehmen ist, dass sie mit dem Täter in Verbindung steht oder eine solche Verbindung hergestellt wird[837],
- aufgrund von Tatsachen anzunehmen ist, dass die Maßnahme zur Erforschung des Sachverhalts oder zur Ermittlung des Aufenthaltsortes des Täters führen wird, und
- dies auf andere Weise erheblich weniger Erfolg versprechend oder wesentlich erschwert wäre.

Jene Regelung entspricht derjenigen für Kontaktpersonen bei der *Ausschreibung zur polizeilichen Beobachtung* nach § 163e Abs.1 S. 3 StPO[838]. Hauptmerkmal der Observation ist, dass sie **zielgerichtet** angeordnet wird. Es handelt sich zumeist um Personen mit engen persönlichen Beziehungen zu einem namentlich noch nicht bekannten oder sich verborgen haltenden Täter. Der praktische Erfolg dieses Ermittlungsansatzes steht im Übrigen nahezu außer Frage[839].

d) Sonstige Dritte, § 163f Abs. 2 StPO

Sind **Dritte**, d.h. Personen, die weder Beschuldigte noch Kontaktperson sind, von der Observationsmaßnahme **unvermeidbar** betroffen, führt dies gemäß § 163f Abs. 2 StPO nicht zur Unzulässigkeit der Observation. Als Dritte sind solche Personen anzusehen, die **nicht Zielpersonen** der Maßnahme sind[840]. Sie treten

---

837 Die in diesem Zusammenhang verwendete Diktion der „Verbindungsperson" führt zu Verwechslungen mit dem historisch gewachsenen Begriff der „V-Person" und sollte aufgegeben werden; a.A. aber *Wolter* in: SK-StPO, § 163f Rn. 9. Es bietet sich der Begriff der „Kontaktperson" an.

838 Kritisch dazu *Nimtz*, Observation, S. 118. Strengere Beschränkungen bestehen bei der Telefonüberwachung (§ 100a Abs. 1 S. 1 StPO).

839 Begründung der Bundesregierung zum StVÄG 1999, BT-Drucks. 65/99, S. 49. Zweifelnd wohl *Nimtz*, Observation, S. 117.

840 Vgl. nur *BVerfG* NJW 2004, 999 [1014].

als Teile des sozialen Lebens des Observierten ohne jeden Bezug zu der im Raum stehenden Straftat während der Observation entweder mit ihm in Kontakt oder gelangen ohne unmittelbaren Kontakt nur zufällig in das Observationsfeld.

Als Beispiele hierfür seien genannt: Der Hotelportier, der das Einchecken des Observierten vornimmt; Personen, die als Nachbarn oder Gäste in einem observierten Mehrfamilienhaus ein- und ausgehen.

Jene Ausdehnung des Betroffenheitsbereichs auf Dritte ist für eine effektive Durchführung von Observationsmaßnahmen unabdingbar, weil es aufgrund der Natur des Ermittlungsinstruments mit einer gewissen optischen „Streuung" nahezu unmöglich ist, ausschließlich den Beschuldigten zu observieren[841]. Die Anforderungen an die Unvermeidbarkeit hängen maßgeblich von den tatsächlichen Gegebenheiten und den Möglichkeiten des Ausschlusses Dritter im Einzelfall ab. Der Begriff der Unvermeidbarkeit impliziert eine möglichst drittschonende Observation, genügt rechtstaatlichen Grundsätzen und ist gerichtlich ohne weiteres nachprüfbar. Im Umkehrschluss ist daraus jedoch zugleich zu folgern, dass die längerfristige Observation unzulässig ist, wenn sie zu einer vermeidbaren Beeinträchtigung führt.

Rieß weist in diesem Kontext zu Recht darauf hin, dass drittbetreffende **Zufallsfunde** keinem Verwertungsverbot unterliegen[842]. Die Situation ist die gleiche wie wenn die Polizeibeamten auf andere Weise zufällig Umstände wahrnehmen, die auf eine Straftat hindeuten.

II. Verfahrensrechtliche Eingriffsvoraussetzungen

1. Anordnungskompetenz im Normal- und Eilfall

§ 163f StPO stellt die Anordnung der längerfristigen Observation unter keinen Richtervorbehalt.

Ein solcher hatte sich zunächst in § 163f Abs. 3 StPO des Entwurfs des StVÄG 1988 gefunden[843], um „... *durch eine verfahrensrechtliche Sicherung dem mit der Maßnahme verbundenen Eingriff in Grundrechtspositionen Rechnung [zu] tragen*"[844]. Nachdem der

---

841 Vgl. auch *Meyer-Goßner*, § 163f Rn. 5; *Nimtz*, Observation, S. 118.

842 LR-*Rieß*, § 163f Rn. 10; **a.A.** *Bäumler* in: Lisken/Denninger, Polizeirecht, Kap. J Rn. 469.

843 StVÄG 1988, Dokumentation, StV 1989, 175.

844 BT-Drucks. 13/9718, S. 22.

Bundesrat die Anordnungskompetenz im StVÄG 1996 der StA zuschlagen wollte[845], tauchte ein Richtervorbehalt im StVÄG 1999 nicht mehr auf.

Die Anordnung der Maßnahme erfolgt nach § 163f Abs. 3 S. 1 StPO im Normalfall durch die StA. Bei **Gefahr im Verzug** liegt die Eilkompetenz gemäß Abs. 3 S. 2 bei den Ermittlungspersonen der StA. In diesem Fall hat eine nach Abs. 3 S. 2 unverzüglich beantragte Bestätigung der Anordnung durch die StA zu erfolgen. Die Anordnung tritt gemäß Abs. 3 S. 3 außer Kraft, wenn sie nicht binnen drei Tagen von der StA bestätigt wird. Jene Bestätigung ist gemäß Abs. 4 S. 1 „unter Angabe der maßgeblichen Gründe" aktenkundig zu machen. Erst die Verlängerung einer längerfristigen Observation über einen Monat hinaus bedarf nach Abs. 4 S. 2 einer richterlichen Anordnung.

a) Systematische Parallelitäten und Divergenzen zu in der StPO geregelten primären Richtervorbehalten

Auf Grund des fehlenden Richtervorbehalts steht die längerfristige Observation der *(kurzfristigen) Observation unter Verwendung technischer Mittel* gemäß § 100c Abs. 1 StPO und dem *Einsatz verdeckter Ermittler* gemäß §§ 110a ff StPO — sieht man von § 110b Abs. 2 **Nr. 1** und der in ihrer Reichweite umstrittenen **Nr. 2**[846] StPO ab — gleich. Dagegen müssen die *Telefonüberwachung*, der *große Lauschangriff*, der *außerhalb von Wohnungen erfolgende Lauschangriff*, die *Rasterfahndung* und die *Polizeiliche Beobachtung* vom Gericht angeordnet werden. Die systematische Vereinbarkeit mit der Anordnungskompetenz für die Polizeiliche Beobachtung **(PB)** erscheint dabei nicht als zweifelsfrei, während die übrigen Maßnahmen unter Richtervorbehalt eingriffsintensiver als die längerfristige Observation sind.

Nach Abs. 4 S. 1 ist für die Anordnung der Ausschreibung zur **PB** der Richter zuständig. Erweiternd sieht Abs. 4 S. 2 bei „Gefahr im Verzug" eine Eilkompetenz der StA vor. Es besteht keine Eilzuständigkeit der Ermittlungspersonen der Staatsanwaltschaft[847]. Die Eilanordnung der StA bedarf richterlicher Bestätigung, die sie nach Abs. 4 S. 3 unverzüglich zu beantragen hat. Erfolgt eine solche Bestätigung nicht binnen 3 Tagen, so tritt die Anordnung **ex nunc**[848] außer Kraft.

---

845 BR-Drucks. 961/96, S. 12 f. Vgl. Dazu ausführlich oben § 6 VII.

846 Da der VE in aller Regel Wohnungen bzw. Geschäftsräume betreten muss, wäre bei wörtlichem Verständnis der Norm grundsätzlich für jeden VE-Einsatz die richterliche Zustimmung notwendig; dagegen *Krey*, Kohlmann-FS, S. 627 [639]; *Zaczyk*, StV 1993, 493 [494]).

847 Zum Gesetzgebungsverfahren *Wolter* in: SK-StPO, § 163e Rn. 23.

848 KK-*Schoreit*, § 163e Rn. 22; *Rogall*, JZ 1996, 264 Fn. 67.

Wenn *Nimtz* aufgrund des Vergleichs mit § 163e StPO de lege ferenda die Aufnahme des Richtervorbehalts auch in 163f StPO anmahnt[849], fordert dies gleichwohl Widerspruch heraus. Denn die Polizeiliche Beobachtung ist nach Voraussetzungen und Zielrichtung als Ermittlungsmaßnahme ein **aliud** gegenüber der Observation gemäß § 163f StPO. Seine Forderung einer Verstärkung des Richtervorbehalts de lege ferenda in § 163f StPO verkennt im Grundsatz, dass das dadurch entstehende System keinesfalls das einzige wäre, das mit der Verfassung vereinbar ist:

Ein Kernelement der Verfassung ist die Gewährleistung effektiven Rechtsschutzes. Sie zwingt aber gerade **nicht in allen Fällen** dazu, ausschließlich auf **primäre richterliche Anordnungskompetenzen** zurückzugreifen. Vielmehr steht dem Gesetzgeber ein gewisses Regelungsermessen zu[850]. Bei dieser Ermessensausübung hat er sich an die Vorgaben zu halten, die sich aus dem funktionsgerechten Verständnis des Gesetzesvorbehalts ergeben. Hier spielt die Rechtsstellung und Funktion der **StA als Wächterin des Gesetzes** im Ermittlungsverfahren eine besondere Rolle. Sie ist gemäß § 150 GVG den Gerichten **gleichgeordnet** und in ihren Verrichtungen von diesen **unabhängig**. Es ist folglich nicht zu beanstanden, wenn der Gesetzgeber die Entscheidungskompetenz in geeigneten Fällen auf nichtrichterliche Organe verlagert, solange der Betroffene dabei nicht schutzlos gestellt wird[851]. Eine solche Gefahr besteht im Fall des § 163f StPO jedoch nicht – wie im Folgenden zu zeigen sein wird[852] –.

b) Längerfristige Observation versus Polizeiliche Beobachtung

aa) Art und Gewicht des Eingriffs

Mit einer **längerfristigen Observation** gemäß § 163f StPO lässt sich selbst im Idealfall kaum ein umfassendes Persönlichkeitsprofil der Zielperson anfertigen. Die konkrete Person wird über einen entsprechenden Zeitraum in möglichst vielen Lebenssituationen beobachtet. Dadurch kommt es zwangsläufig zu Eingriffen insbesondere in das APR und seine Ausformungen. Nach § 163f StPO bedingt bereits allein das Erreichen der dort genannten Dauer den besonderen Eingriffscharakter der Maßnahme. Weitere Begleitumstände, die dem Eingriffscharakter ein größeres Gewicht geben können, sind dagegen nach dem Gesetzeswortlaut unmaßgeblich.

---

849 Observation, S. 127 ff, 218.
850 *Rogall*, ZStW Bd. 103 (1991), 907 [944].
851 Vgl. dazu *Schnarr*, NStZ 1991, 209 [212].
852 Vgl. unten VI, VII.

Bei genauer Betrachtung der **PB** ergibt sich, dass § 163e StPO keine Ermächtigungsgrundlage für eine konkrete, neu geschaffene Ermittlungsmaßnahme darstellt. Sie setzt vielmehr im Wesentlichen die Erhebung personenbezogener Daten nach anderen Vorschriften voraus[853]. So spricht *Krahl* plakativ von einer „Vorratsnorm“[854]. Selbständiges und konstituierendes Element ist allein das Merkmal der „**Ausschreibung** zur Beobachtung“. Zu Art und Qualität hinsichtlich der von der ausschreibenden Stelle zu treffenden „Maßnahmen“ schweigt der Normtext dagegen. Die beabsichtigte Erstellung eines **„Bewegungsbildes“**[855] wird bereits erreicht, wenn die Zielperson in einer Kontrolle angetroffen und diese Information weitergemeldet wird. Es geht aber gerade nicht um die Identifizierung, das Anhalten, die Festnahme der Zielperson oder Ähnliches mehr.

Im Strafprozess werden die aus dem Bewegungsbild resultierenden Erkenntnisse primär für Feststellungen zur Person bzw. die Strafzumessung relevant sein. Für die Begehung konkreter Straftaten können sie allenfalls Indizwirkung entfalten[856]. Weitere Anwendungsbereiche sind die Ermittlung des Aufenthalts eines Angeklagten nach vorläufiger Einstellung wegen Abwesenheit nach § 205 StPO im gerichtlichen Verfahren sowie im Vollstreckungsverfahren gemäß § 457 Abs. 3 S. 1 StPO[857].

§ 163e StPO enthält keine spezialgesetzliche Grundlage für die EDV-mäßige Sammlung und Verarbeitung der von den Kontrollpunkten eingehenden Rückmeldungen. Die Vorschrift regelt nicht die **längerfristige Nutzbarmachung** der Ergebnisse polizeilicher Personenkontrollen[858].

Freilich wurde jene Gesetzeslücke durch die §§ 483 ff StPO im Rahmen des StVÄG 1999 geschlossen[859]. Diese Vorschriften sind nunmehr de lege lata mit § 163e StPO immer zusammen anzuwenden.

§ 163e StPO selbst regelt also lediglich die sich über einen langen Zeitraum hinziehenden Beobachtungen bestimmter – ausgeschriebener – Personen, nicht aber **gezielte** Ermittlungsmaßnahmen. Ein steuerndes Ermittlungsverhalten der Strafverfolgungsbehörden über die Entscheidung zur Ausschreibung hinaus fehlt

853 So z.B. Kontrollstellen nach § 111 oder Grenzkontrollen; kritisch LR-*Rieß*, § 163 Rn. 2.
854 NStZ 1998, 339 [342].
855 Ausführlich dazu oben § 8 III 3.
856 Wenn überhaupt wohl nur für Btm-Beschaffungsfahrten, § 29 BtMG.
857 Vgl. LR-*Rieß*, Rn. 7 m.w.N.
858 *Meyer-Goßner* Rn. 1; LR-*Rieß*, Rn. 2; KK-*Schoreit*, Rn. 7.
859 LR-*Rieß*, Rn. 6. KK-*Schoreit*, Rn. 8 ist der Ansicht, dass § 163e StPO streng genommen erst seitdem anwendbar ist.

damit. Es bleibt vielmehr dem Zufall überlassen[860], ob eine Zielperson sich tatsächlich in eine der maßgeblichen Kontrollen begibt und ob sie dabei auch als ausgeschrieben identifiziert wird. Man wird sagen können, dass es sich im Regelfall bei der Maßnahme um die **Vorstufe** zu weiteren Ermittlungsmaßnahmen handelt, die aufgrund der gewonnenen Erkenntnisse zielgerichteter durchgeführt werden können.

Jedoch bedingt die EDV-mäßige **Sammlung und Verarbeitung** der Daten im Einklang mit der Rechtsprechung des *BVerfG* einen **erheblichen Eingriff** in das Recht des Betroffenen auf informationelle Selbstbestimmung: Die Ausschreibung selbst wiegt zwar weniger schwer, gewinnt aber aufgrund ihres Zeitmoments (bis zu einem Jahr, jeweils um drei Monate verlängerbar) und der intensiven Nutzung elektronischer Datenverarbeitung und -speicherung außerordentlich an Eingriffsqualität. Insgesamt gesehen führt damit die PB zu einem erheblichen Grundrechtseingriff.

bb) Konsequenzen für das Rangverhältnis

Die Ausschreibung zur Polizeilichen Beobachtung stellt gegenüber der Observation gemäß § 163f StPO potentiell den intensiveren Eingriff in die Grundrechte des Betroffenen dar. Sie basiert in weitaus höherem Maße auf der modernen Datenverarbeitung und Informationsübermittlung als die längerfristige Observation, die ohne technische Mittel durchgeführt wird und zu keinen weiteren Speicherungen führt. Bei Letzterer erfolgt lediglich eine Zusammenfassung ihrer Ergebnisse in den täglichen Tätigkeitsberichten der ermittelnden Beamten. Die Polizeiliche Beobachtung birgt zudem wegen ihres Charakters als ausgedehntester Langzeitmaßnahme fortwährend die Gefahr in sich, dass sukzessive immer neue Eingriffe erfolgen, und zwar im gesamten Einflussbereich der Strafverfolgungsorgane.

c) Resümee

Die Ausschreibung zur Polizeilichen Beobachtung unterliegt wegen ihrer im Hinblick auf die elektronische Datenverarbeitung hohen und potentiell fortwährend bestehenden Eingriffsintensität zu Recht einem primären Richtervorbehalt. Dagegen fehlt dieser bei der längerfristigen Observation, und zwar ebenfalls zu Recht.

Dieses Ergebnis steht im Einklang mit der jüngeren Entwicklung in der Rechtsprechung des *BVerfG*. Es ist eine Tendenz erkennbar, dass die Intensität

---

860 Näher *Bäumler* in: Lisken/Denninger, Polizeirecht, Kap. J Rn. 443.

eines Grundrechtseingriffs nicht mehr allein an den **tatbestandlichen** Eingriffsvoraussetzungen zu messen ist. So nimmt das Gericht im Rahmen seiner Entscheidung über die Zulässigkeit der verdachtlosen Personenkontrollen die **Grundrechtsabwägung erst im Rahmen der Verwendung** der dadurch erlangten Daten vor[861]. In seinem Urteil zum „Großen Lauschangriff"[862] legt das *BVerfG* nunmehr ein noch ausdifferenzierteres Eingriffskonzept zu Grunde:

Die verschiedenen Intensitätsstufen sind durch das **Erheben**, das **Aufzeichnen**, das **Verarbeiten** und die **Weitergabe** von Informationen gekennzeichnet. Gegen die **Erhebung** von Informationen stehen dem Betroffenen primär Unterlassungs- und Abbruchansprüche zu, wenn und soweit sich die Maßnahmen als nicht (oder nicht mehr) zulässig erweisen. Hinsichtlich des Aufzeichnens treten Löschungs- und Vernichtungsansprüche hinzu. Jene Ansprüche machen zwar nicht die Verletzung der Privatsphäre ungeschehen, beugen aber deren Perpetuierung und der späteren Verarbeitungsmöglichkeit der Daten vor. In Bezug auf ihre potentielle **Nutzung** wie Übermittlung, Zusammenführung oder Veränderung erkennt das *Gericht* bei Unrichtigkeiten explizit **Nachberichtigungspflichten** sowie **Kennzeichnungspflichten** für bestimmte Informationen an[863].

Diese Grundsätze lenken den Fokus auf den Schutz der Bürger vor unberechtigter Informations**verarbeitung**. Die früheren Grundsätze seit dem Volkszählungsurteil hatten dagegen, um mit *Gusy* zu sprechen, eher zu *„einer Vermehrung des Datenverarbeitungsrechts als zu einer Verbesserung des Datenschutzes"* geführt[864]. Denn man ging davon aus, dass ein Eingriff in das Recht auf informationelle Selbstbestimmung primär an materielle Vorrausetzungen geknüpft sein sollte. Maßgebliche Erfordernisse waren die Existenz einer gesetzlichen Ermächtigungsgrundlage, ihre ausreichende Bestimmtheit, die Beachtung des Übermaßverbots sowie als formelle Voraussetzung die nachträgliche gerichtliche Kontrolle. Eine Konkretisierung von Maßstäben für die Zulässigkeit der Informations**verarbeitung** wurde dagegen erst jüngst etabliert.

Vor dem Hintergrund der aktuellen Entwicklung ist davon auszugehen, dass das *BVerfG*, wenn es über die Verfassungsgemäßheit des § 163f StPO zu entscheiden hätte, nicht das Fehlen eines Richtervorbehalts monieren, sondern sich in eher den genannten Aspekten des **Umgangs mit den gewonnenen Daten** zuwenden würde.

861 *BVerfG* E 100, 313 [358 ff, 376].

862 NJW 2004, 999 ff.

863 *Gusy*, JuS 2004, 457 [459]. Zur Frage der Beweisverwertungsverbote in diesem Zusammenhang *Haas*, NJW 2004, 3082 ff.

864 JuS 2004, 457 [460].

2. *Anordnungsdauer*

Die längerfristige Observation ist gemäß Abs. 4 S. 1 auf höchstens einen Monat ab Anordnung[865] zu befristen. Erst bei der notwendigen Anordnung auf eine Verlängerung der Maßnahme über einen Monat hinaus ist der **Richter** zuständig. Dessen Anordnung wiederum gilt grundsätzlich unbefristet. Der Begriff der „Verlängerung" impliziert jedoch, dass die Maßnahme nicht endlos andauern darf. Vielmehr hat der Richter in angemessenen Abständen eine an den Umständen des Einzelfalles orientierte Verhältnismäßigkeitsprüfung durchzuführen und die Maßnahme gegebenenfalls zu beenden[866].

3. *Anordnungsinhalt*

Angesichts detaillierter Regelungen wie §§ 98b, 163d und 100b StPO stellt es einen Mangel des § 163f StPO dar, dass diese Vorschrift zum Inhalt der Anordnung keine Erfordernisse aufstellt. Einen erhöhten Darlegungs- und Begründungsaufwand wird man, da die Norm ausschließlich auf die zeitliche Komponente abstellt, insbesondere für die Geltungsdauer und Einzelheiten über Art und Umfang der Observationsmaßnahme fordern müssen. Dasselbe gilt wegen der Subsidiaritätsklausel für den Zweck der Maßnahme.

4. *Durchführungskompetenz*

Auch die Kompetenz zur **Durchführung** der längerfristigen Observation ist ungeregelt geblieben. § 163f StPO schreibt insoweit eine unrühmliche Tradition fort, in der gerade in dem grundrechtssensiblen Bereich verdeckter Ermittlungsmaßnahmen die Normierungen z.T. „Stückwerk" geblieben sind.

So ist mangels spezieller Regelung auf die Generalnorm des § 161 Abs. 1 S. 1 StPO zurückzugreifen. Danach kann die StA die Ermittlungen selbst vornehmen oder durch Beamte und Behörden des Polizeidienstes vornehmen lassen. Angesichts der zu Beginn der Untersuchung beschriebenen Vielzahl von verschiedenen Observationsarten werden diese Maßnahmen, zumal die längerfristigen, in praxi durch speziell geschulte Polizeibeamte durchgeführt. Denn nur so können brauchbare Ergebnisse erzielt werden. Solche Beamte haben in nahezu allen Fällen zugleich die Ermittlungspersoneneigenschaft für die StA gemäß § 152 GVG

---

865 Nicht ab Beginn der Maßnahme, *Meyer-Goßner*, Rn. 6.

866 KK-*Schoreit*, Rn. 28: mit dem richtigen Hinweis, dass ein Rückgriff auf § 100b Abs. 1 S. 4, § 163e Abs. 4 S. 5 hier nicht möglich ist, weil es an einer durch Gesetzesanalogie ausfüllbaren Regelungslücke fehlt.

i.V.m. der jeweiligen landespolizeilichen Verordnung. I.d.R. sind nur in der Ausbildung befindliche oder aber leitende Beamte von dieser Eigenschaft ausgenommen[867].

Zwecks Sicherung der ordnungsgemäßen Durchführung der längerfristigen Observation darf die entsprechende Kompetenz ausschließlich bei Beamten mit Ermittlungspersoneneigenschaft liegen. Die Richtigkeit dieser These ergibt sich auch aus dem in seiner Intensität vergleichbaren Fall der kurzfristigen Observation mittels Herstellung von Lichtbildern und Bildaufzeichnungen gemäß §§ 161 Abs. 1 S. 1, 163 Abs. 1 S. 2 i.V.m. § 100f Abs. 1 Nr. 1 StPO n.F. (= § 100c Abs. 1 Nr. 1a StPO a.F.), bei der die Durchführungskompetenz ebenfalls bei der StA bzw. deren Ermittlungspersonen liegt.

5. Aktenführung

Gemäß § 163f Abs. 4 S. 1 StPO als Ausprägung des Grundsatzes der Aktenwahrheit ist die längerfristige Observation unter Nennung der maßgeblichen Gründe aktenkundig zu machen. Mangels konkreter Vorgaben im Gesetz ist für die Aktenführung eine gesteigerte Sorgfalt zu fordern: Nur so kann die nötige „Gerichtsfestigkeit" der Akte gewährleistet werden, d.h. dass die Aktenführung einer späteren gerichtlichen Überprüfung standhält. Dies Erfordernis gesteigerter Sorgfalt bei der Aktenführung gemäß § 163f Abs. 4 S. 1 StPO wird besonders wichtig, wenn die Akte einem Richter nach einem Monat Dauer zwecks Verlängerungsanordnung gemäß § 163f Abs. 4 S. 2 StPO vorgelegt wird. Formelhafte und allgemein gehaltene Observationsberichte sind wenig geeignet, die Verlängerung zu erreichen.

6. Benachrichtigungspflichten

§ 163f StPO enthält keine Regelung über die in der jüngsten Rechtsprechung des *BVerfG* in den Fokus gerückten **Benachrichtigungspflichten**. Solche Pflichten als Mittel zur Ermöglichung nachträglichen effektiven Rechtsschutzes i.S.d. Art. 19 Abs. 4 GG werden vom *BVerfG* mittlerweile besonders betont. Die ausführlichste Normierung von Benachrichtigungspflichten in der StPO stellt § 101 **n.F** dar[868]. Darin ist die Benachrichtigung von Beteiligten vorgeschrieben, die einer Maßnahme gemäß §§ 81e, 99, 100a, 100b, 100f Abs. 1 Nr. 1, Abs. 2

---

867 Eine umfassende Aufstellung der maßgeblichen Normen des Landesrechts findet sich bei *Nimtz*, Observation, S. 135 mit Fn. 164.

868 Die Vorschrift wurde durch das Gesetz zur Umsetzung des Urteils des BVerfG vom 3. März 2004 (akustische Wohnraumüberwachung), BGBl. I, S. 1841 [1845], allerdings *inhaltlich* nicht verändert.

StPO unterworfen waren, sobald dies ohne Gefährdungen des Untersuchungszwecks, der öffentlichen Sicherheit, Leib und Leben einer Person sowie des Einsatzes einer VP möglich ist.

Die Materialien zum StVÄG 1999 ergeben, dass sich der Gesetzgeber des Problems der Benachrichtigungspflichten bewusst gewesen ist. Denn ursprünglich hatte er einen Abs. 3 zu § 163f StPO vorgesehen, der einen Verweis auf § 101 StPO enthielt. Im Fortgang des Gesetzgebungsverfahrens nahm er jedoch Abstand von der Einführung jenes Abs. 3. Eine **analoge Anwendung des § 101 StPO scheitert** damit am Erfordernis einer planwidrigen Unvollständigkeit des Gesetzes[869].

Ein Blick in die Polizeigesetze der Länder zeigt, dass man für präventive Observationstätigkeiten Benachrichtigungspflichten durchaus kennt[870]. Zudem gibt es Stimmen im Schrifttum, die auch im Bereich strafprozessualer Observationen solche Pflichten normiert sehen möchten[871]. Es fragt sich also, ob aus verfassungsrechtlichen Grundsätzen Benachrichtigungspflichten bei einer repressiven längerfristigen Observationsmaßnahme abzuleiten sind und welche Beteiligte einen solchen Anspruch auf Benachrichtigung haben könnten.

a) Benachrichtigungspflicht aus dem Grundrecht selbst

Das *BVerfG* hat in seiner Entscheidung zum „Großen Lauschangriff" ausgeführt, dass zunächst das betroffene Grundrecht maßgeblich ist, d.h. im Fall der längerfristigen Observation das APR bzw. das Recht auf informationelle Selbstbestimmung. Art. 2 Abs. 1 i.V.m. Art. 1 Abs. 1 GG gebiete jedoch nur, dass eine Benachrichtigung dann zu erfolgen habe, wenn *„Datenerhebungen heimlich erfolgen, Auskunftsansprüche aber nicht eingeräumt worden sind oder den Rechten des Betroffenen nicht angemessen Rechnung getragen wird"*[872].

Die aus dem Grundrecht resultierende Mitteilungspflicht unterläge denselben Schranken wie das Grundrecht selbst, hier also der verfassungsmäßigen Ordnung. Die Beschränkung der Kenntnisgewährung sei verfassungsrechtlich unbedenklich, wenn die Kenntnis des Eingriffs dazu führen würde, dass dieser seinen Zweck verfehlt.

Daraus folgt, dass die Nichtnormierung von Benachrichtigungspflichten in § 163f StPO angesichts der Heimlichkeit der Datenerhebung und des Fehlens von

---

869 Zur Analogie ausführlich *Larenz*, Methodenlehre, Rn. 373; *Schmalz*, Rn. 323; *Schmidt*, JuS 2003, 649 [651].

870 § 16 Abs. 3 PolG NW; § 9 Abs. 3 HbgGDVP.

871 So bereits *Riegel*, JZ 1980, 224.

872 *BVerfG* E 100, 313 [361] zu Art. 10 GG; *BVerfG* NJW 2004, 999 [1015 f] zu Art. 13 GG.

Auskunftsansprüchen aus verfassungsrechtlicher Sicht bedenklich ist: Zwar wird man angesichts der geringen Eingriffsintensität der Observation gemäß § 163f StPO wohl keinen Verfassungs**verstoß** bejahen können. Doch ist jedenfalls de lege ferenda ein Eingreifen des Gesetzgebers erforderlich, was die folgenden Ausführungen weiter verdeutlichen sollen.

b) Das Gebot effektiven Rechtsschutzes gemäß Art. 19 Abs. 4 GG

Dem Grundrechtsträger steht bei nicht erkennbaren Eingriffen zum Zwecke der Gewährleistung effektiven Grundrechtsschutzes grundsätzlich ein Anspruch auf spätere Kenntnis der staatlichen Maßnahme zu[873]. Denn ohne diese Kenntnis kann der Betroffene weder die Unrechtmäßigkeit der Informationsgewinnung noch etwaige bestehende Rechte auf Löschung von Aufzeichnungen geltend machen. Allerdings sind auch hier Begrenzungen zu Lasten des Betroffenen nicht ausgeschlossen[874]. Derartige Schranken stellen ihrerseits wiederum einen Eingriff in Art. 2 Abs. 1 i.V.m. Art. 1 Abs. 1 GG bzw. Art. 19 Abs. 4 GG dar, so dass sie der gesetzlichen Ermächtigung bedürfen und unter dem Primat der Verhältnismäßigkeit stehen[875].

Angesichts der Verschlechterung von Rechtsschutzmöglichkeiten mit zunehmendem Abstand zu der angeordneten Maßnahme sollte daher eine Benachrichtigung erfolgen, sobald sie ohne Gefährdung des Zwecks der Datenerhebung möglich ist. Dies impliziert im Übrigen einen recht frühen Zeitpunkt, der durchaus auch vor dem endgültigen Abschluss des Ermittlungsverfahrens liegen kann, wenn nämlich ausreichende Erkenntnisse durch die längerfristige Observation gesammelt oder auf andere Art und Weise erhoben und gesichert sind.

c) Die Rechte der betroffenen Personen

aa) Zielperson

Zielperson der längerfristigen Observation ist der Beschuldigte[876]. Er kann sich gegen die Maßnahme zur Wehr setzen, sobald er Kenntnis von ihr erlangt hat.

---

873 *BVerfG* E 100, 313 [361].
874 *BVerfG* E 100, 313 [364].
875 Vgl. *BVerfG* NJW 2004, 999 [1015].
876 Zum Beschuldigtenbegriff vgl. oben § 20 I 5.

bb) Andere Personen

Eine Benachrichtigungspflicht besteht aber auch hinsichtlich anderer Personen i.S.d. § 163f Abs. 1 S. 3 StPO. Dabei handelt sich um diejenigen, bei denen auf Grund bestimmter Tatsachen eine Verbindung bzw. die Herstellung einer Verbindung mit dem Beschuldigten angenommen werden kann. Es wird nicht selten vorkommen, dass die Identität dieser Personen unbekannt ist. Dies führt zu dem Hindernis, dass vor ihrer Benachrichtigung weitere Maßnahmen zur Erforschung ihrer Identität nötig wären. Zudem kann insbesondere dann, wenn die Maßnahme keine verwertbaren Ergebnisse erbracht hat, die Benachrichtigung weiterer Beteiligter den Grundrechtseingriff bei der Zielperson vertiefen. In solchen Fällen hat laut *BVerfG* eine Abwägung zu erfolgen, in die Umfang und Inhalt der Kommunikation des unbekannten Betroffenen, der Aufwand für die Feststellung seiner Identität und die zu erwartenden Beeinträchtigungen für die Zielperson und sonstige Beteiligte eingestellt werden müssen[877].

Nach dem Gesagten wird im Rahmen der längerfristigen Observation allenfalls dann, wenn der unbekannte Betroffene über einen langen Zeitraum mitobserviert worden ist und besondere Erkenntnisse gerade auch über ihn erlangt worden sind, überhaupt daran zu denken sein, eine Benachrichtigungspflicht auszulösen. Denn im Regelfall sind hohe Anforderungen an die Notwendigkeit einer solchen Benachrichtigung zu stellen. Man wird keine größeren Anstrengungen zur Ermittlung der Identität der anderen Person fordern können. Eine solche würde die Polizeiarbeit im Ermittlungsverfahren bei weitem überstrapazieren und in Zeiten knapper personeller und finanzieller Ressourcen die Qualität der eigentlichen Strafverfolgung wesentlich beeinträchtigen.

cc) Unvermeidbar betroffene Dritte

Die Maßnahme darf gemäß § 163f Abs. 2 StPO auch durchgeführt werden, wenn Dritte unvermeidbar betroffen sind. Zwar ist der Eingriff in ihre Grundrechte für sie am wenigsten vorhersehbar. Für solche **„Dritte“** gilt jedoch in noch stärkerem Maße als für **„anderen Personen“** i.S.d. § 163f Abs. 1 S. 3 StPO:

Sie werden im Zweifel nur relativ kurz und am Rande betroffen und zudem fast immer unbekannt sein. Damit erscheint ihre Grundrechtsverletzung nur unwesentlich. Der Aufwand zur Ermittlung ihrer Identität ist nochmals erhöht. Dritten gegenüber besteht damit nach den genannten Grundsätzen im Regelfall keine Benachrichtigungspflicht.

---

877 *BVerfG* NJW 2004, 999 [1016].

d) Resümee

Die schon de lege lata bestehenden verfassungsrechtlichen Bedenken im Hinblick auf die fehlende Benachrichtigungspflicht erfordern jedenfalls de lege ferenda ein Eingreifen des Gesetzgebers. Gerade auch vor dem Hintergrund des bei § 163f StPO zu Recht nicht kodifizierten primären Richtervorbehalts und der daraus resultierenden Anordnungskompetenz durch die StA und ihrer Ermittlungspersonen bedarf es der Schaffung einer rechtsstaatlich gesicherten „Benachrichtigungspraxis", um das kompetenzrechtliche Manko der fehlenden gerichtlichen Befassung mit der angeordneten Maßnahme auszugleichen. Dies dürfte zugleich zu einer sorgfältigen Handhabung der Anordnung führen, da die Wahrscheinlichkeit der nachfolgenden gerichtlichen Kontrollmöglichkeit erhöht wird[878]. Jedoch besteht jener Anspruch auf Benachrichtigung nur im Grundsatz: Er kann im Einzelfall durch überwiegende Rechtsgüter reduziert oder ausgeschlossen sein. Zu den Gründen für letzteres wird man jedenfalls die Gefährdung der Ermittlungen zumindest wegen schwerer Straftaten sowie den Schutz von Leib und Leben der ermittelnden Personen zählen müssen. Nicht dazu gehört dagegen die öffentliche Sicherheit an sich. Denn sie erfasst jedes konkurrierende Rechtsgut unabhängig von seinem Gewicht und dem Grad seiner Betroffenheit[879].

Der Gesetzgeber ist aufgerufen, eine Regelung in § 163f StPO aufzunehmen, die den genannten Aspekten Rechnung trägt. Die an den Inhalt des Benachrichtigungsanspruchs zu stellenden Minimalanforderungen sind der Beginn, das Ende sowie die Rechtsgrundlage der Maßnahme. Der grundsätzlich nicht allzu hohen Eingriffsintensität der längerfristigen Observation mag es gerecht werden, wenn man mit *Nimtz* weitere Auskünfte erst nach einer weiteren Einzelfallprüfung **auf Antrag** des Beteiligten gestattet.

7. Kennzeichnungspflichten

Das *BVerfG* betont zudem die Bedeutung der verfassungsmäßigen **Verwendung** der erhobenen Daten. Es führt dazu aus:

> *„Die Schutzwirkungen [...] des Art. 2 Abs. 1 sowie Art. 1 Abs. 1 GG beziehen sich nicht nur auf die Erhebung, sondern ebenso auf die Weitergabe der Daten und Informationen, die durch den Eingriff [...] gewonnen sind. Denn die verfassungsrechtliche Beurteilung hängt auch davon ab, in welchen Verwendungszusammenhängen die gewonnenen Informationen genutzt werden können und welche Schutzvorkehrungen, insbesondere*

878 So auch *Nimtz*, Observation, S. 140.
879 Vgl. *Gusy*, JuS 2004, 457 [461].

welche datenschutzrechtlichen Regelungen, getroffen worden sind. ***Wäre eine weitere Verwendung der Daten ohne verfassungsrechtlich hinreichende Sicherung möglich, wäre auch die Datenerhebung verfassungswidrig***[880].

Wenn also Informationen, die aus längerfristigen Observationen erlangt worden sind, nur zu bestimmten Zwecken verwendet werden dürfen, müssen diese Daten gekennzeichnet werden, damit sie weder später noch von anderen Behörden in Unkenntnis des Erhebungsvorgangs für andere Zwecke verwendet werden[881]. Eine besondere Rolle spielt dies, wenn Daten an andere Dienststellen übermittelt werden, die nicht über die Art und Weise der Erhebung informiert werden. Dann nämlich bestehen die ursprünglichen Verwendungsregeln fort. Die empfangene Behörde darf solche Informationen ebenfalls nur im Rahmen der für die abgebende Behörde geltenden Begrenzungen verarbeiten. Aus diesem Grunde sind die Informationen auf etwaige Verwendungsbeschränkungen hin in der Akte deutlich zu kennzeichnen.

III. Verhältnismäßigkeit

Soweit die längerfristige Observation nicht den absolut geschützten unantastbaren Kernbereich privater Lebensgestaltung betrifft und damit unzulässig ist, erfordert ihre Verfassungsmäßigkeit die Beachtung des Grundsatzes der Verhältnismäßigkeit:

1. Legitimer Zweck

Die Ermächtigungsgrundlage des § 163f StPO verfolgt einen legitimen Zweck. Denn sie dient als Strafverfolgungsmaßnahme im Ermittlungsverfahren dem vom *BVerfG* wiederholt als unabweisbar bezeichneten rechtsstaatlichen Gebot einer wirksamen Strafverfolgung[882]. Weiterhin wurde als Ziel der Einführung des § 163f StPO stets auch deren Notwendigkeit für die Aufklärung von erheblicher Kriminalität genannt, die für die Gewährleistung einer effektiven Strafrechtspflege konstitutiv ist.

2. Geeignetheit

Die längerfristige Observation ist zur Zweckerreichung auch grundsätzlich geeignet, da mit ihrer Hilfe der erstrebte Zweck gefördert werden kann. Mit ihr können

880 *BVerfG* NJW 2004, 999 [1018].
881 *BVerfG* E 100, 313 [396]; *Gusy*, JuS 2004, 457 [461].
882 E 77, 65 [76]; 80, 367 [375]; 100, 313 [389]; 107, 299 [316].

zahlreiche verfolgungsrelevante Erkenntnisse über Personen und Örtlichkeiten erlangt werden. Verfassungsrechtliche Zweifel an der grundsätzlichen Eignung wie auch der Eignung zur Aufklärung erheblicher Kriminalität bestehen nicht.

Im Übrigen gesteht das *BVerfG* dem Gesetzgeber selbst in Fällen, in denen die Maßnahme explizit zur Bekämpfung von noch nicht vollends geklärten Phänomenen wie der Organisierten Kriminalität eingeführt wird, einen **gewissen Beurteilungsspielraum** zu. Das Gericht betont jedoch, dass bei einer verbleibenden Unsicherheit eine Überwachung der fortlaufenden Entwicklung der Maßnahme zu erfolgen habe[883].

3. Erforderlichkeit

Es ist keine Ermittlungsmaßnahme ersichtlich, die generell weniger belastend, aber zur Erreichung desselben Aufklärungszwecks ebenso geeignet wäre. Denn die planmäßige Beobachtung von Personen ist gerade im Bereich der mittleren und erheblichen Kriminalität anerkannter Weise seit jeher ein notwendiges Mittel zur Erlangung von Informationen, die durch andere, weniger eingriffsintensive Maßnahmen wie z.B. die kurzfristige Observation, die Befragung von Nachbarn des Beschuldigten etc. nicht erreicht werden können.

4. Angemessenheit

a) Abwägung

§ 163f StPO müsste ein angemessenes Mittel zur Erreichung seines Zwecks sein. Das ist der Fall, wenn die längerfristige Observation wegen ihres Umfangs und ihrer Intensität in einem angemessenen Verhältnis zu den berechtigten Strafverfolgungsinteressen steht. Insoweit ist eine Abwägung zwischen den betroffenen Grundrechten, d.h. i.d.R. dem APR bzw. dem Recht auf informationelle Selbstbestimmung auf der einen Seite sowie den Interessen der Allgemeinheit an einer effektiven Strafverfolgung auf der anderen Seite, geboten.

Da zwischen den hier divergierenden Interessen nicht von vornherein ein absolutes Vorrangverhältnis erkennbar ist, hat ein Ausgleich nach den Grundsätzen der **praktischen Konkordanz** zu erfolgen. Der Gesetzgeber hat durch die gesetzliche Regelung eine eigenständige Gewichtung und Abwägung vorzunehmen[884]. Maßgeblich ist also die Gesamtschau der in § 163f StPO vorgenommenen Einschränkungen: Die längerfristige Observation ist durch die Voraussetzungen des Tatverdachts für eine Straftat von erheblicher Bedeutung unter der Prä-

883 NJW 2004, 999 [1009].

884 *Pieroth/Schlink*, Grundrechte, Rn. 291.

misse der qualifizierten Subsidiarität begrenzt. Dagegen ist weder ein *Richtervorbehalt* noch sind *Benachrichtigungspflichten an die Betroffenen nach Beendigung der Maßnahme* vorgesehen.

b) Eigene Stellungnahme

Für längerfristige Observationen normiert das Gesetz in § 163f StPO Voraussetzungen und Schranken, die im Hinblick auf das betroffene APR bzw. Recht auf informationelle Selbstbestimmung den verfassungsrechtlichen Anforderungen genügen. Wie gezeigt ist insbesondere das Erfordernis der Verfolgung von „Straftaten von erheblicher Bedeutung" als systemgerecht zu qualifizieren. Dasselbe gilt für die Verwendung der qualifizierten Subsidiaritätsklausel. Ein Rekurs auf Straftatenkataloge anderer Normen der StPO erübrigt sich daher. Vor den Hintergrund der Betroffenheit des APR bzw. des Rechts auf informationelle Selbstbestimmung ergibt sich nach alledem keine Verletzung der Abwägungspflicht durch den Gesetzgeber. Bedenken im Hinblick auf fehlende Benachrichtigungspflichten sollten vom Gesetzgeber unverzüglich ausgeräumt werden.

Insgesamt ist festzuhalten, dass die längerfristige Observation gemäß § 163f StPO ein angemessenes Mittel zum Schutze der Effektivität der Strafverfolgung ist.

Zusammenfassung von Kapitel 6

§§ 161 Abs. 1 S. 1, 163 Abs. 1 S. 2 StPO sind äußerst restriktiv zu interpretieren und stellen eine Ermächtigungsgrundlage lediglich für Ermittlungsmaßnahmen ohne Grundrechtseingriff bzw. für solche Maßnahmen dar, die keinen schwerwiegenden Eingriff in das APR bzw. das Recht auf informationelle Selbstbestimmung beinhalten. Weiterhin müssen diese Maßnahmen vor Erlass des Volkszählungsurteils des *BVerfG* als zulässig angesehen und durchgeführt worden, seit dieser Entscheidung im Hinblick auf ihre Eingriffsqualität aber umstritten geworden sein.

Mit der Novellierung der genannten Normen zu einer so verstandenen „kleinen Ermittlungsgeneralklausel" hat die kurzfristige Observation eine verfassungsrechtlichen Anforderungen genügende Ermächtigungsgrundlage erhalten.

Die Regelung der längerfristigen Observation in § 163f StPO weist Divergenzen zum bestehenden System der Strafprozessordnung auf. Sie ist verfassungskonform auszulegen. Danach ist ihr Anwendungsbereich weder bei einer offenen Observation noch bei einem hier so genannten „großen Observationsangriff" unter Eingriff in das Wohnungsgrundrecht des Art. 13 Abs. 1 GG eröffnet.

Für den „großen Observationsangriffs“ ergeben Umkehrschlüsse aus Art. 13 Abs. 3 und 4 GG bzw. Art. 13 Abs. 5 GG, dass die optische Überwachung von Wohnungen unter Einsatz technischer Mittel zu Strafverfolgungszwecken unzulässig ist. Längerfristige Observationen ohne Zuhilfenahme technischer Mittel bedingen keinen Eingriff in das Wohnungsgrundrecht des Art. 13 Abs. 1 GG, wenn sie nach gewöhnlicher „Passantenart“ erfolgen.

Der Begriff des „Täters“ im Rahmen des § 163f StPO ist verfassungswidrig. Er führt aber nicht zur Nichtigkeit der Norm, sondern ist in verfassungskonformer Auslegung in den des „Beschuldigten“ oder „möglichen Täters“ umzudeuten.

Die fehlenden Benachrichtigungspflichten im Hinblick auf Zielpersonen und deren Kontaktpersonen sollten de lege ferenda korrigiert werden. Aus Gründen der Klarheit sollte eine an § 101 StPO angelehnte Regelung in § 163f StPO eingefügt werden bzw. ein Verweis auf § 163f StPO in § 101 StPO aufgenommen werden.

Kapitel 7: Notwendigkeit der Differenzierung zwischen kurzfristiger, längerfristiger und „sonst erheblicher“ Observation

§ 21 Die „sonst erhebliche“ Observation als dritte Kategorie

Eine bis heute vernachlässigte Frage bei der Untersuchung von strafprozessualen Observationen ist, ob es Konstellationen gibt, in denen die (analoge) Anwendung der Voraussetzungen des § 163f StPO auf ***ähnlich intensive Observationen*** notwendig wird, obwohl die in der Norm genannte zeitliche Dauer der Maßnahme — durchgehend länger als 24 Stunden oder an mehr als 2 Tagen — (noch) nicht überschritten ist.

I. Alleiniger Rekurs auf die Zeitangaben in § 163f StPO

Mit seiner Definition in § 163f Abs. 1 S. 1 StPO grenzt der Gesetzgeber die *längerfristige Observation* ausschließlich anhand der **Dauer** der Maßnahme von der — explizit nirgendwo im Gesetz so bezeichneten — *kurzfristigen Observation* ab. Es sind jedoch weitere Begleitumstände denkbar, die grundsätzlich geeignet erscheinen, die Schwere des Grundrechtseingriffs durch eine Observationsmaßnahme zu erhöhen, selbst wenn letztere unterhalb der genannten Zeiträume liegt.

Der *BGH* hat dies in seiner „GPS-Entscheidung“ im Grundsatz ausdrücklich festgestellt. Er hatte allerdings letztlich nur die Frage zu beantworten, wie die Kumulation der Observation mit sonstigen technischen Mitteln und der längerfristigen Observation zu behandeln ist, und nicht die etwaige Erweiterung der genuinen Anwendbarkeitsvoraussetzungen des § 163f Abs. 1 S. 1 StPO zu überprüfen[885].

Bei der ausschließlichen Anwendung des § 163f Abs. 1 S. 1 StPO auf längerfristige Observationen ohne Einsatz technischer Mittel spricht viel dafür, dass das Abstellen auf absolute zeitliche Grenzen bereits wegen der oben aufgeführten Vielfältigkeit von Observationsmaßnahmen nicht den alleinigen Maßstab bilden kann: Man denke nur an eine ihrem Aufwand nach **einfache** und gemessen an § 163f StPO **kurzfristige** Observation, die an zwei aufeinanderfolgenden Tagen jeweils 10 Minuten vor Ablauf der genannten 24-Stunden-Zeiträume beendet wird. Es liegt auf der Hand, dass diese Maßnahme das gleiche Gefahrenpotential der heimlichen Ausforschung birgt und damit zu einem ebenso schweren Eingriff in das APR bzw. das Recht auf informationelle Selbstbestimmung führt wie diejenige, die nur 11 Minuten länger andauern würde und die damit Zeitgrenze überschritte.

Eine unterschiedliche Behandlung beider Fälle ist nicht gerechtfertigt. Bei strikter Anwendung des Zeitkriteriums wäre nach zutreffender h.M. bei der kurzfristigen Observation die kleine Ermittlungsgeneralklausel der §§ 161 Abs. 1 S. 1, 163 Abs. 1 S. 2 StPO die richtige Ermächtigungsgrundlage (dazu oben, § 19). Dies hätte zur Folge, dass **keinerlei besondere Anordnungsvoraussetzungen** zu beachten wären. Bei einer längerfristigen Observation dagegen müssten alle tatbestandlichen Einschränkungen wie die **Subsidiaritätsklausel**, das Erfordernis der **„Straftat von erheblicher Bedeutung"** sowie die **verfahrensrechtlichen Anordnungsvoraussetzungen** erfüllt sein.

Die Gesetzesmaterialien zu § 163f StPO belegen, dass der Gesetzgeber seinen Regelungswillen gerade mit Blick auf eine Ermittlungsmaßnahme betätigen wollte, die sich durch einen Eingriff in das APR bzw. das Recht auf informationelle Selbstbestimmung des Betroffenen auszeichnet[886]. Auch bei einem zeitlichen Grenzfall, der ebenso einen Eingriff in dieses Grundrecht bedingen würde, entspricht es demnach dem Willen des Gesetzgebers, eine solche Maßnahme an den Voraussetzungen des § 163f StPO zu messen.

Es fragt sich, ob die Gleichstellung einer „sonst erheblichen" Observation mit der längerfristigen Observation möglich ist, d.h. die Anwendung der Voraussetzungen des § 163f StPO auf erstgenannte Maßnahme durch die Exekutive und den Richter erfolgten darf. Hierzu soll auf die bekannte Differenzierung zwischen

885 BGHSt 46, 266 ff = NStZ 2001, 388: „Werden für längerfristige Observationen technische Mittel i.S.d. § 100c Abs. 1 Nr. 1a verwendet, so sind zusätzlich die Anordnungsvoraussetzungen des § 163f zu beachten."

886 Siehe oben § 6 III 3.

richterlicher Rechtsfindung secundum legem, praeter legem und contra legem abgestellt werden:

II. Grenzziehung zwischen der Rechtsfindung secundum legem, praeter legem und contra legem

1. Keine Rechtsfindung secundum legem

Die Rechtsfindung **secundum legem** ist ein in allen Bereichen des Rechts und damit auch im Strafverfahrensrecht zulässiges und gebotenes Verfahren der juristischen Methodenlehre[887]. Sie beschreibt die unmittelbare Anwendung einer nach Wortsinn und ratio legis passenden Norm[888]. Im vorliegenden Fall kommt eine solche Rechtsfindung apriorisch nicht in Betracht. Denn die Definition der Längerfristigkeit in § 163f Abs. 1 S. 1 StPO legt unzweideutig und ohne weitere Auslegungsmöglichkeit die zeitlichen Grenzen für längerfristige Observationen mit „durchgehend mehr als 24 Stunden" bzw. „an mehr als zwei Tagen" fest.

2. Abgrenzung der Rechtsfindung praeter legem zu contra legem

Die **Rechtsfindung praeter legem** wird definiert als gesetzesergänzende Lückenfüllung, insbesondere mittels Gesetzes- bzw. Rechtsanalogie[889]. Bei ihr fehlt eine nach Normtext und ratio legis anwendbaren Gesetzesnorm: Es liegt bei vergleichbarer Interessenlage eine planwidrige Unvollständigkeit des Gesetzes, d.h. eine **Regelungslücke** vor[890]. Dagegen bedeutet **Rechtsfindung contra legem** die Missachtung einer eindeutig als abschließend gemeinten gesetzlichen Regelung dadurch, dass der Richter sich zur Nichtanwendung einer gesetzlichen Regelung entschließt, obwohl diese keine Ausnahme zulassen wollte bzw. dass er auf eine Rechtsfolge erkennt, die das Gesetz für solche Fälle eindeutig ausschließen wollte[891]. Sie ist gemäß Art. 20 Abs. 3, 97 Abs. 1 GG (grundsätzlich) unzulässig.

---

887 Schönke/Schröder/*Eser*, § 1 Rn. 36; *Rudolphi* in: SK-StGB § 1 Rn. 28.

888 *Bär*, Zugriff, S. 55 ff; *Krey*, Studien, S. 55. Zum „möglichen Wortsinn der Norm als maßgeblichem Abgrenzungskriterium zwischen der Rechtsfindung secundum legem und praeter legem vgl. *BVerfG* E 47, 109 [120 f]; 92, 1 [12]; *Engisch*, Einführung in das juristische Denken, S. 191, 195 mit Fn. 47; *Krey*, Studien, S. 48; *ders.*, Keine Strafe ohne Gesetz, Rn. 115 ff; *ders.*, ZStW Bd. 101 (1989), 838 [842]; *Krey/Linn*, Blau-FS, S. 123; *Larenz/Canaris*, Methodenlehre, S. 143 ff, 187; *Leister*, Annexkompetenzen, S. 62 ff m.w.N.; *Schünemann*, Nulla poena sine lege?, S. 17 ff.

889 *Krey*, Studien, S. 76 f; *Leister*, Annexkompetenzen, S. 61.

890 Krey, JZ 1978, 361 m.w.N.

891 *Krey*, ZStW Bd. 101 (1989), 838 [852]; *ders.*, JZ 1978, 361 [362]; 465 ff.

Vorliegend geht es um einen Fall der **Rechtsfindung praeter legem.** Denn eine Anwendung des § 163f StPO soll auch in dem gesetzlich nicht normierten Fall stattfinden, dass andere (ähnliche) Voraussetzungen als die starren zeitlichen Grenzen vorliegen, die einen vergleichbaren Grundrechtseingriff insbesondere in das APR bzw. das Recht auf informationelle Selbstbestimmung bedingen. Diese Regelungslücke ist mittels einer **Gesetzesanalogie** zu schließen: Es hat eine sinnvolle analoge Anwendung auf Fälle zu erfolgen, die nach ihrem Wortsinn nicht mehr erfasst sind[892].

Zudem ist diese Unvollständigkeit des Gesetzes **planwidrig** zu Stande gekommen. Ausweislich der Gesetzesmaterialien hätte der Gesetzgeber, wenn er das Problem vor Augen gehabt hätte, weitere Faktoren berücksichtigt, um den umfassenden Schutz des APR bzw. des Rechts auf informationelle Selbstbestimmung vor **vergleichbar schweren** Observationen wie der langfristigen zu gewährleisten[893].

3. Zulässige Rechtsfindung zugunsten den Betroffenen

Auf die Frage, ob auf Grund des öffentlichrechtlichen Gesetzesvorbehalts ein Analogieverbot im Strafverfahrensrecht besteht[894] bzw. ob sich ein solches aus Art. 103 Abs. 2 GG ergibt[895], kommt es vorliegend nicht an: Problematisch sind diese Aspekte nur bei der analogen Anwendung einer Norm **zu Ungunsten des Betroffenen** (Rechtsfindung praeter legem in malam partem). Die **Extension** der Anwendung limitierender Voraussetzungen einer strafprozessualen Ermächtigungsgrundlage auf ähnliche Fallgestaltungen bedeutet dagegen zwingend einen Gewinn an gesetzlichem Schutz **zugunsten des Betroffenen** (Rechtsfindung praeter legem in bonam partem). Letztere ist zulässig: Denn die Strafverfolgungsbehörden bekommen die Verpflichtung auferlegt, zusätzliche materielle und formelle Erfordernisse zu beachten, wenn sie eine zulässige, „gerichtsfeste“ Ermittlungsmaßnahme durchführen wollen. Bei einer durch das Vorliegen anderer Faktoren bedingten vergleichbaren Interessenlage kann somit eine Observati-

---

892 Ausführlich dazu Krey, ZStW Bd. 101 (1989), 838 [849 ff].

893 Siehe oben § 6.

894 *Krey*, Studien, S. 37 ff, 241 ff; *ders.*, StPO Bd. 1, Rn. 11, 746; *ders.*, Blankettstrafgesetze, S. 136; *ders.*, ZStW Bd. 101 (1989), 838 [854 ff]. Ebenso *Achenbach/Perschke*, StV 1994, 577 [579]; *Binder*, Rechtsprobleme, S. 192 f; *Gropp*, JZ 1998, 501 [505]; *Martensen*, JuS 1999, 433 [435]; *Wolter*, GA 1988, 49 [60]. I.E. übereinstimmend *Kühne*, Strafprozessrecht, Rn. 406 mit Fn. 20; *Wesemann*, StV 1997, 597 [600].

895 Vgl. dazu die überzeugende – letzteres verneinende – Untersuchung von *Leister*, Annexkompetenzen, S. 92 ff.

on, ohne die normierten Zeiträume zu erreichen, an den materiellen und formellen Voraussetzungen des § 163f StPO zu messen sein.

III. Konkretisierende Faktoren, deren Vorliegen eine vergleichbare „sonstige Erheblichkeit" bedingt

Dies führt zu der Frage, welche Faktoren zu einer „sonstigen Erheblichkeit" der Observation führen können, die deren **Längerfristigkeit** ähnlich ist. Die längerfristige Observation wird zu Recht als schwerwiegender Eingriff in die Privatsphäre des Betroffenen angesehen[896]. Es sind Kriterien aufzustellen, die eine möglichst genaue Qualifizierung der nötigen Intensität gewährleisten. Letztere kann von materiellen wie auch formellen Voraussetzungen beeinflusst werden.

1. Zeitliche Grenzen

Ausgangspunkt jedweder Kategorisierung sind die in § 163f StPO genannten zeitlichen Grenzen. Je näher eine durchgehende Observation an die 24-Stunden-Grenze heranreicht, desto näher liegt die Annahme einer Analogie. Verstärkt gilt dies bei Observationen, die an zwei Tagen stattfinden und dabei zudem jeweils nahe der 24-Stunden-Marke liegen.

2. Bewusste Umgehung der zeitlichen Grenzen

Nimmt die Ermittlungsbehörde bei einer Observation dem Betroffenen Abwehr- und Rechtsschutzmöglichkeiten dadurch, dass sie eine unter den gegebenen Umständen bereits tiefgreifende Beobachtung vor Erreichen der Zeitvorgaben des § 163f StPO absichtlich abbricht, um sie an einem der nächsten Tage zu vollenden, so muss einem solchen Rechtsmissbrauch der Erfolg versagt werden. Die materiellen und formellen Voraussetzungen des § 163f StPO müssen dann in **analoger** Anwendung zum Schutze des Betroffenen beachtet werden.

3. Verdecktheit der Observation

Besondere Grundrechtsrelevanz erwächst durch die **heimliche** Durchführung der Maßnahme. Sie stellt daher eine Grundvoraussetzung für die analoge Anwend-

896 LR-*Rieß*, § 163 Rn. 51 m.w.N.; *Sánchez*, Informationelle Selbstbestimmung, S. 242.

barkeit des §163f StPO aus Intensitätsgesichtpunkten dar. Wie bereits gezeigt, unterfallen offene Observationen nach der ratio legis nicht dem § 163f StPO[897].

4. Beschattungsintensität, räumliche Nähe und Art der Observation

Eine bedeutende Rolle spielt weiterhin die **Unmittelbarkeit** des Betroffenseins. Der Beschuldigte selbst ist regelmäßig der am intensivsten Betroffene. Es ist jedoch denkbar, dass der Beobachtungsbereich während der Durchführung der Maßnahme z.B. als Bereichsobservation so groß gezogen ist, dass seine (des Beschuldigten) Aktivitäten nicht lückenlos erfasst werden können. Je kleiner der Überwachungsbereich gezogen ist, desto intensiver ist im Regelfall die Eingriffsintensität der Observation. Personenobservationen weisen also grundsätzlich eine höhere Intensität auf als Objektobservationen.

Je mehr andere Bürger nur **am Rande betroffen** sind, desto eher fehlt die Unmittelbarkeit. Dieser Gedanke spiegelt sich auch in § 163f Abs. 2 StPO wieder: Danach ist die Maßnahme auch dann zulässig, wenn Dritte unvermeidbar betroffen sind. Je höher die Unmittelbarkeit ist, desto mehr spricht für eine intensive Observationsmaßnahme von mit § 163f StPO vergleichbarer Qualität.

5. Sensibilität der erlangten Informationen

Weiterhin wirkt es eingriffsintensivierend, wenn durch die Observationsmaßnahme **persönlichkeitsnahe Informationen** erlangt und gespeichert werden. Die Sensibilität der Information, d.h. der auf die Persönlichkeit des Betroffenen bezogene Informationsgehalt, kann den Eingriff in das APR bzw. das informationelle Selbstbestimmungsrecht begründen oder vertiefen. Je persönlichkeits- und damit grundrechtssensibler die Informationen sind, desto eher ist die Observation an den Voraussetzungen des § 163f StPO zu messen.

6. Anzahl und Zugänglichkeit der erlangten Informationen

Hinter der Normierung des § 163f StPO steht zumindest auch der Schutz des Betroffenen vor dem Verlust der Kontrolle über seine Informationen. Jedoch entprivatisiert nicht jeder Verlust an Informationskontrolle den Betroffenen. Eine eingriffsgleiche Gefährdung kann sich aber aus der Verarbeitung einer größeren Anzahl von personenbezogenen Informationen ergeben. Denn Informationsgehalt und Aussagekraft der Information nehmen in diesem Fall überproportional zu.

897 Vgl. ausführlich oben § 20 I 1 b).

Mit zunehmender Informationsanzahl ist daher zugleich von einer Intensivierung des Observationseingriffs auszugehen.

IV. Ergebnis

Es sind Observationsmaßnahmen denkbar, die eine der längerfristigen Observation vergleichbare Intensität aufweisen, ohne jedoch die zeitlichen Grenzen des § 163f StPO zu erreichen. Die Gesamtschau der aufgeführten Kriterien erlaubt in Einzelfällen eine gesetzesergänzende Lückenfüllung mittels Gesetzesanalogie. Dabei muss es sich um eine verdeckte Observation handeln, die den in § 163f StPO genannten zeitlichen Grenzen möglichst nahe kommt, eine hohe Beschattungsintensität aufweist und dem Kontrollbereich des Betroffenen eine größere Anzahl persönlichkeitssensibler Informationen entzieht. Beenden die Polizeibeamten die Observation absichtlich kurz vor Ablauf der 24-Stunden-Grenze, um diese zu umgehen, so ist bereits aus diesem Grunde sowohl das Vorliegen der materiellen als auch der formellen Voraussetzungen der Norm erforderlich.

Beispiel: Nach einem Bankraub beginnen mehrere Polizeibeamte mit Ermittlungspersoneneigenschaft aufgrund eines anonymen Tipps aus der Bevölkerung morgens um 4.30 Uhr, verdeckt das Haus des X zu observieren. Im Zuge der Maßnahme beobachten sie ihn über einen Zeitraum von 20 Stunden hinweg bis nachts um 0.30 Uhr, brechen daraufhin die Observation ab und setzen sie am nächsten Tag im selben Zeitraum fort. So erhalten sie ein komplettes Bild seines Tagesablaufs mitsamt allen privaten und geschäftlichen Kontakten: Sie folgen dem X mit dem PKW unauffällig zu dem Kindergarten, in den er seine kleine Tochter bringt, beobachten ihn beim Arztbesuch, bei der Hausarbeit, bei der Ausführung seines Berufs als Fensterputzer sowie beim abendlichen Fußballtraining samt anschließendem Beisammensein mit den Vereinskameraden im Vereinsheim. Am Abend des zweiten Tages werden die Polizeibeamten durch das Verhalten des X auf einem hinter dem Gartenhaus des X befindlichen Geheimgang aufmerksam. Dort wird später ein Teil der Beute aufgefunden.

Hier liegt zwar keine längerfristige Observation i.S.d. § 163f StPO vor. Die durchgeführte Maßnahme hat nach den oben genannten Kriterien aber ohne Zweifel als eine „sonst erhebliche „ Observation zu gelten, weil sie den zeitlichen Grenzen ausreichend nahe kommt, eine hohe Beschattungsintensität ausweist und dem X die Kontrolle über eine größere Anzahl von persönlichkeitssensiblen Daten entzieht. Damit sind die materiellen und insbesondere die formellen Voraussetzungen des § 163f StPO zu beachten. Die Annahme einer allein auf §§ 161 Abs. 1 S. 1, 163 Abs. 1 S. 2 StPO gestützten kurzfristigen Observation scheitert an der Intensität des Eingriffs in das APR bzw. das Recht auf informationelle Selbstbestimmung des X.

Zusammenfassung von Kapitel 7

Neben der längerfristigen Observation ist auch eine „sonst erhebliche" Observation an den Voraussetzungen des § 163f StPO zu messen. Dies ergibt sich aus einer Gesetzesanalogie zu Gunsten des Betroffenen (Rechtsfindung praeter legem in bonam partem).

Eine „sonst erhebliche" Observation liegt wegen des Gedankens des Rechtsmissbrauchs immer dann vor, wenn die Observation absichtlich unterbrochen wird, um die zeitlichen Grenzen des § 163f StPO zu umgehen.

Weiterhin handelt es sich um eine „sonst erhebliche" Observation, wenn sie den in § 163f StPO genannten Zeiträumen möglichst nahe kommt, eine hohe Beschattungsintensität aufweist und dem Kontrollbereich des Betroffenen eine größere Anzahl persönlichkeitssensibler Informationen entzieht.

Dritter Hauptteil: Observationen in besonderen Konstellationen sowie Rechtsschutz

Kapitel 8: Observationen im Rahmen der vorbeugenden Verbrechensbekämpfung

In jüngerer Vergangenheit hat sich neben der Prävention und der Repression als den beiden klassischen Bereichen polizeilicher Tätigkeit (sog. „polizeilicher Aufgabendualismus") mit der vorbeugenden Verbrechensbekämpfung ein drittes Feld herausgebildet. Streitig ist, ob letztere dogmatisch als eine von den beiden anderen unabhängige Kategorie anzusehen ist. Da die Thematik in jüngerer Vergangenheit Gegenstand zahlreicher, auch monografischer Veröffentlichungen gewesen ist[898] und weil eine umfassende Abgrenzung mitsamt sämtlicher neuerer Tendenzen den Rahmen dieser Arbeit sprengen würde, muss es an dieser Stelle im Hinblick auf Observationen mit den folgenden Ausführungen sein Bewenden haben.

---

898 Aus der kaum zu übersehenden Fülle zu diesem Thema sowie zur Doppelfunktionalität von Polizeimaßnahmen vgl. jeweils m.w.N.: *Ahlers*, Grenzbereich, S. 70 ff; *Aulehner*, Polizeiliche Gefahren- und Informationsvorsorge, S. 47 ff (speziell zur Informationsvorsorge); *Baumann*, JuS 1987, 681 [683 f]; *Denninger*, CR 1988, 51 [52 ff], *Harbs*, Die Polizei 1962, 333 ff; *Hefendehl*, StV 2000, 270 [273 f] (speziell zur Observation); *Keller/Griesbaum*, NStZ 1990, 416 ff; *Krey*, Rechtsprobleme, Rn. 186, 188 ff; *Kühne*, Strafprozessrecht, Rn. 370 ff; *Notzon*, Rückgriff, S. 5 ff, 25 ff, 65 ff; *Pfennig*, Die Polizei 1983, 374 [377]; *Schoreit*, MDR 1992, 1013. Siehe auch *Deutsch*, Heimliche Erhebung, S. 179 f, 182 ff mit dem – nicht ganz neuen – Vorschlag, neben Prävention und Repression eine dritte Polizeiaufgabe im Sinne einer „*Vorsorge für eine künftige Strafverfolgung*" herauszubilden. Vgl. weiterhin *Krey*, Strafverfahrensrecht Band 1, Rn. 501 ff; *ders.*, ZRP 1971, 224 [226 f]. Zum Sonderproblem der sog. „*Vorfeldermittlungen*" siehe *Kniesel*, ZRP 1987, 377 ff; *Nitz*, Einsatzbedingte Straftaten, S. 12 ff; *Weßlau*, Vorfeldermittlungen, S. 1 ff; *Hund*, NJW 1992, 2118 [2120].
Kühne gelangt zu Recht zu dem Ergebnis, dass eine Trennung zwischen präventiver und repressiver Tätigkeit in der Praxis nicht mehr möglich ist, Strafprozessrecht, Rn. 370 ff et passim. Ebenso *Hund*, ZRP 1991, 463 [466]; *Schröder*, Einsatz, S. 56 f. Zur Rechtswegproblematik *Erichsen*, Jura 1993, 45 [49 m.w.N.]; *Krey/Pföhler*, NStZ 1985, 145 [150].

§ 22 Observationsmaßnahmen in den verschiedenen Bereichen vorbeugender Verbrechensbekämpfung

I. Doppelfunktionale (Observations-)Maßnahmen und vorbeugende Verbrechensbekämpfung

Die Polizei nimmt im Rahmen ein und derselben Ermittlungstätigkeit nicht selten eine „Zwitterstellung" ein: Ihre Beamten werden zum einen als Ausführungsorgane der Staatsanwaltschaft gleichsam als deren „verlängerter Arm" tätig, wenn diese als „Herrin des Ermittlungsverfahrens"[899] im Bereich der Strafverfolgung ermittelt. Zum anderen obliegt der Polizei die Abwehr von Gefahren nach den Landesgesetzen.

Beispiel: Polizisten beschlagnahmen Schusswaffen aus einem zu einer Demonstration fahrenden PKW. Hier sind sowohl Zwecke der Beweissicherung gemäß § 94 StPO i.V.m. § 27 VersammlG als auch die Sicherung des friedlichen Verlaufs der Demonstration denkbar.

Dies zeigt, dass **Gemengelagen** erwachsen können, in denen sich die Frage stellt, ob die Durchführung einer Observation den Voraussetzungen des § 163f StPO oder denen der jeweiligen Landespolizeigesetze zu folgen hat.

Solche **doppelfunktionalen Maßnahmen** werden von der h.M. nach dem *Schwerpunkt der objektiven Zweckrichtung* der polizeilichen Tätigkeit voneinander abgegrenzt[900]. In die Beurteilung ist auf präventiver Seite insbesondere die Nähe der abzuwendenden Gefahr einzustellen, die in Relation zu dem Strafverfolgungsinteresse gesetzt wird.

Äußerst zweifelhaft ist es daher, wenn *Nimtz* im Hinblick auf die Observation aufgrund der vermeintlich alles überragenden Position des Legalitätsprinzips gemäß §§ 152 Abs. 2, 160 Abs. 1 StPO der **Strafverfolgung prinzipiell den Vorrang vor der Gefahrenabwehr** einräumt[901].

Demgegenüber besteht weitgehend Einigkeit, dass es die Aufgabe eines modernen Rechtsstaates ist, den **Schutz der inneren Sicherheit durch vorbeugende Kriminalitätsbekämpfung zu gewährleisten** und gegen rechtswidrige Über-

---

899 Vgl. zu dieser Begrifflichkeit statt aller *Meyer-Goßner*, § 163 Rn. 3; *Roxin*, Strafverfahrensrecht, § 10 Rn. 17; KK-*Wache*, § 163 Rn. 4.

900 *BayVGH* BayVBl. 1986, 337; *OVG NRW* NJW 1980, 855; *VGH Mannheim* NVwZ-RR 1989, 412 [413]; *Achenbach*, JA 1981, 660 [662]; *Dreier*, JR 1987, 1009 [1010]; *Martens* in: Drews/Wacke/Vogel/Martens, Gefahrenabwehr, S. 139; *Welp*, NStZ 1995, 602. Kritisch *Ahlers*, Grenzbereich, S. 80 ff. Zu den übrigen Ansichten *Nimtz*, Observation, S. 157 ff.

901 *Nimtz*, Observation, S. 160.

griffe auf andere Mitbürger rechtzeitig Vorsorge zu treffen[902]. Solche Vorgehensweisen spielen insbesondere auch bei der Bekämpfung bzw. Verhinderung von Organisierter Kriminalität und Terrorismus eine gewichtige Rolle[903].

II. Das Phänomen der vorbeugenden Verbrechensbekämpfung

Die vorbeugende Verbrechensbekämpfung ist zum einen dadurch charakterisiert, dass kein Anfangsverdacht i.S.d. § 152 Abs. 2 StPO gegeben ist. Zum anderen besteht auch (noch) keine **konkrete** Gefahr, so dass der klassische Bereich der Gefahrenabwehr gemäß den Landespolizeigesetzen ebenfalls nicht tangiert ist. Streitig ist daher, ob solche Vorfeldermittlungen eine Extendierung präventivpolizeilicher Aufgaben bedeutet[904], zu einer Vermischung von Prävention und Repression führt oder ein eigenständiges drittes Aufgabengebiet darstellt[905].

Ursprünglich hatte die Polizei Informationen ohne besondere gesetzliche Ermächtigung im Vorfeld von Gefahren erhoben, um Rechtsgüter vorbeugend zu schützen oder die spätere Strafverfolgung zu erleichtern. In diesem Zuge durchgeführte Maßnahmen wurden lange Zeit nicht als Grundrechtseingriffe angesehen. Nachdem aber der Eingriffscharakter vieler solcher Maßnahmen anerkannt ist, steht fest, dass die Behörden für diese eine Eingriffsermächtigung benötigen[906].

Einigkeit herrscht darüber, dass der vorbeugenden polizeilichen Tätigkeit sowohl präventive als auch repressive Elemente anhaften. Die Gefahrenabwehr ist tangiert, weil der tätigkeitsauslösende polizeiliche Gefahrbegriff selbstverständlich auch durch die (drohende) Begehung einer Straftat erfüllt wird. Andererseits lehnt sich die Vorfeldermittlung grundsätzlich an das Feld der Repression an, weil es sich um Ermittlungen wegen noch *nicht näher bekannter* Straftaten handelt.

Dass jene Vorfeldermittlungen auch begrifflich schwer zu erfassen sind, zeigt sich an den variantenreichen Umschreibungsversuchen. So ist u.a. von „proaktiver Informationsgewinnung"[907], „Vorfeldsverdachtsgewinnung"[908], Vorfeldaktivitäten [909]oder „operativer Kriminalitätsbekämpfung"[910] die Rede.

---

902 *Nimtz*, aaO, S. 169.
903 *Kühne*, Strafprozessordnung, Rn. 371; *Stümper*, Kriminalistik 1980, 242.
904 *Kniesel*, ZRP 1992, 164 [166].
905 Für letztere insbesondere, *Weßlau*, Vorfeldermittlungen, S. 252 passim.
906 Zum Bestimmtheitserfordernis für jene Ermächtigungen vgl. unten IV.
907 *Kühne*, Strafprozessrecht, Rn. 373.
908 *Hund*, ZRP 1991, 463; *Kniesel*, ZRP 1992, 164.
909 *Rebscher/Vahlenkamp*, Organisierte Kriminalität, S. 163.
910 *Schünemann*, Kriminalistik 1999, 74 [78].

Der Terminus der **„Vorfeldermittlung"** darf dabei nicht mit dem der **„Vorermittlung"** verwechselt werden. Durch letztere soll sich die Staatsanwaltschaft Klarheit darüber verschaffen, ob ein konkreter Sachverhalt das Vorliegen eines Anfangsverdachts nahe legt und daher ein Ermittlungsverfahren einzuleiten ist. Da Vorermittlungen insofern eine Vorschaltfunktion zukommt, sind sie auf einfache Informationsmittel wie Spurensuche, informatorische Befragungen oder die Einsichtnahme in freiwillig herausgegebene Unterlagen jenseits der Existenz von gesetzlichen Ermächtigungsgrundlagen begrenzt[911].

III. Bestimmung der beiden maßgeblichen Erscheinungsformen vorbeugender Verbrechensbekämpfung

Im Anschluss an die Definition des § 5 Abs. 1 S. 1 über die Einrichtung eines Bundeskriminalpolizeiamtes vom 29.6.1973, an § 1 Abs. 1 S. 2 ME PolG in der Fassung des Vorentwurfs zur Änderung des Musterentwurfs[912] sowie an Entscheidungen des *Sächsischen Verfassungsgerichtshofes*[913] und des *Landesverfassungsgerichtshofs Mecklenburg-Vorpommern*[914] lassen sich zwei Kernbereiche vorbeugender Verbrechensbekämpfung bestimmen.

1. Vorbeugende Verbrechensbekämpfung in der Modalität „Verhütung von Straftaten"

Die Polizei hat Sorge dafür zu tragen, **Straftaten zu verhüten**. Es handelt sich hierbei einleuchtend um eine Aufgabe, die der **Gefahrenabwehr** im Sinne einer ereignisbezogenen, prognostisch fundierten und effektiven Reaktion auf eine Schadenswahrscheinlichkeit zuzurechnen ist[915]. Denn durch die Gefahrenverhütung soll ein schädigendes Ereignis und damit eine **Gefahr** für die öffentliche Sicherheit und/oder Ordnung gar nicht erst eintreten können[916]. Folgerichtig enthalten die Landespolizeigesetze in verschiedenen Ausformungen entsprechende Ermittlungsaufträge an die Polizei[917]. Allerdings sei ergänzt, dass zwischen der

911 Vgl. zum Ganzen *Nimtz*, Observation, S. 170-172.
912 Zit. nach *Denninger* in: Lisken/Denninger, Polizeirecht, Kap. E Rn. 156.
913 DVBl. 1996, 1423 [1429].
914 LKV 2000, 149 ff.
915 *Ahlers*, Grenzbereich, S. 138.
916 *Denninger*, CR 1988, 51 [53 f]; *Kniesel*, ZRP 1989, 329 [330 f]; *Notzon*, Rückgriff, S. 67, 70; a.A. *Merten/Merten*, ZRP 1991, 213 [217].
917 Vgl. dazu § 1 Abs. 1 S. 2 ASOG Bln, Art. 11 Abs. 2 BayPAG, § 1 Abs. 1 S. 2 VGPolG Bbg, § 1 Abs. 1 S. 2 HSOG, § 7 Abs. 1 Nr. 4 SOG MV, § 1 Abs. 1 S. 2 NGefAG, § 1 Abs. 1 S. 2 PolG NW, § 1 Abs. 1 S. 2 POG RP, § 1 Abs. 1 Nr. 3 SächsPolG, § 1 Abs. 1 ThürPOG.

klassischen polizeilichen Gefahrenabwehr einerseits und der vorbeugenden Verbrechungsbekämpfung andererseits ein bedeutsamer Unterschied besteht: Bei letzterer ist eine **konkrete** Gefahr nicht erforderlich und noch nicht einmal typisch. In diesen Fällen ist die „Verhütung künftiger Straftaten" keine „klassische" Gefahrenabwehr; gleichwohl aber gehört sie zum Polizeirecht i.S.d. Art. 30, 70 GG.

2. Vorbeugende Verbrechensbekämpfung in der Modalität „Vorsorge für die Verfolgung künftiger Straftaten"

Das Hauptwesensmerkmal der **Vorsorge für die Verfolgung künftiger Straftaten** ist die Erhebung und Speicherung von Informationen, bevor überhaupt eine Straftat begangen wird[918].

Während die Zugehörigkeit der vorbeugenden Verbrechensbekämpfung in der Erscheinungsform der **Verhütung von Straftaten** zum präventiv-polizeilichen Aufgabenbereich heute fast allgemein anerkannt und inzwischen auch vom *BVerfG* bestätigt ist[919], bereitet die Einordnung der vorbeugenden Verbrechensbekämpfung in der Erscheinungsform der **Vorsorge für die Verfolgung künftiger Straftaten** größere Probleme.

a) Die Ansicht der bisher h.M.

Hierzu besagte die bis vor kurzem h.M.[920]: Es gehe nicht um Strafprozessrecht (Art. 74 Abs. 1 Nr. 1 GG, „gerichtliches Verfahren"). Hierfür sprach insbesondere ein Grundsatz, der das eingriffsintensivere Strafverfahrensrecht zum Schutze der Grundrechte der Bürger und wegen der Unschuldsvermutung beschränken sollte und weitgehend anerkannt war; er besagt:

Strafprozessuale Ermittlungen verlangen das Vorliegen von „zureichenden tatsächlichen Anhaltspunkten für eine Straftat" als **Anfangsverdacht** i.S.d. § 152 Abs. 2 StPO.

Das Legalitätsprinzip enthält nicht nur eine Verpflichtung für die Staatsanwaltschaft zum Tätigwerden, sondern spricht ihr – abgesehen von der Durchfüh-

918 Vgl. nur *Notzon*, Rückgriff, S. 71 m.w.N.

919 NJW 2005, 2603 [2605].

920 Wie hier *Denninger* in: Lisken/Denninger, Polizeirecht, Kap. E Rn. 163; *Kniesel*, ZRP 1989, 329 [332]; *Nimtz*, Observation, S. 176. A.A. *Hund*, ZRP 1991, 463 [466], nach dem es bei jeglicher Art von vorbeugender Verbrechensbekämpfung ausschließlich um die Erleichterung der Strafverfolgung und die Überwindung strafprozessualer Effektivitätshindernisse gehe. Hiergegen überzeugend *Notzon*, Rückgriff, S. 73 f.

rung von Vorermittlungen – die Berechtigung ab, bei Fehlen eines Anfangsverdachts überhaupt Ermittlungen aufzunehmen[921]. Dadurch tritt eine den Rechtsstaat konstituierende Beschränkung deutlich hervor:

Jeder Bürger ist davor zu schützen, ohne Anfangsverdacht im Zuge eines staatsanwaltschaftlichen Ermittlungsverfahrens mit dessen Vielzahl von hochqualitativen Eingriffsmöglichkeiten ausgeforscht zu werden.

Würde man die Vorsorge für die Verfolgung künftiger Straftaten trotzdem der Strafverfolgung zuschlagen wollen, entstünde unweigerlich, wie *Notzon* zu Recht bemerkt, die Figur eines **„Vorverdächtigen"**[922]. Dieser neue Typus würde jedoch einen Widerspruch zu den anerkannten Verdachtsgraden des Strafprozessrechts und zu den sachgerechten Wertungen über die Rechtsstaatlichkeit des Ermittlungsverfahrens darstellen: Ohne Anfangsverdacht keine Anwendbarkeit der StPO und keine Verfahrensherrschaft der StA – eine einleuchtende, bestimmte und sachgerechte Abgrenzung.

Nach dieser Konzeption waren Vorschriften wie § 81b 2. Alt. StPO (Erkennungsdienst) und § 81g StPO als Instrumente der Vorsorge für die Verfolgung künftiger Straftaten kein genuines Strafprozessrecht, sondern nicht-strafprozessuale Fremdkörper in der StPO[923]. Solche Vorschriften konnten danach nicht auf Art. 74 Abs. 1 Nr. 1 GG gestützt werden, sondern nur auf die ungeschriebene Gesetzgebungskompetenz des Bundes „Annexkompetenz kraft unmittelbaren Sachzusammenhangs"[924].

Jene bislang h.M. führte zur Annahme der polizeirechtlichen Natur der Vorsorge für die Verfolgung künftiger Straftaten: Zwar fehlt es bei Maßnahmen jener Vorsorge begrifflich oder doch in aller Regel an einer konkreten Gefahr, die für das klassische Polizeirecht charakteristisch ist. Sie sind vielmehr darauf angelegt, in einer zunächst diffus kriminogenen Situation konkrete „Verdachte" erst noch herauszufiltern. *Denninger* bezeichnet sie deshalb treffend auch als *„Verdachtschöpfungs- und Verdachtskonkretisierungsinstrument"*[925].

---

921 *Bottke*, Meyer-FS, S. 37 [47]; *Fincke*, ZStW Bd. 95 (1983), 919 [924]; *Keller/Grießbaum*, NStZ 1990, 416 [418]; LR-*Rieß*, § 152 Rn. 22; *Walder*, ZStW Bd. 95 (1983), 862 [863].

922 Rückgriff, S. 75.

923 *BVerwG* E 11, 181; *OVG Münster* DÖV 1983, 603; *Meyer-Goßner*, § 81b Rn. 2; KMR-*Paulus*, § 81b Rn. 1; *Riegel*, NJW 1979, 147.

924 *BVerwG* E 26, 169 [171]; *VGH Mannheim* NJW 1973, 1663.

925 In: Lisken/Denninger, Polizeirecht, Kap. E Rn. 163.

Trotzdem hat jene **Vorsorge** im Anschluss an die Regelung des § 1 Abs. 1 S. 2 ME PolG Eingang in die Landespolizeigesetze gefunden[926], **und zwar der Sache nach zu Recht**:

Es sprechen gewichtige praxisbezogene Argumente dafür, die Vorsorge zur Verhütung von Straftaten dem präventiven Aufgabenkreis der Polizei zuzuordnen und damit der Kompetenz der Landesgesetzgeber (Art. 30, 70 GG) zu unterstellen[927]. Denn gerade die Erhebung und Verarbeitung personenbezogener Daten erfordern wegen der angesprochenen institutionellen Doppelfunktion der Polizei zwangsläufig stets identische organisatorisch-technische Maßnahmen[928]. Im Grundsatz wird die Polizei als originäre und primäre Verwenderin die Daten im präventiven Rahmen auswerten. Aus dieser Verwendungszweckbestimmung der ursprünglich neutralen Daten resultiert ihre Einordnung in die Gefahrenabwehr[929]. Im Übrigen dient die Vorsorge für die Verfolgung künftiger Straftaten durch erkennungsdienstliche Maßnahmen gemäß § 81b StPO oder § 81g StPO wegen der *Abschreckungsfunktion dieser Dateien auf potentielle* ***Wiederholungstäter*** *der Kriminalprävention als Gefahrenabwehr.*

b) Die Ansicht des BVerfG

Jedoch hat der 1. Senat des *BVerfG* inzwischen anders entschieden und wegen der Bindungswirkung gemäß § 31 Abs. 1 BVerfGG jenen bislang herrschenden Standpunkt zur „Makulatur“ werden lassen: Das Gericht hat nämlich in seinem Urteil v. 27.7.2005 zum Niedersächsischen Polizeigesetz (Telekommunikationsüberwachung) festgestellt[930]:

Die vorbeugende Verbrechensbekämpfung in der Erscheinungsform der Vorsorge für die Verfolgung künftiger Straftaten sei Strafprozessrecht i.S. des Art. 74 Abs. 1 Nr. 1 GG

– also Strafverfahrensrecht im Vorfeld des Anfangsverdachts –.

---

926 Vgl. nur § 1 Abs. 3 ASOG Bln, § 1 Abs. 1 S. 2 VGPolG Bbg, § 7 Abs. 1 Nr. 4 SOG MV, § 1 Abs. 1 S. 2 NGefAG, § 1 Abs. 1 S. 2 PolG NW, § 1 Abs. 1 S. 3 POG RP, § 1 Abs. 1 Nr. 2 SächsPolG, § 1 Abs. 1 ThürPOG.

927 A.A. *Weßlau*, Vorfeldermittlungen, S. 335 f. Dagegen zu Recht *Dreier*, JZ 1987, 1009 [1015]; *Notzon*, Rückgriff, S. 88 unter dem richtigem Hinweis auf die *„streng alternative Kompetenzverteilung des Grundgesetzes“*.

928 *Denninger* in: Lisken/Denninger, Polizeirecht, Kap. E Rn. 158.

929 Unklar *Nimtz*, Observation, S. 176, der § 484 StPO ins Feld führt. Diese Norm besagt aber nur, dass im Bereich der Strafverfolgung gesammelte Daten für Zwecke künftiger Strafverfahren *gespeichert* werden dürfen.

930 NJW 2005, 2603 ff.

§ 81b 2. Alt StPO (Erkennungsdienst) und § 81g StPO machten dies deutlich; sie seien keine Fremdkörper in der Strafprozessordnung, sondern genuines Strafprozessrecht.

Daraus folgt für unsere Thematik: ***Observationen** zur vorbeugenden Verbrechensbekämpfung* bestimmen sich nach Polizeirecht, soweit es um die Verhütung von Straftaten geht; hier ist Strafprozessrecht unanwendbar. Sollen solche Observationen dagegen der Vorsorge für die Verfolgung künftiger Straftaten dienen, gilt Art. 74 Abs. 1 Nr. 1 GG für die Gesetzgebungskompetenz. Soweit der Bund hier noch nicht abschließend tätig geworden ist, kann jene konkurrierende Gesetzgebung auch von den Ländern wahrgenommen werden. Dabei kann die zutreffende, im wesentlichen unstrittige Ansicht, die StPO habe das Strafprozessrecht abschließend geregelt (Kodifikationsprinzip)[931], nur für das herkömmliche Strafverfahrensrecht mit seinem zentralen Erfordernis des Anfangsverdachts gelten, nicht jedoch für das **vom *BVerfG* geschaffene Strafprozessrecht ohne Anfangsverdacht** für jene Vorsorge künftiger Straftaten.

c) Kritik an der Entscheidung des BVerfG

Die Entscheidung des *BVerfG* bietet zahlreiche Angriffspunkte, die zur Kritik geradezu einladen, so u.a.

- die fehlende gründliche Auseinandersetzung mit der bis dato herrschenden Gegenmeinung;
- die Preisgabe des rechtsstaatlich bedeutsamen Erfordernisses des Anfangsverdachts;
- die weitere Beschränkung der Gesetzgebungsbefugnisse der Länder etc.

Jedoch wäre diese Kritik hier müßig, da jenem Urteil, genauer: seinen tragenden Entscheidungsgründen, **Bindungswirkung** gemäß § 31 Abs. 1 BVerfGG zukommt. Mag das Urteil auch inhaltlich nicht überzeugen, so ist es gleichwohl von allen Verfassungsorganen des Bundes und der Länder sowie allen Gerichten und Behörden zu beachten.

931 Vgl. nur *Götz*, NVwZ 1984, 212; *Rogall*, GA 1985, 1 [7] m.w.N. Siehe auch § 6 EGStPO.

IV. Anforderungen an die Bestimmtheit von Ermächtigungsnormen im Bereich der vorbeugenden Verbrechensbekämpfung: Beschluss des BVerfG NJW 2004, 2213 ff (Post- und Telekommunikationsüberwachung durch das ZKA)

1. Hauptaussagen der Entscheidung

Das *BVerfG* hat klargestellt, dass Ermächtigungen im Bereich der Straftatenverhütung zum Eingriff in das Grundrecht aus Art. 10 GG keinen geringeren rechtsstaatlichen Anforderungen an die Normenbestimmtheit und Normenklarheit unterliegen als Ermächtigungen zu (sonstigen) Maßnahmen der Gefahrenabwehr und der Strafverfolgung[932]. Diese Aussage gilt auch für alle anderen Grundrechte, in die nur auf Grund eines Gesetzes eingegriffen werden kann[933].

Zugleich macht das Gericht unmissverständlich deutlich, dass trotz fehlender Anknüpfungsmöglichkeit an den Verdacht einer Straftat oder einer (konkreten) Gefahr im polizeirechtlichen Sinne der Gesetzgeber nicht gehindert ist, bei Durchführung von Ermittlungsmaßnahmen im Rahmen einer der beiden Fallgruppen der vorbeugenden Verbrechensbekämpfung Eingriffe in das Grundrecht zu ermöglichen. Dabei müsse jedoch der Bestimmtheitsgrundsatz einen Standard von Vorhersehbarkeit und Kontrollierbarkeit schaffen, der dem für die überkommenen Aufgaben der Gefahrenabwehr und der Strafverfolgung rechtsstaatlich Gebotenen vergleichbar sei[934].

2. Grundsätzliche Anforderungen an Ermächtigungsgrundlagen

Da es im Rahmen der vorbeugenden Verbrechensbekämpfung wie gezeigt an einer abgeschlossenen oder in Verwirklichung begriffenen Straftat fehlt, ergibt sich das erhebliche Risiko, dass die Überwachungsmaßnahme an ein Verhalten anknüpft, welches sich letztlich als strafrechtlich irrelevant erweist. Das *BVerfG* führt dazu aus:

„[...] wird die Tatsachenlage häufig durch hohe Ambivalenz der Bedeutung einzelner Verhaltensumstände geprägt sein. Die beobachtenden Tätigkeiten können in harmlosen Zusammenhängen verbleiben; sie können aber auch der Beginn des Vorgangs sein, der zur Straftat werden soll. [Die] Ermittlungsbehörde muss deshalb unter erheblicher Unsicherheit arbeiten, die größer ist als übli-

932 NJW 2004, 2213.

933 Das im vorliegenden Fall betroffene Grundrecht aus Art. 10 GG verdrängt als lex specialis Art. 2 Abs. 1 GG, vgl. *BVerfG* E 67, 157 [171]; 100, 313 [358].

934 NJW 2004, 2213 [2216].

cherweise bei der Tätigkeit von Ordnungsbehörden und die trotz der Sachkunde und beruflichen Erfahrung ihres Personals nicht ausgeräumt werden kann. Das Amt befindet sich vor der Schwierigkeit, entweder Wichtiges zu übersehen und damit seine Aufgabe zu verfehlen oder Überwachungsmaßnahmen auf Indizien zu stützen, die eventuell zu schwach sind, den schweren Grundrechtseingriff zu rechtfertigen. "[935]

Jenem Risiko hat der Gesetzgeber mittels aufeinander abgestimmter und hinreichend bestimmter Tatbestandsmerkmale zu begegnen, die an die **Gewissheit** eines planerischen Tätigwerdens anknüpfen, welche sich aus einer vorhandenen Tatsachengrundlage feststellen lässt. Auch hier gilt: Je gewichtiger das durch die geplante Tat betroffene Rechtsgut ist und je stärker es gefährdet wird, desto weniger fundierend müssen die dem Verdacht zu Grunde liegen Tatsachen sein[936].

Mit anderen Worten sind die den Anlass bildenden Straftaten und die Anforderungen an die Verdachtstatsachen so bestimmt zu umschreiben, dass das Risiko einer Fehlprognose so zurückgedrängt wird, dass es für Maßnahmen der Strafverfolgung und der Gefahrenabwehr verfassungsrechtlich hinnehmbar ist. Nicht genügen soll dagegen die Anknüpfung an das bloße Planen künftiger Straftaten als solches.

Das *BVerfG* bekräftigt in diesem Zusammenhang seine ständige Rechtsprechung, nach der die Verwendung unbestimmter oder gar generalklauselartiger Rechtsbegriffe grundsätzlich so lange möglich ist, wie deren Auslegung unter Nutzung der juristischen Methodik zu bewältigen ist[937] und die im konkreten Anwendungsfall verbleibenden Ungewissheiten nicht so weit gehen, dass Vorhersehbarkeit und Justiziabilität des Verwaltungshandelns gefährdet sind[938].

Zusammenfassung von Kapitel 8

Die vorbeugende Verbrechensbekämpfung in der Variante der „Verhütung von Straftaten" unterfällt der Gefahrenabwehr. Längerfristige Observationen in diesem Bereich richten sich daher nach der polizeirechtlichen Spezialermächtigung, kurzfristige Observation i.d.R. nach der polizeilichen Generalklausel. Damit gilt zugleich das polizeirechtliche Opportunitätsprinzip, d.h. der Polizei ist ein Ent-

935 aaO, 2213 [2217].
936 *BVerfG* E 100, 313 [392].
937 *BVerfG* E 31, 255 [264]; E 83, 130 [145].
938 Vgl. nur *BVerfG* E 21, 73 [79 f].

schließungs- und Auswahlermessen eingeräumt[939]. Dem Betroffenen steht der Rechtsweg nach § 40 Abs. 1 S. 1 VwGO offen.

Ermächtigungsgrundlagen müssen auch im Bereich der vorbeugenden Verbrechensbekämpfung so hinreichend bestimmte Tatbestandsvoraussetzungen enthalten, dass das Risiko einer Fehlprognose im Vorfeld strafbaren Handelns mit vergleichendem Blick auf Maßnahmen der Strafverfolgung und Gefahrenabwehr als verfassungsrechtlich hinnehmbar erscheint.

Soweit Observationen als Mittel der vorbeugenden Verbrechensbekämpfung in der Variante der Vorsorge zur Verfolgung künftiger Straftaten in Betracht kommen, ist nach der neuesten Rechtsprechung des 1. Senats des *BVerfG* Strafprozessrecht maßgeblich.

Dabei ist § 163f StPO nicht einschlägig, ebenso nicht § 100f Abs. 1 Nr. 1, 2 StPO n.F. (= § 100c Abs. 1 Nr. 1a, b StPO a.F.); beide verlangen den Anfangsverdacht einer begangenen Straftat.

Dasselbe gilt für die Ermittlungsgeneralklausel (Eingriffsgeneralklausel) in §§ 161 Abs. 1 S. 1, 163 Abs. 1 S. 2 StPO.

Ob und wieweit für jene Vorsorge zur Verhütung künftiger Straftaten als **Strafverfahren ohne Anfangsverdacht** (*BVerfG*) mangels abschließender Regelung des Bundes gemäß Art. 74 Abs. 1 Nr. 1 GG eine **Landeskompetenz** gegeben ist, kann hier nicht geklärt werden. Doch spricht viel dafür, diese Frage zu bejahen und insoweit u.U. Regelungen aus Landespolizeigesetzen als Ermächtigungsgrundlage für die „vorbeugende Verbrechensbekämpfung" zu akzeptieren.

Kapitel 9: Ausgewählte Probleme bei der Durchführung von Observationen/ Konsequenzen für ähnliche verdeckte Ermittlungsmethoden

Im Folgenden werden drei Probleme näher untersucht, die sich mit Blick auf den systematischen Gesetzeszusammenhang besonders aufdrängen und die nähere Aufschlüsse über sonstige verdeckte Ermittlungsmaßnahmen der Strafprozessordnung erlauben. Dies sind erstens die in der täglichen Strafverfolgungspraxis häufig anzutreffende **Kumulation verschiedener Observationsmaßnahmen**[940], zweitens die mögliche Umgehung von ausdrücklich vorgesehenen Voraussetzungen der längerfristigen Observation beim Einsatz von VE sowie drittens Parallelitäten und Divergenzen beim Rückgriff des Staates auf VP zum Zwecke der

939 Anders bei einer Ermessensreduzierung auf Null, vgl. dazu *Krey*, VE-Gutachten, Rn. 498 ff; *Rachor* in: Lisken/Denninger, Polizeirecht, Kap. F Rn. 65.

940 *Steinmetz*, NStZ 2001, 344.

Strafverfolgung. Zudem stellt sich in allen drei Fällen die Frage etwaiger Beweisverbote für die Hauptverhandlung.

§ 23 Die Kumulation von längerfristigen Observationen gemäß § 163f StPO und Observationen unter Einsatz technischer Mittel gemäß § 100f Abs. 1 StPO n.F. (= § 100c Abs. 1 StPO a.F.)

I. Das Verhältnis von § 163f StPO und § 100f StPO n.F.

1. Zum Inhalt dieser Vorschriften

Im StVÄG 1999 hat der Gesetzgeber die längerfristige Observation außerhalb des durch Art. 13 GG geschützten Bereichs in § 163f StPO normiert. Werden bei längerfristigen Observationen zugleich Lichtbilder oder Bildaufzeichnungen des Beschuldigten hergestellt oder sonstige für Observationszwecke bestimmte technische Mittel zur Erforschung des Sachverhalts oder zur Ermittlung des Aufenthaltsortes des Täters verwendet, so gelten auch § 100f Abs. 1 Nr. 1, 2 StPO **n.F.** (= § 100c Abs. 1 Nr. 1 lit. a, b StPO **a.F.**). Erfolgt also eine längerfristige Observation unter Einsatz technischer Mittel gemäß § 100f Abs. 1 StPO **n.F.**, so müssen die gesetzlichen Voraussetzungen beider Eingriffsermächtigungen vorliegen[941].

2. Die „GPS-Entscheidung" des BGH vom 24.1.2001[942]

In diesem Urteil beschäftigte sich der **3. Senat** des *BGH* erstmals mit der Zulässigkeit einer **Kumulation** verschiedener für sich genommen **jeweils zulässiger Observationsmaßnahmen**. Es ging konkret um die Frage der rechtmäßigen Beweisgewinnung unter Verwendung des satellitengestützten Navigationssystems Global Positioning System („GPS")[943] im Zuge einer längerfristigen Observation.

Beim GPS handelt es sich um ein satellitengestütztes funkgesteuertes Navigationssystem, mit dessen Hilfe die räumliche Position eines Objekts an jedem Punkt der Erde

941 *BGH* St 46, 266 ff.

942 *BGH* St 46, 266 ff = StV 2001, 216 ff.

943 „Global Positioning System". Zur Arbeitsweise u.ä. dieses Systems siehe *Dodel*, CR 1997, 567 ff; *Mörs*, CR 1996, 42 ff.

bis auf 50 Meter[944] genau bestimmt werden kann[945]. Das Ortungsverfahren beruht auf dem Prinzip der Entfernungsbestimmung durch Messung der Laufzeit von Signalen zwischen dem Nutzer und je einem oder mehreren Bezugspunkten (hier Satelliten), deren Positionen genau bekannt sind. GPS-Geräte sind nach ihrer Aktivierung Empfänger der Signale, die von den GPS-Satelliten ausgesendet werden. Aus den von den Empfängern angeforderten Signalen wird der Standort errechnet[946].

Der *BGH* ging dabei zu Recht davon aus, dass der Einsatz des GPS-Empfängers dem § 100c Abs. 1 Nr. 1 lit. b StPO **a.F.** unterfällt[947].

Zur Zulässigkeit des Grundrechtseingriffs bei einer solchen Kumulation führt das Gericht aus:

„*Trifft der Einsatz des ‚GPS' mit anderen für sich zulässigen Eingriffsmaßnahmen zusammen und führt dies zu einer umfassenden Überwachung der Person [derart], dass von ihr ein umfassendes Persönlichkeitsprofil erstellt werden kann, so kann dies gegen den Grundsatz der Verhältnismäßigkeit oder gegen Art. 8 EMRK verstoßen*"[948].

Der *BGH* bekennt sich also einmal mehr zur zentralen Bedeutung des Verhältnismäßigkeitsgrundsatzes für die Zulässigkeit von Grundrechtseingriffen im Rahmen strafprozessualer Beweiserhebung- und Verwertung. Im Folgenden heißt es dann zur Relation von § 163f StPO und § 100c StPO a.F. weiter:

„*Da § 163f StPO ausschließlich auf die Dauer der Observation abstellt und keine Unterscheidung nach der Art der Überwachungsmethode trifft, gilt § 163f StPO für jede längerfristige Observation unabhängig davon, ob sie mit oder ohne technische Mittel i.S.d. § 100c Abs. 1 S. 1 lit. b StPO durchgeführt wird. Werden für längerfristige Observationen technische Mittel i.S.d. § 100c Abs. 1 Nr. 1 lit. b StPO verwendet, so sind zusätzlich die Anordnungsvoraussetzungen des § 163f StPO zu beachten*"[949].

---

944 Nachdem die Messgenauigkeit für Drittnutzer teilweise künstlich eingeschränkt war, funktioniert das System seit dem 1.5.2000 auch bei Drittanwendern mit der erreichbaren Genauigkeit von 10 bis 12 Metern Zielabweichung, vgl. „Der Spiegel" vom 8.5.2000, S. 224.

945 So *BGH* St 46, 266. Vgl. ausführlich zum Status und zur Wirkungsweise des GPS die Homepage der Außenstelle Leipzig des Bundesamtes für Kartographie und Geodäsie: http://gibs.leipzig.ifag.de.

946 Vgl. *Bernsmann*, StV 2001, 382 [383] unter Berufung auf *Engels*, PC-Shopping 3/2000, S. 18 sowie mit weiteren Hinweisen zur Historie der Entwicklung des Systems.

947 Ebenso *Kühne*, JZ 2001, 1148; *Pfeiffer*, § 100c Rn. 3; *Steinmetz*, NStZ 2001, 344. A.A. *Bernsmann*, StV 2001, 382 [383 f]; *Nimtz*, Observation, S. 151.

948 StV 2001, 216 [218].

949 StV 2001, 216 [219].

Diese Aussage ist deshalb bedeutsam, weil mit dem In-Kraft-Treten des § 163f StPO am 2.8.**2000**[950] die Notwendigkeit einer richterlichen Anordnung der Maßnahme in § 163f Abs. 4 S. 2 StPO kodifiziert wurde, sofern die Observation länger als einen Monat dauert. Für die Rechtmäßigkeit der im Dezember **1995** – also vorher– gegen die Betroffenen durchgeführten Observationen war in diesem Fall nach Ansicht des *BGH* allein entscheidend, *„ob die einzelnen Überwachungsmaßnahmen nach den einschlägigen Vorschriften zulässig angeordnet wurden und sowohl isoliert als auch insgesamt betrachtet dem Verhältnismäßigkeitsgrundsatz entsprachen (vgl. BGH St 44, 13 [18]). Der Anordnungsvorbehalt des Richters für eine längerfristige Observation ergab sich nach der früheren Rechtslage weder aus der Strafprozessordnung noch aus Art. 8 EMRK oder aus dem Verfassungsrecht (a.A. Rudolphi/Wolter in: SK-StPO, Stand Oktober 2000, § 100c Rn 7 a)“.*

Aufgrund der **Kumulation** der verschiedenen jeweils einzeln zulässigen Ermittlungsmaßnahmen hatte der *BGH* sich abschließend mit der Frage zu befassen, ob die Bündelung der Observationsmaßnahmen zu einer „Totalüberwachung“ geführt hatte, welche die Qualität des einzelnen Grundrechtseingriffs verändert und die Betroffenen in ihren Rechten aus Art. 1 Abs. 1, Art. 2 Abs. 1, Art. 20 Abs. 3 GG sowie aus Art. 8 EMRK verletzt haben könnte[951]. Dazu stellte er fest:

„Trifft der Einsatz der GPS-Technik mit anderen isoliert betrachtet je für sich zulässigen Überwachungsmethoden zusammen und führt dies zu einer umfassenden Überwachung der Person mit der Folge, dass von ihr ein umfassendes Persönlichkeitsprofil erstellt werden kann, so kann die ***Summe*** *der Beeinträchtigungen den Betroffenen rechtswidrig in seinem allgemeinen Persönlichkeitsrecht, gegebenenfalls in der Ausprägung des Rechts auf informationelle Selbstbestimmung verletzen und deshalb gegen den Grundsatz der Verhältnismäßigkeit verstoßen. Bei der insoweit erforderlichen Abwägung kommt dem Gewicht der aufzuklärenden Straftat eine besondere Bedeutung zu“*[952].

---

950 Dazu ausführlich oben, § 6 IX.

951 So wohl *Comes*, StV 1998, 569 [571], nach dem bei der Addition mehrerer Überwachungsmethoden das Ergebnis „mehr als die bloße Summe einzelner Eingriffe“ ist. Ebenso *Gercke*, Bewegungsprofile, S. 131 f.

952 *BGH* aaO, 216 [219]. Anm.: Hervorhebung von Verf.

3. Ansichten im Schrifttum

a) Kühne

Kühne kritisiert, dass der *BGH* durch die erneute und extensive Heranziehung des Verhältnismäßigkeitsprinzips die Gelegenheit zur sachlichen Auseinandersetzung mit der Behauptung, *dass vor dem In-Kraft-Treten des StVÄG 1999 die längerfristige Observation keiner richterlichen Anordnungsbefugnis unterlag*, verpasst habe[953]. Weiterhin moniert er, dass die im vorliegenden Fall geradezu dramatische Häufung von Überwachungsmaßnahmen lediglich nach Maßgabe des Grundsatzes der Verhältnismäßigkeit geprüft und gutgeheißen werde. Dadurch sei einer weiteren Intensivierung der Überwachung der Weg gebahnt[954].

b) Steinmetz

Dagegen stimmt *Steinmetz* der Entscheidung des *BGH* uneingeschränkt zu und führt dazu an, dass sich die Notwendigkeit und grundsätzliche Zulässigkeit einer solchen Kumulation von Ermittlungsmaßnahmen bereits aus der Überlegung ergebe, dass die jeweils einschlägigen Ermächtigungsgrundlagen – teilweise ohne jegliche inhaltliche Überschneidung – auf die Erlangung unterschiedlicher Tatsachen mit unterschiedlichem Beweiswert abzielen[955]. Weiterhin habe das Gericht lediglich den „regulativen Charakter“ des Verhältnismäßigkeitsprinzips betont[956].

c) Kritik

Im Hinblick auf den geradezu inflationären Gebrauch des Verhältnismäßigkeitsgrundsatzes als wiederkehrendes Argumentationsmuster ist *Kühne* beizupflichten. Soweit der *BGH* mit Hilfe dieses Prinzips das Fehlen einer richterlichen Anordnungskompetenz für die längerfristige Observation vor dem StVÄG 1999 feststellt, vernachlässigt er den dogmatisch näherliegenden Schluss, dass der stets geltende Verhältnismäßigkeitsgrundsatz in der erfolgten Festschreibung jener Maßnahme in § 163f StPO lediglich seinen **deklaratorischen** gesetzlichen Niederschlag gefunden hat und somit bereits vorher zumindest bei einer Dauer der Maßnahme von mehr als einem Monat hätte berücksichtigt werden müssen. Weiterhin ist es richtig, dass die Heranziehung des **Grundsatzes der Verhält-**

---

953 JZ 2001, 1148.
954 aaO.
955 NStZ 2001, 344.
956 NStZ 2001, 344 [345].

nismäßigkeit in casu als Mittel zur Legalisierung von Eingriffen einen Missbrauch bedeutet, und zwar entgegen seinem ursprünglichen Zweck der Limitierung staatlichen Eingriffshandelns.

II. Weitere Konsequenzen aus dem „GPS-Urteil"

Das „GPS-Urteil" beinhaltet Klarstellungen und Konsequenzen für die folgenden Aspekte:

1. Kein übergreifender Richtervorbehalt

Der *BGH*[957] führt zu Recht aus, dass sich für die Bestimmung der Rechtslage vor In-Kraft-Treten des § 163f StPO weder aus der Strafprozessordnung selbst noch aus Art. 8 EMRK oder aus Verfassungsrecht ein *übergreifender Richtervorbehalt* herleiten ließ. Dies bedeutet, dass die Kumulation mehrerer Ermittlungsmaßnahmen mit der ihnen innewohnenden addierten Eingriffsintensität nicht zwangsläufig zur Normierung eines primären Richtervorbehalt führen muss[958]. Vielmehr darf auch in einem solchen Fall das bestehende System der Zuständigkeitsverteilung in der StPO nicht ausgehebelt werden.

2. Konsequenzen für die Anwendbarkeit von § 163f StPO und § 100f Abs. 1 StPO n.F. (= § 100c Abs. 1 StPO a.F)

§ 163f StPO stellt ausschließlich auf die Dauer der Observation ab, ohne eine weitere Unterscheidung nach der Art und Weise der Observationsmethode zu treffen – wobei diese Normierung letztlich zu einseitig ist und ihrem eigentlichen Ziel (Rechtfertigung von Eingriffen in das APR bzw. das Recht auf informationelle Selbstbestimmung) nicht ausreichend gerecht wird, wie oben in Kapitel 7 untersucht wurde –.

Die in § 100f Abs. 1 StPO n.F. (= § 100c Abs. 1 StPO a.F.) normierten Observationsarten hingegen betreffen ausschließlich die **technische** Dimension des Grundrechtseingriffs. Daraus folgt, dass der Einsatz technischer Mittel nicht nur die Voraussetzungen dieser Norm, sondern je nach Dauer der gesamten Observationsmaßnahme zusätzlich entweder als kurzfristige Observation diejenigen Elemente der kleinen Ermittlungsgeneralklausel gemäß §§ 161 Abs. 1 S. 1, 163 Abs. 1 S. 2 StPO oder als längerfristige Observation diejenigen des

---

957 *BGH* NStZ 2001, 388 f.

958 Diese Problematik spricht *Gercke*, Bewegungsprofile, S. 136, an – freilich ohne eine Lösung zu präsentieren.

§ 163f StPO erfüllen muss[959]: § 163f StPO gibt also stets lediglich den zeitlichen Rahmen für die Maßnahme vor.

III. Die Grenzen eines möglichen Beweisverwertungsverbotes bei einer sog. „Totalausforschung" des Betroffenen

1. Die Beweisverbote in der StPO

a) Dogmatische Grundlagen

Beweisverbote sind grundsätzlich als rechtsstaatliche Begrenzung der Aufklärungspflicht für Polizei und Staatsanwaltschaft (§§ 163, 160 StPO) und das Gericht (§ 244 Abs. 2 StPO) zu verstehen[960]. Dabei spricht man bei der Erlangung von Beweisen von **Beweiserhebungsverboten**, die je nach Bezugspunkt wiederum unterteilt werden in Beweisthemen-, Beweismittel-, Beweismethoden- und relative Beweisverbote[961]. **Beweisverwertungsverbote** dagegen stehen entweder im Zusammenhang mit Verstößen gegen eines der Beweiserhebungsverbote (sog. unselbständige Beweisverwertungsverbote); oder sie können sich unmittelbar aus dem Verfassungsrecht ergeben, d.h. ohne vorherigen Verstoß gegen Beweiserhebungsverbote (selbständige Beweisverwertungsverbote).

Gemäß der von der heutigen h.M. anerkannten **Abwägungslehre** ist zu konstatieren, dass die Verwertbarkeit für jede Vorschrift und für jeden Einzelfall gesondert zu bestimmen ist[962]. Es hat eine Interessenabwägung zwischen dem Schutz des betroffenen Rechtsguts und dem staatlichen Verfolgungsinteresse stattzufinden[963]. Abwägungsaspekte sind dabei auf Seiten des Betroffenen die Schwere des Grundsrechtsverstoßes, die Frage des bewussten Machtmissbrauchs durch die Ermittlungsbehörde (Willkür), die Perpetuierung der Rechtsgutverletzung durch die Verwertung etc. Aspekte gegen ein Beweisverwertungsverbot

959 Zustimmend insoweit *Krey*, Kohlmann-FS, S. 627 [638].

960 *Blau*, Jura 1993, 513 [514]; *Meyer-Goßner*, Einl. Rn. 50 m.w.N.

961 Dazu ausführlich *Kühne*, Strafprozessrecht, Rn. 881 ff; *Meyer-Goßner*, Einl. Rn. 50 ff jew. m.w.N.

962 BGH St 38, 214. Zu den verschiedenen Ansätzen der Abwägungstheorien *Jäger*, Beweisverwertung, S. 106 ff. A.A. die sog. „Schutzzwecklehre", die vom Schutzzweck der Norm ausgeht, vgl. nur *Beulke*, ZStW Bd. 103, 657 [663]; *Amelung*, Bemmann-FS, S. 615 vertritt die sog. „Theorie vom Informationsbeherrschungsrecht". Beide Theorien haben sich nicht durchgesetzt.
Differenzierter allerdings jetzt *Jäger* aaO, S. 215 ff, der eine eigene beweisgegenstandsbezogene Verwertungsverbotslehre unter der Prämisse einer gegenständlichen Schutzzwecklehre entwickelt hat.

963 *Meyer-Goßner*, Einl. Rn. 55; *Rogall*, NStZ 1988, 385 ff.

sind insbesondere die Notwendigkeit einer effektiven Strafrechtspflege, insbesondere bei Schwerkriminalität, das ausschließliche Betroffensein des Rechtskreises Dritter[964], die Möglichkeit der Beweisführung auf legalem Wege, d.h. die hypothetische Chance der rechtmäßigen Beweiserlangung – die *Jäger* plastisch *„hypothetische Ermittlungsverläufe"* nennt[965] – oder die bloße Ordnungsfunktion der Norm. Es kommt also letztlich immer darauf an, ob höherwertige Rechtsgüter den Verzicht auf das Beweismittel und das Beweisergebnis, mit denen die Überführung eines Straftäters gelingen könnte, unabweislich machen[966].

b) Konsequenzen für eine Beweisverwertung bei Observationen

Grundrechtseingriffe im Rahmen einer zwar rechtswidrigen, aber nur *kurzfristigen* Observation werden auf Grund ihrer geringen Eingriffsintensität nach der Abwägungslehre nicht zu einem Beweisverwertungsverbot führen können. Schwieriger verhält es sich dagegen im Hinblick auf die eingriffsintensivere *längerfristige* Observation. Entgegen *Nimtz*, der den Eindruck erweckt, dass angesichts ihrer Intensität, dem fehlenden primären Richtervorbehalt und den seiner Meinung nach beschränkten Rechtsschutzmöglichkeiten das Pendel mehr oder weniger immer zugunsten des Beschuldigten und damit für ein Beweisverwertungsverbot ausschlagen wird[967], sei an dieser Stelle noch einmal in aller Deutlichkeit festgestellt:

Längerfristige Observationen unterscheiden sich in materiellen und formellen Voraussetzungen nicht derart von vergleichbaren anderen strafprozessualen Ermittlungsmaßnahmen, dass eine Unverwertbarkeit von erlangten Beweisen per se nahe läge. Daher sind keine besonderen Anforderungen an die Prüfung ihrer Verwertbarkeit zu stellen. Es ist vielmehr auf die bereits im Grundsatz strenge gerichtliche Prüfung im Sinne der Abwägungslehre zu vertrauen. Wenn der *BGH* obiter dictum im „GPS-Urteil" feststellt, dass Eingriffsmaßnahmen ohne Richtervorbehalt im Strafverfahren nachträglich gerichtlich kontrolliert werden müssten, so ergibt sich daraus in keiner Weise, dass bei solchen Maßnahmen gegenüber dem Normalfall strafprozessualer Eingriffe ein **strengerer** Prüfungsmaßstab zu gelten hätte.

---

964 Wie z.B. bei § 55 Abs. 2 StPO; sog. „Rechtskreistheorie", siehe schon *BGH* St 11, 213 ff.

965 Beweisverwertung, S. 229 [230 ff] mit Kritik an den unzureichenden Kriterien für jene Hypothesenbildung.

966 *BGH* St 19, 325 [331]; 27, 355 [357].

967 Observation, S. 182.

2. Beweisverwertungsverbot bei Maßnahmenkumulation

Der *BGH* konnte in seinem GPS-Urteil zu Recht die Frage dahinstehen lassen, ob eine gegen Verhältnismäßigkeitsgesichtspunkte eklatant verstoßende „Totalausforschung" des Betroffenen als Mittel zur Beweisgewinnung ein Verwertungsverbot nach sich zieht. Denn in casu war eine solche Totalausforschung nicht anzunehmen[968].

Höchst problematisch erscheint jedoch die Frage, auf **welche** der gewonnenen Erkenntnisse sich ein etwaiges Verwertungsverbot im Fall einer „Totalausforschung" zu beziehen hätte. Hierzu sei angemerkt, dass ein „Totalausfall"[969] aller Beweismittel jedenfalls nicht in Betracht kommt.

Beispiel: Ein des erpresserischen Menschenraubs Beschuldigter wird im Rahmen einer längerfristigen Observation über einen Zeitraum von 10 Tagen rund um die Uhr überwacht. An seinem PKW ist ein GPS-Sender angebracht, um seine Wegstrecken zu überwachen. Zugleich wird seine Festnetz- und Mobilkommunikation abgehört, so dass nahezu eine „Totalausforschung" vorliegt. Die jeweiligen formellen und materiellen Voraussetzungen der Maßnahmen sind erfüllt. Durch das Zusammenwirken der genannten Maßnahmen wird es möglich, den Beschuldigten zu ergreifen und das entführte Opfer zu retten.

Beruft sich der Betroffene in der Hauptverhandlung auf ein umfassendes Beweisverwertungsverbot, weil er das Opfer einer „Totalausforschung" durch die Strafverfolgungsbehörden geworden sei, so ist dieser Einwand nicht geeignet, seine Verurteilung wegen eines ***umfassenden*** *Beweisverwertungsverbotes* zu verhindern. Denn die gewonnenen Erkenntnisse entspringen Ermittlungsmaßnahmen, die jeweils für sich allein betrachtet, aber auch in ihrem Zusammenwirken generell zulässig sind. Allenfalls für diejenige Maßnahme, die – um mit *Steinmetz* bildlich zu sprechen – *„das Fass zum Überlaufen gebracht hat"*, kann eine Unverwertbarkeit die Folge sein. Das Gericht hat daher in einem *ersten Schritt* genau zu prüfen, welche Maßnahme zu welchen Erkenntnissen geführt hat. In einem *zweiten Schritt* ist festzustellen, wie sich das Zusammenspiel der verschiedenen Maßnahmen ausgewirkt hat.

Hierbei sind wiederum zwei Konstellationen zu unterscheiden: Zum einen kann insgesamt betrachtet eine Totalausforschung vorliegen, ohne dass diejenige Maßnahme, die das Fass zum Überlaufen gebracht hat, zwingend zur Erlangung der zu verwertenden Erkenntnis notwendig war. Dann fällt nur diese eine Maßnahme der Unverwertbarkeit anheim. Zum anderen mag es ausnahmsweise vor-

968 So auch *Steinmetz*, NStZ 2001, 344 [345]. a.A. *Gusy*, StV 1998, 526 [527]. Zweifelnd auch *Kühne*, JZ 2001, 1148.
969 So *Steinmetz*, NStZ 2001, 344 [347].

kommen, dass tatsächlich erst alle Ermittlungsmaßnahmen gemeinsam zu der maßgeblichen Erkenntnis führen. Es kann also keine von ihnen hinweggedacht werden, ohne dass der zur Überführung nötige Beweis erlangt worden wäre. Nur in diesen eher seltenen Fällen mag es nahe liegen, ein umfassendes Beweisverwertungsverbot anzunehmen.

Zu der ebenfalls tangierten Problematik der „Fernwirkung von Beweisverboten“ und ihrer Konsequenzen für den vorliegenden Fall gilt: Der *BGH* lehnt in seiner ständigen Rechtsprechung eine Fernwirkung von Beweisverboten grundsätzlich ab[970]. Für den – im Urteil nicht zu entscheidenden – Fall, dass Erkenntnisse aus unzulässigen Maßnahmen dazu führen, dass weitere für die Beweisgewinnung erfolgreiche Ermittlungsmaßnahmen ergriffen werden, dürfte diese gefestigte Judikatur nicht dergestalt tangiert werden, dass die aus einer den Grundsatz der Verhältnismäßigkeit verletzenden Totalüberwachung erlangten Erkenntnisse mit Blick auf **Folgeermittlungen** gesperrt wären.

§ 24 Systematische Parallelitäten und Divergenzen im Rahmen von Observationsmaßnahmen durch VE bzw. VP

Der Sache nach kann auch die Überwachung von Beschuldigten durch VE bzw. VP in erheblichem Umfang auf eine Observation des Betroffenen hinauslaufen[971]. Im Folgenden werden daher Parallelitäten und Divergenzen der gesetzlichen Ermächtigungsgrundlagen jener Ermittlungsformen mit denjenigen der Observationen aufgezeigt.

I. Überschneidungen von §§ 110a, 110b Abs. 2 Nr. 1 StPO mit § 163f StPO bei längerfristiger Observation durch VE

1. Längerfristige Observation durch VE

VE führen im Rahmen ihrer Tätigkeit fast zwangsläufig Observationsmaßnahmen durch. Insoweit besteht jedoch kein „Konkurrenzverhältnis“ zwischen § 163f StPO bzw. §§ 161 Abs. 1 S. 1, 163 Abs. 1 S. 2 StPO auf der einen und §§ 110a ff StPO auf der anderen Seite. Denn im Zuge der Einführung der §§ 110a ff StPO mit dem OrgKG ist zugleich eine längerfristige Observation von Verdächtigen oder Beschuldigten durch VE **konstitutiv** (mit)legalisiert worden.

---

970 *BGH* St 34, 362 [364 f]; BGHR StPO § 110a Fernwirkung 1. Umfassend: *Eisenberg*, Beweisrecht, Rn. 403 ff; KK-*Senge*, vor § 48 Rn. 45 ff.

971 *Krey*, Kohlmann-FS, S. 627 [642]; *ders.*, VE-Gutachten, Rn. 20 ff m.w.N.

Wenn nämlich der VE unter seiner Legende in die kriminelle Szene eingeschleust wird und dort z.T. über Jahre hinweg ermitteln darf

– man denke nur an die langfristige Besetzung von Führungspositionen in rechtsextremen Gruppierungen zu Ermittlungszwecken –,

so ist in solchen Ermittlungen eine (auch längerfristige) Observation stets oder zumindest doch typischer Weise mitenthalten[972]. Zudem stellt die längerfristige Observation als Einzelmaßnahme im Vergleich zu der verdeckten Ermittlungstätigkeit des VE unter Wertungsgesichtspunkten ein **qualitatives Minus** dar und wird dementsprechend bei Vorliegen der Voraussetzungen von §§ 110a ff StPO qua **Erst-recht-Argumentation** mit erfasst.

Es ist daher unschädlich und führt zu keiner Systemwidrigkeit, dass insbesondere § 163f StPO und §§ 110a, b StPO teilweise unterschiedliche materielle und formelle Voraussetzungen beinhalten:

So ist die „qualifizierte“ Subsidiaritätsklausel des § 163f StPO unterhalb der „strengen“ Subsidiaritätsklausel des § 110a Abs. 1 S. 3 StPO angesiedelt. Da der Einsatz von VE in der Gesamtheit seiner Ermittlungsmöglichkeiten den schwerwiegenderen Eingriff darstellt, ist diese Einordnung gerechtfertigt.

Dasselbe gilt im Ergebnis für den **strengeren Richtervorbehalt** des § 110b Abs. 2 Nr. 1 StPO für Einsätze „gegen einen bestimmten Beschuldigten“[973].

2. Kein Verbot der Beweisverwertung in der Hauptverhandlung

Die durch den Einsatz eines VE erlangten Erkenntnisse werden zum Schutz vor dessen Enttarnung regelmäßig durch die **Vernehmung des sog. VE-Führers** in die Hauptverhandlung eingeführt. Der VE selbst gilt, sofern seine geschützte Vernehmung zur Vermeidung einer Sperrung als Zeuge gemäß §§ 96, 110b Abs. 3 S. 3 StPO nicht möglich ist[974], sondern eine solche Sperrung erfolgt, als unerreichbares Beweismittel i.S.d. § 244 Abs. 3 S. 2 StPO. Dieses Vorgehen steht nach der Rechtsprechung des *BGH* nicht im Widerspruch zum Unmittelbarkeitsgrundsatz. Denn auch ein solcher Zeuge (der VE-Führer als Zeuge vom Hörensagen) berichtet letztlich unmittelbar über seine eigenen Wahrnehmungen[975].

---

972 *Krey*, VE-Gutachten, Rn. 275.

973 Nach *Krey/Haubrich*, JR 1992, 309 [315], würde – de lege ferenda – auch hier die Zusammenarbeit von StA und Polizei ausreichen; a.A. *Zaczyk*, StV 1993, 490 [494].

974 Ausführlich *Kühne*, Strafprozessrecht, Rn. 921.

975 Vgl. nur *BGH* St 33, 178 [181]; 36, 159 [160]. Im Ergebnis zustimmend *Kühne*, Strafprozessrecht, Rn. 923 m.w.N. pro und contra.

Als weitere Beweissurrogate kommen die Verlesung polizeilicher Protokolle gemäß § 251 Abs. 1 StPO und die Verlesung schriftlicher Äußerungen des VE in Betracht. Denn das Unmittelbarkeitsprinzip fordert lediglich die Nutzung des *jeweiligen Beweismittels selbst* (statt des Rückgriffs auf Beweissurrogate), soweit es erreichbar ist.

II. Parallelen und Divergenzen zum Einsatz von VP gegen bestimmte Beschuldigte

1. Grundlagen

a) Begriff der VP

Die bereits angesprochenen Gemeinsamen Richtlinien definieren die VP als eine *„Person, die ohne einer Strafverfolgungsbehörde anzugehören, bereit ist, diese bei der Aufklärung von Straftaten auf längere Zeit vertraulich zu unterstützen und deren Identität grundsätzlich geheim gehalten wird“*[976].

b) §§ 161 Abs. 1 S. 1, 163 Abs. 1 S. 2 StPO als Rechtsgrundlage für den Einsatz von VP

Für den Einsatz von Privatpersonen als VP ist eine gesetzliche Ermächtigungsgrundlage notwendig, da sie die Grundrechtsausübung des Beschuldigten tangiert. Diese findet sich (grundsätzlich) in der **„kleinen“ Ermittlungsgeneralklausel** der §§ 161 Abs. 1 S. 1, 163 Abs. 1 S. 2 StPO[977]. Eine analoge Anwendung der §§ 110a ff StPO scheitert dagegen sowohl am Fehlen einer planwidrigen Unvollständigkeit des Gesetzes als auch mangels einer vergleichbaren Interessenlage zwischen dem Einsatz von VE und VP[978].

2. Zulässigkeit von Observationen durch die VP

a) Kurzfristige Observationen

Kurzfristige Observationen, die – wie gezeigt – ihre Ermächtigungsgrundlage ebenso wie der Einsatz von VP in §§ 161 Abs. 1 S. 1, 163 Abs. 1 S. 2 StPO finden, sind auf Grund der kongruenten Zulässigkeitsvoraussetzungen als von ihrem

---

976 Siehe oben § 9 XIII.
977 Siehe ausführlich oben, § 19; ebenso jüngst *Ellbogen*, V-Person, S. 110 ff m.w.N.
978 *Ellbogen*, aaO, S. 105 ff. Vgl. auch *Krey*, VE-Gutachten, Rn. 16 ff.

(VP) Einsatz per se mitumfasst anzusehen[979]. Werden verdeckte Ermittlungen durch VP durchgeführt, erstrecken sich deren Befugnisse auch auf die Durchführung von kurzfristigen Observationen.

b) Längerfristige Observationen

Längerfristige Observationen i.S.d. § 163f StPO sind dagegen durch den Einsatz von VP nicht mitlegalisiert. Denn sie bedingen einen tieferen Grundrechtseingriff als durch die Ermittlungsgeneralklausel der §§ 161 Abs. 1 S. 1, 163 Abs. 1 S. 2 StPO erlaubt. Daher könnten gute Gründe dafür sprechen, dass in diesem Fall zusätzlich die Voraussetzungen des § 163f StPO erfüllt sein müssen.

3. Beweisverwertungsverbot bei durch VP aufgestellter „Spähfalle"?

Vergleichbar der bekannten „Hörfalle" bei der akustischen Überwachung ist im Rahmen der Observation eine „Spähfalle" denkbar:

Eine von den Strafverfolgungsbehörden instruierte Privatperson animiert den Beschuldigten zu einem bestimmten Verhalten, um ihn dabei zu beobachten und zumindest nähere Indizien für dessen Beteiligung an der untersuchten Straftat zu erlangen, ohne dass es sich um eine längerfristige Observation handelt[980]. Der *Große Senat des BGH* hatte in seiner sog. „Hörfallenentscheidung" ausgeführt, dass ein unauffälliges Beobachten des Beschuldigten nicht verboten sei. Erkenntnisse aus der Hörfalle seien verwertbar, wenn es um die Aufklärung einer *„Straftat von erheblicher Bedeutung"* gehe und die *„Erforschung des Sachverhalts anderenfalls erheblich weniger erfolgversprechend oder wesentlich erschwert* sei"[981].

Diese Vorgaben sind dieselben wie die in § 163f StPO normierten. Daher kann als sicher gelten, dass der *BGH* auch bei einer „Spähfalle" wegen ausreichender rechtsstaatlicher Absicherungen die Verwertbarkeit jener Erkenntnisse bejahen würde[982].

---

979 So grds. bereits *Krey*, Miyazawa-FS, S. 595 [609]; *ders.*, VE-Gutachten, Rn. 271 ff, 275: „... ist die Observation im Rahmen von VP-Einsätzen als typischer Teil der VP-Recherchen so legal wie sein Einsatz selbst".

980 Ausführlich zur Beweismittelerlangung durch Lockspitzel *Jäger*, Beweisverwertung, S. 65 ff, 208 ff.

981 *BGH (GS)* St 42, 139 [142]. Zur weitreichenden Kritik an der Entscheidung vgl. *Bernsmann*, StV 1997, 116; *Dencker*, StV 1994, 667 [680]; *Derksen*, JR 1997, 167. Vgl. auch *Weßlau*, ZStW Bd. 110 (1998), 1 [4 f]. Zustimmend aber *Pawlik*, GA 1998, 378 [385]; *Verrel*, NStZ 1997, 415 ff.

982 Ebenso *Nimtz*, Observation, S. 190.

Im Übrigen werden weder der *Fair-Trial-Grundsatz* noch der *Nemo-tenetur-Grundsatz* durch die „Spähfalle“ tangiert. Denn beide Prinzipien schützen den Beschuldigten nicht vor **unbewussten** Selbstbelastungen. Vielmehr wird grundsätzlich nur die Freiheit von Zwang zur Herbeiführung einer Aussage und zur Mitwirkung am Strafverfahren geschützt. Lässt die VP dagegen den Beschuldigten über ihre Zusammenarbeit mit den Strafverfolgungsbehörden im Unklaren und belastet sich dieser, so besteht kein *Vertrauensschutz* zu seinen Gunsten[983]: Es gibt grundsätzlich keinen Schutz vor unbewusster Selbstbelastung; vielmehr gehört es zum allgemeinen Lebensrisiko, wenn man sich bei anderen Leuten „verplappert“[984].

Dasselbe gilt auch für auch die „gezielte Anbahnung von Liebesverhältnissen“, die zur Gewinnung von Informationen ausgenutzt werden sollen (sog. „Romeo-Fälle“)[985].

Etwas anderes gilt nur dann, wenn die VP derart auf den Beschuldigten einwirkt, dass dieser nicht mehr eigenverantwortlich handelt[986].

Zusammenfassung von Kapitel 9

Werden bei längerfristigen Observationen technische Mittel eingesetzt, so müssen neben den Voraussetzungen des 163f StPO zusätzlich diejenigen der §§ 100f Abs. 1, 101 StPO **n.F.** (= §§ 100c Abs. 1, 101 StPO **a.F.**) erfüllt sein.

Die Durchführung von längerfristigen Observationen durch VE im Rahmen ihrer Tätigkeit ist aufgrund eines Erst-recht-Schlusses konstitutiv legalisiert. Auf diese Weise erlangte Erkenntnisse lassen sich durch Beweissurrogate wie z.B. die Vernehmung des VE-Führers in die Hauptverhandlung einbringen.

VP sind im Rahmen ihres Einsatzes ohne weiteres zur Durchführung von kurzfristigen Observationen gemäß §§ 161 Abs. 1 S. 1, 163 Abs. 1 S. 2 StPO befugt. Längerfristige oder vergleichbar intensive Observationen im Anwendungsbereich des § 163f StPO sind ihnen dann gestattet, wenn die Voraussetzungen dieser Norm erfüllt sind.

Beweise, die durch eine von Privatpersonen im Auftrag der Ermittlungsbehörden aufgestellte „Spähfalle“ erlangt werden, unterliegen grundsätzlich keinem Beweisverwertungsverbot.

---

983 *Pawlik*, aaO.
984 *Krey*, Kohlmann-FS, S. 627 [642], *ders.*, Miyazawa-FS, S. 595 [600].
985 *Krey*, aaO, S. 627 [645] m.w.N.; a.A. *Ellbogen*, V-Personen, S. 96.
986 Vgl. statt aller ausführlich *Ellbogen*, V-Personen, S. 93 ff.

Kapitel 10: Rechtsschutz gegen Observationsmaßnahmen

In der Regel wird der Betroffene erst durch die nach Anklageerhebung erfolgende Einsichtnahme in die Ermittlungsakte Kenntnis von der durchgeführten Observation erlangen. Denn angesichts der die Maßnahme konstituierenden Heimlichkeit hätte die Entdeckung während ihrer Durchführung die Ziele der Maßnahme, d.h. in erster Linie die Erlangung beweiskräftiger Informationen, obsolet werden lassen. Beweiskräftige Ergebnisse werden somit i.d.R. nur durch verdeckte Observationen erlangt werden können.

Hiervon gibt es jedoch eine Ausnahme, nämlich die **offene** Observation als vom Betroffenen zu entdeckender und auch tatsächlich entdeckter Observation. Diese wird zwar wie gezeigt aufgrund ihrer Sonderstellung nicht von § 163f StPO erfasst. Sie findet ihre Rechtsgrundlage in §§ 161 Abs. 1 S. 1, 163 Abs. 1 S. 1 StPO und muss aus Gesichtspunkten des Rechtsschutzes bereits unverzüglich nach ihrer Entdeckung justiziabel sein.

Der Rechtsschutz gegen Zwangsmaßnahmen der Strafverfolgungsbehörden im Rahmen des Ermittlungsverfahrens ist in der StPO zwar unzureichend und lückenhaft kodifiziert. Problematisch erschien lange Zeit insbesondere die Gewährung von Rechtsschutz gegen beendete, d.h. bereits **erledigte Maßnahmen**. Vor dem Hintergrund der maßgeblichen Entscheidung des *BVerfG*[987] zur Frage der „prozessualen Überholung" einer beendeten Durchsuchungsmaßnahme und der daraufhin ergangenen fachgerichtlichen Rechtsprechung ist das Rechtsschutzsystem der StPO jedoch inzwischen richterrechtlich so weitgehend geklärt und den Anforderungen des Art. 19 Abs. 4 GG angepasst, dass kein zwingender Handlungsbedarf für den Gesetzgeber besteht[988]; das sei im Folgenden skizziert.

§ 25 Rechtsschutz gegen eine laufende Observationsmaßnahme

I. Überprüfung der Rechtmäßigkeit der Anordnung durch den Richter gemäß § 163f Abs. 4 S. 2 StPO

Gegen die richterliche Anordnung der Verlängerung der Maßnahme *über einen Monat hinaus* gemäß § 163f Abs. 4 S. 2 StPO ist nach h.M. die Einlegung der **Beschwerde** gemäß § 304 Abs. 1 StPO statthaft[989]. Jene Norm umfasst über ih-

---

987 E 96, 27.

988 So zu Recht *Laser*, NStZ 2001, 120 [124].

989 KK-*Wache*, § 163 Rn. 34; vgl. *Kühne*, Strafprozessrecht, Rn. 554, 558.

ren Wortlaut hinaus neben richterlichen Beschlüssen und Verfügungen alle richterlichen Maßnahmen[990].

II. Überprüfung der Rechtmäßigkeit der Anordnung der StA bzw. ihrer Ermittlungspersonen gemäß § 163f Abs. 3 S. 1 StPO

1. Rudimentäre Normierung in der StPO

Die StPO weist für die gerichtliche Überprüfung der Rechtmäßigkeit staatsanwaltschaftlicher bzw. polizeilicher Anordnungen kaum explizite Regelungen auf. Eine die Rechtmäßigkeit der Anordnung wie auch die Durchführung betreffende gerichtliche Kontrolle durch das Landgericht ist in § 161a Abs. 3 StPO für nicht erledigte, von der Staatsanwaltschaft verhängte *Ordnungsmittel gegenüber säumigen Zeugen und Sachverständigen* vorgesehen[991]. Die Entscheidung des Landgerichts ist gemäß § 163a Abs. 3 S. 4 StPO unanfechtbar. Dasselbe gilt für die gerichtliche Entscheidung über die Rechtmäßigkeit der Vorführung des Beschuldigten vor die Staatsanwaltschaft nach § 163a Abs. 3 S. 4 i.V.m. § 161 Abs. 3 S. 4 StPO.

Entsprechende Vorschriften für sonstige Zwangsmaßnahmen im Allgemeinen und die längerfristige Observation im Besonderen fehlen dagegen.

2. Analoge Anwendung des § 98 Abs. 2 S. 2 StPO

Gegen die originäre Anordnung einer **längerfristigen** – bzw. im Sinne unserer Darlegungen in § 22 – **„sonst erheblichen“ Observation** durch die StA bzw. bei Gefahr im Verzuge durch ihre Ermittlungspersonen gemäß § 163f Abs. 3 S. 1 StPO ist deshalb **analog § 98 Abs. 2 S. 2 StPO** ein Antrag auf richterliche Entscheidung mit anschließender Beschwerdemöglichkeit gemäß § 304 StPO zulässig, solange die Observation noch läuft[992]. Denn zum einen liegt eine planwidrige Unvollständigkeit des Gesetzes, also eine Regelungslücke vor. Zum anderen ergibt sich aus dem in Art. 19 Abs. 4 GG niedergelegten Grundsatz der Gewährleistung effektiven Rechtsschutzes, dass dem Bürger bei analoger Anwendung des § 98 Abs. 2 S. 2 StPO Rechtsschutz gemäß dieser Vorschrift nicht nur bei der Beschlagnahme, sondern auch bei **sonstigen Zwangsmaßnahmen** zustehen muss. Eine vergleichbare Interessenlage ist damit ebenfalls gegeben. Auch gilt

---

990 Vgl. nur KK-*Engelhardt*, § 304 Rn. 1 m.w.N.

991 Dazu *Kühne*, Strafprozessrecht, Rn. 563.1.

992 *BGH* St 36, 30 [31]; 44, 265 [268]; *Kühne*, Strafprozessrecht, Rn. 563.2. Eingehend zur Analogiefähigkeit des § 98 Abs. 2 S. 2 StPO *Hölscher*, Rechtsschutz, S. 49 ff.

jene Norm nicht nur für Maßnahmen, deren Anordnung in erster Linie dem Richter obliegt und nur im Rahmen ihrer Eilkompetenz von der StA oder deren Ermittlungspersonen getroffen werden kann[993]. Vielmehr hat sie im Wege des **Erst-recht-Schlusses** auch zu gelten, wenn die Anordnung von vornherein durch die StA bzw. Polizei erfolgt. Gegenstand der Überprüfung ist dabei nicht nur die Anordnung der Maßnahme, sondern zugleich die *Art und Weise ihres Vollzuges*[994].

Dies gilt im Grundsatz gleichermaßen für die auf die kleine Ermittlungsgeneralklausel gemäß §§ 161 Abs. 1 S. 1, 163 Abs. 1 S. 2 StPO gestützte **kurzfristige Observation**. Da eine solche Maßnahme grundsätzlich bis zu 24 Stunden andauern kann, ist der Antrag auf gerichtliche Überprüfung auch praktisch durchaus möglich.

§ 26 Rechtschutz gegen beendete Observationsmaßnahmen

I. Überprüfung der Rechtmäßigkeit der Anordnung durch den Richter gemäß § 163f Abs. 4 S. 2 StPO

Seit dem erwähnten Urteil des *BVerfG* v. 30.4.1997 zur Überprüfung einer Beschlagnahmeanordnung herrscht nahezu Einmütigkeit darüber, dass eine **richterlich angeordnete Zwangsmaßnahme** nicht nur während ihrer Dauer, sondern auch noch **nach ihrer Beendigung** mit der Beschwerde gemäß § 304 Abs. 1 StPO angefochten werden kann[995]. Dasselbe gilt für die **Aufrechterhaltung** einer Observationsmaßnahme aufgrund richterlicher Anordnung gemäß § 163 Abs. 4 S. 2 StPO. Die früher herrschende, abweichende Rechtsprechung ist überholt.

Amelung dehnt die Phase von Ermittlungseingriffen über die Erhebung von Informationen auf die Speicherung, Verarbeitung und Übermittlung dieser Informationen aus. Folglich sei der Erledigungsbegriff einzuschränken, so dass die Grundsätze über den Rechtsschutz noch andauernder Grundrechtseingriffe zur Anwendung kämen[996]. Dieser Sichtweise ist jedoch entgegenzuhalten, dass bei der Frage des Rechtsschutzes in erster Linie das Rechtsschutzziel des Betroffenen maßgeblich ist. Erst in einem zweiten Schritt

---

993 *BGH* St 28, 57 [58]; 28, 206 [208]; *Meyer-Goßner*, § 98 Rn. 23; KK-*Wache*, § 163 Rn. 34.

994 *BGH* St 28, 206 [208 f]; *Jahn/Eckardt*, JA 1999, 748 [750]; *Kühne*, Strafprozessrecht, Rn. 567; *Lesch*, Strafprozessrecht, S. 206.

995 So jüngst wieder *BVerfG* StV 2005, 251 ff. Kritisch, i.E. aber zustimmend *Hölscher*, Rechtsschutz, S. 135 ff, 147 ff.

996 StV 2001, 131 [132].

stellt sich die Frage nach dem konkreten Grundrechtseingriff. Ist also die Observation abgeschlossen, ist zunächst allein fraglich, ob sich der Belastete mit einem Antrag auf Feststellung der Rechtswidrigkeit wehren kann[997].

Nach der überkommenen Judikatur hatte bei **beendeten** strafprozessualen Maßnahmen ein Fall der sog. „prozessualen Überholung" vorgelegen, durch den eine Beschwer wegen des Verfahrensfortgangs mit Abschluss der Maßnahme entfallen sollte[998]. Nach heute h.M. bedarf es für die Überprüfung der Rechtmäßigkeit der erledigten Maßnahme eines zusätzlichen **besonderen Rechtsschutzinteresses.**

1. Ausgestaltung des Rechtsschutzinteresses

a) Tiefgreifender Grundrechtseingriff

Das *BVerfG* rekurriert im Rahmen der Notwendigkeit jenes Rechtsschutzinteresses namentlich auf das Vorliegen eines **tiefgreifenden Grundrechtseingriffs**[999]. Dann sei die richterliche Überprüfung selbst dann zulässig, wenn der schwerwiegende Grundrechtseingriff nicht mehr fortwirke. Es genüge vielmehr, dass sich die direkte Belastung durch die Maßnahme nach dem typischen Verfahrensverlauf auf eine Zeitspanne beschränke, in der der Betroffene eine gerichtliche Entscheidung kaum erlangen könne. Das Gebot effektiven Grundrechtsschutzes gebiete es in diesen Fällen, dass der Betroffene die Gelegenheit erhalte, die Berechtigung des schwerwiegenden Grundrechtseingriffs zumindest nachträglich gerichtlich klären zu lassen[1000].

b) Weitere Arten des Rechtsschutzinteresses

Ein Rechtsschutzinteresse besteht auch dann, wenn wegen der **erheblichen Folgen des Eingriffs**, die auch im Fortwirken der „Diskriminierung" liegen können, oder wenn wegen der **Gefahr der Wiederholung** ein nachwirkendes Bedürfnis für die richterliche Überprüfung besteht[1001].

---

997 Ebenso *Nimtz*, Observation, S. 198.

998 So explizit *BGH* St 28, 57 [58]; *OLG Karlsruhe* NStZ 1992, 97. Zur Kritik vgl. die Nachweise bei *Kühne*, Strafprozessrecht, Rn. 555. Ausführlich zur früheren Rechtslage *Laser*, NStZ 2001, 120 f.

999 E 96, 27 [77]; *BVerfG* NJW 1998, 2131 f.

1000 E 96, 27 [40]; 104, 220 [233].

1001 *BVerfG* NJW 1997, 2163; vgl. auch *Amelung*, NJW 1978, 1013 [1014]; *Bottke*, StV 1986, 120 [123 f].

Eine diskriminierende Wirkung wird insbesondere bei Betroffenheit eines *Dritten* bejaht[1002]. Aber auch bei *Betroffenheit des Beschuldigten selbst* nimmt das *BVerfG* bei einer Durchsuchung ein Interesse an einer gesonderten gerichtlichen Entscheidung an, obwohl die erstrebte Rehabilitierung auch im anhängigen Strafverfahren erfolgen könnte.

Es ist nach der Rechtsprechung des Gerichts sogar unschädlich, dass ein entsprechender Antrag des Beschuldigten nicht bereits im Ermittlungs- oder Hauptverfahren gestellt bzw. das Hauptverfahren zwischenzeitlich rechtskräftig abgeschlossen wurde, wenn noch ein hinreichender zeitlicher Zusammenhang zu den bereits vollzogenen und seit Kenntniserlangung lediglich wenige Monate zurückliegenden Maßnahmen besteht[1003].

c) Konkretisierungen des Rechtsschutzinteresses

Wenngleich vornehmlich in den Fällen, die schon das Grundgesetz unter Richtervorbehalt gestellt hat, ein fortbestehendes Rechtsschutzinteresse trotz Erledigung anzunehmen ist, kann eine von Verfassungs wegen gebotene Überprüfung **auch in anderen Fallgruppen** vorliegen[1004], so z.B. im Falle einer besonders *einschneidenden Art und Weise der zeitweiligen Unterbringung im Strafvollzug*[1005].

Das *LG Zweibrücken* bejahte einen „tiefgreifenden" Grundrechtseingriff bei *zwangsweiser Vorführung zur erkennungsdienstlichen Behandlung*[1006]. Dagegen verneinte das *LG Neuruppin* einen solchen Eingriff bei einer Beschlagnahme von weniger als 2 Monaten, weil diese nicht den faktischen Entzug des Eigentums bedeute[1007].

2. Rechtschutzinteresse bei längerfristiger Observation

Es fragt sich, ob für längerfristige Observationen mit ihren Eingriff in das APR bzw. das Recht auf informationelle Selbstbestimmung ein besonderes Rechtsschutzbedürfnis besteht. Dies könnte sich aus einem „tiefgreifenden Grundrechtseingriff" ergeben. Ausgangspunkt hier für ist zunächst das Grundgesetz selbst. Nach der Judikatur des *BVerfG* liegt ein solch schwerwiegender Eingriff z.B. in den Fällen der Art. 13 Abs. 2, 104 Abs. 2, 3 GG vor, in denen die Anordnung

1002 *BGH* St 28, 57 [58]; 28, 160 [161]; 28, 206.
1003 *BVerfG* StV 2005, 251.
1004 *BVerfG* NStZ-RR 2004, 252 [253].
1005 *BVerfG* NJW 2002, 206.
1006 NZV 2000, 100 [101].
1007 StV 1997, 506.

dem Richter vorbehalten ist. Ein solcher Vorbehalt besteht für Observationsmaßnahmen jedoch nicht.

Trotzdem sieht *Nimtz* die längerfristige Observation als tiefgreifenden Grundrechtseingriff an. Er rekurriert zur Begründung insbesondere auf die Heimlichkeit der Maßnahme, weiterhin auf den angeblichen Willen des Gesetzgebers im Rahmen der Einführung des § 477 Abs. 2 StPO durch das StVÄG 1999.

3. Eigene Stellungnahme

Es überzeugt nicht, wenn *Nimtz* auf die „eigene Qualität der Belastung durch die Heimlichkeit" der Maßnahme abstellt. Denn dies würde dazu führen, dass bei der überwiegenden Anzahl von strafprozessualen Ermittlungsmaßnahmen bereits wegen deren Heimlichkeit per se ein tiefgreifender Grundrechtseingriff vorläge. Dass die Heimlichkeit der Strafverfolgung aber häufig geradezu immanent ist, wurde bereits an früherer Stelle aufgezeigt. Etwas anderes könnte sich freilich aus der in § 477 Abs. 2 StPO erfolgten Gleichstellung der längerfristigen Observation mit der Telefonüberwachung ergeben. Hierauf weist etwa *Nimtz* hin[1008]. Indes zweifelt selbst er zu Recht daran, dass diese Gleichstellung nach dem Willen des Gesetzgebers Auswirkungen auf den Rechtsschutz haben sollte: Die längerfristige Observation ist ja der Sache nach ein deutlich leichterer Grundrechtseingriff als die Telefonüberwachung. § 477 Abs. 2 StPO macht also aus der längerfristigen Observation keinen „tiefgreifenden" Grundrechtseingriff.

Richtig ist vielmehr, dass das berechtigte Rechtsschutzinteresse bereits aus dem vom *BVerfG* hinsichtlich einer Durchsuchung betonten Aspekt folgt, dass nämlich aus Gründen effektiven Rechtsschutzes die gesonderte gerichtliche Entscheidung auch **neben** der Rehabilitierung in der Hauptverhandlung möglich ist. Zwar fehlt der Durchsuchung im Gegensatz zur längerfristigen Observation das Merkmal der Heimlichkeit. Ihre Ähnlichkeit resultiert jedoch daraus, dass die gerichtliche Überprüfung bei beiden Maßnahmen regelmäßig erst im Anschluss an deren Vollzug möglich ist.

Zudem resultiert aus dem Grundsatz effektiven Rechtsschutzes gemäß Art. 19 Abs. 4 GG, dass eine gesonderte Überprüfung jedenfalls bei Maßnahmen wie der längerfristigen Observation sichergestellt werden muss, die nach ihrem Bekanntwerden spätestens in der Hauptverhandlung eine **stigmatisierende Wirkung** zu Lasten des Betroffenen entfalten. Hier besteht die konkrete diskriminierende Wirkung zu Lasten des Betroffenen darin, dass Personen aus seinem persönlichen und/oder geschäftlichen Umfeld seiner längerfristigen polizeilichen Überwachung als eines Makels gewahr werden. Zeitlich betrachtet muss in diesem Fall

---

1008 *Nimtz*, Observation, S. 201.

der effektive Rechtsschutz des Betroffenen bereits unmittelbar an der Maßnahme selbst ansetzen. Denn angesichts einer unwägbaren Verzögerung bis zur Durchführung der Hauptverhandlung ist ihm die Möglichkeit einzuräumen, diesen Makel durch gerichtliche Überprüfung unverzüglich zu beseitigen.

II. Überprüfung der Rechtmäßigkeit der Anordnung der StA bzw. ihrer Ermittlungspersonen gemäß § 163f Abs. 3 S. 1 StPO

Ordnen die StA oder kraft Eilkompetenz ihre Ermittlungspersonen die längerfristige Observation an, so ist § 98 Abs. 2 S. 2 StPO nach der zutreffenden Rechtsprechung von *BVerfG* und *BGH* auch für bereits vollzogene, d.h. erledigte Maßnahmen analog anwendbar[1009].

Zusätzliche Voraussetzung in diesen Fällen ist jedoch stets das o.g. **besondere Rechtsschutzinteresse** an der Feststellung der Rechtswidrigkeit[1010].

Auch die Überprüfung von **Art und Weise** des Vollzugs einer nichtrichterlich angeordneten abgeschlossenen Ermittlungsmaßnahme obliegt nicht etwa der Zuständigkeit der Oberlandesgerichte nach §§ 23 EGGVG, sondern bestimmt sich vielmehr auch bei der längerfristigen Observation nach **§ 98 Abs. 2 S. 2 StPO analog**[1011].

Der *BGH* führt zur Begründung überzeugend die durch das am 9.5.1998 in Kraft getretene „Gesetz zur Verbesserung der Bekämpfung der Organisierten Kriminalität" eingeführte Vorschrift des § 100d Abs. 6 StPO an, nach der bei Einsatz technischer Mittel in einer Wohnung sowohl die Rechtmäßigkeit der Anordnung als auch die Art und Weise des Vollzugs von dem mit der Sache befassten Gericht überprüft werden kann: Der Gesetzgeber hat damit zum Ausdruck gebracht, dass er für die Rechtmäßigkeit der **Anordnung** und der **Art und Weise des Vollzugs** das anordnende Gericht als Gewährträger effektiven Rechtsschutzes ansieht[1012].

§ 100d Abs. 6 StPO **a.F.** wurde allerdings jüngst durch das Gesetz zur Umsetzung des Urteils des *BVerfG* v. 3.3.2004 geändert. Abgesehen von einem neuen System der Benachrichtigungspflichten bei der akustischen Wohnraumüberwachung findet sich der jener Vorschrift zu Grunde liegende Gedanke in § 100d Abs. 10 StPO **n.F.** wieder, wenn

---

1009 Vgl. *BVerfG* NJW 2002, 1333 zur Durchsuchung bei Gefahr im Verzug; *BGH* St 28, 57 [58]; KK-*Nack*, § 98 Rn. 23.

1010 *BGH* St 28, 206 [207, 209]; 37, 79 [82].

1011 Dazu *BGH* St 44, 265 [270]. Ebenso *Fezer*, Jura 1982, 126 [132]; *Peters*, JR 1972, 300 f; *Rudolphi* in: SK-StPO, § 98 Rn. 36. **A.A.** noch *BGH* St 37, 79. Vgl. zu dieser Gegenmeinung ausführlich *Rieß/Thym*, GA 1981, 189 [198, 203, 206 m.w.N].

1012 *BGH* St 44, 265 [272]; bestätigt durch *BGH* St 45, 183 [185 f]. Grundsätzlich zustimmend und mit weiteren Differenzierungen *Kühne*, Strafprozessrecht, Rn. 566 f.

auch freilich mit der Maßgabe, dass von den Betroffenen **binnen zwei Wochen nach ihrer Benachrichtigung** die Überprüfung der Rechtmäßigkeit der Anordnung sowie Art und Weise des Vollzugs zu beantragen ist.

III. Zeitliche Grenzen der Beantragung der Überprüfung

Ein Rechtsschutzinteresse besteht, solange der Rechtsschutzsuchende gegenwärtig betroffen ist und mit seinem Rechtsmittel ein konkretes praktisches Ziel erreichen kann[1013], beispielsweise die der Maßnahme innewohnende Stigmatisierung zu beenden. Das Rechtsschutzbedürfnis kann aber auch entfallen, wenn die **verspätete** Geltendmachung eines Anspruchs gegen das Prinzip von **Treu und Glauben** verstößt. Dies ist anzunehmen, wenn der Berechtigte sich verspätet auf sein Recht beruft und unter Verhältnissen untätig bleibt, unter denen vernünftigerweise etwas zur Wahrung des Rechts unternommen zu werden pflegt[1014].

Wenn, wie oben gefordert, de lege ferenda eine Normierung von Benachrichtigungspflichten an die von der Observation Betroffenen in § 163f StPO erfolgen würde, wäre die Verspätung insbesondere an dem Zeitpunkt der tatsächlich erfolgten Benachrichtigung und damit der Kenntniserlangung der Betroffenen von der Maßnahme und ihren Wirkungen zu messen. Dabei erschiene eine Orientierung an der knappen 2-Wochen-Frist des § 100d Abs. 10 StPO n.F. vor dem Hintergrund der wesentlich höheren Eingriffsintensität des Großen Lauschangriffs nahe liegend (Erst-recht-Argument).

De lege lata verbleibt es dagegen bei der Anwendung der allgemeinen Verwirkungsgrundsätze unter genauer Überprüfung der Umstände des Einzelfalls.

IV. Antrag auf Löschung/Vernichtung erlangter Erkenntnisse

Neben dem Antrag auf Feststellung der Rechtswidrigkeit der längerfristigen Observation ist für den Betroffenen im Erfolgsfall zugleich die Löschung bzw. Vernichtung der aus dieser Maßnahme erlangten Kenntnisse von Interesse. Es bedarf dazu eines gesonderten Antrags auf Folgenbeseitigung, der aber im Wege des Stufenantrags mit dem ursprünglichen Antrag verbunden werden kann. Jener Folgenbeseitigungsantrag hat die Wiederherstellung des dem Recht gemäßen Zustandes ist zum Ziel[1015]. Er ist in analoger Anwendung als **Annex-Antrag** auf § 98 Abs. 2 S. 2 StPO zu stützen.

1013 *BVerfG* E 104, 220 [232].
1014 BVerfG StV 2005, 251 [252]. Vgl. auch *BVerfG* E 32, 305 [308 f].
1015 Ausführlich *Amelung*, StV 2001, 131 [132 f] m.w.N.

Zusammenfassung von Kapitel 10

Das Rechtsschutzsystem gegen Zwangsmaßnahmen der Strafprozessordnung hat durch Entscheidungen des *BVerfG* und des *BGH* weitere Klärung erfahren.

Aus Gründen effektiven Rechtsschutzes nach Art. 19 Abs. 4 GG ist umfänglicher Rechtsschutz sowohl gegen das „Ob“ als auch das „Wie“, d.h. die Art und Weise, von Observationsmaßnahmen zu gewähren. Dies gilt sowohl für laufende als auch für bereits erledigte Maßnahmen. Ein diesen Anforderungen genügender Rechtsschutz hat seine gesetzlichen Grundlagen in §§ 98 Abs. 2 S. 2 und 304 ff StPO. Der Rekurs auf § 23 EGGVG entfällt.

Die Beantragung der gerichtlichen Überprüfung sowohl der Rechtmäßigkeit der Anordnung der längerfristigen Observation als auch der Art und Weise ihres Vollzuges ist de lege lata **zeitlich** bis zur Grenze des Verstoßes gegen Treu und Glauben zulässig.

Ein Antrag auf Vernichtung bzw. Löschung der durch die Observation erlangten Erkenntnisse ist als Annex zum Hauptbegehren ebenfalls auf § 98 Abs. 2 S. 2 StPO zu stützen.

Thesen

1. Die Observation ist die planmäßige Beobachtung von Personen, Einrichtungen oder Objekten mit dem Ziel, unter grundsätzlicher Wahrung der Unauffälligkeit der Maßnahme grundlegende oder ergänzende Erkenntnisse für polizeiliche oder justizielle Maßnahmen zu gewinnen. Sie ist ein traditionelles Instrument verdeckter polizeilicher Ermittlungstätigkeit, das in erheblichem Umfang von vielen Ermittlungsbehörden zu Zwecken der Strafverfolgung eingesetzt wird. Die Observation ist ein Lehrbeispiel für die stets aktuelle Problematik „Kriminalitätsbekämpfung versus Grundrechtsschutz“ in der Strafprozessordnung und für die Frage der Herstellung eines Ausgleichs zwischen diesen Interessen. Weder „große Maßnahmen“ der StPO wie die Telekommunikationsüberwachung oder der „Große Lauschangriff“ noch das neue Phänomen des globalen Terrorismus haben insoweit zu einer grundsätzlich neuen Abwägung zwischen Freiheit und Sicherheit geführt.

2. Gründe für den fortwährenden Diskurs über verdeckte Ermittlungsmaßnahmen wie die Observation sind insbesondere das schwer greifbare, wenn auch inzwischen einigermaßen klar definierbare Phänomen der Organisierten Kriminalität, das Volkszählungsurteil des *BVerfG* v. 15.12.1983 mit der Betonung des Rechts auf informationelle Selbstbestimmung, der faktische Bedeutungszuwachs der Judikatur des EGMR für das nationale Recht, die Explosion des technischen Fortschritts und einhergehende Veränderungen der Kriminalitätsstrukturen sowie die über nahezu zwei Jahrzehnte dauernde, rechtspolitisch bedingte Untätigkeit des Gesetzgebers bei der Normierung der längerfristigen Observation in § 163f StPO in der Fassung des StVÄG 1999 v. 2.8.2000.

3. Jede strafprozessuale Observation stellt einen Eingriff in das Allgemeine Persönlichkeitsrecht bzw. das Recht auf informationelle Selbstbestimmung dar. Ein Eingriff in das Wohnungsgrundrecht des Art. 13 Abs. 1 GG liegt vor, wenn bei der Observation Barrieren überwunden werden, die erkennbar zur Abschirmung des geschützten Bereichs dienen.

4. Vor Erlass des StVÄG 1999 hielt die Strafprozessordnung keine tauglichen Ermächtigungsgrundlagen für die strafprozessuale Observation bereit. Mit dem Erlass dieses Gesetzes erfolgte die Umgestaltung der §§ 161 Abs. 1 S. 1, 163 Abs. 1 S. 2 StPO von einer Aufgaben- in eine „kleine“ Ermittlungsgeneralklausel. Die Auslegung jener Normen ergibt, dass eine äußerst restriktive Interpretation zu erfolgen hat, die unmittelbar an die Aussagen des *BVerfG* zum

Volkszählungsurteil anknüpft: Erfasst werden danach Ermittlungsmaßnahmen, die bereits vor jenem Urteil nahezu unstreitig entweder gar nicht als Grundrechtseingriff oder nur als leichter Eingriff qualifiziert wurden, die zudem ohne spezielle Ermächtigungsgrundlage durchgeführt wurden und deren Eingriffsqualität erst durch die Betonung des Rechts auf informationelle Selbstbestimmung durch das *BVerfG* streitig wurde. Hierzu gehört die kurzfristige Observation ohne Einsatz technischer Mittel.

5. Die Vorschrift des § 163f StPO zur längerfristigen Observation weist Divergenzen zum bestehenden System der Strafprozessordnung auf. Sie erfasst bei verfassungskonformer Auslegung nur verdeckte, nicht aber offene Observationen. Für den „Großen Observationsangriff", d.h. die Beeinträchtigung der Unverletzlichkeit der Wohnung durch eine längerfristige Observation gilt:

- Ein Eingriff in Art. 13 Abs. 1 GG durch eine Observation unter Einsatz technischer Mittel zur Strafverfolgung ist qua Umkehrschluss aus Art. 13 Abs. 3 GG sowie eines weiteren Umkehrschlusses aus Art. 13 Abs. 4, 5 GG stets unzulässig.
- Observationen ohne die Zuhilfenahme technischer Mittel bedingen keinen Eingriff in Art. 13 Abs. 1 GG, wenn sie nach gewöhnlicher „Passantenart", d.h. im sozialadäquaten Rahmen erfolgen.
- Liegt trotz des Einblicks in Wohnungen kein Eingriff in Art. 13 Abs. 1 GG vor, verbleibt es bei der Anwendung des § 163f StPO für längerfristige Observationen (bzw. bei gleichzeitiger Verwendung technischer Mittel zusätzlich bei § 100f Abs. 1 Nr. 2 StPO n.F. (= § 100c Abs. 1 Nr. 1b StPO a.F.) sowie bei §§ 161 Abs. 1 S. 1, 163 Abs. 1 S. 2 StPO bei kurzfristigen Observationen.

6. Der Begriff des „Täters" in § 163f StPO ist verfassungswidrig. Er ist in verfassungskonformer Auslegung in den des „Beschuldigten" oder „möglichen Täters" umzudeuten. Das Fehlen von Benachrichtigungspflichten im Hinblick auf Ziel- und Kontaktpersonen sollte de lege ferenda korrigiert werden. Aus Gründen der Klarheit sollte eine an § 101 StPO und an die für eine Änderung dieser Norm maßgeblichen Aussagen des *BVerfG* aus dem Urteil zum „Großen Lauschangriff" orientierte Regelung in § 163f StPO eingefügt bzw. ein Verweis auf § 163f StPO in § 101 StPO aufgenommen werden.

7. Neben der längerfristigen Observation ist auch die „sonst erhebliche" Observation an den Voraussetzungen des § 163f StPO zu messen. Dies ergibt sich aus einer Gesetzesanalogie zu Gunsten des Betroffenen (Rechtsfindung praeter legem in bonam partem). Eine „sonst erhebliche" Observation liegt insbesondere vor, wenn die Observation absichtlich unterbrochen wird, um die zeitlichen Grenzen des § 163f StPO zu umgehen. Weiterhin, wenn sie den genannten zeitlichen Grenzen sehr nahe kommt, eine hohe Beschattungsintensität aufweist und

dem Kontrollbereich des Betroffenen eine größere Anzahl persönlichkeitssensibler Informationen entzieht.

8. Observationen im Rahmen vorbeugender Verbrechensbekämpfung richten sich in der Erscheinungsform „Verhütung von Straftaten" nach landespolizeigesetzlichen Regelungen.

Entgegen der bisher h.M. hat das *BVerfG* mit Urteil v. 27.7.2005 (Telekommunikationsüberwachung nach Niedersächsischen Landespolizeirecht) für die vorbeugende Verbrechensbekämpfung in der Modalität „Vorsorge für die Verfolgung künftiger Straftaten" festgestellt: Es handele sich um Strafverfahrensrecht, so dass die konkurrierende Gesetzgebungskompetenz nach Art. 74 Abs. 1 Nr. 1 GG („gerichtliches Verfahren") eingreife. Mag man diese Entscheidung auch in der Sache für verfehlt halten, so hat man sie gleichwohl wegen ihrer Bindungswirkung gemäß § 31 Abs. 1 BVerfGG zu akzeptieren.

9. Die Durchführung von längerfristigen Observationen durch VE im Rahmen ihrer Tätigkeit ist qua Erst-recht-Schlusses legalisiert.

VP sind im Rahmen ihres Einsatzes zur Durchführung von kurzfristigen Observationen gemäß §§ 161 Abs. 1 S. 1, 163 Abs. 1 S. 2 StPO befugt. Bei längerfristigen oder „sonst erheblichen" Observationen i.S.d. § 163f StPO dürften gute Gründe dafür sprechen, den VP solche Maßnahmen nur zu erlauben, wenn die Voraussetzungen dieser Norm erfüllt sind.

10. Rechtsschutz gegen längerfristige Observationen ist gemäß § 98 Abs. 2 S. 2 analog bzw. §§ 304 ff StPO zu erlangen. Wegen des Gebots effektiven Rechtsschutzes gemäß Art. 19 Abs. 4 GG gilt dies gegen fortlaufende und beendete Maßnahmen sowie gegen die Art und Weise der Observationsmaßnahme. Ein Antrag auf Vernichtung bzw. Löschung der durch die Maßnahme erlangten Erkenntnisse ist als Annex zum Hauptbegehren auf § 98 Abs. 2 S. 2 StPO zu stützen.

Schrifttumverzeichnis

Achenbach, Hans: Vorläufige Festnahme, Identifizierung und Kontrollstelle im Strafprozess, JA 1981, S. 660-666.

Achenbach, Hans/*Perschke*, Stefan: Anmerkung zum Urteil des BGH v. 24.2.1992 (Az.: 4 StR 317/93), StV 1994, S. 577-580.

Achterberg, Norbert: Kriterien des Gesetzesbegriffs unter dem Grundgesetz, DÖV 1973, S. 289-298.

Ahlers, Henrik: Grenzbereich zwischen Gefahrenabwehr und Strafverfolgung, Frankfurt a.M. 1998; zugl. Marburg, Univ., Diss., 1997 (Zitiert: *Ahlers*, Grenzbereich).

Ahlf, Ernst-Heinrich: Der Begriff des „Eingriffes" insbesondere bei kriminalpolizeilicher Tätigkeit und die sog. „Schwellentheorie" zu § 163 Abs. 1 StPO, Die Polizei 1983, S. 41-53.

–: Polizeiliche Kriminalakten (KpS), Forschungsreihe des Bundeskriminalamtes, Sonderband, Wiesbaden 1988.

Alberts, Hans W.: „Übergangszeit" im bereichsspezifischen Datenschutz?, ZRP 1987, S. 193-196.

–: Informationelle Tätigkeit und spezielle Grundrechte, CR 1994, S. 492-498.

Alberts, Hans W./*Merten*, Karlheinz: Gesetz über die Datenverarbeitung der Polizei: Kommentar, 3. Auflage, Hamburg 2002 (Zitiert: *Alberts/Merten*, Datenverarbeitung).

Albrecht, Peter-Alexis: Organisierte Kriminalität: Das Kriminaljustizsystem und seine konstruierten Realitäten, KritV 1997, S. 229-237.

–: Vom Unheil der Reformbemühungen im Strafverfahren – Bemerkungen zum Strafverfahrensänderungsgesetz vom 1.11.2000 –, StV 2001, S. 416-420.

Alternativ-Kommentare: Kommentar zur Strafprozessordnung, Bd. 2, Teilband 1, §§ 94-212, Neuwied, Kriftel, Berlin, 1992 (Zitiert: AK-*Bearbeiter*).

Ambos, Kai: Staatsanwaltschaftliche Kontrolle, Verpolizeilichung des Ermittlungsverfahrens und organisierte Kriminalität, Jura 2003, S. 674-679.

Amelung, Knut: Rechtsschutz gegen strafprozessuale Grundrechtseingriffe, Berlin 1976 (Zitiert: *Amelung*, Rechtschutz).

–: Erweitern allgemeine Rechtfertigungsgründe, insbesondere § 34 StGB, hoheitliche Eingriffsbefugnisse des Staates?, NJW 1977, S. 833-840.

–: Nochmals: § 34 StGB als öffentlichrechtliche Eingriffsnorm?, NJW 1978, S. 623 f.

–: Anmerkung zum Urteil des BGH v. 25.1.1978 (Az.: 3 StR 412/77), NJW 1978, S. 1013-1014.

–: Anmerkung zum Beschluss des BVerfG v. 18.8.1981 (Az.: 2 BvR 166/81), NStZ 1982, S. 38-40.

–: Die Rechtfertigung von Polizeivollzugsbeamten, JuS 1986, S. 329-337.

Anschütz, Gerhard/*Thoma,* Richard (Hrsg.): Handbuch des Deutschen Staatsrechts, Zweiter Band 1931 (Zitiert: *Anschütz/Thoma* II).

v. Arnim, Hans Herbert: Zur „Wesentlichkeitstheorie" des Bundesverfassungsgerichts, DVBl. 1987, S. 1241-1249.

Asbrock, Bernd: Anmerkung zum Urteil des BGH v. 29.1.1998 (Az.: 1 StR 511/97), NStZ 1998, S. 631-633.

–: Der Richtervorbehalt – prozedurale Grundrechtssicherung oder rechtsstaatliches Trostpflaster?, ZRP 1998, S. 17-19.

Atzbach, Rudolf: Polizeiliche Informationsverarbeitung, Kriminalistik 2001, S. 323-327.

Aulehner, Josef: 10 Jahre Volkszählungsurteil – Rechtsgut und Schutzbereich des Rechts auf informationelle Selbstbestimmung in der Rechtsprechung, CR 1993, S. 446-455.

–: Polizeiliche Gefahren- und Informationsvorsorge: Grundlagen, Rechts- und Vollzugsstrukturen, dargestellt im Hinblick auf die deutsche Beteiligung an einem europäischen Polizeiamt (EUROPOL), Berlin 1998; zugl. Speyer, Univ., Diss., 1996.

Bachmann, Gregor: Probleme des Rechtsschutzes gegen Grundrechtseingriffe im strafrechtlichen Ermittlungsverfahren, Berlin 1994; zugl. Passau, Univ., Diss., 1993.

Bär, Wolfgang: Der Zugriff auf Computerdaten im Strafverfahren, Köln 1992; zugl. Bayreuth, Univ., Diss., 1991.

Bäumler, Helmut: Die neuen Sicherheitsrichtlinien des Bundes, CR 1988, S. 680-685.

Bauer, Günther: Moderne Verbechensbekämpfung, Band 2, Lübeck 1972.

–: Moderne Verbrechensbekämpfung, Band 3, Lübeck 1977.

Baumann, Jürgen: Wie reformbedürftig ist die Strafprozessordnung?, JuS 1987, S. 681-687.

Baumann, Reinhold: Stellungnahme zu den Auswirkungen des Urteils des BVerfG vom 15.12.1983 zum Volkszählungsurteil 1983, DVBl. 1984, S. 612-619.

Benda, Ernst: Das Recht auf informationelle Selbstbestimmung und die Rechtsprechung des BVerfG zum Datenschutz, DuD 1984, S. 86-90.

Benfer, Jost: Grundrechtseingriffe im Ermittlungsverfahren, 2. Auflage, Bonn 1990.

–: Verdeckte Fahndung, Die Neue Polizei 1990, S. 519 ff, 585 ff, 644 ff.

Bergmann, Lutz/*Möhrle*, Roland/*Herb*, Armin: Datenschutzrecht, Kommentar Bundesdatenschutzgesetz, Datenschutzgesetze der Länder und Kirchen, Bereichsspezifischer Datenschutz, Loseblattausgabe, 30. Ergänzungslieferung, Stand: Dezember 2004.

Bernsmann, Klaus: Anmerkung zum Beschluss des BGH (GS) v. 13.5.1996 (Az.: GSSt. 1/96), StV 1997, S. 116-119.

–: Anmerkung zum Urteil des BGH v. 24.1.2001 (Az.: 3 StR 324/00), StV 2001, S. 382-386.

Bernsmann, Klaus/*Jansen*, Kirsten: Heimliche Ermittlungsmethoden und ihre Kontrolle – Ein systematischer Überblick, StV 1998, S. 217-231.

Beulke, Werner: Hypothetische Kausalverläufe im Strafverfahren bei rechtswidrigem Vorgehen von Ermittlungsorganen, ZStW Bd. 103 (1991) S. 657-680.

–: Strafprozessrecht, 8. Auflage, Heidelberg 2005.

Binder, Detlev: Rechtsprobleme des Einsatzes technischer Mittel gemäß § 100c, d StPO und des Lauschangriffs; zugl. Bonn, Univ., Diss., 1996.

Blau, Günter: Beweisverbote als rechtsstaatliche Begrenzung der Aufklärungspflicht im Strafprozess, Jura 1993, S. 513-521.

Bleckmann, Albert: Allgemeine Grundrechtslehren, Köln u.a. 1979.

–: Staatsrecht Bd. 2 – Die Grundrechte –, 4. Auflage, Köln u.a. 1997.

Bleckmann, Albert/*Eckhoff*, Jörg: Der mittelbare Grundrechtseingriff, DVBl. 1988 S. 373-382.

Böckenförde, Ernst-Wolfgang: Der verdrängte Ausnahmezustand – Zum Handeln der Staatsgewalt in außergewöhnlichen Lagen, NJW 1978, S. 1881-1890.

–: Gesetz und gesetzgebende Gewalt, 2. Auflage, Berlin 1981.

Bögel, Marion: Strukturen und Systemanalyse der Organisierten Kriminalität in Deutschland, Berlin 1994; zugl. Würzburg, Univ., Diss., 1994.

Boers, Klaus: Alles OK? Streitfall Organisierte Kriminalität, Neue Kriminalpolitik 1995, S. 38-39.

Boge, Heinrich: Perspektiven der Verbrechensbekämpfung, Kriminalistik 1982, S. 240-245.

Borchert, Uwe: Die vorläufige Festnahme nach § 127 StPO, JA 1982, S. 338-346.

Bottke, Wilfried: Wege der Strafrechtsdogmatik – Zugleich eine Besprechung der Gedächtnisschrift für Horst Schröder, JA 1980, S. 93-99.

–: Rechtsbehelfe der Verteidigung im Ermittlungsverfahren – eine Systematisierung, StV 1986, S. 120-125.

–: Anfertigung und Verwertung heimlicher Wort- und Stimmaufzeichnungen auf Tonträger außerhalb des Fernmeldeverkehrs – BGH v. 9.4.1986 (Az.: 3 StR 551/85), Jura 1987, S. 356-367.

–: Polizeiliche Ermittlungsarbeit und Legalitätsprinzip, in: Gedächtnisschrift für Karlheinz Meyer, Berlin 1990, S. 37-59 (Zitiert: *Bottke*, Meyer-GS).

Brodag, Wolf-Dietrich: Kriminalistik, 8. Auflage, Stuttgart 2001.

Brodersen, Kilian: Das Strafverfahrensänderungsgesetz 1999, NJW 2000, S. 2536-2542.

Bruns, Hans-Jürgen: Widerspruchsvolles Verhalten des Staates als neuartiges Strafverfolgungsverbot und Verfahrenshindernis, insbesondere beim tatprovozierenden Einsatz polizeilicher Lockspitzel, NStZ 1983, S. 49-56.

v. Bubnoff, Eckhart: Terrorismusbekämpfung – eine weltweite Herausforderung, NJW 2002, S. 2672-2676.

Bull, Hans-Peter (Hrsg.): Sicherheit durch Gesetz?, Baden-Baden 1987.

Bundeskriminalamt – Kriminalistisch-kriminologische Forschungsgruppe (Hrsg.): Organisierte Kriminalität, BKA-Forschungsreihe Bd. 43, Wiesbaden 1997 (Zitiert: *Bearbeiter* in: Organisierte Kriminalität).

Bundeskriminalamt – Kriminalistisches Institut (Hrsg.): Moderne Sicherheitsstrategien gegen das Verbrechen – Vorträge und Diskussionen der Arbeitstagung des Bundeskriminalamtes vom 17. bis 19. November 1998 –, BKA-Forschungsreihe Bd. 49, Wiesbaden 1999 (Zitiert: *Bearbeiter* in: Sicherheitsstrategien).

Bundesministerium der Justiz (Hrsg.): Gesetz zur Änderung des Strafgesetzbuches, der Strafprozessordnung und anderer Gesetze (Verbrechensbekämpfungsgesetz) – Materialien, Bonn 1995.

Burghard, Waldemar (Hrsg.), Kriminalistik-Lexikon, 3. Auflage, Heidelberg 1996.

Caesar, Peter: Das Gesetz gegen die Organisierte Kriminalität – eine unendliche Geschichte?, ZRP 1991, S. 241-244.

Comes, Heinrich: Der Fluch der kleinen Schnitte – Wie weit tragen die Legitimationsgrundlagen der StPO bei Observierungsmaßnahmen?, StV 1998, S. 569-573.

Csonka, Peter: Der Kampf gegen das Wirtschaftsverbrechen und die organisierte Kriminalität aus der Sicht des Europarates, in: M. Edelbacher, Organisierte Kriminalität in Europa, Wien 1998, S. 61-92 (Zitiert: *Csonka*, Wirtschaftsverbrechen).

Dahs, Hans: Wehrhafter Rechtsstaat und freie Verteidigung – ein Widerspruch?, ZRP 1977, S. 164-169.

Degenhart, Christoph: Staatsrecht, 20. Auflage, Heidelberg 2004.

Demko, Daniela: Die Erstellung von Bewegungsbildern mittels Mobiltelefon als neuartige strafprozessuale Observationsmaßnahme, NStZ 2004, S. 57-65.

Dencker, Friedrich: Über Heimlichkeit, Offenheit und Täuschung bei der Beweisgewinnung im Strafverfahren, StV 1994, S. 667-683.

Denninger, Erhard: Die Trennung von Verfassungsschutz und Polizei und das Grundrecht auf informationelle Selbstbestimmung, ZRP 1981, S. 231-235.
–: Das Recht auf informationelle Selbstbestimmung und Innere Sicherheit, KJ 1985, S. 215-244.
–: Verfassungsrechtliche Grenzen polizeilicher Datenverarbeitung insbesondere durch das Bundeskriminalamt, CR 1988, S. 51-60.
–: Lauschangriff – Anmerkungen eines Verfassungsrechtlers, StV 1998, S. 401-406.
–: Verfassungsrechtliche Grenzen des Lauschens, ZRP 2004, S. 101-104.
Derksen, Roland: Anmerkung zum Beschluss des BGH v. 13.5.1996 (Az.: GSSt. 1/96), JR 1997, S. 167-170.
Deutsch, Markus: Die heimliche Erhebung von Informationen und deren Aufbewahrung durch die Polizei, Heidelberg 1992; zugl. Mannheim, Univ., Diss., 1991 (Zitiert: *Deutsch,* Heimliche Erhebung).
Dierks, Uwe: Der verfassungsrechtlich anstößige Begriff „Täter" im Ermittlungsverfahren, AnwBl. 1999, S. 311-316.
Discher, Thomas: Mittelbarer Eingriff, Gesetzesvorbehalt, Verwaltungskompetenz: Die Jugendsekten-Entscheidung – BVerwG E 82, 76, BVerwG, NJW 1991, 1770; 1992, 2496, BVerfG, NJW 1989, 3269 –, JuS 1993, S. 463-471.
Dodel, Hans: Weltweite Satellitensysteme für die persönliche Telekommunikation, Unterhaltung und Funkortung, CR 1997, S. 567-570.
Dörmann, Uwe/*Koch,* Karl-Friedrich/*Risch,* Hedwig/*Vahlenkamp,* Werner: „Organisierte Kriminalität – Wie groß ist die Gefahr?, Forschungsreihe des Bundeskriminalamtes, Sonderband, Wiesbaden 1990.
Donos, Pelopidas: Datenschutz – Prinzipien und Ziele. Unter besonderer Berücksichtigung der Entwicklung der Kommunikations- und Systemtheorie, Baden-Baden 1998; zugl. Frankfurt a.M., Univ., Diss., 1996.
Dorn, Alexander: Das Trennungsgebot in verfassungshistorischer Perspektive: zur Aufnahme inlandsnachrichtendienstlicher Bundeskompetenzen in das Grundgesetz von 23. Mai 1949, 1. Auflage Berlin 2004; zugl. Frankfurt (Main), Univ., Diss., 2002/2003 (Zitiert: *Dorn,* Trennungsgebot).
Dreier, Horst (Hrsg.): Grundgesetz: Kommentar, Bd. 1, Artikel 1-19, 2. Auflage, Tübingen 2004.
Dreier, Ralf: Forschungsbegrenzung als verfassungsrechtliches Problem. Zugleich Bemerkung zur Theorie der immanenten Grundrechtsschranken, DVBl. 1980, S. 471-475.
Drews, Bill/*Wacke,* Gerhard/*Vogel,* Klaus/*Martens,* Wolfgang: Gefahrenabwehr: All-gemeines Polizeirecht (Ordnungsrecht) des Bundes und der Länder, 9. Auflage, Köln u.a. 1986.

Dünnebier, Hanns: Zur Tagebuchentscheidung des Bundesgerichtshofs, MDR 1964, S. 965-968.

Duttge, Gunnar: Der Begriff der Zwangsmaßnahme im Strafprozessrecht, 1. Auflage, Baden-Baden 1995; zugl. Würzburg, Univ., Diss., 1995 (Zitiert: *Duttge,* Zwangsmaßnahme).

–: Strafprozessualer Einsatz von V-Personen und Vorbehalt des Gesetzes, JZ 1996, S. 556-564.

Eberle, Carl-Eugen: Gesetzesvorbehalt und Parlamentsvorbehalt, DÖV 1984, S. 485-493.

Ebsen, Ingwer: Das Bundesverfassungsgericht als Element gesellschaftlicher Selbstregulierung: Eine pluralistische Theorie der Verfassungsgerichtsbarkeit im demokratischen Verfassungsstaat, Berlin, 1985.

Ehlers, Dirk (Hrsg.): Europäische Grundrechte und Grundfreiheiten, Berlin 2003 (Zitiert: *Bearbeiter* in: Ehlers).

Ehmke, Willi: Die Durchsuchung besetzter Häuser nach den Rechtsvorschriften der StPO, Die Polizei 1983, S. 221-225.

Eisenberg, Ulrich/*Ohder,* Claudius: Über organisiertes Verbrechen, JZ 1990, S. 574-579.

Eisenberg, Ulrich: Straf(verfahrens)rechtliche Maßnahmen gegenüber „Organisiertem Verbrechen", NJW 1993, S. 1034-1039.

–: Kriminologie, 4. Auflage, Köln 1995.

Ellbogen, Klaus: Die Fluchttagebücher Frank Schmökel und ihre Verwertbarkeit im Strafprozess, NStZ 2001, S. 460-463.

–: Die verdeckte Ermittlungstätigkeit der Strafverfolgungsbehörden durch die Zusammenarbeit mit V-Personen und Informanten, 1. Auflage Berlin 2004; zugl. Potsdam, Univ., Diss., 2003/2004 (Zitiert: *Ellbogen,* V-Personen).

Engisch, Karl: Einführung in das juristische Denken, herausgegeben und bearbeitet von *Würtenberger,* Thomas/*Otto,* Dirk, 9. Auflage, München 1997.

Erbguth, Wilfried: Die nordrhein-westfälische Braunkohlenplanung und der Parlamentsvorbehalt, VerwArch Bd. 86 (1995), S. 327-358.

Erichsen, Hans-Uwe: Polizeiliche Standardmaßnahmen, Jura 1993, S. 45-49.

–: Allgemeines Verwaltungsrecht, 12. Auflage, Berlin 2002.

Erman, Walter (H.-P. Westermann, Hrsg.): Bürgerliches Gesetzbuch, Handkommentar, 11. Auflage, Münster 2004 (Zitiert: *Bearbeiter* in: Erman, BGB).

Ernesti, Günter: Informationsverbund Justiz-Polizei, NStZ 1983, S. 57-63.

Ernst, Markus A.: Verarbeitung und Zweckbindung von Informationen im Strafprozess, Berlin 1993; zugl. Regensburg, Univ., Diss., 1992/93 (Zitiert: *Ernst,* Verarbeitung).

Eschelbach, Ralf: Rechtsfolgen zum Einsatz von V-Leuten, StV 2000, S. 390-398.

Esser, Robert: Auf dem Weg zu einem europäischen Strafverfahrensrecht, Berlin 2002; zugl. Trier, Univ., Diss., 2001/2002.

Esser: Die Bedeutung des Schuldteilnahmebegriffs im Strafrechtssystem, GA 1958, S. 321-333.

Evers, Hans-Ulrich: Bestandsaufnahme und Interpretation von Namen über Fahndung und Observation aus dem Recht des Verfassungsschutzes, Schriftenreihe der Polizeiführungsakademie Münster in Westfalen 1978, S. 31-46.

–: „Unbefugtes" Abhören i.S. §§ 298, 353d StGB und die Rechtmäßigkeit der bis herigen staatlichen Abhörpraxis, ZRP 1970, S. 147-151.

Exner, Franz: Kriminalbiologie, Berlin u.a., 1949.

di Fabio, Udo: Information als hoheitliches Gestaltungsmittel, JuS 1997, S. 1-7.

Fezer, Gerhard: Rechtsschutz gegen erledigte strafprozessuale Zwangsmaßnahmen, Jura 1982, S. 126-138.

–: Anmerkung zum Urteil des BGH v. 22.2.1995 (Az.: 3 StR 552/94), JZ 1995, S. 970-972.

Fincke, Martin: Zum Begriff des Beschuldigten und den Verdachtsgraden, ZStW Bd. 95 (1983), S. 919-972.

Fischer, Bianca: Funktionieren öffentlicher Einrichtungen – ein Verfassungsmaßstab?, DVBl. 1981, S. 517-521.

Fischer, Thomas/*Maul,* Heinrich: Tatprovozierendes Verhalten als polizeiliche Ermittlungsmaßnahme, NStZ 1992, S. 7-13.

Fischer: Attitude, logic keys to nuclear survival, in: APA Monitor: 24 (1985).

Franzheim, Horst: Der Einsatz von Agents provocateurs zur Ermittlung von Straftätern, NJW 1979, S. 2014-2018.

Frey, Kurt: Kriminalpolizeiliche Observation, Kriminalpolizei und Technik – Arbeitstagung im Bundeskriminalamt Wiesbaden v. 17.4. – 21.4 1967, Wiesbaden 1967, S. 153-162.

Frister, Helmut: Schuldprinzip, Verbot der Verdachtsstrafe und Unschuldsvermutung als materielle Grundprinzipien des Strafrechts, Berlin 1988; zugl. Bonn, Univ., Diss. 1986 (Zitiert: *Frister*, Schuldprinzip).

Frommel, Monika: Zum Abbau der Bürgerrechte in der geplanten Strafprozessreform, KritV 1990, S. 279-286.

Frowein, Jochen/*Peukert*, Wolfgang: Europäische Menschenrechtskonvention: EMRK-Kommentar, 2. Auflage, Kehl 1996.

Gehrlein, Markus/*Schübel,* Eva: Videoüberwachung und Einsatz neuer Ermittlungsmethoden – Anmerkung zum Urteil des BGH v. 29.1.1998 (Az.:1 StR 511/97), NJW 1999, S. 104-105.

Geiger, Andreas: Verfassungsfragen zur polizeilichen Anwendung der Videoüberwachungstechnologie bei der Straftatbekämpfung, Berlin 1994; zugl. Freiburg i.B., Univ., Diss., 1993.

Geis, Max-Emanuel: Der Kernbereich des Persönlichkeitsrechts, JZ 1991, S. 112-117.

Geisler, Claudius (Hrsg.): Verdeckte Ermittler und V-Personen im Strafverfahren, Schriftenreihe der Kriminologischen Zentralstelle e.V., Bd. 31, Wiesbaden 2001 (Zitiert: *Geisler*, Verdeckte Ermittler bzw. *Bearbeiter* in: Geisler).

Geppert, Klaus: Zum „fair-trial-Prinzip" nach Art. 6 Abs. 1 S. 1 der Europäischen Menschenrechtskonvention, Jura 1992, S. 597-604.

Gercke, Björn: Bewegungsprofile anhand von Mobilfunkdaten im Strafverfahren: zugleich ein Beitrag zur Kumulation heimlicher Observationsmittel im strafrechtlichen Ermittlungsverfahren, Berlin 2002; zugl. Köln, Univ., Diss. 2001 (Zitiert: *Gercke*, Bewegungsprofile).

Göppinger, Hans: Kriminologie, 5. Auflage, München 1997.

Gössel, Karl-Heinz: Über die Rechtmäßigkeit befugnisloser strafprozessualer rechtsgutsbeeinträchtigender Maßnahmen, JuS 1979, S. 162-166.

–: Besprechung der Gedenkschrift für Horst Schröder, GA 1980, S. 152-157.

–: Buchbesprechung: *Pföhler*, Zur Unanwendbarkeit des strafrechtlichen Rückwirkungsverbots im Strafprozessrecht in dogmenhistorischer Sicht, ZStW Bd. 105 (1993) S. 372-375.

–: Buchbesprechung: *Weßlau*, Vorfeldermittlungen – Probleme der Legalisierung „vorbeugender Verbrechensbekämpfung" aus strafprozessualer Sicht –, ZStW Bd. 105 (1993), S. 375-380.

–: Buchbesprechung: *Perschke*, Die Zulässigkeit nicht spezialgesetzlich geregelter Ermittlungsmethoden im Strafrecht, GA 1999, S. 354-355.

Götz, Volkmar: Die Entwicklung des allgemeinen Polizei- und Ordnungsrechts (1981 bis 1983), NVwZ 1984, S. 211-217.

–: Die Entwicklung des Polizei- und Ordnungsrechts (1994-1997), NVwZ 1998, S. 679-688.

–: Allgemeines Polizei- und Ordnungsrecht, 13. Auflage, Göttingen 2001.

Gropp, Walter: Besondere Ermittlungsmaßnahmen zur Bekämpfung der Organisierten Kriminalität, ZStW Bd. 105 (1993), S. 405-429.

–: Lauschangriff im PKW: Der Ermittlungsrichter als Hoffnungsträger? (Anmerkung zum BGH, Beschluss des Ermittlungsrichters, v. 11.4.1997), JZ 1998, S. 501-505.

Gropp, Walter/*Huber*, Barbara: Rechtliche Initiativen gegen organisierte Kriminalität, Freiburg i.B.; 2001.

Groß, Hans/*Geerds*, Friedrich: Handbuch der Kriminalität, 10. Auflage, Berlin 1978.

Grünwald, Gerald: Probleme der Gegenüberstellung zum Zwecke der Wiedererkennung, JZ 1981, S. 423-429.

Günther, Hans-Ludwig: Strafrechtswidrigkeit und Strafrechtsausschluss – Studien zur Rechtswidrigkeit als Straftatmerkmal und zur Funktion der Rechtfertigungsgründe im Strafrecht, Köln 1983; zugl. Trier, Univ., Habil.-Schrift, 1981.

Gusy, Christoph: Grundrechtsschutz gegen Wohnungsdurchsuchungen durch den Gerichtsvollzieher – BVerfG E 51, 97 –, JuS 1980, S. 718-722.

–: Das verfassungsrechtliche Gebot der Trennung von Polizei und Nachrichtendiensten, ZRP 1987, S. 45-52.

–: Beobachtung Organisierter Kriminalität durch den Verfassungsschutz?, StV 1995, S. 320-326.

–: Rechtsgüterschutz als Staatsaufgabe – Verfassungsfragen der „Staatsaufgabe Sicherheit", DÖV 1996, S. 573-583.

–: Anmerkung zum Urteil des OLG Düsseldorf v. 12.12.97 (Az.: VI 1/97), StV 1998, S. 526-527.

–: Organisierte Kriminalität zwischen Polizei und Verfassungsschutz, GA 1999, S. 319-331.

–: Informationelle Selbstbestimmung und Datenschutz: Fortführung oder Neuanfang?, KritV 2000, S. 52-64.

–: Lauschangriff und Grundgesetz, JuS 2004, S. 457-462.

Haas, Günter: Der „große Lauschangriff" – klein geschrieben, NJW 2004, S. 3082-3084.

Haas, Hermann H.: V-Leute im Ermittlungs- und Hauptverfahren: neue prozessuale Aspekte, Pfaffenweiler 1986; zugl. Freiburg (Breisgau), Univ., Diss., 1986 (Zitiert: *Haas*, V-Leute).

Haberstroh, Dieter: Unschuldsvermutung und Rechtsfolgenanspruch, NStZ 1984, S. 289-295.

Harbs, Gerhard: Polizei- und Strafprozessrecht als selbständige Rechtsgrundlagen für die Polizei, Die Polizei 1962, S. 333-337.

Hartmann, Arthur: Die Mafia und ihre Strukturen, Kriminalistik 2000, S. 642-649.

Hassemer, Winfried: Die „Funktionstüchtigkeit der Strafrechtspflege" – ein neuer Rechtsbegriff?, StV 1984, S. 275-280.

–: Stellungnahme zum Entwurf eines Gesetzes zur Bekämpfung des illegalen Rauschgifthandels und anderer Erscheinungsformen der organisierten Kriminalität (OrgKG), KJ 1992, S. 64-80.

–: Rechtsstaatliche Grenzen bei der Bekämpfung der Organisierten Kriminalität, in: *Sieber*, Ulrich, Internationale Organisierte Kriminalität. Herausforderungen und Lösungen für ein Europa offener Grenzen, Köln u.a. 1997, S. 219-229.

Hassemer, Winfried/*Starzacher*, Karl: Organisierte Kriminalität - geschützt vom Datenschutz, 1. Auflage, Baden-Baden 1993.

Hauser, Robert: Zeuge und Beschuldigter im Strafprozess, Kriminalistik 1978, S. 369-374.

Heckenberger, Wolfgang: Organisierte Kriminalität – Ein Blick in die Welt, Kriminalistik 1995, S. 234-239.

Hefele, Bernhard: Eine Auswahlbibliographie der deutschsprachigen Literatur zur Fahndung und Observation von 1908-1979, BKA Bibliographienreihe Bd. 1, Wiesbaden 1979 (Zitiert: *Bearbeiter* in: Hefele, Fahndung und Observation).

Hefendehl, Roland: Observation im Spannungsfeld von Prävention und Repression, StV 2000, S. 270-277.

–: Die neue Ermittlungsgeneralklausel der §§ 161, 163 StPO: Segen oder Fluch?, StV 2001, S. 700-706.

Heinhold, Franz: Die organisierte Kriminalität und Möglichkeiten ihrer Bekämpfung, Kriminalistik 1974, S. 252-255.

Henrichs, Axel/*Steri*, Edmondo: Das deutsche Strafverfahren und der Begriff der Fairness gem. Art. 6 EMRK.

Heise, Gerd/*Riegel*, Reinhard: Musterentwurf für ein einheitliches Polizeigesetz, 2. Auflage, Stuttgart 1978.

Hendler, Reinhard: Allgemeines Verwaltungsrecht, 3. Auflage, Stuttgart, München etc. 2002.

Heldrich, Andreas: Persönlichkeitsschutz und Pressefreiheit nach der Europäischen Menschenrechtskonvention, NJW 2004, S. 2634-2636.

Hellmann, Uwe: Strafprozessrecht, 1. Auflage, Berlin 1998.

Herzberg, Rolf-Dietrich: Anstiftung und Beihilfe als Straftatbestände, GA 1971, S. 1-12.

Herzog, Felix: Ein kritischer Bericht aus der fortlaufenden StPO-Novellengesetzgebung, StV 2000, S. 444-448.

Hilgendorf-Schmidt, Sabine: Über den Referentenentwurf eines Gesetzes zur Änderung und Ergänzung des Strafverfahrens, wistra 1989, S. 208-213.

Hilger, Hans: Neues Strafverfahrensrecht durch das OrgKG, NStZ 1992, S. 457-463 (1. Teil), 523-526 (2. Teil).

–: Zum Strafverfahrensänderungsgesetz 1999 (StVÄG 1999), NStZ 2000, S. 561-565 (1. Teil), NStZ 2001, S.15-19 (2. Teil).

v. Hindte, Volker: Die Verdachtsgrade im Strafverfahren, Berlin 1973; zugl. Kiel, Univ., Diss. 1973.

von Hippel, Reinhard/*Weiß*, Axel: Eingriffsqualität polizeilicher Observierungen, JR 1992, S. 316-323.

Hoffmann, Wolfgang: Die polizeiliche Sistierung zur Feststellung von Personalien, DVBl. 1967, S. 751-758.

Holle, Rolf: Kriminaldienstkunde, III. Teil – Fahndung, Schriftenreihe des BKA, Wiesbaden 1957.

Honnacker, Heinz: Rechtsgrundlagen für die Führung kriminalpolizeilicher personenbezogener Sammlungen (KpS), CR 1986, S. 287-291.

Hoppe, Corinne: Vorfeldermittlungen im Spannungsverhältnis von Rechtsstaat und der Bekämpfung organisierter Kriminalität, Frankfurt (Main) 1998; zugl. Hamburg, Univ., Diss., 1998.

Huber, Karl: § 34 StGB als Rechtfertigungsgrund für hoheitliches Handeln, München 1982; zugl. München, Univ., Diss., 1982.

Hücker, Fritz: Observation – Planung und Durchführung, Fahndung 75 (Arbeitstagung v. 21.-23.4.1975 bei der Polizeiführungsakademie Münster in Westfalen), S. 15-38 (Zitiert: *Hücker*, Fahndung 75).

Hufen, Friedhelm: Das Volkszählungsurteil des BVerfG und das Grundrecht auf informationelle Selbstbestimmung – ein juristische Anwort auf „1984"?, JZ 1984, S. 1072-1078.

Hund, Horst: Polizeiliches Effektivitätsdenken contra Rechtsstaat, ZRP 1991, S. 463-468.

–: Überwachungsstaat auf dem Vormarsch – Rechtsstaat auf dem Rückzug?, NJW 1992, S. 2118-2123.

–: Der Einsatz technischer Mittel in Wohnungen, ZRP 1995, S. 334-338.

Ipsen, Jörn: Allgemeines Verwaltungsrecht, 3. Auflage, Köln u.a. 2003.

Isensee, Josef: Das Grundrecht auf Sicherheit. Zu den Schutzpflichten des freiheitlichen Verfassungsstaates, Berlin / New York 1983.

Isensee, Josef/*Kirchhof,* Paul (Hrsg.): Handbuch des Staatsrechts, Bd. 6 – Freiheitsrechte, 2. Auflage, Heidelberg 2001 (Zitiert: *Bearbeiter* in: Isensee/ Kirchhof).

Jacobi, Klaus: Gewalt und Organisierte Kriminalität, Jura 1989, S. 586-590.

Jäger, Christian: Beweisverwertung und Beweisverwertungsverbote im Strafprozess, 1. Aufl. München 2003; zugl. München, Univ., Habil.-Schrift. 2002 (Zitiert: *Jäger*, Beweisverwertung).

Jahn, Matthias/*Eckhardt*, Andreas: Anmerkung zum Beschluss des BGH v. 7.12.1999 (Az.. 5 AR (VS) 2/98 (KG)), JA 1999, S. 748-750.

Jakobs, Günther: Strafrecht Allgemeiner Teil: Die Grundlagen und die Zurechnungslehre, 2. Auflage, Berlin 1991.

Janis: Decisionmaking under stress, in: Goldberger/Breznitz (ed.), Handbook of Stress, 1982, New York, Free Press.

Jarass, Hans Dieter: Das allgemeine Persönlichkeitsrecht im Grundgesetz, NJW 1989, S. 857-862.

Jarass, Hans Dieter/*Pieroth*, Bodo: Grundgesetz für die Bundesrepublik Deutschland, 7. Auflage, München 2004.

Jesch, Dietrich: Gesetz und Verwaltung – Eine Problemstudie zum Wandel des Gesetzmäßigkeitsprinzips, 2. Auflage, Tübingen 1968; zugl. Tübingen, Univ., Habil.-Schrift, 1960.

Pfeiffer, Gerd (Hrsg.): Karlsruher Kommentar zur Strafprozessordnung, 5. Auflage, München 2003 (Zitiert: KK-*Bearbeiter*).

Keller, Rainer: Polizeiliche Observation und strafprozessuale Wahrheitserforschung, StV 1984, S. 521-527.

–: Rechtliche Grenzen der Provokation von Straftaten, Berlin 1989; zugl. Hannover, Univ., Habil.-Schrift, 1988.

Keller, Rolf/*Griesbaum*, Rainer: Das Phänomen der vorbeugenden Bekämpfung von Straftaten, NStZ 1990, S. 416-420.

Kerner, Hans-Jürgen: Professionelles und organisiertes Verbrechen. Versuch einer Bestandsaufnahme und Bericht über neuere Entwicklungstendenzen in der Bundesrepublik Deutschland und den Niederlanden, Schriftenreihe des Bundeskriminalamtes, Wiesbaden 1973 (Zitiert: *Kerner*, Organisiertes Verbrechen).

Kilian, Dieter: Die Bindungswirkung der Entscheidungen des Europäischen Gerichtshofs für Menschenrechte auf die nationalen Gerichte der Mitgliedstaaten der Konvention zum Schutze der Menschenrechte und Grundfreiheiten vom 4. November 1950, Frankfurt a.M. u.a., 1994.

Kindhäuser, Urs: Strafgesetzbuch, Lehr- und Praxiskommentar, 2. Auflage, Baden-Baden 2005 (Zitiert: *Kindhäuser*, LPK-StGB).

Kinzig, Jörg: Die rechtliche Bewältigung von Erscheinungsformen organisierter Kriminalität, Berlin 2004; zugl. Freiburg i.B., Univ., Habil.-Schrift 2004 (Zitiert: *Kinzig*, Organisierte Kriminalität).

–: Die Telefonüberwachung in Verfahren organisierter Kriminalität: Fehler bei der richterlichen Anordnung, Mängel des Gesetzes, StV 2004, S. 560-567.

Kirchhof, Paul: Polizeiliche Eingriffsbefugnisse und private Nothilfe, NJW 1978, S. 969-973.

Kisker, Gunter: Neue Aspekte um den Streit des Vorbehalts des Gesetzes, NJW 1977, S. 1313-1320.

Kloepfer, Michael: Die Vorwirkung von Gesetzen, München 1974; zugl. München, Univ., Habil.-Schrift 1974.

–: Der Vorbehalt des Gesetzes im Wandel, JZ 1984, S. 685-695.

Klughardt, Werner: Die Gesetzgebung zur Bekämpfung des Terrorismus aus strafrechtlich-soziologischer Sicht, München 1984.

Knauer, Christoph/*Wolf*, Christian: Zivilprozessuale und strafprozessuale Änderungen durch das Erste Justizmodernisierungsgesetz – Teil 2: Änderungen der StPO, NJW 2004, S. 2932-2938.

Knemeyer, Franz-Ludwig: Polizei- und Ordnungsrecht, 10. Auflage, München 2004.

Kniesel, Michael: Zur Eingriffsqualität sicherheitsbehördlicher Datenerhebung, Die Polizei 1983, S. 374-385.

–: Neue Polizeigesetze contra StPO?, ZRP 1987, S. 377-383.

–: Vorbeugende Bekämpfung von Straftaten im neuen Polizeirecht – Gefahrenabwehr oder Strafverfolgung, ZRP 1989, S. 329-332.

Kniesel, Michael/*Vahle*, Jürgen: VE ME PolG – Musterentwurf eines einheitlichen Polizeigesetzes in der Fassung des Vorentwurfs zur Änderung des ME PolG – Text und amtliche Begründung, Heidelberg 1990.

–: Polizeiliche Informationsverarbeitung und Datenschutz im künftigen Polizeirecht – Kommentierung der einschlägigen Bestimmungen des Vorentwurfs zur Änderung des ME PolG – Heidelberg 1990.

Koch, Martin: Überwachung der Organisierten Kriminalität durch den bayrischen Verfassungsschutz, ZRP 1995, S. 24-28.

Köhler, Michael: Prozessrechtsverhältnis und Ermittlungseingriffe, ZStW Bd. 107 (1995), S. 10-47.

König, Josef: Einsatz technischer Mittel nach § 100c StPO, Kriminalistik 1998, S. 349-352.

König, Olaf: Die Entwicklung der strafprozessualen Zwangsmaßnahmen im Ermittlungsverfahren seit 1877, Frankfurt a.M. 1993; zugl. Frankfurt (Main), Univ., Diss., 1992.

Körner, Hans-Harald: Betäubungsmittelgesetz, Arzneimittelgesetz, 5. Auflage, München 2001 (Zitiert: *Bearbeiter* in: Körner, BtMG).

Kortgen, Norbert: Probleme des Gewohnheitsrechts – Dargestellt am Beispiel gewohnheitsrechtlicher Grundrechtseingriffe im Strafverfahren, Frankfurt (Main) 1993; zugl. Trier, Univ., Diss., 1992 (Zitiert: *Kortgen*, Gewohnheitsrecht).

Kowalczyk, Anneliese: Datenschutz im Polizeirecht, Köln 1989; zugl. Würzburg, Univ., Diss., 1989.

Kowalczyk-Schaarschmidt, Anneliese: Besondere Mittel der Datenerhebung nach den Polizeigesetzen der Länder im Rechtsvergleich, Wiesbaden 1997.

Kraft, Heinz/*Kay*, Wolfgang/*Böcking*, Reinhard: Eingriffsmaßnahmen der Polizei, 3. Auflage, Stuttgart 2000.

Krahl, Matthias: Der Anwendungsbereich der polizeilichen Beobachtung nach § 163e StPO als strafprozessuale Ermittlungsmaßnahme, NStZ 1998, S. 339-342.

Kramer, Bernhard: Videoaufnahmen und andere Eingriffe in das Allgemeine Persönlichkeitsrecht auf der Grundlage des § 163 StPO?, NJW 1992, S. 2732-2738.

–: Polizeiliche Ermittlungen – § 163 StPO – Ermächtigungsgrundlage oder „nur“ Aufgabenzuweisungsnorm, Kriminalistik 1993, S. 227-230.

Krause, Peter: Das Recht auf informationelle Selbstbestimmung - BVerfG E 65, 1 – JuS 1984, S. 268-275.

Krebs, Walter: Vorbehalt des Gesetzes und Grundrechte, Berlin 1975; zugl. Bochum, Univ., Diss., 1975.

–: Zum aktuellen Stand der Lehre vom Vorbehalt des Gesetzes, Jura 1979, S. 304-312.

Krehl, Christoph: Richtervorbehalt und Durchsuchungen außerhalb gewöhnlicher Dienstzeiten, NStZ 2003, S. 461-464.

Krey, Volker: Der Fall Peter Lorenz – Probleme des rechtfertigenden Notstandes bei der Auslösung von Geiseln, ZRP 1975, S. 97-101.

–: Studien zum Gesetzesvorbehalt im Strafrecht – Eine Einführung in die Problematik des Analogieverbots – , Berlin 1977 (Zitiert: *Krey*, Studien).

–: Zur Problematik richterlicher Rechtsfortbildung contra legem (I), JZ 1978, S. 361-368.

–: Rechtsfindung contra legem als Verfassungsproblem (III), JZ 1978, S. 465-468.

–: Zur Verweisung auf EWG-Verordnungen in Blankettstrafgesetzen, EWR (Schriften zum europäischen Weinrecht), 1981 (Zitiert: *Krey*, Blankettstrafgesetze).

–: Grundzüge des Strafverfahrensrechts (4. Teil), JA 1983, S. 638-643.

–: Strafverfahrensrecht Bd. 1, Stuttgart 1988.

–: Gesetzestreue und Strafrecht - Schranken richterlicher Rechtsfortbildung, ZStW Bd. 101 (1989), S. 838-873.

–: Strafverfahrensrecht Bd. 2, Stuttgart 1990.

–: Rechtsprobleme des strafprozessualen Einsatzes Verdeckter Ermittler, Forschungsreihe des Bundeskriminalamtes, Wiesbaden 1993 (Zitiert: *Krey*, Rechtsprobleme).

–: Zur Problematik privater Ermittlungen des durch eine Straftat Verletzten, Berlin 1994.

–: Zur Problematik strafprozessualer verdeckter Ermittlungen ohne Einsatz technischer Mittel im Kampf gegen die organisierte Kriminalität, Festschrift für Koichi Miyazawa (Hans-Heiner Kühne, Hrsg.), 1. Auflage, Baden-Baden 1995, S. 595-610 (Zitiert: *Krey*, Miyazawa-FS).

–: Rechtsprobleme beim Einsatz Verdeckter Ermittler einschließlich der elektronischen Überwachung (Lauschangriff) zu ihrem Schutz als Instrument der Strafverfolgung in Deutschland, JR 1998, S. 1-6.
–: Kriminalitätsbekämpfung um jeden Preis? – Zur kontinuierlichen Ausweitung des Bereichs verdeckter Ermittlungen?, Festschrift für Günther Kohlmann, Köln 2003, S. 627-652 (Zitiert: *Krey*, Kohlmann-FS).
–: Deutsches Strafrecht Allgemeiner Teil Bd. 1, 2. Auflage, Stuttgart 2004.
Krey, Volker/*Haubrich,* Edgar: Zeugenschutz, Rasterfahndung, Lauschangriff, Verdeckte Ermittler, JR 1992, S. 309-315.
Krey, Volker/*Pföhler,* Jürgen: Zur Weisungsgebundenheit des Staatsanwaltes, NStZ 1985, S. 145-152.
Krey, Volker/*Weber-Linn,* Martina: Parallelitäten und Divergenzen zwischen strafrechtlichem und öffentlichrechtlichem Gesetzesvorbehalt, Festschrift für Günter Blau zum 70. Geburtstag, Berlin 1985, S. 123-150 (Zitiert: *Krey/Linn,* Blau-FS).
Krüger, Ralf: Das OrgKG – Ein Gesetz unter falscher Flagge, Kriminalistik 1992, S. 594-598.
–: Gesetz zur Bekämpfung des illegalen Rauschgifthandels und anderer Erscheinungsformen der organisierten Kriminalität (OrgKG), Die Polizei 1993, S. 29-36.
Krüßmann, Thomas: Einschränkung des Fernmeldegeheimnisses durch das G 10, JA 2000, S. 104-108.
Krumm, Karl-Heinz: Im fünften Jahr nach dem Volkszählungsurteil – Der Gesetzgeber bleibt untätig, DRiZ 1988, S. 270.
Kube, Edwin/*Leineweber,* Heinz: Rechtsgrundlagen polizeilicher Datenverarbeitung, DVR 1983, S. 73-97.
Kubica, Johann/*Leineweber,* Heinz: Grundfragen zu den Zentralstellenaufgaben des BKA, NJW 1984, S. 2068-2072.
Kühl, Kristian: Der Einfluss der Europäischen Menschenrechtskonvention auf das Strafrecht und Strafverfahrensrecht der Bundesrepublik Deutschland (Teil I), ZStW Bd. 100 (1988), S. 406-443.
Kühne, Hans-Heiner: Die Definition des Verdachts als Voraussetzung strafprozessualer Zwangsmaßnahmen, NJW 1979, S. 617-622.
–: Wer missbraucht den Strafprozess?, StV 1996, S. 684-689.
–: Das Paradigma der inneren Sicherheit: Politische Möglichkeiten – Rechtsstaatliche Grenzen, Festschrift für Hans Joachim Schneider (Kühne u.a., Hrsg.), S. 3-16, Berlin, New York 1998.
–: Anmerkung zum Urteil des BGH v. 24.1.2001 (Az.: 3 StR 324/00), JZ 2001, S. 1148.

–: Gegenstand und Reichweite von Präventionskonzepten, Festschrift für Klaus Rolinski (Kühne u.a., Hrsg.), S. 1-18, Baden-Baden 2002.

–: Strafprozessrecht – Eine systematische Darstellung des deutschen und europäischen Strafverfahrensrechts, 6. Auflage, Heidelberg 2003.

–: Bürgerfreiheit und Verbrecherfreiheit. Der Staat zwischen Leviathan und Nachtwächter, Rechtspolitisches Forum Nr. 21, Trier 2004.

Külper, Katja: Das polizeiliche Informationssystem INPOL unter datenschutzrechtlichen Aspekten, Veröffentlicht auf Mikrofiche; zugl. Konstanz, Univ., Diss., 2000.

Küster, Dieter: Organisierte Kriminalität – Mit den Augen des Praktikers gesehen, Kriminalistik 1990, S. 626-628.

Kunig, Phillip: Der Grundsatz informationeller Selbstbestimmung, Jura 1993, S. 595-604.

Kutscha, Martin: Schleierfahndung und Aufenthaltsverbot – Neue Polizeibefugnisse in Berlin, Brandenburg und Sachsen, LKV 2000, S. 135-137.

–: Verfassungsrechtlicher Schutz des Kernbereichs privater Lebensgestaltung – nichts Neues aus Karlsruhe?, NJW 2005, S. 20-22.

Lackner, Karl/*Kühl,* Kristian: Strafgesetzbuch, 25. Auflage, München 2004.

Larenz, Karl: Methodenlehre der Rechtswissenschaft, 6. Auflage, Berlin 1991.

Larenz, Karl/*Canaris,* Claus-Wilhelm: Methodenlehre der Rechtswissenschaft, 3. Auflage, Berlin 1995.

Lammer, Dirk: Verdeckte Ermittlungen im Strafprozess, Berlin 1992; zugl. Regensburg, Univ., Diss., 1991/92 (Zitiert: *Lammer*, Verdeckte Ermittlungen).

v. *Lampe,* Klaus: Organisierte Kriminalität unter der Lupe, Kriminalistik 2001, S. 465-471.

Lange, Richard: Terrorismus kein Notstandsfall? – Zur Anwendung des § 34 StGB im öffentlichen Recht, NJW 1978, S. 784-786.

Laser, Andrea: Das Rechtsschutzsystem gegen strafprozessuale Zwangsmaßnahmen, NStZ 2001, S. 120-124.

Lechner, Hans/*Zuck,* Rüdiger: Bundesverfassungsgerichtsgesetz: Kommentar, 4. Auflage, München 1996.

Leipziger Kommentar zum Strafgesetzbuch, 11. Auflage seit 1992 (Zitiert: LK-*Bearbeiter*).

Lemke, Michael/*Julius,* Karl-Peter/*Krehl,* Christoph u.a.: Heidelberger Kommentar zur Strafprozessordnung, 3. Auflage, Heidelberg 2001 (Zitiert: HK-*Bearbeiter*).

Lenhard, Karl-Heinz: Das organisierte Verbrechen, Kriminalistik 1991, S. 223-228.

–: „Sind wir denn alle blind?" – Gedanken eines besorgten Abteilungsleiters zum OrgKG – , Kriminalistik 1991, S. 506-508.

Lesch, Heiko: Anmerkung zu den Beschlüssen der 3. Kammer des 2. Senats des BVerfG vom 1.3.2000 (Az.: 2 BvR 2017 und 2039/94), JR 2000, S. 333-338.

–: Zu den Rechtsgrundlagen des V-Mann-Einsatzes und der Observation im Strafverfahren, JA 2000, S. 725-728.

Levi, M.: Combating White-Collar and Organized Crime: Some Key Dilemmas for Democratic Societies, Kobe University Law Review, International Edition No. 32 (1998), S. 49-76.

Lilie, Hans: Das Verhältnis von Polizei und Staatsanwaltschaft im Ermittlungsverfahren, ZStW Bd. 106 (1994), S. 625-643.

Limbach, Jutta: Das Bundesverfassungsgericht und der Grundrechtsschutz in Europa, NJW 2001, S. 2913-2919.

Lisken, Hans: Nochmals: Neuordnung des Rechtsschutzes gegen strafprozessuale Zwangsmaßnahmen, ZRP 1981, S. 235-236.

–: Neue polizeiliche Ermittlungsmethoden im Rechtsstaat des Grundgesetzes, DRiZ 1987, S. 184-188.

–: Über Aufgaben und Befugnisse der Polizei im Staat des Grundgesetzes, ZRP 1990, S. 15-21.

–: Befugnis zum Belauschen?, ZRP 1993, S. 121-124.

–: Vorfeldeingriffe im Bereich der „Organisierten Kriminalität" – Gemeinsame Aufgabe von Verfassungsschutz und Polizei?, ZRP 1994, S. 264-270.

–: Das Ende der Schleierfahndung in Mecklenburg-Vorpommern, DRiZ 2000, S. 272-276.

Lisken, Hans/*Denninger*, Erhard (Hrsg.): Handbuch des Polizeirechts, 3. Auflage, München 2001 (Zitiert: *Bearbeiter* in: Lisken/Denninger, Polizeirecht).

Löwe/Rosenberg: Die Strafprozessordnung und das Gerichtsverfassungsgesetz, 25. Auflage, Berlin 1997 (Zitiert: LR-*Bearbeiter*).

Lübbe-Wolf, Gertrude: Grundrechte als Eingriffsabwehrrechte, 1. Auflage, Baden-Baden 1998.

Lüderssen, Klaus (Hrsg.): V-Leute. Die Falle im Rechtsstaat, Frankfurt (Main) 1985 (Zitiert *Bearbeiter* in: Lüderssen, V-Leute).

–: Die V-Leute-Problematik... oder: Zynismus, Borniertheit oder „Sachzwang"?, Jura 1985, S. 113-127.

Mahrenholz, Ernst Gottfried/*Hilf*, Meinhard/*Klein*, Eckart: Die Entwicklung der Menschenrechte innerhalb der Staaten des Europarates, 1. Auflage, Heidelberg 1987, S. 50 ff.

Malek, Klaus: „Staatlicher Handlungsbedarf" als Rechtfertigung von Grundrechtseingriffen?, StV 1992, S. 342-344

v. *Mangoldt*, Hermann/*Klein*, Friedrich/*Starck*, Christian: Das Bonner Grundgesetz, Bd. I, 3. Auflage, München 1985 (Zitiert: *Starck* in: v. Mangoldt/Klein).

Mann, Roger: Auswirkungen der Caroline-Entscheidung des EGMR auf die forensische Praxis, NJW 2004, S. 3220-3222.

Marschang, Bernd: Anmerkung zum Urteil des OVG Bremen v. 28.6.1994 (Az.: OVG 1 BA 30/92), CR 1995, S. 53-55.

Martensen, Jürgen: Strafprozessuale Ermittlungsmaßnahmen im Lichte des Vorbehalts des Gesetzes – „BGH, Ermittlungsrichter, NStZ 1998, S. 157“, JuS 1999, S. 433-438.

Martin, Joachim/*Meertens,* Christoph/*Strate,* Gerhard (Bearb.): Stellungnahme der Strafverteidigervereinigungen und Stellungnahme des Deutschen Anwaltvereins zum dem Gesetzentwurf des illegalen Rauschgifthandels und anderer Erscheinungsformen der Kriminalität (OrgKG), BT-Drucks. 12/989, 1. Auflage, Köln 1992.

Marxen, Klaus: Medienfreiheit und Unschuldsvermutung, GA 1980, S. 365-381.

–: Straftatsystem und Strafprozess, Berlin 1984; zugl. Frankfurt a.M., Univ., Habil.-Schrift 1982.

Maunz, Theodor/*Dürig,* Günter/*Herzog,* Roman/*Scholz,* Rupert: Grundgesetz. Kommentar, Stand: 31. Lieferung, München 1994. (Zitiert: *Bearbeiter* in: M/D/H/S).

Maunz, Theodor/*Schmidt-Bleibtreu,* Kuno/*Klein,* Franz/*Ulsamer,* Gerhard: Bundesverfassungsgerichtsgesetz, Kommentar (Loseblattsammlung), 18. Lieferung, Stand: Februar 1999.

Maunz; Theodor/*Zippelius,* Reinhold: Deutsches Staatsrecht, 30. Auflage, München 1998.

Maurer, Hartmut: Allgemeines Verwaltungsrecht, 15. Auflage, München 2004.

Mayer, Otto: Deutsches Verwaltungsrecht, Bd.1, 1. Aufl. Berlin 1895; 3. Aufl. Berlin 1924.

Mayerhofer, Christoph/*Jehle,* Jörg-Martin (Hrsg.): Organisierte Kriminalität, Heidelberg 1996 (Zitiert *Bearbeiter* in: Mayerhofer/Jehle, Organisierte Kriminalität).

Merten, Karlheinz: Datenschutz und Datenverarbeitungsprobleme bei den Sicherheitsbehörden, Heidelberg 1985.

–: Das Abrufrecht der Staatsanwaltschaft aus polizeilichen Daten, NStZ 1987, S. 10-15.

–: Das geplante Polizeirecht in Nordrhein-Westafeln, ZRP 1988, S. 172-177.

Merten, Karlheinz/*Merten,* Heike: Vorbeugende Verbrechensbekämpfung, ZRP 1991, S. 213-220.

Mertens, Oliver: Strafprozessuale Grundrechtseingriffe und Bindung an den Wortsinn der ermächtigenden Norm, Frankfurt a.M. 1996; zugl. Bonn, Univ., Diss., 1995.

Meyer, Hans-Jürgen: Rechtsfragen im Zusammenhang mit polizeilichen Beobachtungsmaßnahmen, Berlin 1982; zugl. Tübingen, Univ., Diss., 1982.

Meyer, Josef (Hrsg.): Das große Conversationslexikon für die gebildeten Stände, 1840-1855.

Meyer, Jürgen/*Hetzer*, Wolfgang: Neue Gesetze gegen die Organisierte Kriminalität, NJW 1998, S. 1017-1029.

Meyer, Karlheinz: Anmerkung zum Urteil des BGH v. 9.4.1986 (Az.: 3 StR 551/85), JR 1987, S. 215-217.

Meyer-Goßner, Lutz: Strafprozessordnung, 48. Auflage, München, 2005.

Meyer-Ladewig, Jens/*Petzold*, Herbert: Die Bindung deutscher Gerichte an Urteile des EGMR – Neues aus Straßburg und Karlsruhe, NJW 2005, S. 15-20.

Meywirth, Carsten: Das Lagebild Organisierte Kriminalität, Kriminalistik 1999, S. 447-452.

Möhn, Heinz-Josef: Ist der Begriff „Organisierte Kriminalität" definierbar?, Kriminalistik 1994, S. 534-536.

Möhrenschläger, Manfred: Das OrgKG – eine Übersicht nach amtlichen Materialien, wistra 1992, S. 281-289 (1. Teil), 326-333 (2. Teil).

Mörs, Sven: Datenschutz beim Einsatz von Satelliten, CR 1996, S. 42-47.

Möstl, Markus: Probleme der verfassungsprozessualen Geltendmachung gesetzgeberischer Schutzpflichten – Die Verfassungsbeschwerde gegen legislatives Unterlassen -, DÖV 1998, S. 1029-1039.

–: Grundrechtsbindung öffentlicher Wirtschaftstätigkeit, 1. Auflage, München 1999; zugl. München, Univ., Diss., 1998.

–: Verfassungsrechtliche Vorgaben für die strategische Fernmeldeaufklärung und die informationelle Vorfeldarbeit im allgemeinen, DVBl. 1999, S. 1394-1403.

–: Die staatliche Garantie für die öffentliche Sicherheit und Ordnung; Sicherheitsgewährleistung im Verfassungsstaat, im Bundesstaat und in der Europäischen Union, 1. Auflage, Tübingen 2002; zugl. München, Univ., Habil.-Schrift, 2001.

Müller-Terpitz, Ralf: Die „strategische Kontrolle" des internationalen Telekommunikationsverkehrs durch den Bundesnachrichtendienst, Jura 2000, S. 296-302.

Münch, Fritz: Zur Anwendung der Menschenrechtskonvention in Deutschland, JZ 1961, S. 153-155.

Mussmann, Eike: Allgemeines Polizeirecht in Baden-Württemberg, 3. Auflage, Stuttgart u.a. 1992.

Nehm, Kay: Ein Jahr danach – Gedanken zum 11. September 2001, NJW 2002, S. 2665-2671.

–: Das nachrichtendienstliche Trennungsgebot und die neue Sicherheitsarchitektur, NJW 2004, S. 3289-3295.
Nelles, Ursula: Strafpozessrecht – Spuren aus der Datensammlung, JuS 1987, S. 51-57.
Nimtz, Holger: Die strafprozessuale Observation nach dem Strafverfahrensänderungsgesetz 1999, Berlin 2003; zugl. Univ., Diss., Köln 2001/2002 (Zitiert: *Nimtz*, Observation).
Nitz, Holger: Einsatzbedingte Straftaten Verdeckter Ermittler – Eine Untersuchung polizeitaktischer Ermittlungsmethoden bei der Strafverfolgung, Hamburg 1997; zugl. Hannover, Univ., Diss., 1997 (Zitiert: *Nitz*, Einsatzbedingte Straftaten).
Notzon, Heike: Zum Rückgriff auf polizeirechtliche Befugnisse zur Gefahrenabwehr im Rahmen der vorbeugenden Verbrechensbekämpfung – Gefahren für die Geltung der StPO und die Verfahrensherrschaft der StA bei der Strafverfolgung?, Frankfurt a.M. 2002; zugl. Trier, Univ. Diss., 2002 (Zitiert: *Notzon,* Rückgriff).
Ossenbühl, Fritz: Zur Erziehungskompetenz des Staates, Festschrift für Friedrich Wilhelm Bosch zum 65. Geburtstag, Bielefeld 1976, S. 751-762.
–: Verfahren der Gesetzgebung, in: Isensee, Josef/Kirchhof, Paul (Hrsg.), Handbuch des Staatsrechts der Bundesrepublik Deutschland, Bd. 3, Das Handeln des Staates, 2. Auflage 1996, S. 351-385.
–: Vorrang und Vorbehalt des Gesetzes, in: Isensee, Josef / Kirchhof, Paul (Hrsg.), Handbuch des Staatsrechts der Bundesrepublik Deutschland, Bd. 3, Das Handeln des Staates, 2. Auflage 1996, S. 315-350.
Ostendorf, Heribert: Die strafrechtliche Rechtmäßigkeit rechtswidrigen hoheitlichen Handelns, JZ 1981, S. 165-175.
–: Verdeckte Polizeiarbeit, Kriminalistik 1985, S. 409-410.
–: Organisierte Kriminalität – eine Herausforderung für die Justiz, JZ 1991, S. 62-70.
Paeffgen, Hans-Ulrich: Strafprozess im Umbruch oder – Vom unmöglichen Zustand des Strafprozessrechts, StV 1999, S. 625-628.
Paeffgen, Hans-Ulrich/*Gärditz,* Klaus: Die föderale Seite des „Trennungsgebotes“ oder: Art. 87 III, 73 GG und das G-10-Urteil, KritV Bd. 83 (2000), S. 65-75.
Pawlik, Michael: Verdeckte Ermittlungen und das Schweigerecht des Beschuldigten – Zu den Anwendungsgrenzen der §§ 136 Abs. 1 S. 2 und 136a StPO, GA 1998, S. 378-389.
Peitsch, Dietmar: Die Informationsbeschaffung im neuen Polizeirecht, ZRP 1992, S. 127-130.

Perschke, Stefan: Die Zulässigkeit nicht spezialgesetzlich geregelter Ermittlungsmethoden im Strafverfahren, Köln 1995; zugl. Osnabrück, Univ., Diss., 1995 (Zitiert; *Perschke*, Ermittlungsmethoden).

Peter, Jürgen: Observation, in: Kube, Edwin/Störzer, Udo/Timm, Klaus Jürgen: Kriminalistik – Handbuch für die Praxis und Wissenschaft, Bd. 2, Stuttgart 1994. (Zitiert: *Peter* in: Kube/Störzer/Timm, Kriminalistik).

Peters, Karl: Anmerkung zum Beschluss des KG v. 8.9.1971 (Az.: 2 VAs 43/70), JR 1972, S. 300-301.

Petersen, Niels: Auf dem Weg zur zweckrationalen Relativität des Menschenwürdeschutzes, KJ 2004, S. 316-326.

Pfeiffer, Gerd: Strafprozessordnung und Gerichtsverfassung, 4. Auflage, München 2002.

Pfennig, Gerhard: Gegebene Polizeiermächtigungen für wirksame Fahndung und Observation ausreichend?, Die Polizei 1978, S. 173-176.

Pieroth, Bodo: Rechtsverweigerung zur Erhaltung der Funktionsfähigkeit staatlicher Einrichtungen – Kritik einer Argumentationsfigur in der Rechtsprechung –, VerwArch Bd. 68 (1977), S. 217-245.

Pieroth, Bodo/*Schlink,* Bernhard: Grundrechte, Staatsrechts II, 20. Auflage, Heidelberg 2004 (Zitiert: *Pieroth/Schlink*, Grundrechte).

Pietzcker, Jost: Vorrang und Vorbehalt des Gesetzes, JuS 1979, S. 710-715.

Pitschas, Rainer/*Aulehner,* Josef: Informationelle Sicherheit oder „Sicherheitsstaat"?, NJW 1989, S. 2353-2359.

Podolsky, Johann: Wahrnehmung, Ermittlung und Verfolgung neuer Kriminalitätsformen in Deutschland. Analyse von Problemen des Einsatzes klassischer polizeilicher Ermittlungsmethoden mit Blick auf die Notwendigkeit und Rechtmäßigkeit des Einsatzes verdeckter Ermittler und V-Personen, Stuttgart 1995 (Zitiert: *Podolsky*, Wahrnehmung).

Polakiewicz, Jörg: Die Verpflichtungen der Staaten aus den Urteilen des EGMR, 1993.

Popp, Martin: Hörfalle, Romeo und Knastbruder – oder wie viel List ist erlaubt?, JA 1998, S. 900-908.

Prantl, Heribert: Polizei und Tarnkappe, DRiZ 1991, S. 69.

Pütter, Norbert: Der OK-Komplex – Organisierte Kriminalität und ihre Folgen für die Polizei in Deutschland, Münster in Westfalen 1998 (Zitiert: *Pütter*, OK-Komplex).

Ratzel, Max-Peter/*Brisach,* Carl-Ernst/*Soiné,* Michael: Die Kontrolle der Organisierten Kriminalität durch das BKA, Kriminalistik 2000, S. 530-538.

Rebmann, Kurt: Generalbundesanwalt: Strafprozessänderungen haben sich bewährt, Kriminalistik 1981, S. 292-293.

–: Der Einsatz verdeckt ermittelnder Polizeibeamter im Bereich der Strafverfolgung, NJW 1985, S. 1-6.

Rebscher, Erich/*Vahlenkamp,* Werner: Organisierte Kriminalität in der Bundesrepublik Deutschland, Forschungsreihe des Bundeskriminalamtes, Wiesbaden 1988 (Zitiert: *Rebscher/Vahlenkamp,* Organisierte Kriminalität).

Riegel, Reinhard: Polizeiliche Personenkontrolle, Stuttgart 1979.

–: Probleme der polizeiliche Beobachtung und Observation, Anmerkung zum Urteil des OVG Münster v. 13.9.1979 (Az.: IV A 2597/78), JZ 1980, S. 224-226.

–: Polizei- und Ordnungsrecht in der Bundesrepublik Deutschland, Heidelberg/Hamburg 1981.

–: Grundfragen zu den Zentralstellenaufgaben des Bundeskriminalamtes, NJW 1983, S. 656-661.

–: §§ 32, 34 StGB als hoheitliche Befugnisgrundlage?, NVwZ 1985, S. 639-641.

–: Rechtsgrundlagen für die informationelle Tätigkeit der Verfassungsschutzbehörden und datenschutzrechtliche Konsequenzen aus dem Volkszählungsurteil des Bundesverfassungsgerichts, DVBl. 1985, S. 765-773.

–: Zur Interdependenz von Recht und Wirklichkeit, RiA 1986, S. 265-274.

–: Stand und Entwicklungstendenzen bei den Befugnissen für informationelle Tätigkeit der Polizei, Die Polizei 1991, S. 1-9.

–: Datenschutz bei den Sicherheitsbehörden, 2. Auflage, Köln 1992.

Riepl, Frank: Informationelle Selbstbestimmung im Strafverfahren, Tübingen 1998; zugl. Tübingen, Univ., Diss., 1997 (Zitiert: *Riepl,* Informationelle Selbstbestimmung).

Rieß, Peter: Gesamtreform des Strafverfahrens – eine lösbare Aufgabe?, ZRP 1977, S. 67-77.

–: Prolegomenta zu einer Gesamtreform des Strafverfahrensrechts, in Festschrift für Karl Schäfer, Berlin 1980, S. 155-221.

–: 15 Jahre Strafprozessreform in Raten – Rückblick und Bilanz, in Festschrift für Gerd Pfeiffer, Köln 1988, S. 155-174 (Zitiert: *Rieß,* Pfeiffer-FS).

–: Neue Gesetze zur Bekämpfung der Organisierten Kriminalität, NJ 1992, S. 491-497.

–: Das neue Zeugenschutzgesetz, insbesondere Videoaufzeichnungen von Aussagen im Ermittlungsverfahren in der Hauptverhandlung, StraFo 1999, S. 1-9.

Rieß, Peter/*Thym,* Jörg: Rechtsschutz gegen strafprozessuale Zwangsmaßnahmen, GA 1981, S. 189-212.

Robbers, Gerhard: Sicherheit als Menschenrecht, Baden-Baden 1987.

Rogall, Klaus: Moderne Fahndungsmethoden im Lichte gewandelten Grundrechtsverständnisses, GA 1985, S. 1-27.

–: Strafprozessuale Grundlagen und legislative Probleme des Einsatzes Verdeckter Ermittler im Strafverfahren, JZ 1987, S. 847-853.
–: Hypothetische Ermittlungsverläufe im Strafprozess, NStZ 1988, S. 385-393.
–: Informationseingriff und Gesetzesvorbehalt im Strafprozessrecht, ZStW Bd. 103 (1991), S. 907-956.
–: Anmerkung zum Urteil des *BGH* v. 14.5.1991 (Az.: 1 StR 699/90), NStZ 1992, S. 45-48.
–: Informationseingriff und Gesetzesvorbehalt im Strafprozessrecht, Tübingen 1992.
–: Anmerkung zum Urteil des *BGH* v. 7.3.1995 (Az.: 1 StR 685/94), JZ 1996, S. 261-264.
–: Anmerkung zum Urteil des BGH v. 29.1.1998 (Az.: 1 StR 511/97), JZ 1998, S. 796-799.
Rogmann, Achim: Die Bindungswirkung von Verwaltungsvorschriften, Köln 1998; zugl. Hamburg, Univ., Diss., 1998.
Roulet, Nicolas: Das kriminalpolitische Gesamtkonzept im Kampf gegen das organisierte Verbrechen, Bern u.a. 1997.
Roxin, Claus: Zur Tatbestandsmäßigkeit und Rechtswidrigkeit der Entfernung von Leichenteilen (§ 168 StGB), insbesondere zum rechtfertigenden Notstand (§ 34 StGB) – „OLG Frankfurt, NJW 1975, S. 271 f", JuS 1976, S. 505-511.
–: Strafverfahrensrecht, 25. Auflage, München 1998.
Rudisile, Richard: Verwaltungsvorschriften in der Rechtsprechung von Bundesverwaltungs- und Bundesverfassungsgericht, Freiburg i.B. 1987; zugl. Freiburg i.B., Univ., Diss., 1987.
Rudolphi, Hans-Joachim: Die Gesetzgebung zum Terrorismus, JA 1979, S. 1-9.
Rüping, Hinrich: Das Verhältnis von Staatsanwaltschaft und Polizei – Zum Problem der Einheit der Strafverfolgung, ZStW Bd. 95 (1983), S. 894-917.
–: Das Strafverfahren, 3. Auflage, München 1997.
Ruppelt, Michael: Maßnahmen ohne Rechtsgrundlage, München 1983 (Zitiert: *Ruppelt*, Maßnahmen).
Rupprecht, Reinhard: Die Kunst, Aufgaben sinnvoll zu teilen, Kriminalistik 1993, S. 131-136.
Ruthig, Josef: Die Unverletzlichkeit der Wohnung, JuS 1998, S. 506-516.
Sachs, Michael: Grundgesetz: Kommentar, 3. Auflage, München 2003.
–: Anmerkung zum Urteil des BVerfG v. 3.3.2004 (Az.: 1 BvR 2378/98 u. 1 BvR 1084/99), JuS 2004, S. 522-527.
Sánchez, Alfredo Chirino: Das Recht auf informationelle Selbstbestimmung und seine Geltung im Strafverfahren am Beispiel der neuen Ermittlungsmethoden in der Strafprozessordnung, Frankfurt a.M. 1999; zugl. Frankfurt a.M., Univ., Diss., 1998 (Zitiert: *Sánchez*, Informationelle Selbstbestimmung).

Schaefer, Christoph: Effektivität und Rechtsstaatlichkeit der Strafverfolgung – Versuch einer Grenzziehung, NJW 1997, S. 2437-2438.
Schäfer, Herbert (Hrsg.): Grundlagen der Kriminalistik, Bd. 5 Teilband 2, Heidelberg 1980 (Zitiert: *Bearbeiter*, GrKrim Bd. 5 Teilb. 2).
–: Verhältnis von Staatsanwaltschaft und Polizei, Kriminalistik 2004, S. 753-755.
Schatzschneider, Wolfgang: Telefondatenverarbeitung und Fernmeldegeheimnis, NJW 1993, S. 2029-2031.
Schenke, Rüdiger: Kompetenz des Landesgesetzgebers zur Regelung polizeilicher Befugnisse auf dem Gebiet der Strafverfolgung?, JR 1970, S. 48-52.
Schlaich, Klaus (fortgeführt von *Korioth*, Stefan): Das Bundesverfassungsgericht, 6. Auflage, München 2004.
Schlink, Bernhard: Datenschutz und Amtshilfe, NVwZ 1986, S. 249-256.
Schlosser, Peter: Das Bundesverfassungsgericht und der Zugang zu den Informationsquellen im Zivilprozess, NJW 1992, S. 3275-3277.
Schlüchter, Ellen: Das Strafverfahren, 2. Auflage, Köln u.a. 1983.
Schmitz, Monika: Rechtliche Probleme des Einsatzes Verdeckter Ermittler, Frankfurt a.M. 1996; zugl.: Bonn, Univ., Diss. 1995.
Schnarr, Karl Heinz: Zur Verknüpfung von Richtervorbehalt, staatsanwaltschaftlicher Eilanordnung und richterlicher Bestätigung, NStZ 1991, S. 209-216.
Schneider, Egon: Logik für Juristen, 3. Auflage, München 1991.
Schneider, Hans Joachim: Das organisierte Verbrechen, Jura 1984, S. 169-183.
Schneider, Hartmut: Ausgewählte Rechtsprobleme des Einsatzes verdeckter Ermittler, NStZ 2004, S. 359-367.
Schönke, Adolf/*Schröder*, Horst: Strafgesetzbuch, Kommentar, 26. Auflage, München 2001 (Zitiert: Schönke/Schröder/*Bearbeiter*).
Scholz, Rupert: Das Grundrecht der freien Entfaltung der Persönlichkeit in der Rechtsprechung des Bundesverfassungsgerichts, AöR Bd. 100 (1975), S. 80-130.
Schoreit, Armin: Die Führung sogenannter polizeilicher Kriminalakten und das Verfassungsrecht, CR 1986, S. 87-92.
–: Datenverarbeitung, Datenschutz und Strafrecht – Informationelle Selbstbestimmung und Strafprozessordnung, Rechtsgrundlagen und Grenzen der Informationsverarbeitung durch die Strafverfolgungsbehörden –, DRiZ 1987, S. 82-86.
–: Grundrecht und effektive Strafrechtspflege, Schutz der Allgemeinheit, Schutz des einzelnen; insbesondere unter Berücksichtigung neuer Fahndungstechniken, DRiZ 1987, S. 464-469.

–: Bekämpfung der organisierten Kriminalität und anderer neuer Formen von Straftaten aus der Sicht der Polizei und der Staatsanwaltschaft (Strafverfolgung), StV 1991, S. 535-540.
–: Organisierte Kriminalität – Dogmatische und praktische Probleme, MDR 1992, S. 1013-1017.
Scholz, Rupert/*Pitschas*, Rainer: Informationelle Selbstbestimmung und staatliche Informationsverantwortung, Berlin 1984 (Zitiert: *Scholz/Pitschas*, Informationelle Selbstbestimmung).
Schott, Tilmann: Mafia-Mentalität und Parastaat, Kriminalistik 2000, S. 513-520.
Schroeder, Friedrich-Christian: Darf die StPO von „Tätern" sprechen?, NJW 2000, S. 2483-2485.
Schröder, Meinhard: Staatsrecht an der Grenze des Rechtsstaats – Überlegungen zur Verteidigung des Rechtsstaates in außergewöhnlichen Lagen –, AöR Band 103 (1978), S. 121-148.
Schröder, Norbert: Der Einsatz verdeckter Ermittler nach Landespolizeirecht, Aachen 2000; zugl. Köln, Univ., Diss., 2000.
Schünemann, Bernd: Nulla poena sine lege? Rechtstheoretische und verfassungsrechtliche Implikationen der Rechtsgewinnung im Strafrecht, Berlin 1978.
–: Polizei und Staatsanwaltschaft – Teil 1, Kriminalistik 1999, S. 74-79.
Schuster, Leo: Organisierte Kriminalität – eine Bestandsaufnahme, Die Polizei 1990, S. 25-31.
Schwabe, Jürgen: Die polizeiliche Datenerhebung in oder aus Wohnungen mit Hilfe technischer Mittel, JZ 1993, S. 867-874.
Schwan, Eggert: Identitätsfeststellung und Razzia, AöR Bd. 102 (1977), S. 243-263.
Schwind, Hans-Dieter/*Steinhilper*, Gernot/*Kube*, Edwin: Organisierte Kriminalität, Heidelberg 1987.
Seelmann, Kurt: Zur materiell-rechtlichen Problematik des V-Mannes – Die Strafbarkeit des Lockspitzels und des Verlockten, ZStW Bd. 95 (1983), S. 797-833.
Seifert, Karl-Heinz/*Hömig*, Dieter: Grundgesetz für die Bundesrepublik Deutschland – Taschenkommentar, 4. Auflage, Baden-Baden 1991.
Sendler, Horst: Gesetzes- und Richtervorbehalt im Gentechnikrecht, NVwZ 1990, S. 231-236.
Seuffert, Walter: Über Gesetzgebung, Rechtsprechung und Bindungswirkungen, AöR Bd. 104 (1979), S. 169-200.
Sieber, Ulrich: Internationale Organisierte Kriminalität, Kriminalistik 1998, S. 97-102.
Sieber, Ulrich/*Bögel*, Marion: Logistik der Organisierten Kriminalität, Forschungsreihe des Bundeskriminalamtes Bd. 28, Wiesbaden 1993.

Sieverts, Rudolf/*Schneider,* Hans Joachim: Handwörterbuch der Kriminologie, Band 4, 2. Auflage, Berlin 1979.

Simitis, Spiros/*Wellbrock,* Rita: Zur Übermittlung von Daten des Verfassungsschutzes – Anmerkung zum Urteil des *BVerwG* v. 21.2.1984 (Az.: 1 C 37/79), NJW 1984, S. 1591-1595.

Simitis, Spiros: Die informationelle Selbstbestimmung – Grundbedingung einer verfassungskonformen Informationsordnung?, NJW 1984, S. 398-405.

–: Konsequenzen des Volkszählungsurteils: Ende der Übergangsfrist, NJW 1989, S. 21-22.

Simitis, Spiros/*Fuckner,* Gerhard: Informationelle Selbstbestimmung und „staatliches Geheimhaltungsinteresse“, NJW 1990, S. 2713, 2717.

Skouris, Wassilios: Buchbesprechung „Hartmut Löhn, Anwendungspflicht oder Aussetzungspflicht bei festgestellter Verfassungswidrigkeit von Gesetzen?, Aktuelles Recht Bd. 20, Frankfurt a.M.: Äthenaum 1974“, AöR Bd. 101 (1976), S. 135-141.

Sóine, Michael: Strafverfahrensänderungsgesetz 1999, Kriminalistik 2001, S. 173-178 (1. Teil), 245-251 (2. Teil).

Staff, Ilse: Öffentlichkeit als Verfassungsprinzip, ZRP 1992, S. 384-389.

Staupe, Jürgen: Parlamentsvorbehalt und Delegationsbefugnis, Berlin 1986; zugl. Hamburg, Univ., Diss., 1986.

Steinke, Wolfgang: Die Rechtmäßigkeit von polizeilichen Fahndungsmaßnahmen unter Berücksichtigung des Datenschutzes, DVBl. 1980, S. 433-439.

–: § 163 Abs. 1 StPO eine Generalklausel für polizeiliche Eingriffe?, MDR 1980, S. 456-458.

–: Das organisierte Verbrechen, Kriminalistik 1982, S. 78-80.

Steinmetz, Jan: Zur Kumulierung strafprozessualer Ermittlungsmaßnahmen, NStZ 2001, S. 344-349.

Steinmüller, Wilhelm: Das Volkszählungsurteil des Bundesverfassungsgerichts, DuD 1984, S. 91-96.

Stern, Klaus: Das Staatsrecht der Bundesrepublik Deutschland – Grundbegriffe und Grundlagen des Staatsrechts, Strukturprinzipien der Verfassung, Bd. 1, 1. Auflage, München 1977.

Sternberg, Nils: Der Rang von Menschenrechtsverträgen im deutschen Recht unter besonderer Berücksichtigung von Art. 1 Abs. 2 GG, Berlin 1999; zugl. Hamburg, Univ., Diss., 1998.

Stock, Joachim: Die beobachtende Fahndung, Kriminalistik 1977, S. 29-31.

Störner, Rainer: Dogmatische Grundlagen der Verwertungsverbote, Marburg 1992; zugl. Marburg, Univ., Diss., 1992.

Störzer, Hans Udo: Effektive Kriminalitätsbekämpfung vs. Wahrung der Datenschutzrechte des Einzelnen, Kriminalistik 2004, S. 405-407.

Stuckenberg, Carl-Friedrich: Untersuchungen zur Unschuldsvermutung, Berlin 1998; zugl. Bonn, Univ., Diss., 1997 (Zitiert: *Stuckenberg*, Unschuldsvermutung).

Strate, Gerhard: Stellungnahme des Strafrechtsausschusses des DAV zum StVÄG 1988, StV 1989, S. 406-410.

–: Annexion des Strafverfahrens durch die Polizei, ZRP 1990, S. 143-147.

Stümper, Alfred: Die Wandlung der Polizei in Begriff und Aufgabe, Kriminalistik 1980, S. 242-245.

Systematischer Kommentar zum Strafgesetzbuch, Band I Allgemeiner Teil (§§ 1-37), 7. Auflage, Neuwied, Stand: 40. Lieferung, Juli 2005 (Zitiert: *Bearbeiter* in: SK-StGB).

Systematischer Kommentar zur Strafprozessordnung und zum Gerichtsverfassungsgesetz Band II (§§ 153-212), Neuwied, Stand: 34. Lieferung, Oktober 2003 (Zitiert: *Bearbeiter* in: SK-StPO).

Taeger, Jürgen: Anmerkung zum Urteil des VG Hannover v. 1.12.1986 – 10 VG A 126/85, CR 1987, S. 252-253.

Timm, Klaus Jürgen: Kernbereich privater Lebensgestaltung für akustische Wohnraumüberwachung tabu, Kriminalistik 2004, S. 218-219.

Tinnefeld, Marie-Theres: Persönlichkeitsrecht und Modalitäten der Datenerhebung im Bundesdatenschutzgesetz, NJW 1993, S. 1117-1119.

Tröndle, Herbert/*Fischer,* Thomas: Strafgesetzbuch und Nebengesetze, 52. Auflage, München 2004.

Umbach, Dieter C./*Clemens,* Thomas (Hrsg.), Bundesverfassungsgerichtsgesetz – Mitarbeiterkommentar und Handbuch, 1. Auflage, Heidelberg 1992 (Zitiert: *Bearbeiter* in: Umbach/Clemens, BVerfGG).

Vahle, Jürgen: Polizeiliche Aufklärungs- und Observationsmaßnahmen, Bielefeld 1983; zugl. Bielefeld, Univ., Diss., 1983 (Zitiert: *Vahle*, Observationsmaßnahmen).

–: Rechtsgrundlage polizeilicher Aufklärung und Observation, Kriminalistik 1984, S. 305-308.

–: Heimliche Informationsgewinnung durch die Polizei nach dem VZG-Urteil des BVerfG, Die Neue Polizei 1986, S. 76-79.

–: Probleme des Rechtseingriffs und des schlicht-hoheitlichen Verwaltungshandelns im Polizeirecht unter besonderer Berücksichtigung der „informationellenTätigkeit“, Verwaltungsrundschau 1986, S. 258-264.

–: Ohne rechtliches Fundament? Keine ausreichende Ermächtigungsgrundlage – Umstrittener „Übergangsbonus“, Kriminalistik 1987, S. 514-516.

–: Sicherheitsbehördliche Ermittlungen im Spannungsfeld von Effizienz und Datenschutz, VR 1991, S. 371-373.

–: Die modernen Ermittlungsbefugnisse der Sicherheitsbehörden zur Bekämpfung insbesondere der Organisierten Kriminalität, DVP 1998, S. 311-319.
–: Gefahrenabwehr/Strafverfolgung und Datenschutz – ein Rechtsprechungsüberblick, Kriminalistik 2004, S. 805-808.
Velten, Petra: Transparenz staatlichen Handelns und Demokratie – Zur Zulässigkeit verdeckter Polizeitätigkeit, Pfaffenweiler 1996.
Verrel, Torsten: Nemo tenetur – Rekonstruktion eines Verfahrensgrundsatzes – 2. Teil, NStZ 1997, S. 415-420.
Villiger, Mark E.: Handbuch der EMRK, 2. Auflage, Zürich 1999.
Vogel, Hans-Jochen: Strafverfahrensrecht und Terrorismus – eine Bilanz, NJW 1978, S. 1217-1228.
Vogelsang, Klaus: Grundrecht auf informationelle Selbstbestimmung?, 1. Auflage, Baden-Baden 1987 (Zitiert: *Vogelsang*, Grundrecht).
–: Der Übergangsbonus, DVBl. 1989, S. 962-969.
Vogt, Siegbert: Fahndung – Planung und Durchführung, Fahndung 75 (Arbeitstagung v. 21.-23.4.1975 bei der Polizeiführungsakademie Münster in Westfalen), S. 39-43 (Zitiert: *Vogt*, Fahndung).
Volk, Klaus: Strafprozessrecht, 3. Auflage, München 2002.
Voller, Thomas: Der Staat als Urheber von Straftaten – Die Berechtigung des Einsatzes von Lockspitzeln und zur Verwertbarkeit der durch sie geschaffenen Beweise, Frankfurt a.M. 1983; zugl. Tübingen, Univ., Diss., 1983.
Walter, Franz: Auf der Suche nach Informationen. Überlegungen zu einer systematisierten Informationsbeschaffung durch die Großstadtpolizei, Kriminalistik 1992, S. 365-369.
Walder, Hans: Grenzen der Ermittlungstätigkeit, ZStW Band 95 (1983), S. 862-893.
Wanner, Stephan: Die negative Rasterfahndung – eine moderne und umstrittene Methode der repressiven Verbrechensbekämpfung, München 1985; zugl. München, Univ., Diss., 1985 (Zitiert: *Wanner*, Negative Rasterfahndung).
–: Die negative Rasterfahndung (III), CR 1986, S. 403-414.
Wassermann, Rudolf (Hrsg.): Terrorismus contra Rechtstaat, Frankfurt a.M. 1976.
Weichert, Thilo: Informationelle Selbstbestimmung und strafrechtliche Ermittlung, Pfaffenweiler 1990; zugl. Freiburg (Breisgau), Univ., Diss., 1990 (Zitiert: *Weichert*, Informationelle Selbstbestimmung).
Weida, Robert: Die Überwachung verdächtiger Personen im Rahmen der beobachtenden Fahndung, Fahndung 75 (Arbeitstagung v. 21.-23.4.1975 bei der Polizeiführungsakademie Münster in Westfalen), S. 151-157.
Weidmann, Thomas: Die Zusammenarbeit von Polizei und Staatsanwaltschaft, Kriminalistik 2001, S. 378-390.

Weigend, Thomas: Die Europäische Menschenrechtskonvention als deutsches Recht – Kollisionen und ihre Lösung, StV 2000, S. 384-390.

Weihmann, Robert: Kriminalistik, Hilden/Rheinland, 1992.

Welp, Jürgen: Strafprozessuale Zugriffe auf Verbindungsdaten des Fernmeldeverkehrs, NStZ 1994, S. 209-215.

–: Anmerkung zum Beschluss des BGH v. 7.6.1995 (Az.: 2 BJs 127/93), NStZ 1995, S. 602-604.

Werner, Adelheid: Organisierte Kriminalität – Fiktion oder Realität?, Kriminalistik 1982, S. 131-136.

Weschke, Jürgen/*Heine-Heiß,* Heike: Organisierte Kriminalität als Netzstrukturkriminalität, Teil 1, Berlin 1990.

Wesemann, Horst: Heimliche Ermittlungsmethoden und Interventionsmöglichkeiten der Verteidigung, StV 1997, S. 597-605.

Weßlau, Edda: Vorfeldermittlungen – Probleme der Legalisierung „vorbeugender Verbrechensbekämpfung" aus strafprozessualer Sicht – Berlin 1989; zugl. Univ., Diss., Hamburg 1988 (Zitiert: *Weßlau,* Vorfeldermittlungen).

–: Waffengleichheit mit dem „Organisierten Verbrechen", KritV 1997, S. 238-247.

–: Zwang, Täuschung und Heimlichkeit im Strafverfahren, ZStW Bd. 110 (1998), S. 1-37.

Wieczorek, Eberhard: Kriminalistik – Grundlagen der Verbrechensbekämpfung, 7. Auflage, Stuttgart 1995.

Wiesel, Georg: INPOL – Ein System kommt in die Jahre, Kriminalistik 1992, S. 391-394.

Wilhelm, Jürgen: Eingriffsbefugnisse des Staates aufgrund rechtfertigenden Notstandes aus strafrechtlicher Sicht, Köln 1980; zugl. Köln, Univ., Diss., 1980.

Wolff, Wilfried: Allgemeines Verwaltungsrecht, Verwaltungsverfahrensrecht, Verwaltungsprozessrecht, 4. Auflage, Baden-Baden 2004.

Wollweber, Harald: Nochmals – Das Strafverfahrensgesetz 1999, NJW 2000, S. 3623-3625.

Wolter, Jürgen: Heimliche und automatisierte Informationseingriffe wider Datengrundrechtsschutz – Gesamtanpassung vor Gesamtreform von Strafprozess- und Polizeirecht, GA 1988, S. 49-90, 128-142.

–: Freiheitlicher Strafprozess, vorbeugende Straftatenbekämpfung und Verfassungsschutz – Zugleich Besprechung des Entwurfs eines StVÄG 1988, StV 1989, S. 358-371.

–: Aspekte einer Strafprozessreform bis 2007, München 1991.

–: Beweisverbote und Informationsübermittlung der Polizei bei präventiver Videoüberwachung eines Tatverdächtigen, Jura 1992, S. 520-533.

–: Zur Verbindung von Strafprozessrecht und Polizeirecht, Festschrift für Klaus Rolinski (Kühne u.a. Hrsg.), S. 273-286, Baden-Baden 2002 Zitiert: *Wolter*, Rolinski-FS).

Wülfing, Thomas: Grundrechtliche Gesetzesvorbehalte und Grundrechtsschranken, Berlin 1981; zugl. Münster, Univ., Diss., 1980/81.

Zachert, Hans Ludwig: Strukturen, Bedrohungspotential, Bekämpfungsprobleme, Kriminalistik 1990, S. 622-625.

–: Organisierte Kriminalität, Festschrift für Koichi Miyazawa (Kühne, Hrsg.), 1. Auflage, Baden-Baden 1995, S. 283-304 (Zitiert: *Zachert*, Miyazawa-FS).

–: Allgemeine Kriminalität – Organisierte Kriminalität, Kriminalistik 1995, S. 690-696.

Zaczyk, Rainer: Prozesssubjekt oder Störer? Die Strafprozessordnung nach dem OrgKG – dargestellt an der Regelung des Verdeckten Ermittlers, StV 1993, S. 490-498.

Zalunardo-Walser, Roberto: Verdeckte kriminalpolizeiliche Ermittlungsmaßnahmen unter besonderer Berücksichtigung der Observation; Diss. jur., Univ. Zürich, 1998.

Zeiger, Jürgen: Fahndung, in: *Kube*, Edwin/*Störzer*, Udo/*Timm*, Klaus Jürgen: „Kriminalistik - Handbuch für Praxis und Wissenschaft, Bd. 2, Stuttgart 1994, S. 213-261.

Kolibri 360 GmbH
Ferdinand-Jühlke-Straße 7
99095 Erfurt, Deutschland
produktsicherheit@kolibri360.de

Druck:
CPI Druckdienstleistungen GmbH
im Auftrag der
Kolibri 360 GmbH
Ferdinand-Jühlke-Str. 7
99095 Erfurt